郑州市轨道交通 5 号线工程盾构施工与管理

何 况　袁聚亮　严文荣　编著

西南交通大学出版社
·成　都·

图书在版编目（CIP）数据

郑州市轨道交通5号线工程盾构施工与管理 / 何况，袁聚亮，严文荣编著. —成都：西南交通大学出版社，2021.9

ISBN 978-7-5643-8141-7

Ⅰ. ①郑… Ⅱ. ①何… ②袁… ③严… Ⅲ. ①城市铁路－轨道交通－隧道施工－盾构法－施工管理－郑州 Ⅳ. ①U239.5

中国版本图书馆CIP数据核字（2021）第139148号

Zhengzhou Shi Guidao Jiaotong 5 Hao Xian Gongcheng Dungou Shigong yu Guanli

郑州市轨道交通5号线工程盾构施工与管理

何 况 袁聚亮 严文荣 **编著**

责任编辑	杨 勇
封面设计	何东琳设计工作室
出版发行	西南交通大学出版社 （四川省成都市金牛区二环路北一段111号 西南交通大学创新大厦21楼）
发行部电话	028-87600564 028-87600533
邮政编码	610031
网 址	http://www.xnjdcbs.com
印 刷	四川煤田地质制图印刷厂
成品尺寸	185 mm × 260 mm
印 张	18.25
字 数	397千
版 次	2021年9月第1版
印 次	2021年9月第1次
书 号	ISBN 978-7-5643-8141-7
定 价	120.00元

《郑州市轨道交通5号线工程盾构施工与管理》

编写委员会

主　任　张　洲

副主任　李亚军　赵运臣　崔天麟

委　员　刘永辉　任　磊　葛梦溪　郝晓平　裴立峰

主　编　何　况　袁聚亮　严文荣

副主编　孙立光　申继鹏　周凤印

主要编写人员

田国立	李　悦	何　伟	杨志强	苌红涛
赵英群	李春剑	苏　斌	魏平安	张红欣
巩　奇	张家涛	洪星耀	赵俊良	武坤朋
张永泉	张金光	周　熠	胡　莘	王学沛
王西俭	左春辉	李　辉	马重庆	胡秀旗
张　凯	许晓光	康延铭	郭波前	赵世永
杨培仕	路建民	赵建胜	刘俊洋	李红福
龙　程	孙立军	王正莉	姚智慧	李　明
陈　文	岳小雷	刘海飞	于伟光	秦　凡
高　宾	王宇航	陈　光	杨丹诚	钟祥林
张　科	陈　政	郭　春		

参编单位

郑州地铁集团有限公司

西南交通大学

成都西南交通大学设计研究院有限公司

中铁装备集团有限公司

四川势通土木工程有限公司

参建单位

中铁一局	中铁四局	中铁六局	中铁七局
中铁十一局	中铁十二局	中铁十四局	中铁十五局
郑州一建	中铁三局	中铁隧道局	中铁十八局

前言

PREFACE

中国城市轨道交通正值飞速发展阶段。郑州地铁在十余年的建设历程中，始终坚持“建地铁就是建城市”的理念，创新驱动发展，助力城市现代化建设，成为我国轨道交通行业的领跑者。郑州轨道交通 5 号线是郑州市的第一条环形地铁线路，于 2014 年年底开始土建工程动工，全长 40.4 km，2019 年 5 月 20 日正式开通试运营。5 号线高标准、高质量开通，以现代化、智能化、人性化、便民化的优势为郑州城市供能提速。

郑州市的地质条件与北京、上海、广州等城市的地质条件不同，郑州地层主要由粉土、粉质黏土、细砂、粉砂、中砂组成，在采用盾构法施工时存在很多的工程技术问题需要进行专门探索。这些问题包括盾构机的选型，郑州特有地层对盾构隧道的作用特性，管片接头的力学特性，下穿河流、建筑的沉降控制，各施工环节的工艺、材料，以及构件制造技术等。

郑州地铁 5 号线工程，在 1 号线、2 号线、城郊线经验的基础上，进一步体现了郑州地铁对匠人精神的追求，整体设计、建设标准精益求精，创新性地运用了一大批新理念、新技术、新材料，无论是建设管理、工程策划还是新技术、新科技的多方位应用与革新，都写满了郑州轨道人的智慧与梦想。

“三铁四化”理念一直贯穿郑州轨道交通工程建设全过程，三铁即打造品质地铁、智慧地铁、文化地铁，四化即施工标准化、规范化、精细化、信息化。郑州地铁坚持以人为本，结合人民日益增长的需求提出人性化空间设计，地域文化融入，全面提升轨道交通环境品质，从规划、设计、建设、运营全过程进行管理和把控，每一个方案都经过精心设计，重点方案进行专题论证，每一个施工工序都现场把控，进行过程控制，严把质量关。在修建地铁的同时，始终重视生态文明建设，注重地铁场段、出入口及相关附属设施与周边环境有机衔接、融合，营造品质环境，实现地铁建设与生态保护协调发展。

5 号线与 1 号线、2 号线相比，工程体量更大、施工难度更大、施工环境更加复杂。5 号线的成功开通，和郑州地铁 1 号线、郑州地铁 2 号线共同形成“一横一纵一环”呈“申”字形的轨道交通路网格局，不仅覆盖主要城市功能区，而且可以在环线截留外围乘客，有效地减轻了城市中心区的换乘压力。

这本《郑州市轨道交通 5 号线工程盾构施工与管理》，记录了 5 号线工程从无到有、从有到优的建设历程，这既是郑州地铁 5 号线的历史记载、创新实践的总结，也是为今后轨道交通行业的发展提供范例参考。

目 录

第一部分 工程概况

第二部分 盾构机选型

第三部分 盾构施工技术

第四部分　典型施工案例

第五部分　工程管理及借鉴意义

第一部分

工 程 概 况

第 1 章　轨道交通 5 号线工程简介

1.1　线网规划

郑州市轨道交通远景年线网方案由 21 条线路组成，总长 970.9 km，其中地铁线 13 条共 505 km，市域快线 8 条共 466 km。国家发改委于 2019 年 3 月批复《郑州市城市轨道交通第三期建设规划（2019—2024 年）》（发改基础〔2019〕599 号文），此建设规划包含 3 号线二期、6 号线一期、7 号线一期、8 号线一期、10 号线一期、12 号线一期、14 号线一期共 7 个项目，总长 159.6 km。项目建成后，郑州市将形成总长约 326.54 km 的轨道交通网络。如图 1.1.1 所示。

图 1.1.1　郑州市城市轨道交通线网规划示意图

1.2 轨道交通 5 号线工程概况及走向

1.2.1 线路概况

郑州市轨道交通 5 号线工程线路全长 40.433 km，均为地下线。全线设站 32 座，其中换乘站 18 座，与线网中的 1、2、3、4、6、7、8、9、10、11、12 号线衔接换乘，工程线路走向示意图如图 1.2.1 所示。全线设中州大道车辆段和五龙口停车场各 1 座。平均站间距约 1.26 km。初步设计概算约 321.39 亿元。采用 A 型车 6 辆编组，初期配属电客车 39 列/234 辆。系统最大能力 30 对/h，最高运行速度为 80 km/h，线路旅行速度 35.9 km/h，最小间隔 120 s。

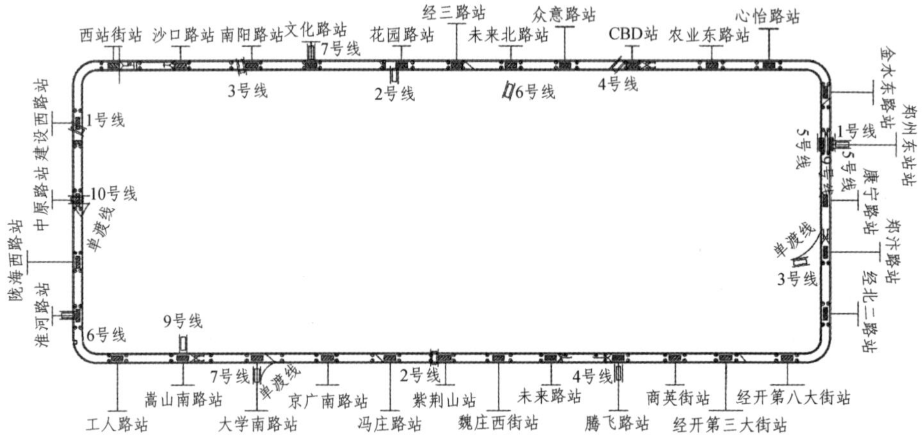

图 1.2.1 工程线路走向示意图

1.2.2 工程走向

郑州市轨道交通 5 号线工程为环线，起止于西站街站，线路沿黄河路、黄河东路、商务外环路、龙湖外环路、盛和街、心怡路、经开第十大街、航海路、桐柏路和西站路布置，属于城市核心区外围边缘的环形线路，覆盖城市东北半环客流走廊和西南半环客流走廊，联系新客站片区、郑东片区、金水中原片区、西北片区、西部服务片区、中原二七片区、管城片区、经开片区，为核心区外围各功能片区间提供联系。

1.3 地质水文情况

1.3.1 地质情况

1. 地形地貌

郑州位于东经 112°42′ ~ 114°13′，北纬 34°16′ ~ 34°58′，总面积约 7 446.2 km^2，北

临黄河，西依嵩山，东南为广阔的黄淮平原。郑州市横跨中国二、三级地貌台阶，西南部嵩山属第二级地貌台阶前缘，东部平原为第三级地貌台阶的组成部分。郑州地区位于丘陵岗地与泛滥平原相交接地带，为华北平原的一部分。地势比较平坦，地势由西南向东北倾斜。

本工程大致以京广铁路为界分为东部堆积地貌和西部侵蚀堆积地貌，东部堆积地貌由黄河冲击平原和风积沙丘、沙地组成，西部侵蚀堆积地貌由黄土台塬塬前冲积岗地和山前冲积缓倾平原组成。郑州市区出露地层全部为第四系地层，据区域地质资料报告，各地质分区的地层岩性分布地质主要以粉土、粉质黏土、细砂、粉砂、中砂组成。

2. 地层岩性

郑州市区出露地层全部为第四系地层，自下更新统至全新统均有沉积，地层总厚度 50 ~ 200 m，自西南向东北由薄变厚，为粉砂、细砂，17 ~ 35 m 主要地层为中密—密实粉砂和细砂。

场地 35 ~ 50 m 范围内主要为第四系上更新统（Q_3）粉质黏土（可塑—硬塑）、粉细砂（密实），以黄色、黄褐色为主，含少量钙核、铁质锈斑。

场地 50 m 以下揭露的地层主要为第四系中更新统（Q_2）粉质黏土（硬塑—坚硬），颜色以棕红色、褐黄色为主，含少量钙核、铁锰质结合体等。

3. 地层概况

根据岩土的时代成因、地层岩性及工程特性，本场地勘探揭露深度范围内地层岩性主要为人工填土、粉土、粉质黏土、粉砂、细砂等，在场地内及其附近亦未发现对工程安全有影响的诸如岩溶、滑坡、崩塌、塌陷、采空区、地裂等不良地质作用。下面根据地质分区对场地主要地层分述说明如下。

1）人工填土

第①层素填土（Q_{4m}^{l}）：黄褐色，褐黄色，稍湿，稍密，主要成分以粉土、细砂为主，含少量砖渣、灰渣。本层层厚 0.50 ~ 3.30 m，平均层厚 1.48 m，层底埋深 0.50 ~ 6.70 m。

第①$_1$ 层杂填土（Q_{4m}^{l}）：杂色，成分杂乱，松散，主要由市政道路路面、耕土、回填土、垃圾和植物根系等组成，一般表层有厚 0.2 ~ 0.4 m 的水泥路面。本层层厚 0.40 ~ 6.00 m，平均层厚 2.30 m。

2）全新统冲洪积层

第②$_{32}$ 层粉土：黄褐色—褐黄色，稍湿—湿，稍密—中密，含云母碎片和少量褐色黏土团块，有砂感，干强度低，韧性低。本层层厚 1.00 ~ 4.60 m，平均层厚 2.34 m。

第②$_{32D}$层细砂：褐黄色—黄褐色，稍湿，稍密—中密，主要成分以石英、长石为主，含云母，偶见白色螺壳碎片，砂质较均。本层层厚 1.00 ~ 4.90 m，平均层厚 2.92 m。

第②$_{33}$层粉土：黄褐色—浅灰色，稍湿—湿，稍密—中密，含云母、少量白色螺壳碎片，局部夹黏土团块，干强度低，韧性低。本层层厚 1.80 ~ 4.20 m，平均层厚 2.52 m。

第②$_{21}$层粉质黏土：黄褐色—浅灰色，可塑，土质不均，无光泽，切面较光滑，含铁锈斑纹和少量铁锰质斑点。本层层厚 0.30 ~ 4.50 m，平均层厚 2.13 m，层底埋深 3.50 ~ 10.5 m。

第②$_{35D}$层细砂：褐黄色，稍湿—湿，中密—密实，局部夹粉砂，成分以石英、长石为主，含少量云母碎片。本层层厚 1.00 ~ 3.50 m，平均层厚 2.25 m，层底埋深 7.00 ~ 10.50 m。

3）上更新统冲洪积层

第③$_{22}$层粉质黏土：黄褐色—褐黄色，可塑—硬塑，含少量铁锰质结核、钙质结核，局部夹薄层粉土，局部多虫孔，孔壁多铁质浸染现象。本层层厚 0.40 ~ 6.20 m，平均层厚 2.82 m。

第③$_{23}$层粉质黏土：黄褐色—棕黄色，硬塑，切面稍有光泽，含铁锰质结核、钙质结核等，局部夹薄层粉土，有虫孔，孔壁多铁锰质染色现象，含姜石，姜石含量一般 3% ~ 5%，姜石粒径一般 5 ~ 20 mm，最大粒径超过 50 mm。本层层厚 0.40 ~ 7.80 m，平均层厚 3.78 m。

第③$_{52}$层中砂：褐黄色，湿—饱和，中密—密实，成分由石英、长石、云母等组成。本次部分钻孔未揭穿，揭露层厚 2.30 ~ 13.20 m，平均层厚 9.63 m，层顶埋深 25.1 ~ 39.6 m。

4）中更新统冲积层

第④$_{21}$层粉质黏土：褐红色、棕红色，硬塑，含铁锰结核体，最大粒径大于 5 mm，节理发育，节理面光滑，多铁锰质染色现象，含姜石，一般粒径为 20 ~ 30 mm，最大粒径大于 5 cm，局部含量大于 20%，富集成层。层顶埋深 48.00 ~ 52.4 m，层顶高程 46.17 ~ 49.24 m，本层未揭穿。

第④$_{51}$层细砂：黄色，饱和，密实，主要成分由石英、长石等组成，含云母片。本层层厚 1.9 m，层底埋深 49.2 m。

4. 地层物理力学参数

如表 1.3.1 所示。

表 1.3.1 郑州市轨道交通 5 号线工程盾构下穿地层物理力学参数表

岩土编号	岩土名称	天然重度	含水率	孔隙比	黏聚力	内摩擦角	压缩模量	侧压力系数
②$_{35}$	黏质粉土	19.6 ~ 20.2	14.2 ~ 22.3	0.54 ~ 0.65	18.5 ~ 25.0	6.0 ~ 10.0	9.5 ~ 20.0	0.40 ~ 0.43
②$_{36}$	砂质粉土	19.8 ~ 20.7	18.3 ~ 19.3	0.58 ~ 0.64	24.0 ~ 26.0	12.0 ~ 13.5	12.0 ~ 18.0	0.41 ~ 0.42
②$_{36C}$	粉砂	20.0 ~ 21.0	—	—	25.0 ~ 28.0	15.0 ~ 18.0	—	0.36 ~ 0.41
②$_{51}$	细砂	19.0 ~ 20.0	—	—	26.0 ~ 28.0	18.1 ~ 22.0	—	0.36 ~ 0.38
②$_{52}$	细砂	19.4 ~ 20.0	—	—	28.0 ~ 30.0	22.0 ~ 32.0	—	0.34 ~ 0.38
②$_{52A}$	黏质粉土	20.0 ~ 21.9	17.7 ~ 22.5	0.52 ~ 0.64	16.7 ~ 25.5	9.0 ~ 22.5	8.4 ~ 25.0	0.40 ~ 0.42
③$_{22}$	粉质黏土	19.2 ~ 19.7	14.3 ~ 25.7	0.62 ~ 0.63	26.6 ~ 41.0	10.0 ~ 7.6	7.8 ~ 11.5	0.40 ~ 0.43
③$_{23}$	黏质粉土	19.1 ~ 19.6	20.4 ~ 24.5	0.60 ~ 0.74	23.6 ~ 38.8	10.9 ~ 17.0	9.2 ~ 12.5	0.40 ~ 0.43
③$_{34A}$	黏质粉土	17.4 ~ 18.4	15.4 ~ 17.4	0.61 ~ 0.71	13.8 ~ 18.5	18.5 ~ 22.5	9.0 ~ 11.0	0.43 ~ 0.45
③$_{34}$	黏质粉土	18.0 ~ 19.2	16.4 ~ 17.8	0.60 ~ 0.63	12.5 ~ 20.5	20.3 ~ 24.0	12.8 ~ 15.5	0.38 ~ 0.41
③$_{35}$	黏质粉土	18.7 ~ 19.4	19.6 ~ 22.1	0.67 ~ 0.70	11.5 ~ 18.0	21.0 ~ 26.0	11.5 ~ 16.0	0.36 ~ 0.43

1.3.2 水文情况

1. 气　象

郑州市轨道交通 5 号线工程沿线属北温带大陆性季风气候区，具有半干旱、半湿润特征，春季干旱多风沙，夏季炎热多雨，秋季凉爽，冬季干冷多风，雨雪稀少，四季分明，干湿明显。郑州市的干燥度指数 k 值小于 1.5，属湿润区。

据 1957 年—2005 年的气象资料，历年平均气温为 14.4 °C，平均月最高气温为 20 °C，平均月最低气温为 9 °C，绝对最高气温为 43.0 °C（1966 年 7 月 19 日），绝对最低气温 – 17.9 °C（1955 年 1 月 2 日和 1971 年 12 月 27 日）。年最大降水量 1 041.3 mm（1964 年），年最小降水量 349.3 mm；日最大降水量 150 mm，部分地区达 200 mm；降水多集中在 7—9 月，降水量 353.9 mm，占全年降水量的 55%，1 月、2 月、12 月三个月降水量仅 30.2 mm，占全年降水量不足 5%。多年平均蒸发量为 1 853.2 mm；多年平均相对湿度 66%。具体如表 1.3.2 所示。

表 1.3.2 近 50 年累计年月平均总降水量

月　份	1	2	3	4	5	6	7	8	9	10	11	12
平均降水量/mm	8.8	12.0	28.5	39.6	58.0	62.8	155.5	112.5	77.4	45.1	22.3	9.8

郑州市为多风地区，多年平均风速为 2.8 ~ 3.2 m/s，最大平均风速为 18.0 ~ 22.0 m/s。冬季主导风向为东北风和西北风，夏秋多东南风、南风。霜期为 10 月至次年 4 月，有霜期为 110 ~ 174 d。年平均降雪 11 cm，最大厚度达 20 cm。历年最大冻土深度 27 cm。

2. 区域地下水

根据地下水介质特征和埋藏赋存条件，郑州地区地下水类型主要为松散岩类孔隙水。按含水层埋深情况，可分为浅水含水层组和深水含水层组，浅层含水层组是指含水层底板埋深小于 60 m 的地下水，中深层含水层组是指顶板埋深 50 ~ 100 m、底板埋深 220 ~ 280 m 之间的地下水。

郑州市中心城区中深层地下水降落漏斗的形成和发展，主要受开采量的控制，中深层地下水开采形成的降落漏斗，分布在郑州市中心城区范围，西起四环路、东到 107 国道，北到连霍高速公路，南至南三环，漏斗中心区位于陇海东路汽车制造厂，漏斗区内最低水位标高 17.5 m，漏斗面积约 72 km^2。中深层地下水接受浅层地下水的越流补给及侧向径流补给。排泄以开采、径流为主，排泄方向由非降落漏斗区向降落漏斗区。

3. 场地地下水

本线路沿线所在场地地下水主要为孔隙潜水，第一层地下水呈局部分布，高程为 77.70 ~ 90.00 m，主要赋存于②$_{34}$黏质粉土中，预计水量不大；第二层地下水为微承压水，高程为 69 ~ 71.11 m，主要赋存于②$_{36C}$层粉砂和②$_{51}$层细砂和②$_{52}$层细砂层中。

4. 地下水的补给、径流、排泄条件、水位及其动态特征

（1）地下水的补给：本段沿线地下水的补给源主要为大气降水、河流下渗补给。

（2）地下水的径流：本段沿线内地下水的径流主要受城区浅层地下水降落漏斗的影响，浅层地下水的天然流向是由西南向东北。但由于受开采的影响，径流方向可发生局部改变。

（3）地下水的排泄：本段场地地下水排泄方式主要是以开采、地下径流为主。

工程地质分段评价如表 1.3.3 所示。

表 1.3.3 工程地质分段评价

序号	里程段	区间	工程地质水文评价
1	K38 + 902.0 ~ K13 + 848.6	建设西路站—西站街站区间、西站街站—沙口路站区间、沙口路站—南阳路站区间、南阳路站—文化路站区间、文化路站—花园路站区间、花园路站—经三路站区间、经三路站—未来北路站区间、未来北路站—众意路站区间、众意路站—CBD 站区间、CBD 站—农业东路站区间、农业东路站—心怡路站区间	水文地质简单，本段线路所在场地地下水主要为孔隙潜水，隧道位于地下水水位以上。沿线地下水的补给源主要为大气降水补给。隧道围岩基本分级为Ⅴ级，盾构隧道主要穿越在黏质粉土、细砂层中，易产生流土现象，从而降低土层结构强度，土体自稳能力较差，内部应力重分布发生的土体变形反应较为迅速，但地层天然地基承载力较高
2	K14 ~ K27 + 730.799	心怡路站—金水东路站区间、金水东路站—郑州东站区间、郑州东站—康宁路站区间、康宁路站—郑汴路站区间、郑汴路站—经北二路站区间、经北二路站—经开第八大街站区间、经开第八大街站—经开第三大街站区间、经开第三大街站—商英街站区间、商英街站—腾飞路站区间、腾飞路站—未来路站区间、未来路站—魏庄西街站区间	水文地质简单，地下水主要为孔隙潜水，隧道段水量小。本段沿线地下水的补给源主要为大气降水、河流下渗补给。隧道围岩基本分级为Ⅵ级，自北向南分别位于粉砂、细砂和黏质粉土中，预计可满足基础的承载力和变形要求，以上地层可作为隧道结构基础的天然地基持力层
3	K27 + 730.799 ~ K38 + 902.0	魏庄西街站—紫荆山路站区间、紫荆山路站—冯庄路站区间、冯庄路站—京广南路站区间、京广南路站—大学南路站区间、大学南路站—嵩山南路站区间、嵩山南路站—工人路站区间、工人路站—淮河路站区间、淮河路站—陇海西路站区间、陇海西路站—中原路站区间、中原路站—建设西路站区间	水文地质简单，本场地地下水类型为第四纪松散岩类孔隙潜水，地下水补给主要有降水入渗、地表水下渗、地下水侧向径流等补给，隧道围岩基本分级为Ⅵ级，隧道穿越地层为黏质粉土、粉砂、粉质黏土。其地基承载力满足上部结构荷载要求，工程性质良好，可作为区间隧道基础的天然地基持力层

第2章 工程主要风险源

郑州市轨道交通5号线工程自2014年12月29日开工建设以来克服工程施工难度大，站点周边施工环境复杂、安全风险高等不利因素，全力破解了征地拆迁、管线迁改、苗木移植、市政设施迁移、交通疏解等障碍性因素，顺利完成下穿铁路11次、河流10次、房屋27座，大断面暗挖2处。其中：出入段线破解了国内少见的小曲线半径（最小230 m）盾构下穿房屋、350 m半径曲线浅埋下穿陇海铁路正线（共18股道）等技术难点和重大风险；未来北路在既有立交桥下成功完成大断面双洞暗挖施工；西站街站至沙口路站区间连续穿越郑北编组站股道及箱涵等多个铁路既有设施；郑汴路站至经北二路站区间穿越陇海铁路和京广高铁特大桥；商英街站至腾飞路站区间下穿十七里河；花园路站—经三路站区间长距离穿越老旧危房等。这些技术难题和重大风险的攻克，有力地保证了5号线工程具备初期开通条件。

2.1 典型风险源

2.1.1 下穿铁路

郑州轨道5号线下穿圃田西站18股路基段、陇海铁路、石武客专等重点铁路设施，存在线路较多且地下各种电缆线、管线较多的风险源。

（1）盾构隧道的施工势必会引起地层的扰动而造成地表的差异沉降，再加之铁路行车的振动，不利于开挖面的稳定。为保障铁路的安全及平稳运行，将盾构施工对其影响降低到最小是必须遵循的施工准则。

（2）盾构下穿段隧道开挖断面下部为粉细砂层，粉细砂层自稳性差，盾构开挖过程中的上部粉细砂层可能造成地面沉降加大。

（3）如果盾构姿态控制不好，容易产生超挖，从而导致地表沉降过大。

（4）通信发射塔及接触网塔是铁路运输信号发射的中枢，起纽带作用。盾构隧道沉降直接影响铁路整个的运营。

（5）盾构隧道下穿期间地面沉降允许值≤30 mm，在采取措施的条件下可以控制到10 mm左右，但盾构下穿运行中的既有线路来往列车产生的动荷载对地表沉降影响较大，普通措施无法控制到10 mm。

在郑州轨道5号线出入段下穿圃田西站时，需对铁路路基进行上线加固，工程施工具有特殊性：

（1）一般施工单位缺少类似营业线施工的经验，在铁路封锁、慢行方面协调困难，缺乏与铁路各站段的配合经验，相关手续办理困难。

（2）一般施工单位没有铁路架空所需的专用便梁、专用轨道运输平板车和吊装设备，且此类设施市场租赁来源少。

（3）每年7—9月为汛期，按照铁路局要求，“路外单位”不能在汛期进行涉及营业线路基方面的施工。

2.1.2 下穿河流

盾构穿越河流，极易引起河堤及河底沉降、喷涌、盾尾漏水、漏砂等问题。本工程中，多个区间穿越河流，以上问题尤为明显，包括嵩山南路站—工人路站区间盾构下穿金水河、CBD站—农业东路站区间盾构下穿昆丽河、农业东路站—心怡路站区间盾构下穿熊耳河，商英街站—腾飞路站区间盾构下穿七里河等。

1. 河堤及河底沉降

隧道开挖地层为全断面粉细砂层，隧顶覆有淤泥层，且河堤大多采用回填土，地层较松散，在盾构推力及刀盘扭矩作用下土体易发生扰动。如果掘进参数控制不合理，土仓与螺机进排土量不平衡，将会导致地层及地下水损失，致使地面产生沉降现象。

2. 喷　涌

盾构下穿河道时，地层含水量很大，在掘进过程中如果土压控制不当，对土体扰动过大，会造成河底隆起或沉降，从而形成水流通道。砂层在水流作用下成流体状进入土仓，随着仓内压力的增大，形成喷涌现象。

3. 盾构铰接缝漏水、漏砂

盾构穿越河流时，如盾构姿态控制不当，盾构机易出现蛇形摆动现象，导致铰接油缸和推进油缸行程差过大，盾构铰接缝出现漏水、漏砂现象。

4. 盾尾漏水、漏砂

盾尾密封主要是为了防止地下水和同步注浆浆液渗入盾构机，确保开挖面的稳定和盾构的正常掘进。管片拼装不居中、密封油脂注入量小、同步注浆压力过大等原因，容易造成盾尾漏水、漏砂。

2.1.3　下穿重点建筑物

郑州市轨道交通 5 号线工程共穿越房屋 27 座，隧道施工对于建筑房屋的地基土会有扰动，造成地基土的失稳引起地表隆沉，给房屋造成破坏；地表建筑物的存在，给隧道施工造成了较大的影响、增加了施工难度。

河南省供销合作社家属院 23#、10#、11#住宅楼、综合楼，位于郑州市政六街—政七街间黄河路南邻，建造于 20 世纪 80 年代初，均为条形浅基础。综合楼拆改较为严重，影响到建筑的整体性，不能满足安全使用要求，房屋处于整体危险状态。23#和 11# 一楼办公区进行改移，10#综合楼一楼、二楼拆改严重，施工前对一楼下进行加固。同时，11#楼南立面纵墙有 3 处较大面积渗水碱化，南立面纵墙二层竖向温度裂缝密集发育；23#楼南立面纵墙一层窗台以下位置竖向温度裂缝密集发育。建筑整体刚度劣化，均不符合《建筑抗震鉴定标准》要求。根据建筑基础探查结果，地基为粉土类土，地基土遭遇有压水头时存在流土流砂和振动液化的可能性。

深航商务办公楼，地上 25 层框架结构，地下 2 层采用筏板与桩基础结合的复杂基础，目前大楼已建成，原基坑深 10.7 m，围护结构采用钻孔灌注桩+锚索（锚杆）体系。郑州轨道交通 5 号线心怡路站—金水东路站区间穿越时，侧穿区段隧道埋深 9.4 ~ 12 m，与深航商务办公楼地下室结构最小水平净距为 4.79 m。大楼西侧自上至下两道锚杆、两道锚索，2 层锚索侵入区间隧道内，盾构机遇到锚索，锚索有很强的韧性，在刀盘旋转过程中，极容易绞入刀盘及土仓，将刀盘和螺旋机卡死，导致盾构机瘫痪。深航商务办公楼处于市区主干道路周边商业楼密集，地面埋设有天然气、给水管等管线，工期紧，需在较短时间拔除百余束锚索。

农业东路站—心怡路站区间位于郑东新区，在穿越爱东居项目时遇到 CFG 素桩群，CFG 桩为 C25 砼灌注桩，桩径 400 mm，桩间距 1 200 mm，有效桩长不小于 13 m，桩端进入持力层不小于 800 mm，桩基侵入盾构区间约 5.3 m 上部为空桩，CFG 素桩强度为 25 ~ 35 MPa，总桩数超过 600 根，受影响 CFG 桩超过 300 根。同时，此段为上软下硬地层，盾构机姿态难控制，容易产生抬头向下纠偏难。而且上部为空桩，极易塌方，出渣量不好控制。影响爱东居项目，导致掘进缓慢，加剧对地层的扰动。

2.1.4　小曲率半径施工、近接施工风险

盾构在小曲率半径施工过程中姿态难控制，容易引起土方超挖产生过量沉降，引起地面塌陷、管线破坏等事故。两台盾构机近接施工或与其他工程近接施工时，因结构间土层受强烈扰动，引起过量沉降带来结构或环境对象破坏。

郑州地铁 5 号线车辆段出入线（简称：出入段线）区间左线从腾飞路站引出，右线从未来路站引出，双线沿航海东路相向而行，线路至国香茶城西侧道路转向北，经石化路后下穿陇海铁路圃田西站，过铁路后线路继续向东转入中州大道车辆段。在中州大道

车辆段出入线，受腾飞路站及未来路站的站位影响，出入线左右线均采用小半径曲线，由腾飞路站始发的左线盾构最小转弯半径为 230 m，由未来路站始发的右线盾构最小转弯半径为 250 m。由于普通的土压平衡盾构机在曲线隧道掘进时，管片与盾构机盾壳形成夹角，受夹角限制，隧道曲线半径不能过小，否则易造成管片安装困难的问题。另外在曲线掘进时，普通盾构机依靠推进千斤顶分配不同的压力完成盾构机转弯，容易造成管片碎裂，盾壳与管片的间隙过小会影响盾构转弯姿态。

五龙口停车场出入线（简称：出入场线）右线长 2 844.678 m，最大纵坡为 34.5‰，平面最小曲线半径为 250 m，下穿郑州北站编组站 68 股道。由于下坡掘进，物料运输耗时增加，停机风险加大，溜车风险增加，同时长距离掘进对施工通风要求进一步提高。加之小半径掘进和上方铁路的影响，掘进通过时盾构参数的控制、盾构姿态的调整难度增大。

2.2 工程风险源详表

2.2.1 区间自身风险源

郑州市轨道交通 5 号线区间共计 468 处自身风险源，其中Ⅰ级风险源 0 个，Ⅱ级风险源 131 个，Ⅲ、Ⅳ级风险源合计 337 处。表 2.2.1 为郑州市轨道交通 5 号线盾构区间自身主要风险源统计表。

表 2.2.1 5 号线区间自身主要风险源统计表

编号	风险源名称	风险源概况	风险等级	风险控制措施
01	盾构始发区段和到达区段	盾构始发或到达时，由于洞口附近土体的不稳定，易造成洞口外侧地面大量沉降。若此时端头加固的强度不达标，会造成大量的水土流失或土体坍塌	Ⅱ级	对洞口端头一定长度范围内的土体进行加固，加固措施采用旋喷桩，必要时采用疏干井降水措施
02	矿山法施工的联络通道	矿山法联络通道在施工的过程中，由于外围土体加固未达标或一次开挖步距过大等因素，会引起土体的塌落等事故	Ⅱ级	联络通道的设置尽量选择良好的地质及周边环境；施工时采用合理的开挖步距；开挖面及时支护并加强检测
03	风　井	风井处的基坑深度为 15.6 m，为地下两层结构。基坑在开挖的过程，由于一次开挖深度过大或者支撑未及时支护，引起基坑坍塌等风险	Ⅱ级	加强基坑围护结构和内支撑体系，确保施工质量，加强监控量测，根据监测结果及时调整施工参数

续表

编号	风险源名称	风险源概况	风险等级	风险控制措施
04	区间矿山段	由于外围土体加固未达标或一次开挖步距过大等因素，会引起土体的塌落等事故	Ⅱ级	施工时采用合理的开挖步距；开挖面及时支护并加强检测
05	联络通道及泵房暗挖法施工	在施工的过程中，由于外围土体加固未达标或一次开挖步距过大等因素，会引起土体的塌落等事故	Ⅱ级	联络通道的设置尽量选择良好的地质及周边环境。 施工时采用合理的开挖步距；开挖面及时支护，并加强检测

2.2.2 区间环境风险源

郑州市轨道交通5号线区间共计415处环境风险源，其中Ⅰ级风险源17个，Ⅱ级风险源75个，Ⅲ、Ⅳ级风险源合计323处。表2.2.2为郑州市轨道交通5号线盾构区间环境主要风险源统计表。

表2.2.2 5号线区间环境主要风险源统计表

编号	区间	风险源名称	风险源概况	风险等级	风险控制措施
01	文化路站—花园路站区间	省事务管理局109号院在建工地	此处为一栋建成后约30层的大厦在建工地，区间左右线均穿越工地北侧的锚索，盾构在侧穿该建筑的过程中，会切割建筑物基坑锚索，会扰动在建建筑物与区间隧道，且区间右线结构外缘与北侧围护桩间的净距只有0.7 m，盾构拱顶覆土深度约10.4 m。临近基坑深7.90 m。盾构本身和该在建建筑工地的相互影响很大	Ⅱ级	加强沟通，提前拔出或切断锚索，跟踪注浆，隔断保护，基底加固等措施
		省塑料公司家属楼	家属楼距左线区间外轮廓以北约3.3 m，砖混结构扩大基础，无地下室，无锚索，条形基础，盾构拱顶覆土深度约10.3 m。盾构在侧穿该建筑的过程中，会扰动建筑物与结构间土体，对盾构本身和该建筑的安全均会产生不利影响	Ⅱ级	调整盾构掘进参数、加强同步注浆和二次注浆等措施

续表

编号	区间	风险源名称	风险源概况	风险等级	风险控制措施
01	文化路站—花园路站区间	中孚大厦	大厦距左线区间外轮廓以北约 3.04 m。13 层钢筋混凝土结构筏板基础。地下室为 1 层，标高为负 3.6 m，经走访基坑采用放坡锚喷支护。盾构拱顶覆土深度约 10.5 m。盾构在侧穿该建筑的过程中产生的震动、对土层的扰动和对基坑外侧锚索可能产生切割等因素，会诱发该建筑产生裂缝和不均匀沉降等风险	Ⅱ级	1. 盾构施工姿态控制。 2. 地面注浆加固。 3. 预埋袖阀管跟踪注浆加固。 4. 盾构管片增加预埋注浆孔，加强二次注浆。 5. 建立完善的监控量测体系，并做好应急预案
		通讯设计院家属楼	盾构区间下穿该家属楼，拱顶距离地面的距离约为 11.61 m，家属楼混凝土结构 5 层，扩大基础，无地下室，无锚索。盾构拱顶覆土深度约 11.6 m。盾构在下穿该建筑的过程中产生的震动和对土层的扰动，会诱发该建筑产生裂缝和不均匀沉降等风险	Ⅱ级	调整盾构掘进参数、加强同步注浆和二次注浆等措施
02	花园路站—经三路站区间	河南省供销社家属楼	盾构区间下穿该家属楼，拱顶距离地面的距离约为 8.52 m，家属楼为 5 层砖混结构，条形基础，无锚索。盾构在下穿该建筑的过程中产生的震动和对土层的扰动，会诱发该建筑产生裂缝和不均匀沉降等风险	Ⅰ级	跟踪注浆、隔断保护、基底加固等措施
03	经三路站—未来北路站区间	未来大道立交桥黄河路匝道的桥台和桥桩	区间右线结构外缘与北侧桩基间最近的距离为 1.91 m。盾构在侧穿该桥台和桥桩的过程中，会对其沉降和裂缝产生不利影响	Ⅱ级	调整盾构掘进参数、加强同步注浆和二次注浆等措施
		瀚海璞丽在建工地	此处为瀚海璞丽大厦在建工地，区间左右线均穿越工地南侧的锚索。盾构在侧穿该建筑的过程中，会切割建筑物基坑锚索，会扰动在建建筑物与区间隧道，且区间左线结构外缘与北侧围护桩间的净距现有资料不能准确反映，盾构拱顶覆土深度约 10.9 m。盾构在侧穿该建筑的过程中，会切割建筑物基坑锚索，会扰动建筑物与结构间土体，对盾构本身和该建筑均会产生不利影响	Ⅱ级	加强沟通、提前拔出或切断锚索、跟踪注浆、隔断保护、基底加固等措施

续表

编号	区间	风险源名称	风险源概况	风险等级	风险控制措施
03	经三路站—未来北路站区间	河南胸科医院北门东侧高层建筑	此处为一栋大厦在建工地，区间右线结构外缘与北侧围护桩间的净距现有资料不能准确反映。盾构拱顶覆土深度约 15.0 m。盾构在侧穿该建筑的过程中，会扰动建筑物与结构间土体，对盾构本身和该建筑的安全均会产生不利影响	Ⅱ级	调整盾构掘进参数、加强同步注浆和二次注浆等措施
		新航快捷酒店	酒店位于区间南侧，距右线区间外轮廓约 2.6 m，混凝土结构 19 层，1 层地下室，无锚索。盾构拱顶覆土深度约 11.1 m。盾构在侧穿该建筑的过程中，会扰动建筑物与结构间土体，对盾构本身和该建筑的安全均会产生不利影响	Ⅱ级	
04	未来北路站—众意路站区间	聂庄公寓	盾构在侧穿该建筑的过程中，会扰动建筑物与结构间土体，对盾构本身和该建筑的安全均会产生不利影响	Ⅱ级	加强沟通、提前拔出或切断锚索、跟踪注浆、隔断保护等措施
		未来大道立交桥中州大道西侧匝道的桥台和桥桩	盾构区间顶部覆土厚度 11 m，盾构区间与桩承台的净距为 9.1 m，左线区间下穿桥桩承台，承台长度为 9.0 m，宽度为 2.7 m，高度为 4.6 m。左线区间正穿一桥桩，紧贴侧穿另一桥桩，桥桩的桩径 1.5 m 的桩孔灌注桩，桩长为 34.6 m，穿越时需对桥桩进行桥桩托换续梁结构	Ⅰ级	盾构施工前需对黄河路匝道的桥桩进行托换，托换时需考虑区间穿过时对新基础的影响。 盾构推进时需调整掘进参数、加强同步注浆和二次注浆等措施
		中州大道金水河桥的桥台和桥桩	盾构拱顶覆土深度约 13.3 m，桥台和桥桩的系资料缺乏，盾构在侧穿该桥台和桥桩的过程中，会对该桥台和桥桩的沉降和裂缝产生不利影响	Ⅱ级	跟踪注浆、隔断保护等措施

续表

编号	区间	风险源名称	风险源概况	风险等级	风险控制措施
04	未来北路站—众意路站区间	金水河	区间拱顶距河底净距7.76 m，盾构在下穿该条河的过程中，由于水压的变化，会对盾构及区间隧道产生不利影响	Ⅱ级	加强盾构的同步注浆和二次注浆，隔断保护等措施
05	众意路—CBD站区间	下穿如意湖	盾构与河底距离约9.13 m，下穿该条河的过程中，由于水压的变化，会对盾构及区间隧道产生不利影响	Ⅱ级	1. 盾构施工前，如有必要应先对河底以及河堤进行预加固。 2. 穿越过程中加强监控量测。 3. 为了防止盾构机下穿昆丽河时发生喷涌，需采取以下措施防止盾构机发生喷涌： a. 在水量较大的地段掘进时采用螺旋输送机。 b. 经常检查盾尾密封刷密封效果，经常填加油脂，确保密封刷状态良好
06	CBD站—农业东路站区间	下穿昆丽河	昆丽河河底宽约100 m，穿越昆丽河段区间结构距离河底最小净距为10.02～14.52 m，穿越地层主要为粉质黏土及细砂层，昆丽河河底铺设有膨润土防渗毯	Ⅱ级	

续表

编号	区间	风险源名称	风险源概况	风险等级	风险控制措施
07	农业东路—心怡路站区间	下穿熊耳河	盾构与河底距离约 14.3 m，下穿该条河的过程中，由于水压的变化，会对盾构及区间隧道产生不利影响	Ⅱ级	1. 盾构施工前，如有必要应先对河底以及河堤进行预加固。 2. 穿越过程中加强监控量测。 3. 为了防止盾构机下穿昆丽河时发生喷涌，需采取以下措施防止盾构机发生喷涌： a. 在水量较大的地段掘进时采用螺旋输送机。 b. 经常检查盾尾密封刷密封效果，经常填加油脂，确保密封刷状态良好
		下穿郑河小区	盾构区间埋深约 12 m，郑和小区 1#楼为深层搅拌桩基础，搅拌桩底在地面下约 16 m，区间在下穿该建筑的过程中会切搅拌桩，同时产生震动和土层扰动会诱发该建筑产生裂缝和不均匀沉降等风险	Ⅰ级	采用克泥效工法，跟踪注浆、隔断保护、基底加固等措施

2.2.3 车站风险源

郑州市轨道交通 5 号线车站共计 628 处自身风险源，其中Ⅰ级风险源 0 个，Ⅱ级风险源 173 个，Ⅲ、Ⅳ级风险源合计 455 处。郑州市轨道交通 5 号线车站共计 408 处环境风险源，其中Ⅰ级风险源 11 个，Ⅱ级风险源 76 个，Ⅲ、Ⅳ级风险源合计 321 处。车站基坑周边相邻主要市政道路，周边环境复杂，加强监测，必要时采取注浆或其他加固措施。

第二部分

盾构机选型

本部分根据郑州市轨道交通 5 号线工程实际特点，提出适合本工程地铁隧道施工用的盾构机基本配置的技术要求，同时就盾构机的刀盘结构形式及开口率、刀盘扭矩、刀具种类及配置、盾构机推力、渣土改良、壁后注浆、铰接形式等关键技术问题提出设计思路。力求在不同工程条件下盾构机主要结构设计合理优化、科学配置，满足两种不同工程条件下施工需要，减少投资、节约成本。

第 3 章 盾构机选型原则与方法

3.1 盾构选型的原则与依据

盾构选型是盾构法隧道施工安全、环保、优质、经济、快速建成的关键工作之一。不同形式的盾构所适应的地质范围不同，盾构选型总的原则应优先考虑安全性适应性，再考虑技术先进性，然后考虑盾构的经济性。盾构施工时，施工沿线的地质条件可能变化较大，在选型时一般选择适合于施工区大多数围岩的机型。

盾构选型时主要遵循下列原则：

（1）应对工程地质、水文地质有较强的适应性，首先要满足施工安全的要求。

（2）安全适应性、技术先进性、经济性相统一，在安全可靠的情况下，考虑技术先进性和经济合理性。

（3）满足隧道外径、长度、埋深、施工场地、周围环境等条件。

（4）满足安全、质量、工期、造价及环保要求。

（5）后配套设备的能力与主机配套，满足生产能力与主机掘进速度相匹配，同时具有施工安全、结构简单、布置合理和易于维护保养的特点。

（6）盾构制造商的知名度、业绩、信誉和技术服务。

根据以上原则，对盾构的形式及主要技术参数进行研究分析，以确保盾构法施工的安全、可靠，选择最佳的盾构施工方法和最适宜的盾构。盾构选型是盾构法施工的关键环节，应以工程地质、水文地质为主要依据，综合考虑周围环境条件、隧道断面尺寸、施工长度、埋深、线路的曲率半径、沿线地形、地面及地下构筑物等环境条件，以及周围环境对地面变形的控制要求的工期、环保等因素。同时，还应参考国内外已有盾构工程实例及相关的盾构规范、施工规范及相关标准，对盾构类型、驱动方式、功能要求、主要技术参数、辅助设备的配置等进行研究。

3.2 盾构选型的主要方法

3.2.1 根据地层的渗透系数

地层渗透系数对于盾构的选型来说是一个很重要的因素。通常，当地层的渗透系数小于 10^{-7} m/s 时，可以选用土压平衡盾构；当地层的渗透系数在 10^{-7} m/s 到 10^{-4} m/s 之间时，既可以选用土压平衡盾构，也可以选用泥水式盾构；当地层的透水系数大于 10^{-4} m/s 时，宜选用泥水盾构。根据地层渗透系数与盾构类型的关系，若地层以各种级配富水的砂层、砂砾层为主时，宜选用泥水盾构；其他地层宜选用土压平衡盾构，如图 3.2.1 所示。

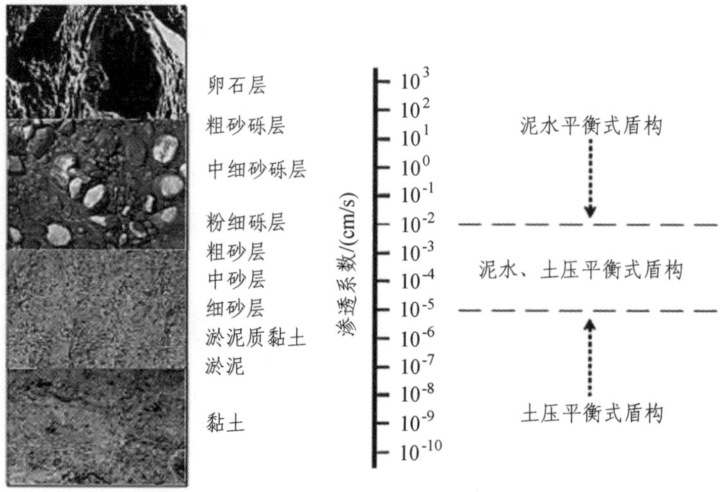

图 3.2.1 地层渗透系数与盾构选型关系图

3.2.2 根据地层的颗粒级配

土压平衡盾构主要适用于粉土、粉质黏土、淤泥质粉土、粉砂层等黏稠土壤的施工，在黏性土层中掘进时，由刀盘切削下来的土体进入土仓后由螺旋机输出，在螺旋机内形成压力梯降，保持土仓压力稳定，使开挖面土层处于稳定。一般来说，细颗粒含量多，渣土易形成不透水的流塑体，容易充满土仓的每个部位，在土仓中可以建立压力，来平衡开挖面的土体。黏土、淤泥质土区，为土压平衡盾构适用的颗粒级配范围；砾石粗砂区，为泥水盾构适用的颗粒级配范围。

一般来说，当岩土中的粉粒和黏土的总量超过40%时，通常宜选用土压平衡盾构，相反的情况选择泥水盾构比较合适。

3.2.3 根据地下水压

当地下水压大于0.3 MPa时，适宜采用泥水盾构。如果采用土压平衡盾构，螺旋输送机难以形成有效的土塞效应，在螺旋输送机排土闸门处易发生渣土喷涌现象，引起土仓中土压力下降，导致开挖面坍塌。如因地质原因需采用土压平衡盾构，则需增大螺旋输送机的长度，或搭配二级螺旋输送机、保压泵。

3.3 本工程盾构选型时必须考虑的特殊因素

盾构选型合理与否直接影响盾构推进的成败，也关系到盾构设备费用投入。盾构选型首先要适应工程水文地质条件，还要综合考虑其他选型条件，如顶进线性（顶进曲率半径）、断面尺寸、地面沉降的控制、扭矩系数及工程所处的周边环境与工期要求，合理选择盾构机，对保证施工质量，保护地面与地下建筑物安全和加快施工进度是至关重要的。盾构推进时受到千斤顶推力和土体对盾构的反作用力，盾构推进是在不断调整这两个力的相对关系之中向前推进，由于土质软硬误差或土质变化都会影响控制盾构轴向高程的技术指标；盾构掘进切削断面内的黏土粒含量、含砂率及卵石直径都会对盾构排土机构、切削机构的正确设计、刀盘、刀具和排土机构的耐磨性都有重要影响；地下水位、承压水大小、施工深度也都影响到盾构机防水密封的合理设计，这表明盾构结构必须要适应工程水文地质条件。以上分析都关系到设备投资费用，盾构施工各条隧道所在位置的地层情况是复杂的，即使同一条隧道也会遇到不同地层情况。

工程地属条件对盾购机技术参数配置的影响体现在以下几方面。

1. 黏性土及粉土层

盾构机在此地层中施工时，一般较容易控制，但常会发生刀盘黏附导致增大阻力和螺旋输送机的黏附堵塞，因而需要注重考虑刀盘形式、开口率、刀具、加泥位置等解决方法。

2. 砂性土层

盾构机在砂性土层中施工比在黏土层施工稍为困难。砂性土一般摩擦阻力大，渗透性好，在盾构机推进挤压下水分很快排出，土体强度提高，故不仅盾构机推进摩擦阻力大，而且开挖面土压力也较大，常会导致盾构机刀盘扭矩和总推力不足。另外，盾构机密封舱内刀具切削下来的砂土不易搅拌成均匀的塑流体，特别是在无水砂性土层中施工，有时甚至实现不了与开挖面土压力保持动态平衡的需要，操作不当会出现开挖面上方的局部坍塌。砂性土层对刀具磨损较严重，并伴有损坏盾尾密封系统的现象。因此盾构机选型时，应将设备的推力、刀盘的扭矩、形式、开口率，以及加泥加泡沫系统等内容作为重点统筹考虑。

3. 粉质黏土、黏质粉土、中细砂互层

对于此类地层，盾构机施工比较容易，有时甚至不用加泥只需加水即能顺利施工。

3.4 本工程盾构选型阶段适应性论证流程

1. 自评阶段

第一步：施工单位根据工程地质、水文地质条件，隧道长度、隧道平纵断面及横断面形状、周围环境条件，地上及地下建构筑物分布尺寸等设计参数及节点工期要求等制定出盾构机的结构形式、技术参数以及工程重难点的针对性措施。

第二步：施工单位进行公司（分公司、集团公司）内部评审论证，并根据评审意见进行修改完善。

2. 论证阶段

第一步：组织业内权威专家及各参建单位（监督单位、建设单位、监理单位、设计、勘察单位、施工单位）对盾构机选型适应性进行专家论证会。

第二步：根据专家论证会评审意见对盾构机选型方案进行修改完善，并复核。

3. 上报审批

最终评审论证方案上报监理进行审批，并上报建设单位进行审核备案。

4. 方案实施

第一步：进场建造，针对 5 号线工程新制盾构机或在现有盾构机基础上针对 5 号线工程适应性改造等需要施工单位及监理单位安排专人进驻盾构机制造厂家或维保基地进行盯控监造。

第二步：盾构机成型验收，盾构机建造完毕后，组织相关专业人员及建设、监理等单位对成型盾构机进行检查验收。（特殊改造部位，需进行模拟试验验收。）

第三步：组织盾构机进场施工。

第 4 章　盾构机的适应性选型

根据以上盾构机选型原则、依据及主要方法，结合郑州市 5 号线地质条件及郑州市轨道交通 1 号线、2 号线、城郊线应用土压平衡盾构机的成功经验，本线路工程普遍宜采用土压平衡盾构机。土压平衡盾构具有不需泥浆处理场、施工占地少、对环境的影响相对较小、每延米综合造价相对较低等优点，在郑州特有的地质条件下具有较好的可实施性和经济性。

4.1　刀盘结构形式选择

目前常用的土压平衡盾构机刀盘型式按刀盘盘型可以分为面板式、辐条式及辐板式三种，如图 4.1.1 所示。

（a）面板式刀盘

（b）辐条式刀盘

（c）辐板式刀盘

图 4.1.1　土压平衡盾构常见的刀盘型式

面板式刀盘的结构主要为焊接箱型，其上刀具的布置可选择滚刀、切刀、先行刀等多种刀具组合，开口率在三类刀盘中属最小，其开口率一般小于 25%。辐条式刀盘主要由辐条和布置于其上的刀具组成，一般不布置滚刀，而使用中心鱼尾刀、刮刀、先行刀组合的布置形式。其开口率大小可达 65% ~ 90%。辐条面板式刀盘又称辐板式，其特点介于上述两种刀盘型式，其开口率一般在 30% ~ 60%，刀具的选配同样可以选择滚刀、切刀、先行刀等多种刀具搭配组合，由于兼具辐条式和面板式刀盘的特点，对于地层的适应性更佳，目前在土压平衡盾构机中得到广泛应用。

对于土压平衡盾构，采用面板式刀盘时，由于泥土流经刀盘面板的开口进入土仓，盾构掘进时土仓内的土压力与开挖面的土压力之间产生压力降，且压力降的值受面板开口的影响不易确定，从而使开挖面的土压力不易控制。面板式刀盘的优点是通过刀盘的开口限制进入土仓的石块粒径；其缺点是由于受刀盘面板的影响，开挖面土压不能直接显示到土仓的土压传感器上，因而土压管理困难：由于受面板开口率的影响，渣土进入土仓不顺畅、易黏结和堵塞，且刀具负荷大，使用寿命短。在黏土层施工时，如果采用面板式刀盘，则由于刀盘支撑，将土仓分隔成两个区域，当刀盘旋转切削土体时，中心区域以外部分的土体流动顺畅，易于搅拌；中心区域内的土体流动较差，当切削土体黏性较大并长期积聚于中心区域时，中心区域土体逐渐增多，并最终形成泥饼，完全丧失流动性，造成出土不畅，阻力增大、开挖面压力控制不稳定，对控制地面沉降不利。

辐条式刀盘仅有几根辐条，土、砂流动顺畅，有利于防止黏土附着，不易黏结和堵塞；由于没有面板的阻挡，渣土从开挖面进入土仓时没有土压力的衰减，开挖面土压等于测量土压，因而能对土压进行有效的管理，能有效控制地面沉降。同时，刀具负荷小，寿命长。辐条式刀盘仅有几根辐条，切削下来的土体可直接进入土仓，没有压力损失，同时在辐条后设有搅拌叶片，土、砂流动顺畅，土压平衡容易控制。因此，辐条式刀盘对砂、土等单一软土地层的适应性比面板式刀盘强；辐条式刀盘也能安装滚刀，在风化岩及软硬不均地层或硬岩地层掘进时，也可采用辐条式刀盘。

辐条式刀盘上的滚刀一般设计成与先行刀可互换式，可根据地质需要，将滚刀换装成先行刀。同时，辐条式刀盘也可换成面板式刀盘，在辐条之间安装可拆卸的面板，即可变为面板式刀盘。

在细砂层、粉砂层、砂质粉土地层，宜采用辐条式刀盘，由于该地层对刀盘刀具磨损较大，渣土改良较困难，不利于保持土压平衡，在刀盘结构设计上应使辐条式大开口率（65%～90%），这样易于进渣和控制土压平衡，有利于减小刀具磨损。在刀具布置上，应使切削刀分层布置、加大切刀的合金尺寸，以加强其耐磨和抗冲击性能。

在黏土地层，宜采用小面板辐条式刀盘，由于软土层具有泥饼形成堵仓的先天条件，在刀盘结构设计上应采用中心管柱支撑结构，这样有利于减少中心泥饼的产生。

结论：通过郑州轨道交通 5 号线盾构下穿地质情况分析，辐条式、面板式、辐板式刀盘均适宜本工程地质条件，可灵活选用。

4.2 刀盘开口率

刀盘开口率是土压平衡盾构选型时要确定的重要指标，一般认为较小的刀盘开口率在黏性土地层中对保证开挖面稳定有利，并且较小的开口率可以减少开挖面的地层损失。但经现场实际情况研究表明，土压平衡盾构机在砂性土和硬塑性黏土中推进时，过小的开口率会造成出土困难、推进缓慢的现象。因此盾构的刀盘开口率不能小能够保证盾构正常推进达到 100%出土率时的开口率，否则将会产生出土困难，造成总推力和刀盘扭矩急剧上升；反之刀盘开口率也不宜过大，否则容易产生开挖面地层损失。

目前国内外尚没有定量地计算分析刀盘开口率对地层适应性的文献，根据郑州市已完工的 1 号线、2 号线、城郊线在与本工程地质条件符合的相应地层施工经验，结合本工程各区段地质情况，刀盘开口率建议值为 40% ~ 70%。

4.3 刀具种类及配置方式

1. 刀具种类

为保证土压平衡盾构机能在不同地质中顺利掘进，刀盘上通常需配置多种类型刀具及刀具组合，总体上可以将刀具分为切削类刀具、滚压类刀具和辅助类刀具。滚压类刀具主要用以破碎富岩石地层，常用于面板式或辐板式刀盘，切削类刀具用以切削软弱土体地层，辅助类刀具在掘进过程中则起到辅助作用。

2. 刀具配置方式

刀具的布置方式需要充分考虑工程地质情况，进行针对性设计，不同的工程地质特点，采用不同的刀具配置方案，以获得良好的切削效果和掘进速度。根据地质条件特点可以大致分为 4 种地层：软弱土地层；砂层、砂卵石地层；风化岩及软硬不均地层；单纯的纯硬岩地层。

（1）软弱土地层：地质条件主要以淤泥、黏土和粉质黏土为主，在软弱土地层一般只需配置切削型刀具，如切刀、周边刮刀、中心刀、先行刀和超挖刀。

（2）砂层、砂卵石地层：地质条件主要以砂、卵石地层为主，如遇到粒径较大的砾石或漂石，应配置滚刀进行破碎。在砂层、砂卵石地层施工时，需设置（宽幅）切刀、周边刮刀、先行刀（重型撕裂刀）、中心刀、仿形刀等刀具。

（3）风化岩及软硬不均地层，上软下硬、地质不均的复合地层，且局部岩石的单轴抗压强度较高（150 ~ 200 MPa），除配置切削型刀具外包括宽幅切刀、先行刀，还需配置滚刀，因而刀盘结构相对复杂。对于岩层首先通过滚刀进行破岩，且滚刀的超前量应大于切刀的超前量，在滚刀磨损后仍能避免切刀进行破岩，确保切刀的使用寿命。在曲线半径小的隧道掘进时，为了保证盾构的调向和避免盾壳被卡死，需要有较大的开挖直径，因此刀盘上需配置滚刀型的仿形刀（或超挖刀）。

（4）单纯的纯硬岩地层，如秦岭 1 线隧道，隧道断面范围内以混合片麻岩和混合花岗岩两种岩石为主，刀具全部选用滚刀，无任何齿刀。有时，在刀盘面板周边开口处配备刮渣刮刀板。

郑州轨道交通 5 号线地质主要为粉土、粉质黏土、细砂、粉砂、中砂，除少数区间存在钙质结核块外，整体地层情况较好，属于典型的软土地层，适宜采用切削型刀具（切刀、刮刀等）作为主要开挖刀具，以提高切削效率，降低刀盘泥饼生成概率。

4.4 渣土改良

4.4.1 渣土改良的目的

土压平衡盾构施工中,在土仓内形成良好塑流性土体,是盾构顺利施工的重要前提。盾构施工过程中通过不同地质情况，在盾构隧道掘进中加泡沫、膨润土、泥浆及聚合物改良不良土体的功效。渣土改良功效主要体现在以下几方面：

（1）保持开挖面的稳定。泥浆和泡沫使开挖面土体的强度和刚度得到加强，提高了开挖面土体的竖向抗力，对开挖面土体起到了支护作用，减小了掌子面上方土体失稳的可能性。

（2）减小细砂、砂质土对刀盘的磨损。砂层颗粒松散，无黏聚力，颗粒之间的传力方式为点对点，向开挖面土体添加泥浆后，泥浆包围在颗粒周围，形成了一层泥膜，增加了颗粒之间的黏聚力，使得颗粒之间的传力得到扩散，改善了土体的受力状况，减小颗粒间的点对点传力，有效减小砂卵石土颗粒对刀具的磨损。泡沫的体积极小，混合后泡沫的泥浆扩散性得到增强，可以在刀盘的搅拌下迅速渗透到土层中，将砂卵石颗粒包裹起来，降低了土体的密实度，改善了土体的塑流性，使得土体在和刀盘解出中，减小对刀盘的磨损。

（3）防止渣土粘附在刀盘及螺旋输送机内，避免闭塞现象，减轻机械负何，降低刀盘扭矩，同时也提高了掘进速度。利用泡沫优良的润滑性能，改善土体粒状构造，同时吸附在颗粒之间的气泡可以减少土体颗粒与刀盘系统的直接摩擦。降低土体的渗透性，又因其比重小，搅拌负荷轻，容易将土体搅拌均匀，从而做到既能平衡开挖面土压，又能连续向外顺畅排土。同时泡沫具有可压缩性或称之为弹性，对土压的稳定也有积极作用。

4.4.2 渣土改良的方法

渣土改良就是通过盾构配置的专用装置向刀盘面，土仓内或螺旋输送机内注入水、泡沫、膨润土、高分子聚合物等添加剂，利用刀盘的旋转搅拌、土仓搅拌装置搅拌或者螺旋输送机旋转搅拌使添加剂与土渣混合，使盾构切削下来的渣土具有好的流塑性、合适的稠度、较低的透水性和较小的摩阻力。盾构施工中常用的渣土改良剂如表 4.4.1 所示。

表 4.4.1　盾构施工中常用的渣土改良剂的种类

项目	黏土、膨润土	泡沫剂	高吸水性树脂（聚合物）	增黏剂
特性	pH 值：7.5～10.0 黏度：2～10 Pa·s	pH 值：7.3～8.0 黏度：0.003～0.2 Pa·s	pH 值：7.5～10.0 黏度：0.7～2.0 Pa·s	pH 值：7.5～10.0 黏度：0.5～15 Pa·s
概要	利用添加的胶质减磨效果，使开挖土塑性流动。将黏土、膨润土稀浆和开挖土拌和，以减少渗透系数，达到止水效果	利用微细泡沫的润滑效果使开挖土塑性流动。通过将泡沫均匀混合来止水	将球状高吸水性树脂的水溶液与开挖土混合，使开挖土流动。利用高吸水性树脂和供水产生的膨胀压力间隙，达到止水目的	注入黏稠、保水性好的增黏材料使开挖土流动
适用范围	砂—砂（卵）砾石地层	黏土—砂（卵）砾石地层	固结黏土—砂砾地层	粗土—粗砂地层
特征	使用最普通的添加剂，经济实惠，应用实例较广，但制浆和输送设备需较大的空间	输送和使用便捷，消泡后渣土能恢复原来状态（但在砂砾层大多同时使用黏土和膨润土）	在黏性软土层有时会因黏土变硬而出现堵塞，若地下水中有大量阳离子，吸水性可能发生变化	停止开挖时，有时会因增黏剂的黏性降低而发生堵塞

4.4.3　渣土改良系统

加泥系统（如图 4.4.1 所示）是土压平衡盾构机的基本配置。正是采用该系统，对于不同地质的条件，通过添加塑流化改性材料，改善盾构机密封舱内切削土体的塑流性，既可实现平衡开挖面水、土压力又能向外顺畅排土，大大拓宽了盾构机的适应范围。郑州大部分地区应用盾构法施工时，采用加泥系统就可满足隧道施工的要求。

图 4.4.1　加泥系统

泡沫注入系统（如图 4.4.2 所示）可以改善粉质黏土及粉细砂层的和易性；在粉质黏土及细砂地层中，添加泡沫可以起到支撑作用而且可以改善土的流动性，可以防止渣土附着刀盘和土仓室内壁，另一方面，由于泡沫中的微细气泡可以置换土颗粒中的空隙水，因而可以到达止水效果。

由于郑州轨道 5 号线地铁隧道下穿地层大多数为砂层，其塑流性、止水性差，在掘进中会产生排土不畅或造成砂层固结，造成土仓土压不稳定以及推力增大，为了防止这种现象出现，可在加泥系统的基础上增加泡沫和添加剂注入系统来改善砂层掘进中渣土的塑流性、止水性差特性。

图 4.4.2　泡沫注入系统

结论：根据本工程地质条件及结合的相应地层施工经验，在细砂、黏土层采用泡沫剂、膨润土进行渣土改良效果良好，盾构机宜配置泡沫及膨润土注入系统。

4.5　注浆系统

壁后注浆是向管片与围岩之间的空隙注入填充浆液，向管片外压浆的工艺，应根据所建工程对隧道变形及地层沉降的控制要求来确定。根据工程地质条件、地表沉降状态、环境要求及设备性能等选择注浆方式。注浆过程中，应采取减少注浆施工对周围环境影响的措施。

4.5.1　注浆系统选择

由于在不同的地层中渗透系数相差较大，同步浆液容易向渗透系数大的地层中渗透，因此对浆液质量、注浆量、注浆压力的控制需要特别注意，为了能应对各种土质条件，同步注浆系统设计应既可以采用双液注浆，也可以采用单液注浆的系统。

1. 单液注浆

单液注浆为了保证管路不堵塞，调出的配比通常比较稀，凝固的时间比较长，凝固后收缩很大，会造成拱部空洞，带来一定的危害，表现为管片上浮，使隧道成形后的实际中线与设计中心发生较大的偏差，管片上浮之后安装间隙消失导致安装困难，也易造成尾刷偏磨而损坏，盾尾油脂易被地下水稀释后使密封损坏漏水，影响隧道建造质量。浆液向地层和掌子面方向渗漏增加，加大施工成本，浆液的流失导致开挖空隙得不到填充而增大地表沉降量，增加了掘进的风险。但是单液浆施工成本低，不易堵管，输送注入及清洗设备配置要求低，对施工工序延误要求低等，因而单液注浆方式在国内被广泛地采用，除了在穿越江河时为降低施工风险不宜采用外，在任何地层均能采用。但需要根据合同段的地层地质、地面构建物情况以及以往施工经验，拟定注浆浆液配比。在施工中，还要根据地层条件、地下水情况及周边条件等，通过现场试验不断优化配比参数。

2. 双液注浆

双液注浆使用时易发生堵管，同时使设备配置及操作复杂或者人工参与施工的劳动强度大，在国内一般情况下不使用。但是双液浆凝固时间短，浆液黏性大，保水性强，对地层的止水效果较好，因此速凝剂多用于穿越江河时的掘进以避免施工风险。有时用于对管片环的复位校正和管片后二次补强注浆。一般与单液浆交替使用，在单液浆还未凝固强化前及时固定管片在地层中的位置。在盾构始发和到达阶段，总体要求缩短浆液凝固时间，需要进行双液注浆，填充地层的同时能尽早获得浆液固结体强度，以保证开挖面安全并防止洞口漏浆。对于地层地质及地面构建物沉降要求高时，需要双液注浆来控制沉降。

4.5.2 注浆材料与参数

当隧道覆土深度不大、地面建筑物结构性差、沉降控制要求严格以及隧道穿越地层地质不良、稳定性差时，必须采用壁后同步水泥-水玻璃双液注浆。所注入浆液不仅要求能够同步及时填满整个盾尾间隙，而且要求浆液迅速固结达到设计强度，满足抵抗土体变形下沉的需要。当施工环境条件与前相反时，则可采用壁后同步单液（包括惰性）注浆，也能达到及时饱满填充盾尾间隙的要求和控制沉降的目的，这样做，技术经济上比较合理。

砂层中由于渗透系数较大，同步浆液容易向砂层中渗透，因此可以采用双液注浆，在淤泥质、粉质黏土可以采用单液注浆，针对郑州地质条件、地铁隧道的埋深和隧道穿越地区地面建筑物的状况，为了满足郑州地区对壁后注浆的要求，在设计盾构机壁后注浆系统时，需采用既能单液注浆也能双液注浆的设计。

盾构法隧道施工中能否及时填充盾尾间隙，是控制土体沉降的关键。通常每环浆量为建筑空隙 200% ~ 250%，建筑空隙 V 按式（4.5.1）计算。

$$V = \pi \times (\text{开挖直径的平方} - \text{管片外径的平方}) \times \frac{L}{4} \quad (4.5.1)$$

式中 π——圆周率；

L——盾构管片每环宽度（m）。

实际每推进一环理论同步注浆量为 6 ~ 7 m^3。

结论：同步注浆建议采用单泵单管方式，在设计盾构机壁后注浆系统时，需采用既能单液注浆也能双液注浆的设计。依据经验每环实际注浆量一般 6 ~ 7 m^3，盾构机需配置足够能力的注浆系统。

4.6 主要技术参数

刀盘设计的主要技术参数包括刀盘开挖直径、刀盘扭矩、盾构机推力、主驱动方式等。

4.6.1 刀盘开挖直径

刀盘开挖直径应考虑盘外圈防磨板的磨损后仍能保证正确的开挖直径。在软土地层施工时，刀盘开挖直径一般大于前盾外径 0 ~ 10 mm。

4.6.2 刀盘扭矩

刀盘扭矩的计算比较复杂，刀盘在地层中掘进时的扭矩一般包含切削土阻力扭矩（克服泥土切削阻力所需的扭矩）、刀盘的旋转阻力矩（克服与泥土的摩擦阻力所需的扭矩）、刀盘所受推力荷载产生的反力矩、密封装置所产生的摩擦力矩、刀盘的前端面的摩擦力矩、刀盘后面的摩擦力矩、刀盘开口的剪切力矩、土压内的搅动力矩。

刀盘扭矩 T 的计算包括：刀盘切削扭矩 T_1，刀盘自重形成的轴承扭矩 T_2，刀盘轴向荷载形成的轴承扭矩 T_3，密封装置摩擦力矩 T_4，刀盘前表面摩擦扭矩 T_5，刀盘圆周面的摩擦反力矩 T_6，刀盘背面摩擦力矩 T_7，刀盘开口槽的剪切力矩 T_8。

$$T = T_1 + T_2 + T_3 + T_4 + T_5 + T_6 + T_7 + T_8 \tag{4.6.1}$$

刀盘驱动扭矩应有一定的富余量，扭矩储备系数一般为 1.5 ~ 2，同时，根据国外盾构设计经验，刀盘扭矩可按下式进行估算，即：

刀盘扭矩：

$$T = K_\alpha D^3 \tag{4.6.2}$$

式中　K_α——相对于刀盘直径的扭矩系数，一般取土压平衡盾构 $K_\alpha = 14 \sim 23$。

（1）刀盘切削扭矩：

$$T_1 = 0.5 C_r h_{\max} R_0^2 \tag{4.6.3}$$

式中　T_1——刀盘切削扭矩（kN·m）；

C_r——土的抗剪应力，$C_r = C + P_\text{d} \tan\varphi$，$\varphi$ 为土体摩擦角，φ 取 20°；

$h_{\max}$——刀盘每转的最大切削深度（m）；

R_0——最外圈刀具的半径，$R_0 = 3.23$ m。

$$T_1 = 0.5\times(4.5+494.74\times0.4\times\tan 20°)\times0.08\times3.23^2 = 32\ (\text{kN}\cdot\text{m}) \quad (4.6.4)$$

（2）刀盘自重形成的轴承旋转反力矩：

$$T_2 = W_c R_1 u_g \quad (4.6.5)$$

式中 W_c——刀盘重量（kN），$W_c = 350$ kN；

R_1——主轴承滚动半径（m），R_1 取 2.7 m；

u_g——轴承滚动摩擦系数，$u_g = 0.004$。

$$T_2 = 350\times2.7\times0.004 = 3.78\ (\text{kN}\cdot\text{m}) \quad (4.6.6)$$

（3）刀盘轴向推力荷载形成的旋转阻力矩：

$$\begin{cases} T_3 = P_t R_1 u_g \\ P_t = 0.25\alpha\pi D^2 P_d \end{cases} \quad (4.6.7)$$

式中 P_t——刀盘推力荷载；

α——刀盘不开口率，$\alpha = 1 - A$，其中 A 为刀盘开口率，$A = 0.6$；

D——刀盘直径（m），$D = 6.46$ m；

P_d——盾构前面的主动土压（kPa）。

$$\begin{cases} P_t = 0.25\times0.4\times\pi\times6.46^2\times494.74\times0.4 = 2\ 594.5\ (\text{kN}) \\ T_3 = 2\ 594.5\times2.7\times0.004 = 28\ (\text{kN}\cdot\text{m}) \end{cases} \quad (4.6.8)$$

（4）主轴承密封装置摩擦力矩：

$$T_4 = 2\pi\mu_m F_m (n_1 R_{m1}^2 + n_2 R_{m2}^2) \quad (4.6.9)$$

式中 μ_m——主轴承密封与钢的摩擦系数，一般取 $\mu_m = 0.2$；

F_m——密封的推力，$F_m = 1.5$ kN/m；

n_1——内密封数量，$n_1 = 3$；

n_2——外密封数量，$n_2 = 3$；

R_{m1}——内密封安装半径，$R_{m1} = 1.84$ m；

R_{m2}——外密封安装半径，$R_{m2} = 2.26$ m。

$$T_4 = 2\pi\times0.2\times1.5\times(3\times1.84^2+3\times2.26^2) = 48\ (\text{kN}\cdot\text{m}) \quad (4.6.10)$$

（5）刀盘前表面摩擦扭矩：

$$T_5 = (2\alpha\pi\mu_1 R_c^3 P_d)/3 \quad (4.6.11)$$

式中 μ_1——土与刀盘之间的摩擦系数，$\mu_1 = 0.15$；

R_c——刀盘半径（m）；

P_d——盾构前面的主动土压（kPa）。

$$T_5 = (2 \times 0.4 \times \pi \times 0.15 \times 3.23^2 \times 494.74 \times 0.4)/3 = 838 \quad (\text{kN} \cdot \text{m}) \tag{4.6.12}$$

（6）刀盘圆周面的摩擦反力矩：

$$T_6 = 2\pi R_c B P_z \mu_1 \tag{4.6.13}$$

式中　B——刀盘周边的厚度，$B = 0.775$；

P_z——刀盘圆周的平均土压力（kPa）；

$$T_6 = 2\pi \times 3.23 \times 0.775 \times 494.74 \times 0.15 = 1\,167 \quad (\text{kN} \cdot \text{m}) \tag{4.6.14}$$

（7）刀盘背面摩擦力矩：

刀盘背面的摩擦力矩由土仓内的土压力所产生。

$$T_7 = (2\alpha\pi\mu_1 R_c^3 P_w)/3 \tag{4.6.15}$$

式中　P_w——土腔室内的土压力（kPa）。

$$T_7 = (2 \times 0.4 \times \pi \times 0.15 \times 3.23^2 \times 494.74 \times 0.4)/3 = 838 \quad (\text{kN} \cdot \text{m}) \tag{4.6.16}$$

（8）刀盘开口槽的剪切力矩：

$$T_8 = (2\pi\alpha C_\tau R_c^3)/3 \tag{4.6.17}$$

式中　C_τ——土的抗剪应力，因渣土饱和含水，故抗剪强度降低，可近似取 $C = 0.1$ MPa，$C_\tau = C + P_d \tan\varphi$。

$$T_8 = 2 \times 0.4 \times \pi \times 3.23^3 \times (1 + 494.74 \times 0.4 \times \tan 5°)/3 = 517 \quad (\text{kN} \cdot \text{m}) \tag{4.6.18}$$

（9）刀盘的设计扭矩：

$$T = T_1 + T_2 + T_3 + T_4 + T_5 + T_6 + T_7 + T_8 = 3\,471.78 \quad (\text{kN} \cdot \text{m}) \tag{4.6.19}$$

结论：经初步验算，在软土中掘进，盾构机刀盘扭矩为 3 471.78 kN · m。

4.6.3　盾构机推力

在设计盾构推进装置时，必须考虑的主要阻力有以下 6 项：盾构推进时的盾光与周围地层的阻力 F_1；刀盘面板的推选阻力 F_2；管片与原尾间的学擦阻力 F_3；切口环贯入地层的贯人阻力 F_4；转向阻力（曲线施工和纠偏）F_5；牵引后配套拖车的牵引阻力 F_6。推力必须留有足够的余量，总推力一般为总阻力的 1.5 ~ 2 倍。

$$F_e = AF_d \tag{4.6.20}$$

式中　F_e——盾构装备总推力（kN）；

A——安全储备系数，一般为 1.5 ~ 2；

F_d——盾构推进总用力，$F_d = F_1 + F_2 + F_3 + F_4 + F_5 + F_6$。

有时，也可按下式估算：

$$F_d = 0.2\pi D^2 P_J \quad (4.6.21)$$

式中 D——盾构外径（m）；

P_J——单位掘削面上的经验推力，也称比推力，一般比推力装备的标准敞开式盾构为 700 ~ 1 000 kN/m²，闭胸式盾构为 1 000 ~ 1 500 kN/m²。

（1）盾构推进时的周边反力：

对砂质土而言

$$F_1 = 0.25\pi DL(2P_e + 2KP_e + K\gamma D)\mu_1 + W\mu_1 \quad (4.6.22)$$

式中 F_1——盾构推进时的周边反力，即盾壳与周围地层的摩擦阻力（kN）；

D——盾构外径（m），根据实际 $D = 6.46$ m；

L——盾壳总长度（m），根据实际 $L = 8.68$ m；

P_e——作用在盾构上顶部的竖直土压强度（kPa）；经计算得 $P_e = 462.74$ kPa；

K——开挖面上土体的静止土压系数，$K = 0.4$；

γ——开挖面上土体的浮重度（kN/m³），$\gamma = 20$ kN/m³；

μ_1——地层与盾壳的摩擦系数，通常取 $\mu_1 = 0.5\tan\varphi$，φ 为土体摩擦角，φ 取 20°。

W——盾构主机的重量（kN），盾构主机的重量约为 336 t。

$$F_1 = 0.25\pi \times 6.46 \times 8.68 \times (2 \times 462.74 + 2 \times 0.4 \times 462.74 + 0.4 \times 20 \times 6.46) \times 0.18 + 3\,360 \times 0.18 = 14\,220\ (\text{kN}) \quad (4.6.23)$$

（2）刀盘面板的推进阻力：

$$F_2 = 0.25\pi D^2 P_f \quad (4.6.24)$$

式中 F_2——刀盘面板的推进阻力（kN）；

P_f——开挖面前方的压力（kPa），泥水盾构为土仓内的设计泥水压力，土压平衡盾构为土仓内的设计土压力（kPa），经计算得 $P_f = 198$ kPa。

$$F_2 = 0.25 \times \pi \times 6.46^2 \times 198 = 6\,489.6\ (\text{kN}) \quad (4.6.25)$$

（3）管片与盾尾间的摩擦阻力：

$$F_3 = n_1 W_s \mu_2 + \pi D_s b P_T n_2 \mu_2 \quad (4.6.26)$$

式中 F_3——管片与尾之间的摩擦阻力（kN）；

n_1——尾内管片的环数，$n_1 = 2$；

W_s——一环管片的重量（kN），$W_s = 241.2$（kN）；

μ_2——盾尾刷与管片的摩擦系数，通常为 0.3 ~ 0.5，取 0.3；

D_s——管片外径（m），$D_s = 6.2$ m；
b——每道盾尾刷与管片的接触长度（m），$b = 0.85$ m；
P_T——盾尾刷内的油脂压力（kPa），$P_T = 100$ kPa；
n_2——盾尾刷的层数，$n_2 = 3$。

$$F_3 = 2 \times 241.2 \times 0.3 + \pi \times 6.2 \times 0.85 \times 100 \times 3 \times 0.3 = 1\,635 \text{（kN）} \tag{4.6.27}$$

（4）牵引后配套拖车的牵引阻力：

$$F_4 = W_b \mu_3 \tag{4.6.28}$$

式中　F_4——牵引后配套拖车的牵引阻力（kN）；
n_1——后配套拖车与运行轨道间的摩擦系数，取 0.05；
W_b——后配套拖车及拖车上设备的总重量（kN），$W_b = 1\,600$ kN。

$$F_4 = 1\,600 \times 0.05 = 80 \text{（kN）} \tag{4.6.29}$$

（5）切土所需要的推力：

$$F_5 = 0.25\pi D^2 C \tag{4.6.30}$$

式中　C——土的黏结力，$C = 20$ kPa。

$$F_5 = 0.25 \times \pi \times 6.46^2 \times 20 = 655.5 \text{（kN）} \tag{4.6.31}$$

（6）盾构推进总阻力：

$$F_d = F_1 + F_2 + F_3 + F_4 + F_5 = 23\,081.1 \text{（kN）} \tag{4.6.32}$$

盾构装备总推力：

$$F_e = AF_e = 1.5 \times 23\,080.1 = 34\,620 \text{（kN）} \tag{4.6.33}$$

式中　A——安全储备系数，一般为 1.5 ~ 2.0。

结论：经初步验算，在软土中掘进，推力约 23 080.1 kN，由于盾构机在施工中经常需要纠偏、转向，因此盾构推力实际要比计算出来的数据大，按照经验数据盾构实际配备的推力为计算值的 1.5 倍。

4.6.4　主驱动方式

刀盘的驱动方式有 3 种，一是变频电机驱动，二是液压驱动，三是定速电机驱动。鉴于定速电机驱动，刀盘转速不能调节，目前一般不采用。变频驱动与液压驱动的比较如表 4.6.1 所示。

表 4.6.1　刀盘驱动方式比较表

项　目	变频方式①	液压方式②	备　注
驱动部外形尺寸	大	小	一般：①：②=（1.5～2）：1
后续设备	少	多	② 需要液压泵、油箱、冷却装置等
效率/%	95	65	液压传动效率低
起动电流	小	小	① 变频起动电流小； ② 无负荷启动电流小
起动力矩	大	小	① 启动力矩可达到额定力矩的 120%
起动冲击	小	较小	① 利用变频软启动，冲击小； ② 控制液压泵排量，可缓慢起动，冲击较小
转速控制、微调	好	好	① 变频调速； ② 控制液压泵排量，可以控制转速和进行微调
噪　声	小	大	液压系统噪声大
隧道内温度	低	高	液压系统传动效率低，功率损耗大，温度高
维护保养	容易	较困难	② 液压系统维护保养要求高，保养较复杂

液压驱动具有调速灵活、控制简单、液压马达体积小、安装方便等特点，但液压驱动效率低、发热量大。

变频驱动具有发热量小、效率高、控制精确等优点，在工业领域应用较广。虽然目前的中小型盾构的刀盘驱动较常采用液压驱动，大直径盾构机较常采用变频驱动，但由于变频驱动效率高，从节能方向及发展趋势来看，变频电机驱动方式是刀盘驱动今后的发展方向。

结论：根据以往施工经验，以上两种驱动方式均能满足 5 号线掘进需求。

4.6.5　盾构机铰接系统设计方式

盾构机在工程施工过程中需要完成左右转向和上下俯仰等动作。由于施工范围内的土层地质环境比较复杂，盾体不同部位受到的土层压力并不均匀，从而导致盾构机的行进方向与最初设计的隧道中心线产生偏差。为了减小上述偏差，保证工程质量，使盾构机按照正常的路线前进，需要对盾构机的姿态进行相应的调整，因此，盾构机盾体内部配置了铰接系统用以辅助盾构设备实现地下的姿态变化。

目前铰接系统主要分为三种形式：主动铰接、被动铰接和复合式铰接。三种铰接形式的执行机构均为铰接油缸，相应的盾构机机体也具有三种结构形式：主动形式、被动形式和复合结构形式。目前常用主动铰接和被动铰接两种形式。

主动铰接和被动铰接的区别在于盾构机的铰接状态是否由铰接油缸带动产生。若盾构机的铰接状态是由铰接油缸推动前盾和中盾前部形成的，则属于主动铰接；若盾构机的铰接状态是由推进油缸推动前盾和中盾形成的，进而带动铰接油缸伸缩，则属于被动铰接，具体比较如表 4.6.2 所示。

表 4.6.2　主动铰接与被动铰接比较

铰接类型	工作方式	工作特点
主动铰接	根据隧道曲线半径调节铰接油缸行程差；推进油缸作用在盾构机后体（中盾后部和尾盾）上，通过铰接油缸推动盾构机前体（前盾和中盾前部）	对铰接油缸的行程以及盾构机前后体的角度控制精确；操作比较烦琐
被动铰接	根据隧道曲线半径调节推进油缸分区油压，行程铰接油缸行程差；推进油作用在盾构机中盾上，通过铰接油缸拖动尾盾	操作简单，转弯容易实现；不能直接控制铰接油缸行程，角度不易控制

结论：铰接系统有助于盾构机实现更小的曲线半径，对于地形复杂的地段能够精确控制隧道的转弯等；主动铰接适合用于隧道曲线变化较为复杂的情况，被动铰接适合用于隧道曲线较为简单的情况。

4.7　小　结

在刀盘选择上，郑州轨道交通 5 号线工程地层岩性分布主要以粉土、粉质黏土、细砂、粉砂、中砂为主，辐条式、面板式、辐板式刀盘均适宜本工程地质条件，可灵活选用。盾构在细砂层、粉砂层、砂质粉土地层施工时，宜采用辐条式刀盘；盾构在黏土层施工时，宜采用小面板辐条式刀盘。

在刀盘开口率选择上，由于土压平衡盾构机在砂性土和硬塑性黏土中推进时，过小的开口率会造成出土困难、推进缓慢的现象，根据已有施工经验并结合本工程各区段地质情况，刀盘开口率建议值为 40% ~ 70%范围内。

在刀具配置上，本工程地质除少数区间存在钙质结核块外，整体地层情况较好，属于典型的软土地层，适宜采用切削型刀具（切刀、刮刀等）作为主要开挖刀具，以提高切削效率，降低刀盘泥饼生成概率。

在进行渣土改良时，根据本工程地质条件及结合的相应地层施工经验，在细砂、黏土层采用泡沫剂、膨润土进行渣土改良效果良好，盾构机宜配置泡沫及膨润土注入系统。

在注浆系统选择上，针对郑州地质条件、地铁隧道的埋深和隧道穿越地区地面建筑物的状况，为了满足郑州地区对壁后注浆的要求，同步注浆宜采用单泵单管方式，盾构机壁后注浆系统需满足既能单液注浆也能双液注浆。依据经验每环实际注浆量一般 6 ~ 7 m^3，盾构机需配置足够能力的注浆系统。

经过计算，并结合郑州轨道交通 5 号线实际工程需要，在软土中掘进，盾构机刀盘扭矩为 3 471.78 kN · m，推力约 23 080.1 kN，由于盾构机在施工中经常需要纠偏、转向，因此盾构推力实际要比计算出来的数据大，按照经验数据盾构实际配备的推力为计算值的 1.5 倍。

在主驱动方式选择上，根据以往施工经验，变频驱动与液压驱动两种驱动方式均能满足 5 号线掘进需求。

针对盾构机的铰接系统，其有助于盾构机实现更小的曲线半径，对于地形复杂的地段能够精确控制隧道的转弯等；主动铰接适合用于隧道曲线变化较为复杂的情况，被动铰接适合用于隧道曲线较为简单的情况。

第 5 章　盾构机的适应性改造

5.1　特殊工况下的适应性改造

5.1.1　盾构机磨桩适应性改造

1. 下穿爱东居 CFG 素桩群适应性改造

1）工程概况

农业东路站至心怡路站区间位于郑东新区，区间起于拟建农业东路站，先后下穿祭城路及其绿化带、熊耳河，往东下穿东风东路、熊耳河路、郑和小区、东至盛和街拟建心怡路站。区间左线为左 DK12 + 634.225 ~ 左 DK13 + 852.009，长度为 1 214.457 单线延米（左 DK13 + 696.673 处短链 3.327 m），右线为右 DK12 + 634.224 ~ 右 DK13 + 853.479，长度为 1 219.255 单线延米。区间隧道主要穿越地质情况依次为：2-22 粉质黏土、2-34 黏质粉土、2-51 细砂、2-52 细砂、3-23 粉质黏土，稳定水位埋深为 5.10 ~ 10.30 m。

农业东路站—心怡路站区间在区间里程 CK13 + 750 ~ CK13 + 815 段穿越爱东居项目，其基础形式为 CFG 桩为 C25 砼灌注桩，桩径 400 mm，桩间距 1 200 mm，有效桩长不小于 13 m，桩端进入持力层不小于 800 mm，桩基侵入盾构区间约 5.3 m 上部这空桩，CFG 素桩强度为 25 ~ 35 MPa，总桩数 630 根，受影响 CFG 桩 324 根（见图 5.1.1 所示）。

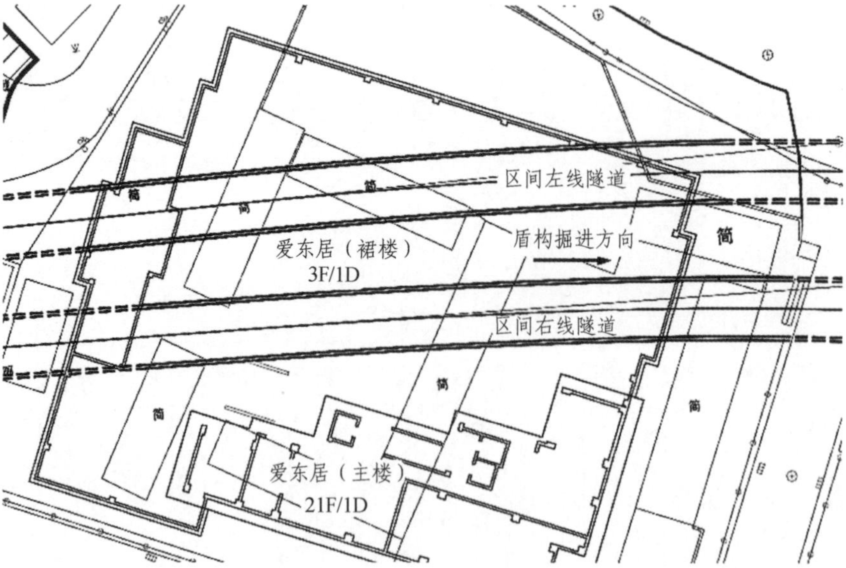

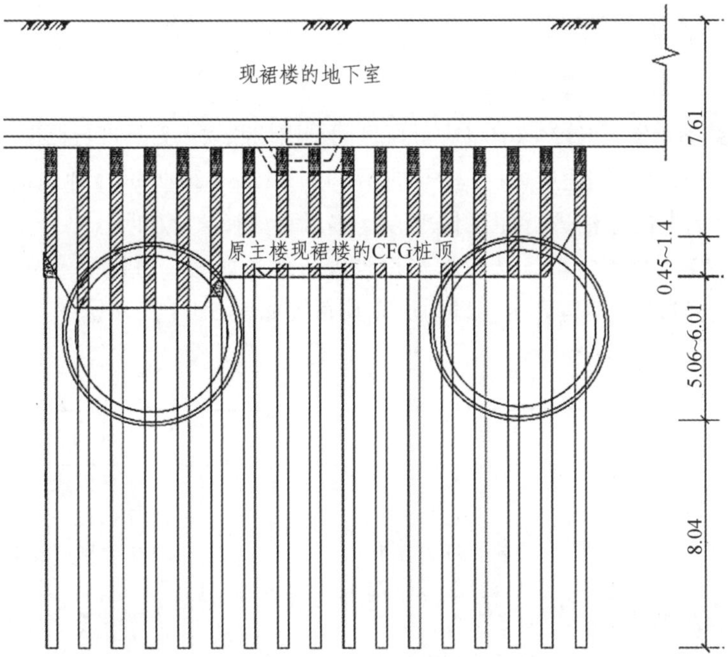

图 5.1.1 农一心区间盾构隧道与爱东居相互关系图

2）工程难点

此情况为上软下硬地质条件，施工过程存在很大的风险，主要存在以下问题：

（1）原刀盘配置的撕裂刀和切刀无法保证切削大量的 CFG 桩群，目前国内尚未有成功案例。

（2）设计图纸中暂不对此地下障碍物进行处理，要求采用盾构机配滚刀直接通过。但是农心区间掘进到此处时已近 1.1 km，滚刀在砂层和粉质黏土中掘进时，无法转动，细砂层对滚刀的磨损很大，会产生偏磨现象，导致在推进 CFG 桩群时起不到相应作用。

（3）安装滚刀影响刀盘开口率，原设计刀盘开口率 38%，安装滚刀后降低至 35%，不利于软土地层掘进，有结泥饼的隐患。一旦中穿河流时结泥饼，处理很困难，既耽误工期，又有很大风险。

（4）盾构机在掘进过程中还可能会把 CFG 桩推断、截断，小块断桩进入土仓，大块桩基无法进入土仓会随刀盘前行，增大推力及扭矩，对上方的土体扰动大，出土量无法控制。随之会引起上部土方坍陷造成地面沉降。

（5）此段属于上软下硬地层，盾构机姿态难控制，容易产生抬头、向下纠偏困难的问题。而且上部为空桩，极易塌方，出渣量不好控制，继而影响爱东居项目，导致掘进缓慢，加剧对地层的扰动。

通过技术咨询，相关盾构专家也一致认为：软土盾构机不适合破除 CFG 素桩群，建议采用复合式土压平衡盾构机。因为长距离掘进（1.1 km）至素桩群使滚刀偏磨严重，且容易结泥饼，影响施工进度，建议先使用切刀然后靠近素桩群时选取合适地段进行地面加固更换滚刀，破除素桩群。

3）下穿爱东居 CFG 桩群处理措施

从农业东路站始发至 K13 + 610 时，此段区间掘进按照软土刀具进行掘进，从 K13 + 610—心怡路站掘进时，为了适应 CFG 桩群地层，在 K13 + 620 处进行地面加固更换滚刀，并对 CFG 桩群上方的空桩进行注浆处理，具体刀具更换方案如下：

在临近 CFG 素桩群之前，选取适当位置进行地基加固，盾构机停留在加固区进行刀具检查，必要时进行刀具更换。盾构机刀具布置如表 5.1.1 所示。

表 5.1.1　盾构机刀具布置

盾构机型号	初装刀具	加固区换刀方案
E1602DYHI6420 盾构机	双刃撕裂刀：8 把 刮刀：112 把 向导切削刀：4 把 单刃撕裂刀：23 把 单刃滚刀：6 把 外周保护刀：24 把 刀座保护刀：56 把 仿形刀：1 套 焊接式先行撕裂刀：23 把	中心双刃滚刀：4 把 刮刀：12 把 向导切削刀：4 把 双刃滚刀：4 把 单刃滚刀：21 套 外周保护刀：24 把 刀座保护刀：56 把 仿形刀：1 套 焊接式先行撕裂刀：23 把
ZTE6410 盾构机	中心撕裂刀：8 把 正面撕裂刀：18 把 正面单刃滚刀：5 把 边缘撕裂刀：9 把 边缘镶齿滚刀：1 把 正刮刀：64 把 边刮刀：16 对 超挖刀：1 把 保径刀：8 把	中心双刃滚刀：4 把 正面单刃滚刀：21 把 边缘镶齿滚刀：9 把 正刮刀：64 把 边刮刀：16 对 超挖刀：1 把 保径刀：8 把

当掘进心金区间时，仍然采用软土刀具方案。

4）风险控制措施

（1）严格控制推进速度及刀盘转速。要求低推进速度、低转速，推进速度控制在 2 ~ 3 mm/min，刀盘转速不大于 0.8 r/min。

（2）因此处尚在施工，掘进到达之前及时与产权单位沟通，明确 CFG 桩群具体施工情况，联合设计、业主共同商讨具体施工防范及控制措施。

（3）施工前采取地面注浆的方式，强化 CFG 桩周土体，避免掘进过程中因强度不均出现大块桩体。

（4）穿越过程中，及时分析施工参数的同时，根据监测数据确定新的参数指导施工。

（5）严格控制施工轴线，盾构姿态的变化不宜过大、过频。

（6）开启超挖刀，避免卡死盾体，减少此段纠偏。

2. 正穿未来大道立交桥匝道桥桩适应性改造

1）工程概况

未来北路站—众意路站区间最大坡度 13.6‰，本区间隧道埋深变化较大，在 10 ~ 14 m 之间浮动，本区间穿越主要地层有 2-22 层粉质黏土、2-34 层黏质粉土和少量 2-51 层细砂层。该区间段的地下水类型主要为第四系松散层孔隙潜水，地下水位 8.5 m 左右，年变幅 1 ~ 1.5 m，最近 3 ~ 5 年最高水位为 5 m，本区间隧道基本位于地下水位线以下。

区间左线正穿 F26 桥台桥桩，桥桩直径 1.5 m，钢筋混凝土结构，最大钢筋直径 ϕ25 mm，混凝土强度等级 C25。主要风险源与区间隧道位置关系如图 5.1.2 所示。

2）工程难点

未来北路站—众意路站区间沿线自西向东主要有聂庄公寓、未来大道立交桥、金水河等。在距离未来北路站东侧区间起点位置约 65 m 处，区间左线隧道正穿桥桩，且地面基本不具备拔除条件，将对盾构机的掘进带来巨大麻烦。在穿越金水河时，需侧穿多处桥桩，对盾构机姿态控制要求高。

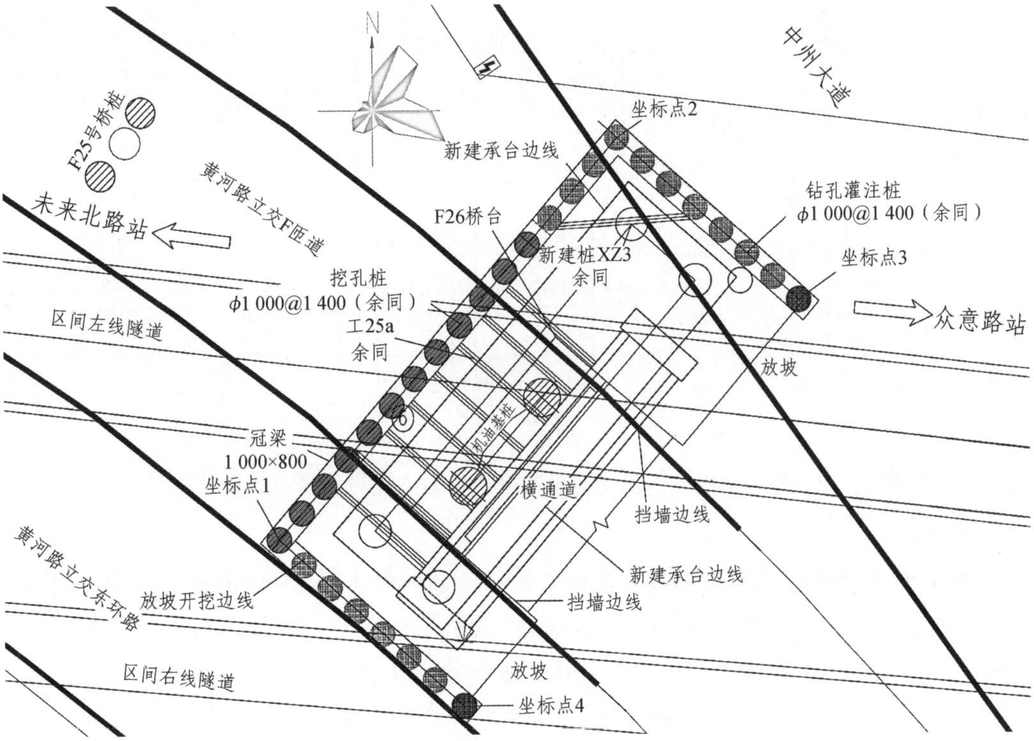

（a）

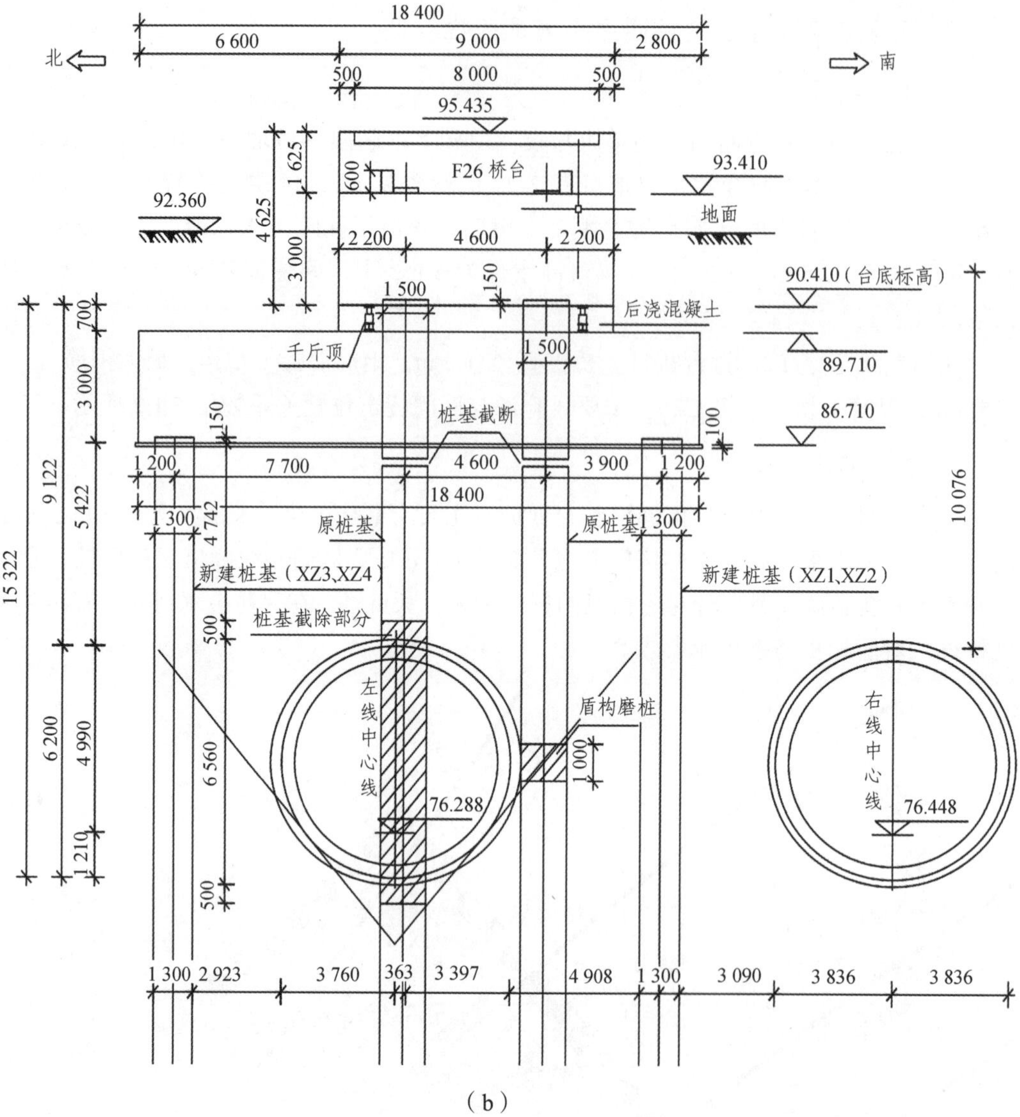

（b）

图 5.1.2 未一众区间与未来大道立交桥中州大道西侧匝道位置关系图

3）磨桩选型方案

由于未来北路站—众意路站区间有 1.5 m 钢筋混凝土桥桩，盾构机掘进需磨桩及切断钢筋，因此中铁 41 号刀盘选用复合式刀盘，开挖直径 6 440 mm，刀盘开口率 37%，泡沫口 3 个，膨润土口 2 个，能很好地达到改良渣土的目的。为了更好地切削桥桩，刀具配备中心加强型可更换撕裂刀 4 把，正面加强型可更换撕裂刀 34 把，正面焊接撕裂刀 25 把，刮刀 12 把，切刀 40 把，保径刀 4 把，刀盘保护刀 16 把。如图 5.1.3 所示。

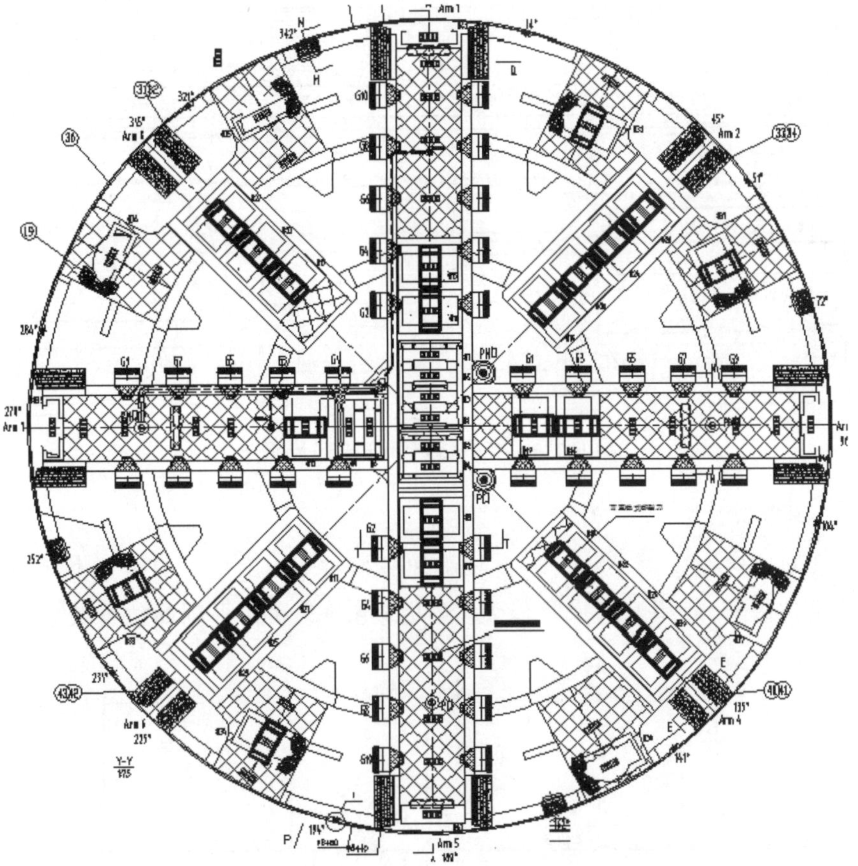

图 5.1.3　掘进桥桩区间拟选用刀盘图

待含桥桩区间掘进完成后，拆除可更换撕裂刀 19 把，使刀盘开口率增大至 45%，便于其他不含桥桩区间的掘进。

5.1.2　盾构下穿地表建筑物

1. 工程概况

花园路站—经三路站区间沿线自西向东主要有省邮电家属院、中国人保财险河南分公司办公楼、河南影视集团等建筑物；区间右 CK6 + 158.543 ~ 右 CK6 + 488.825 里程段盾构下穿楼房。该楼房为 20 世纪 90 年代住宅楼，共 5 层结构，实际房屋状况较差，盾构掘进过程中风险极大。区间平面布置如图 5.1.4 所示。

花—经区间最大坡度 13.6‰，本区间隧道埋深变化较大，在 9 到 15 m 之间浮动，本区间穿越主要地层有 2-33 层黏质粉土、2-22 层粉质黏土。该区间段的地下水类型主要为第四系松散层孔隙潜水，地下水位埋深 8.5 m 左右，年变幅 1 ~ 1.5 m，最近 3 ~ 5 年最高水位埋深为 5 m。本区间隧道基本位于地下水位线以下。

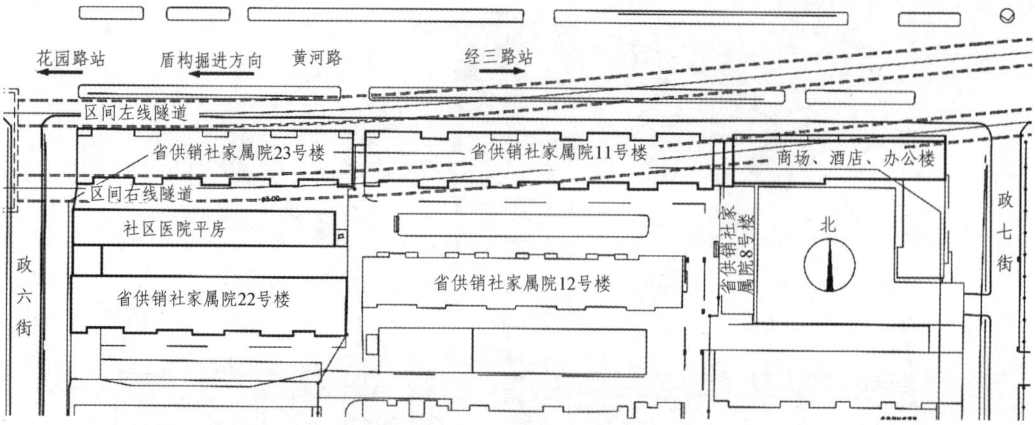

图 5.1.4　花—经区间下穿风险源

2. 工程难点

花经区间沿线穿越多个建筑物，其中部分建筑年限老旧，且穿越软土地层，又处于地下水位以下，盾构掘进风险极大。区间隧道与家属楼平剖面位置关系如图 5.1.5 所示。

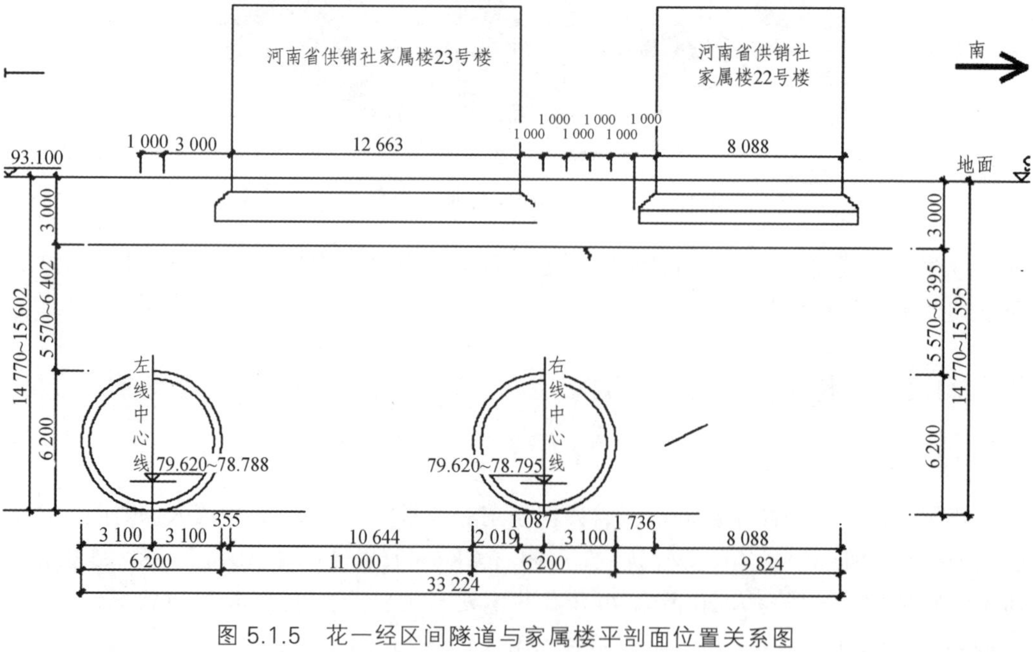

图 5.1.5　花一经区间隧道与家属楼平剖面位置关系图

3. 克泥效及二次补强注浆措施

花园路站—经三路站需长距离下穿河南省供销社 80 年代砖混老楼，因此房屋的沉降控制是这一区间的掘进重难点，针对这一重难点邀请专家进行多次分析研讨，确定了一系列的相关措施，其中针对盾构改造方面采取了两种措施（如图 5.1.6 所示）：

（1）增加一节拖车进行掘进，同时脱出盾尾后五至后十环管片的二次补强注浆。

（2）中盾增加克泥效工法以减小盾构地表沉降。

其他方面不需要特殊改动，因此本区间下穿段选用中铁 41 号盾构机进行掘进，与未来北路站—众意路站区间选用盾构机型一致。

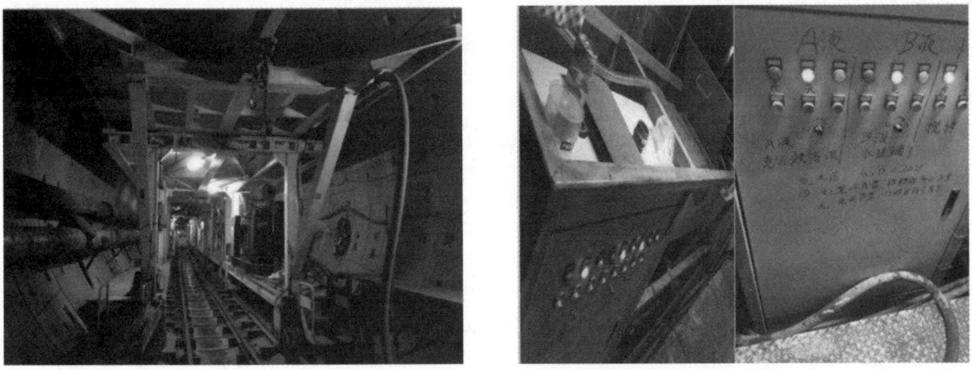

图 5.1.6　增加拖车及克泥效

5.1.3　针对小半径曲线盾构机选型设计

1. 工程概况及难点

1）工程概况

中州大道车辆段出入线由相邻车站引出，采用“八”字配线，平面最小线间距为 5 m（位于近车辆段明挖段），正线左、右线各设置 4 处平曲线，右线曲线半径分别为 230 m、800 m、300 m 和 300 m，左线曲线半径分别为 250 m、800 m、300 m 和 300 m，线路最大纵坡为 34‰。

2）工程难点

受腾飞路站及未来路站的站位影响，出入线左右线均采用小半径曲线，由腾飞路站始发的左线盾构最小转弯半径为 230 m，由未来路站始发的右线盾构最小转弯半径为 250 m。由于普通的土压平衡盾构机在曲线隧道掘进时，管片与盾构机盾壳形成夹角，受夹角限制，隧道曲线半径不能过小，否则易造成管片安装困难的问题。另外在曲线掘进时，普通盾构机依靠推进千斤顶分配不同的压力完成盾构机转弯，容易造成管片碎裂，盾壳与管片的间隙过小会影响盾构转弯姿态。

2. 盾构机选型要求

盾构机选用转弯性能更加优越的主动铰接形式，即在中盾前部和中盾后部之间采用主动铰接形式（如图 5.1.7 所示），增加盾构的灵敏度，在推进时减少超挖量的同时产生推进分力，确保曲线施工推进的轴线控制，大大改善了管片外弧碎裂和管片渗水等情况。

中盾前部和中盾后部之间设计有两道聚氨酯橡胶密封和一道紧急气囊。正常情况下，两道聚氨酯橡胶密封起作用；在涌水时，使用紧急气囊密封。铰接油缸铰接力足够强（3 376 t），可以主动控制盾体姿态，同时刀盘配置有一把仿形刀，可以实现局部仿形，可实现一定的超挖范围。曲线施工时可根据推进轴线情况进行部分超挖，辅助盾构进行小半径转弯。

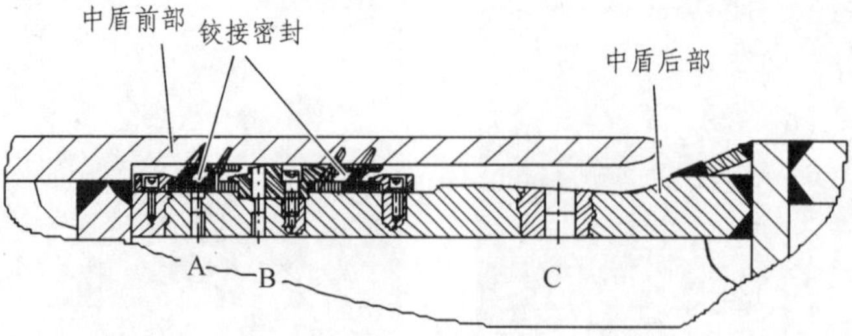

图 5.1.7　铰接机构图

选用机型刀盘开挖直径Φ6 470，前盾盾体直径Φ6 440，中盾盾体直径Φ6 430，尾盾盾体直径Φ6 420，刀盘开挖形成隧道轮廓，主机转弯时通过铰接缸的行程差，使主机部分不超出隧道轮廓线。经过转弯模拟，本盾构满足最小 150 m 小半径转弯。

5.1.4　长距离大坡度小半径盾构叠加下穿对群轨铁路适应改造

1. 工程概况及难点

1）工程概况

（1）长距离、大坡度下坡掘进。根据工筹安排，出入场线明挖段大里程向小里程进行，在明挖段大里程具备约 80 m 主体结构后，右线盾构机在出入场场线明挖段大里程盾构井向沙口路站方向掘进，相隔约 1 个月后左线盾构机向西沙明挖区间盾构井方向掘进，掘进完成后解体吊出。

区间左线全长 2 263.021 m，右线全长 2 844.678 m，最大纵坡 34.5‰，两台盾构机均需长距离下坡掘进。这对盾构机的设备性能、物料运输、给排水、供电、隧道通风、导线测量、工序衔接、应急抢险等均是一个考验。

（2）出入场线右线盾构隧道从出入场线区间明挖段始发，依次下穿郑州北站编组站上到场股道（右 DK0 + 569.981 ~ 右 DK0 + 618.068）、西三角箱桥（右 DK0 + 385.799 ~ 右 DK0 + 414.583）、东三角箱桥（右 DK0 + 304.047 ~ 右 DK0 + 316.103）、霁月南路箱桥（右 DK0 + 225.405 ~ 右 DK0 + 236.972）、黄河路下发场箱桥（右 DK0 + 114.266 ~ 右 DK0 + 196.118）。

2）工程难点

本盾构区间出入线右线长 2 844.678 m，最大纵坡为 34.5‰（大于 3%，为大坡度），且为下坡掘进，加上下穿既有铁路，施工难度主要体现在以下方面：

（1）物料运输耗时增加，加上安全行驶下的限速，管片、砂浆、渣土等运输时间较长，在下穿开始处，盾构机距离始发井口约 2 276 m，按照时速 5 km 计算，也至少需要 27 min，考虑不确定因素，电瓶车每趟水平运输时间在 40 min 左右。而正常情况下，每环管片的拼装时间在 30 min 左右。通过简单计算，不难发现，管片拼装后至下一环掘进开始前的停机待料时间将在 50 min 以上，这给下穿既有铁路施工带来很大的停机风险。

（2）通风要求高。盾构隧道施工属于半密闭空间作业，通风换气必须符合相关规范要求。隧道掘进工作面必须采用独立通风，严禁任何两个工作面之间串连通风。隧道需要的风量，须按照爆破排烟、同时工作的最多人数以及瓦斯绝对涌出量分别计算，并按允许风速进行检验，采用其中的最大值。隧道施工中，对集聚的空间和衬砌模板台车附近区域，可采用空气引射器、气动风机等设备，实施局部通风的办法。隧道在施工期间，应实施连续通风。因检修、停电等原因停机时，必须撤出人员，切断电源。

（3）溜车风险较大。本出入场线区间右线采用下坡掘进，最大坡度 34.5‰，最大垂直高差 21.54 m，电瓶车一旦发生溜车事故，后果不堪设想。

（4）下穿过程中的应急联络与保障。在下穿既有铁路过程中，一旦发生意外紧急情况，必须第一时间协调沟通地面与隧道内操作室，尽快做出反应。同时对于隧道内发生应急救援等情况，救援通道必须保持畅通，这需要在管理上进行明确加强。

2. 应对方法

1）隧道内增设运输道岔

随着掘进长度的增加，水平运输时间明显增多，甚至出现盾构机停机待料的情况，工效大幅降低，考虑在隧道中部增设施工道岔，缩短停机待料时间。

2）通风设计

隧道正洞进口施工均采用有轨运输，隧道正洞通过风筒进行压入式通风。

3）电瓶车防溜改造

电瓶车自重和载重质量均较大，长距离下坡掘进下，电瓶车溜车风险加大。为满足施工安全及进度需要，在实际施工过程中，对电瓶车组进行了改造，在电瓶车机头位置加装气动防溜钩，紧急情况下启动后，可以降低溜车的风险。同时，在编组板车间，除更换连接销钉外，还加设连接钢绞线，防止板车间断开，造成部分车组脱节而溜车，同时要求电瓶车在装满土的情况下严禁二次进入施工隧道。

4）多级排污沉淀中转箱

盾构施工中的污水排放主要采用钢管长距离运输至隧道外。一般长度的地铁区间隧道，采用盾构法施工时，工期一般是 3 ~ 5 月，时间较短，污水排放中压力损失较小，污物沉积较少。在本项目中，隧道较长，且为下坡掘进，污水排放过程中压力损失较大，污物沉积较多，加之工期较长，排污管路易堵塞，给施工带来繁重的清理工作量。因此，本区间采用了多级排污沉淀中转箱。

5）增压供水系统

在长距离掘进施工中，供水系统面临水压降低的问题，通过先导式溢流阀和水压控制器，实现供水泵站的单向供水的自动运行；安装增压泵，解决供水压降问题。

6）砂浆罐车改造

由于掘进距离远，长距离水平运输情况下，砂浆罐车中的砂浆容易离析、沉淀，通过变频改造，使砂浆罐车行驶中不停搅拌，此法减少了同步浆液长距离运输中的沙离析沉淀，保证了浆液的注入质量，也降低了砂浆罐车搅拌的故障率。

7）供电压降处理

采用高压分支供电的方式解决长隧道电力压降问题，在隧道中段将原有盾构高压电缆一分为二，通过变压器供给增设的二级风机、多级排污系统、道岔砂浆搅拌、隧道照明等。

8）信息化施工管理

采用光纤分布式数据接口（FDDI）技术，以光纤为媒介将莹石云视频监控系统、程控电话系统、演算工房盾构测量系统有效地结合起来，身处监控中心就能对盾构机关键部位和工序、隧道中间道岔、中转污水箱、施工井口等区域进行全方位的视听掌控和统筹安排。

5.2 旧机的适应性改造

5.2.1 旧机的扩径适应性改造方案

1. 盾构机改造原因

原Φ6 150 型盾构机为上条线路隧道施工机型，适用于设计管片外径 6 000 mm 隧道施工。5 号线工程大学南路站—嵩山南路站—工人路站—桐淮站左线盾构隧道设计管片外径 6 200 mm，内径 5 500 mm，环宽 1 500 mm，管片厚度 350 mm。原Φ6 150 型盾构机无法满足本区间工程设计要求，需在原Φ6 150 型设备参数基础上进行改造设计和优化，改造后盾构机的直径为Φ6 460，既要保证各项性能及参数均能满足施工需要，同时又要考虑郑州地质情况及以后施工遇到的地质情况。

2. 盾构机改造思路

（1）新制刀盘盘体：施工管片外径由原来的Φ6 000 mm 改为本次的Φ6 200 mm，为适应管片拼装需要，刀盘盘体由原来的Φ6 150 mm 改为本次的Φ6 460 mm，刀盘开口率基本不变，仍为六辐条结构，刀盘开挖直径为Φ6 490 mm。

（2）强化耐磨处理：刀盘辐条表面、辐条间进土槽、刀盘支撑环进行强化耐磨处理，在刀盘外圈焊有高性能耐磨钢板，保证盾构机具有较强的耐磨性能。

（3）新制盾体 H 梁：为适应管片外径的变化，新制前盾、中盾、中折盾、尾盾。前盾外径由Φ6 160 mm 改为Φ6 470 mm。中盾外径由Φ6 155 mm 改为Φ6 465 mm。中折盾外径由（Φ6 005 ~ 6 150 mm）改为（Φ6 215 ~ 6 465 mm），盾尾直径由Φ6 150 mm 改为Φ6 460 mm，新制 H 梁。相应更换新的铰接密封。

（4）加强盾尾密封性能，尾盾前部长度由 2 735 mm 更改为 2 710 mm。尾盾后部长度由 825 mm 更改为 1 198 mm，双液注浆枪设置于盾尾内部。

（5）加强主驱密封性能：主驱动土砂、VD 密封更换为新件。在不改变原有主驱动密封结构的基础上，内外密封套表面淬火硬化处理，表面硬度可达 HRC50 以上，密封套可长距离掘进而不出现磨损沟槽，配合多点压力和流量控制的油脂注入，可阻止土砂进入密封圈工作区域。另外在主驱动土砂密封前端额外增设 HBW 注入点，并增设机械迷宫密封，VD 密封腔中注入 EP2 油脂，并增设压力检测点，时时监测密封腔压力，油脂对土砂的阻挡作用更加直接可靠，延长主驱动检修周期。

（6）加强刀盘扭矩：鉴于开挖直径变大，埋深达 40 m，在原有 8 组主驱电机、减速机基础上增加 2 组，并配套变频器、动力电缆等，刀盘扭矩可提升 25%。

3. 盾构机改造方案

1）新制刀盘

为满足外直径的要求，新制刀盘盘体外径为Φ6 460 mm。新制刀盘与原刀盘结构一致，仍为双环六辐条结构，开口率约为 48%。刀盘直径变大，刀具轨迹按照原刀盘布置，新增 6 把刮刀，2 把先行刀。刮刀背后设置保护刀并焊接耐磨层，仍设有 2 把仿形刀，6 个泥材注入口。结构上，刀盘与主驱扭腿连接的法兰分布圆直径变大，相应的刀盘内环直径也变大。新制刀盘方案如图 5.2.1 所示。

2）新制前盾

前盾盾体直径加大为Φ6 470 mm，外周注入管由 10 组变为 6 组。除了结构尺寸的变更，其他如包括盾体长度、板厚、人孔盖装配、土压计装配、人闸仓装配等均未变化，元器件也可以直接使用原件，空间布置更加宽松。新制前盾结构如图 5.2.2 所示。

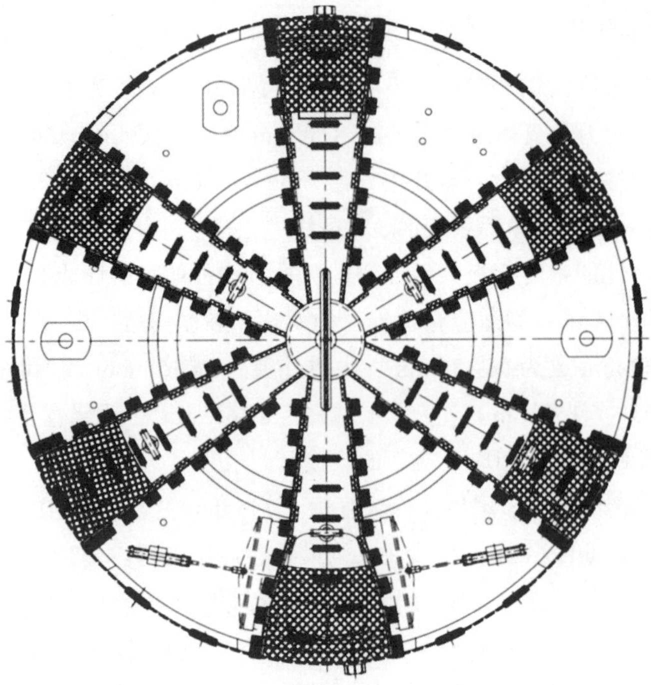

图 5.2.1　新制刀盘结构示意图

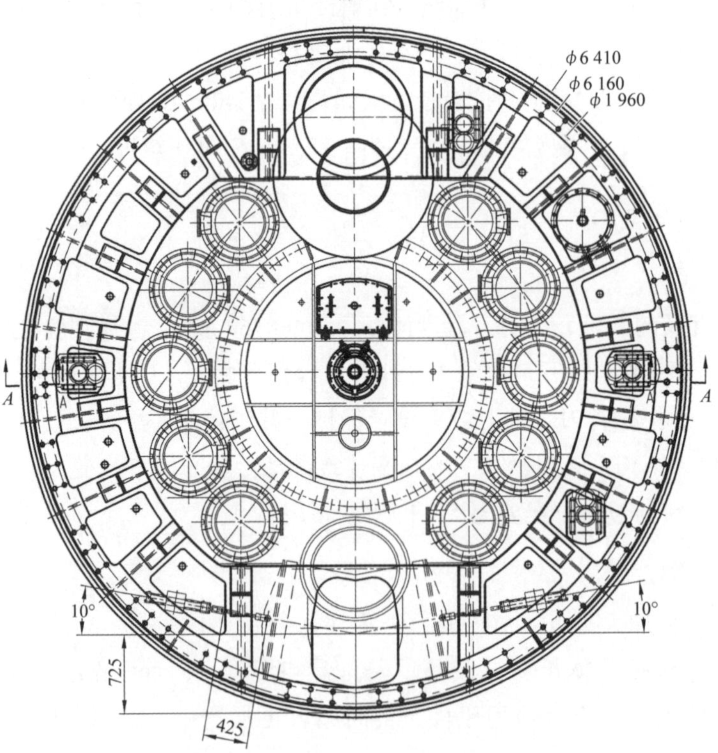

图 5.2.2　新制前盾结构示意图

3）新制中盾

中盾和中折盾直径由Φ6 155 mm 改为Φ6 465 mm，H 梁相应变更，铰接密封尺寸也需变大。盾体壁厚无变化，推进油缸、铰接油缸及行程传感器使用原件。推进油缸分布圆重新设计，以适应Φ6 200 mm 的管片。铰接油缸分布圆则维持原设计，铰接的电气控制无须改变。新制中盾结构如图 5.2.3 所示。

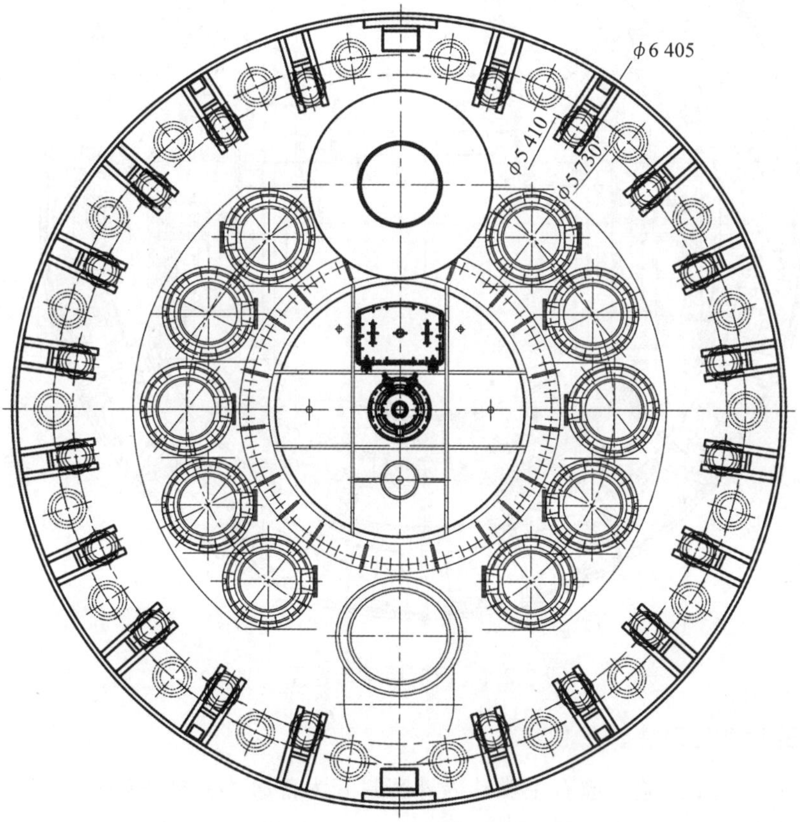

图 5.2.3　新制中盾结构示意图

4）新制盾尾

盾尾直径由Φ6 150 增大至Φ6 460，盾尾内径与管片外径间隙为 30 mm，双液注浆枪采用内置式。考虑到埋深较深，土压高，盾尾配置 4 道钢丝刷，18 个油脂注入点，提高盾尾密封性能，并增设止浆板。新制盾尾结构如图 5.2.4 所示。

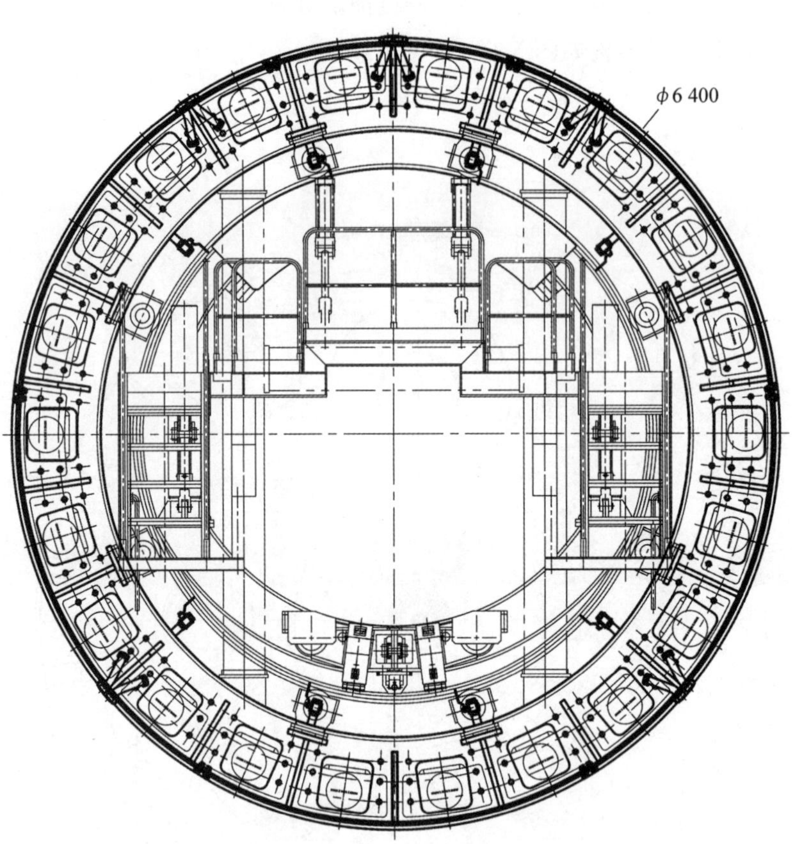

图 5.2.4　新制盾尾示意图

5）主驱动系统改造、维修

根据以往的施工经验，原有主驱动内外密封套为普通 Q345B 材质，经过一段时间的磨损，密封套会出现沟槽，严重影响密封性能，甚至有可能导致土砂进入到密封圈的唇口处，从而引起更大的磨损，所以 1.5 ~ 2 km 掘进后需对主驱动进行拆开检修。新方案建议将密封套材质更换为 42CrMo，表面淬火，硬度达到 HRC50 以上，耐磨性得到极大提升。

在主驱动土砂密封前部靠近土仓的部分，额外增设 HBW 油脂注入点，以便更直接地阻挡土砂进入驱动部，为使 HBW 起到更好的密封效果，增设 HBW 密封脂出口迷宫密封。在 HBW 注入过程中，可时时检测 HBW 的注入流量和压力，根据检测数据可调整 HBW 的注入量，避免了 HBW 注入量不足、过量注入等情况。HBW 气动注脂泵放置于2号台车右侧，在电源控制盘柜增加各泵的控制；泵的信号可接入机内控制盘内；新增油脂压力控制盒，安装在驱动部。

主驱密封由原来的集中润滑系统中独立出来，单独增设EP2电动注脂泵，专为主驱VD密封腔注入EP2油脂。在EP2油脂的注入过程中，可时时检测密封腔中油脂压力。此注脂泵放置于工作平台，EP2气动补脂泵放置于2号台车右侧。在电源控制盘柜增加各泵的控制；电动泵的信号可接入机内控制盘内；新增油脂压力控制盒，安装在驱动部。主驱动系统改造如图5.2.5所示。

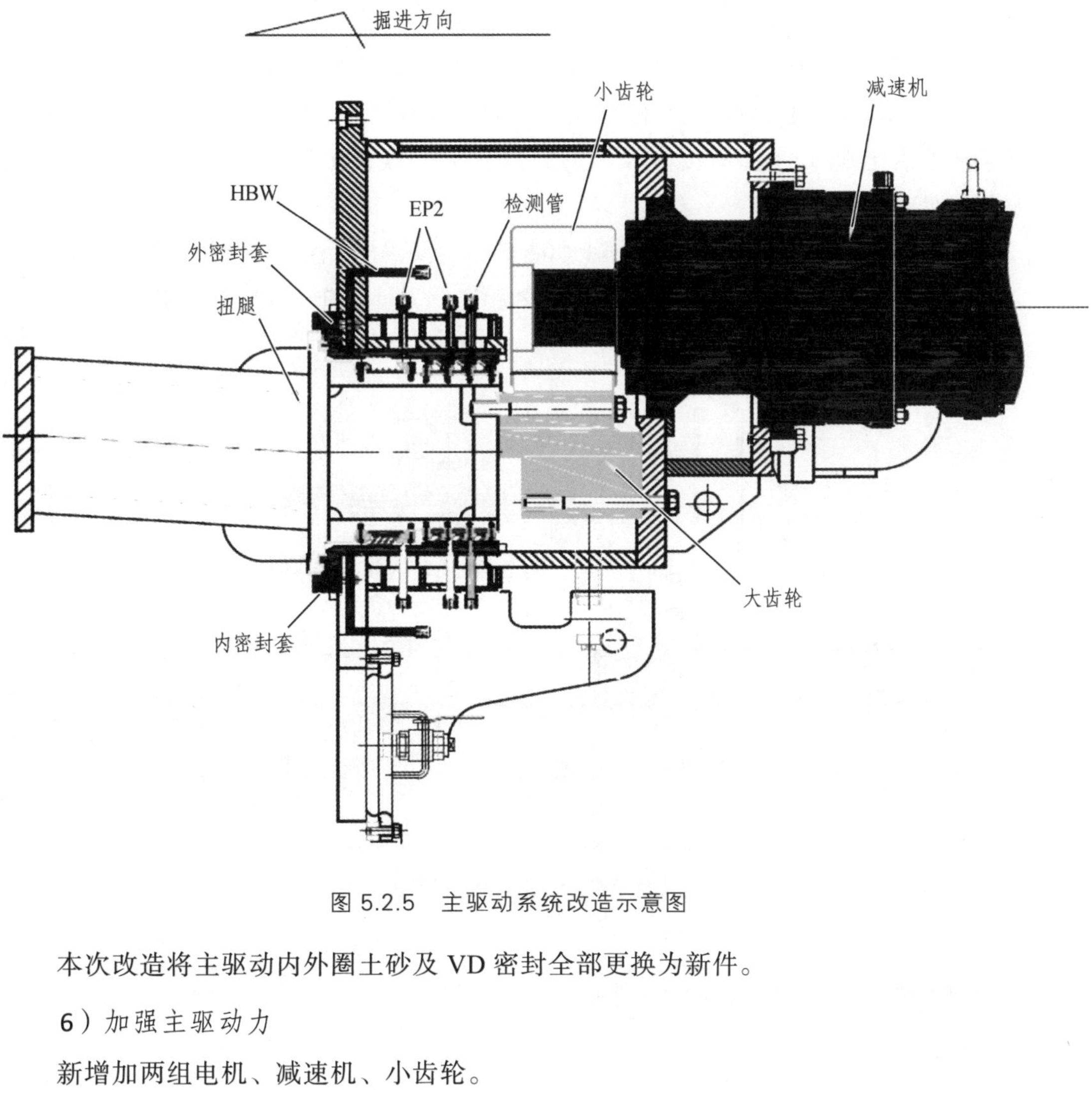

图5.2.5 主驱动系统改造示意图

本次改造将主驱动内外圈土砂及VD密封全部更换为新件。

6）加强主驱动力

新增加两组电机、减速机、小齿轮。

5.2.2 满足更换盾尾刷要求的拼装机适应性改造

五龙口停车场出入场线盾构区间采用小松TM645PMM土压平衡盾构机进行隧道施

工，设三道盾尾密封刷，构造形式均为钢丝毛刷。盾构推进姿态保持不好、盾尾间隙过小、盾尾油脂压力不够、油脂量不足等原因，容易导致尾刷失效，带来施工风险。因此，盾尾密封刷一旦损坏严重必须及时更换。

五龙口出入场线盾构区间右线长度近 3 km，掘进至 1 100 环（约 1 650 m）处，隧道有 6 处平曲线段转弯，盾尾密封刷受挤压、磨损、被砂浆固结的情况比较严重，给施工带来不便的同时，加大了盾尾油脂的消耗，增加了施工成本，而且给下一步下穿铁路带来施工风险。为此采取了拼装机加长臂来更换盾尾刷的办法，具体操作过程如下：

拟采用最后一环预留 K 块于 3 ~ 5 点位，预留位置处增加临时支撑，通过预留位置观察，待盾尾第一道尾刷露出后停止推进，然后利用拼装机加长臂对最后一环管片边拆除边更换盾尾刷的方法，直接将第一道盾尾刷整圈更换，最后通过拼装机加长臂来完成盾尾刷处管片的拼装。

原设计拼装机只能平移 900 mm（如图 5.2.6 所示），无法将管片拼装至尾刷位置，需要安装加长臂，以增加拼装机平移的有效距离，方可将管片安装至尾刷位置。

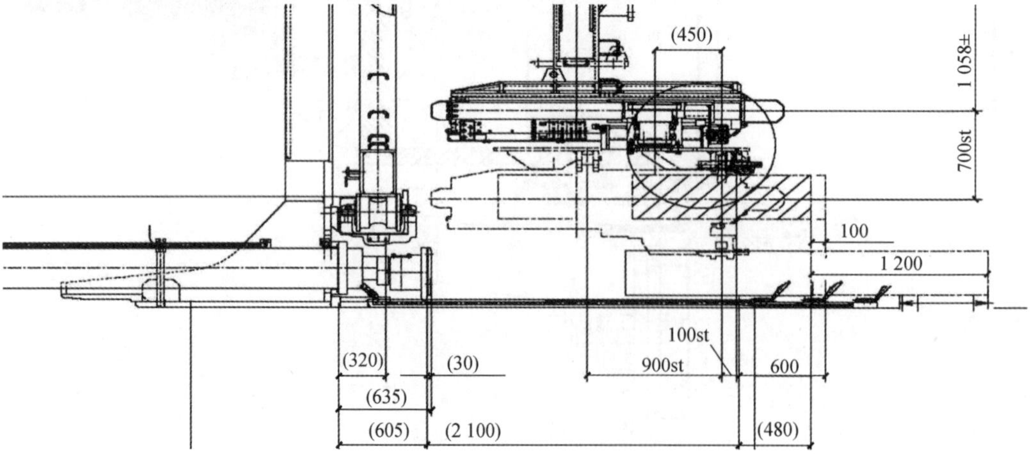

图 5.2.6　拼装机位置图

拼装机加长臂构造如图 5.2.7 所示。

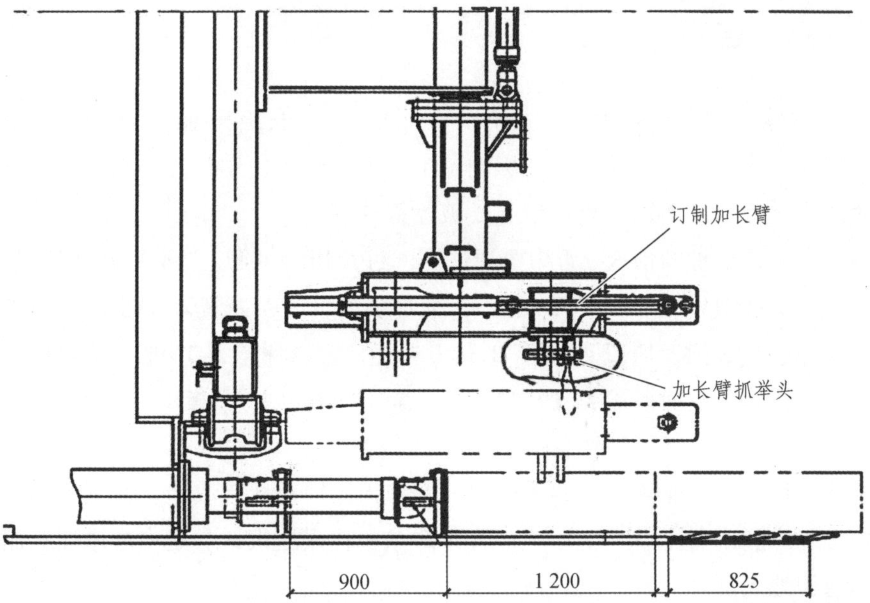

图 5.2.7 拼装机加长臂示意图

盾尾刷更换步骤如下：

（1）盾构机到达既定位置前二环时拼装管片，并在盾尾第 6 环，施作第一道止水环，采用双液浆止水。

（2）继续掘进至既定位置前一环完成时，安装管片时将 K 块设置在 3～5 点位，并将 K 块位置预留，以便于观察第一道尾刷露出的情况。然后在 K 块处加装钢支撑，环向支撑在两个邻接块之间，防止后续推进中管片锁扣内敛。

（3）继续推进油缸，并通过 K 块预留位置观察第一道尾刷露出的情况。待第一道尾刷及第一道密封腔露出时，停止掘进，对盾尾附近 10 环内管片螺栓进行彻底复紧。

（4）按照预设方案进行聚氨酯注浆止水，在盾尾后第 3 环施做第二道止水环。并在中盾径向孔处施做一道止水环。检查止水效果合格后，方可进行管片拆除施工。

（5）去除预留位置处的钢支撑，采用拼装机加长臂拆除最后一环管片的 B1、A1、A2 三块。对该三块处的第一道尾刷及密封腔进行清理、尾刷刨除、打磨、焊接新的尾刷、油脂涂抹等工序。

（6）利用加长臂重新安装 A2、A1、B1 块，然后再拆除 B2、A3 块，重复上一步的操作。

（7）尾刷更换完成后，利用加长臂安装 A3、B2、K 块。

（8）拆除拼装机的加长臂，恢复正常掘进。

5.3 小 结

对于 CFG 素桩群，宜采用复合式土压平衡盾构机。长距离掘进（1.1 km）至素桩群使滚刀偏磨严重，且容易结泥饼，影响施工进度。宜先使用切刀，靠近素桩群时，选取合适地段进行地面加固、更换滚刀，破除素桩群。

针对侧穿多处桥桩的情况，盾构机掘进需磨桩及切断钢筋。为了更好地切削桥桩，刀具配备中心加强型可更换撕裂刀 4 把，正面加强型可更换撕裂刀 34 把，正面焊接撕裂刀 25 把，刮刀 12 把，切刀 40 把，保径刀 4 把，刀盘保护刀 16 把。待含桥桩区间掘进完成后，拆除可更换撕裂刀 19 把，使刀盘开口率增大至 45%，便于其他不含桥桩区间的掘进。

针对下穿地表老旧建筑物，共采取以下两个措施针对盾构改造：一是增加一节拖车进行掘进同时脱出盾尾后五至后十环管片的二次补强注浆；二是中盾增加克泥效工法以减小盾构地表沉降。

针对小半径曲线，本工程中盾构最小转弯半径为 230 m，位于由腾飞路站始发的左线。盾构机宜选用转弯性能更加优越的主动铰接形式，增加盾构的灵敏度，在推进时减少超挖量的同时产生推进分力，确保曲线施工的推进轴线控制，使管片外弧碎裂和管片渗水等情况得以大大改善。中盾前部和中盾后部之间设计有两道聚氨酯橡胶密封和一道紧急气囊，正常情况下，两道聚氨酯橡胶密封起作用。在涌水时，使用紧急气囊密封。铰接油缸铰接力足够强（3 376 t），可以主动控制盾体姿态，同时刀盘配置有一把仿形刀，可以实现局部仿形，在曲线施工时可根据推进轴线情况进行部分超挖，辅助盾构进行小半径转弯。

针对长距离大坡度小半径盾构叠加下穿对群轨铁路，为了缩短盾构机停机待料时间，隧道内增设运输道岔；为了满足通风换气相关规范要求，隧道正洞通过风筒压入式向工作面通风；为了减小长距离下坡掘进时电瓶车溜车风险，在电瓶车机头位置加装气动防溜钩，同时，在编组板车间，除更换连接销钉外，还加设连接钢绞线，防止板车间断开，造成部分车组脱节而溜车，同时要求电瓶车在装满土的情况下严禁二次进入施工隧道。为了防止长隧道下坡掘进时污物沉积使得排污管路堵塞，采用多级排污沉淀中转箱，以钢管长距离运输至隧道外。为了保证供水系统有稳定的水压，通过先导式溢流阀和水压控制器，实现供水泵站的单向供水的自动运行，并安装增压泵，解决供水压降问题。为了防止长距离水平运输情况下，砂浆罐车中的砂浆离析、沉淀，对砂浆罐车进行变频改造，使砂浆罐车行驶中不停搅拌，保证了浆液的注入质量，也降低了砂浆罐车搅拌的故障率。为了解决长隧道电力压降问题，采用高压分支供电的方式，在隧道中段将原有盾构高压电缆一分为二，通过变压器供给增设的二级风机、多级排污系统、道岔砂浆搅拌、隧道照明等。

针对旧机扩径适应性改造，既要保证各项性能及参数均能满足当前施工需要，同时又要考虑郑州地质情况及以后施工遇到的地质情况。对旧盾构机可以从以下几个方面进行改造：新制刀盘盘体、强化耐磨处理、新制盾体 H 梁、加强盾尾密封性能、加强主驱密封性能、加强刀盘扭矩。

盾构在平曲线段转弯时，盾尾密封刷易出现挤压、磨损、被砂浆固结等情况，给施工带来不便的同时，加大了盾尾油脂的消耗，增加了施工成本，而且给下一步下穿铁路带来施工风险，为此对拼装机进行加长臂适应性改造来满足更换盾尾刷要求。

第三部分

盾构施工技术

第 6 章　端头加固技术

6.1　常见端头加固方法

加固原则：根据隧道埋深及盾构隧道穿越地层的地质水文情况，确定加固方法和范围。

加固目的：改良端头土体，提高端头土体强度，堵塞颗粒的间隙和地层的水，确保盾构机始发和到达的安全。

6.1.1　四种加固方式

常见的几种端头加固方法及其优缺点、不同如表 6.1.1 所示。

表 6.1.1　常见的端头加固方法

序号	名称	适用范围	简述	优点	缺点
1	深层搅拌加固法	淤泥、黏土层和砂层	通过钻孔将水泥、石灰等材料作为固化剂的主剂送入地层，依靠深层搅拌机在地层中将软土和固化剂（浆液和粉体）就地强制搅拌。利用固化剂与软土之间产生的一系列物理化学反应形成深层搅拌桩，使软土的物理力学性能得到改善	（1）基本不存在挤土效应，对周围地层扰动小。 （2）可根据不同的土质和工程设计要求，合理选择固化剂及配方，应用较灵活。 （3）施工无振动、无噪声、污染小，可在市区和建筑物密集带施工。 （4）土层经加固后，重度基本不变，不致产生较大的附加沉降。 （5）加固桩体结构形式灵活多样，可根据工程需要，选用块状、柱状、壁状或格栅状	（1）加固深度较浅，一般加固深度小于 10 m 时，能取得较好的加固效果。 （2）施工对操作要求较高，类似于旋喷桩加固，桩体的垂直度和咬合度较难保证。 （3）在富水砂层中，搅拌桩加固止水效果一般，应谨慎使用，或者和其他工法一起联合使用

续表

序号	名称	适用范围	简述	优点	缺点
2	旋喷桩加固法	砂层、淤泥、粉土、黏土层	高压喷射注浆法，就是将带有特殊喷嘴的注浆管，置入土层的预定深度，以20～40 MPa压力的高压喷射流，通过冲切、劈裂、剪切、挤压、充填、渗变、搅拌、升扬、置换、固化等作用，强制性破坏原地层，将地层颗粒在一定范围内重新排列组合，在其周边形成反滤层，使得浆液的扩散限制在有限范围内。同时，射流带入固化剂与地层颗粒就地搅拌，形成所需形状的防渗固结体，以达到加固改良土体的目的。主要采用旋喷桩加固法，在端头地层中形成均匀的圆柱体或者异形圆柱体以起到改良土体的作用	（1）适用地层较广； （2）材源广阔，价格低廉； （3）固结体形状可以控制； （4）固结桩体强度高； （5）有较好的耐久性； （6）机动灵活； （7）可灌性好； （8）浆液集中，流失较少； （9）设备简单，管理方便	（1）旋喷加固质量控制受人为因素影响较大，当前施工质量控制尚不能全部用仪表进行。 （2）不确定因素较多，需要加固方案的设计、施工人员有较丰富的经验才能取得较好的效果。 （3）当旋喷桩加固深度超过15 m时，桩体的垂直度较难保证，随即造成桩体之间搭接咬合效果不佳，达不到理想的止水和加固土体的效果。 （4）砂土、粉土地层能喷加固法地层适应性较差。 （5）旋喷桩加固后桩体加固效果检验方法有待于进一步完善
3	注浆加固法	砂质地层、砂砾层	注浆加固的实质是利用气压、液压或电化学原理，把某些能固化的浆液注入地层土体的裂隙和孔隙中，或挤压密实端头土体，以改善端头土体的物理力学性质	按照浆液在被灌注的载体中的作用机理，可将注浆法分为充填注浆、压密注浆、渗透扩散注浆、劈裂注浆和电化学注浆五种方法	加固总时间较长
4	冻结加固法	淤泥层、砂层、砂砾层等富水地层	采用人工冻结的方法将土体温度降至零度以下，使土体固结形成较好的稳定土体，同时起到隔水作用，在冻土范围内进行构筑物的施工，施工完结后结束冷冻并进行融沉注浆的方法。冻结法是地基固结法的一种，在预定冻结区域里，以60～100 cm的间距埋设冷冻管，通过冷冻装置使冷却的盐水（氯化钙水溶液）在冷冻管内循环，使地基冻结固化	冷冻法常用于地表有管线、建筑物等，在地面加固施工造成成本升高及地质条件较差，地处砂层、富含地下水等不良地质情况下	等强时间较长，冻胀与融沉控制措施要求高

6.1.2 四种加固方式功效分析

以上四种加固方式在施工功效上的差异如表 6.1.2 所示。

表 6.1.2 四种加固方式功效分析

加固方式	深层搅拌加固法	旋喷桩加固法	注浆加固法	冻结加固法
成桩/成孔施工速度	24 根/天	24 根/天	6 孔/天	6 孔/天
成桩/成孔施工时间	15 天	15 天	22 天	8 天
等强时间	28 天	28 天	28 天	40 天
总时间	43 天	43 天	50 天	48 天

6.2 5 号线工程端头加固方法

6.2.1 加固方法汇总统计

郑州轨道 5 号线各车站端头加固主要有以下 6 种施工方法，详见表 6.2.1。

表 6.2.1 端头加固施工方法汇总表

序号	方法	车站	标段	备注
1	三轴搅拌桩	五龙口出入场	1 标	加固体与围护结构间隙用三重管旋喷桩填充，雨水箱涵注浆加固
2	三重管旋喷桩	西沙盾构区间、南沙盾构区间	1 标	经济、适用
		花园路站	2 标	
		经三路站、未来北路站、众意路站	3 标	
		众意路站、CBD 站	4 标	
		金水东路、康宁路	6 标	
		郑汴路站、经北二路站、经开第八大街站	7 标	
		腾飞路站	8 标	
		腾飞路站、未来路站、魏庄西街站	9 标	
		魏庄西街站、紫荆山站、冯庄路站、京广南路站、大学南路站	10 标	
		大学南路站、嵩山南路站、工人路站、淮河路站	11 标	
		建设西路站、西站街站	12 标	

续表

序号	方法	车站	标段	备注
3	注浆	南阳路站	1 标	场地受限或加固区存在管线
		文化路站	2 标	
		花园路站	1 标	
		大学南路站左线、紫荆山路站东端头	10 标	
4	冻结法	农业东路	4 标	盾构埋深较深，地下水丰富
		郑州东站	6 标	
5	三重管旋喷桩+注浆	花园路站	2 标	旋喷桩加固效果不佳，后进行注浆补强
		农业东路、心怡路	5 标	

6.2.2 三轴搅拌桩设计加固形式

以五龙口出入场线盾构区间始发/接收端头加固为例，如图 6.2.1 所示。

盾构进洞土体采用ϕ850@600 三轴搅拌桩加固，其中加固体与盾构井围护结构之间的空隙采用ϕ800@500 三重管高压旋喷桩充填。浆液采用 42.5 级普通硅酸盐水泥。旋喷桩加固需与盾构井围护结构搭接不小于 400 mm。

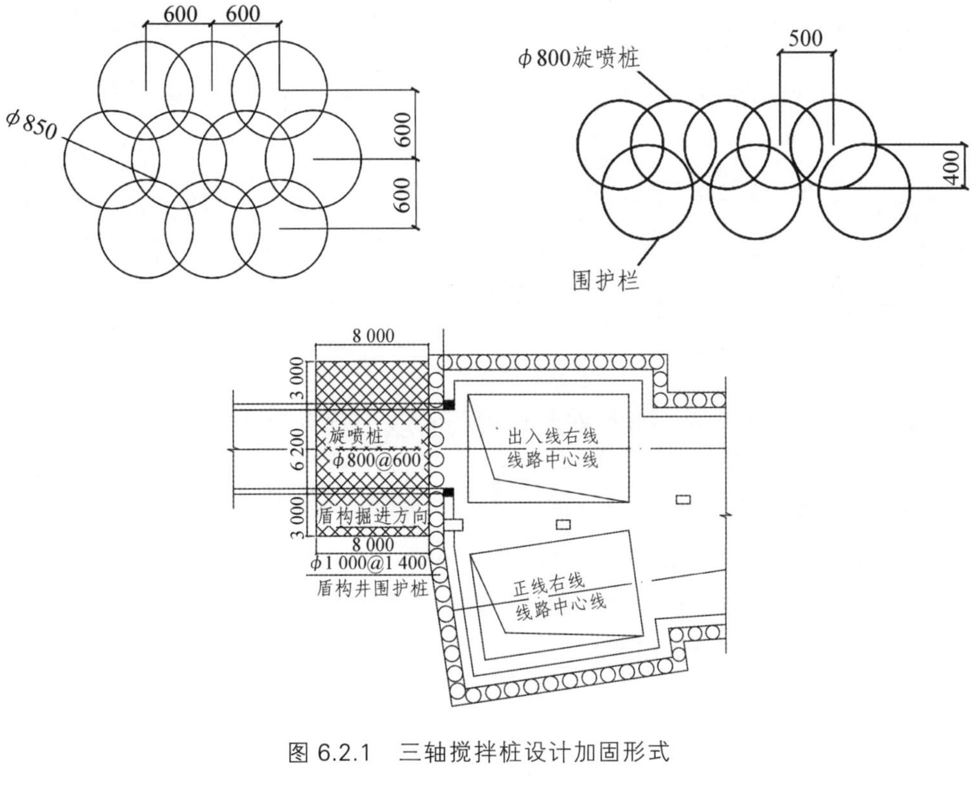

图 6.2.1　三轴搅拌桩设计加固形式

6.2.3　三重管高压旋喷桩设计加固形式

以商腾区间腾飞路站东端头加固为例，如图 6.2.2 所示。

腾飞路站东端头采用ϕ800@600 旋喷桩加固方案。旋喷桩加固纵向长度 8.0 m、加固范围为管片上方左右各 3 m。桩间距按 60 cm 梅花形布置。

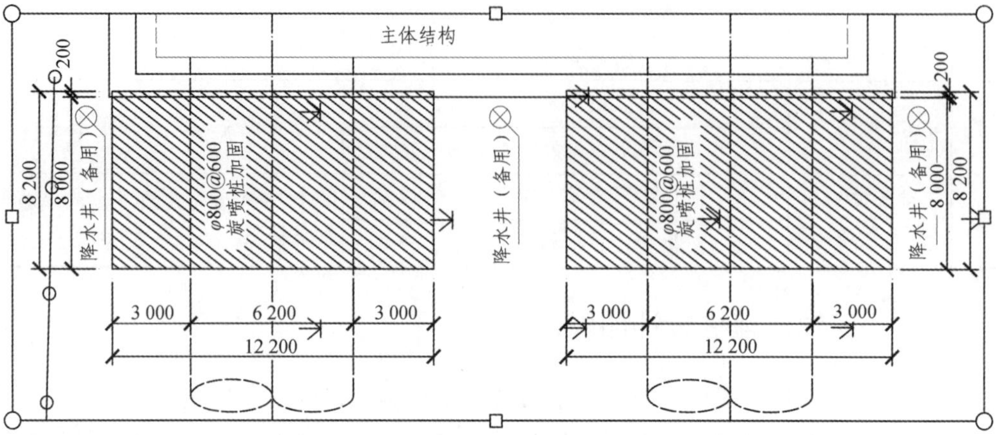

图 6.2.2　三重管高压旋喷桩设计加固形式

6.2.4　冻结法设计加固形式

以郑州东站南/北端头加固为例。

郑州东站北端为接收端，南端为始发端，地层自上而下为：杂填土①$_{1}$层、黏质粉土②$_{33}$层、粉质黏土②$_{35}$层、黏质粉土②$_{35}$、粉质黏土②$_{51}$层、细砂②$_{51}$层、粉质黏土②$_{52b}$层，始发段和接收段均位于地下水位以下，且地下水丰富，设计采用冷冻法加固。

1. 冻结设计

1）冻结孔的布置

根据冻结帷幕设计，冻结孔按近水平角度布置，冻结孔数 56 个。

圆柱体冻结孔沿开洞口ϕ8 m 圆形布置，开孔间距为 0.786 m（弦长），冻结孔数 32 个，长度为 14.1 m。

板块冻结孔沿开洞口ϕ5.2 m、ϕ2.7 m 圆形布置，开孔间距为 1.031 ~ 1.081 m（弦长），冻结孔数 23 个，冻结孔长度为 5.0 ~ 6.1 m；开洞口中心布设 1 个冻结孔，冻结孔长度为 4.5 m。冻结设计如图 6.2.3。

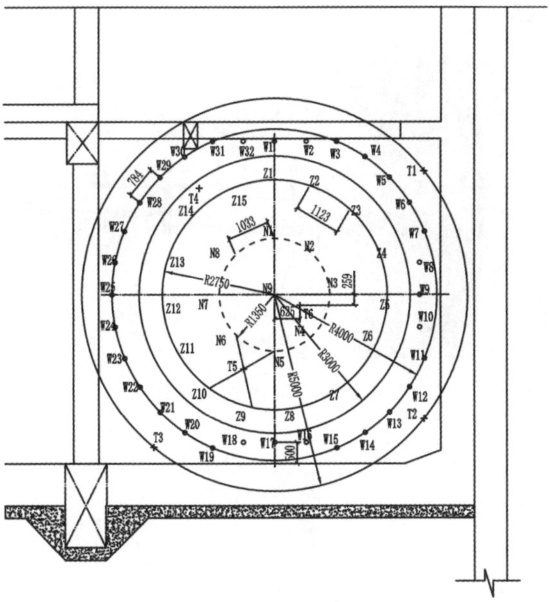

图 6.2.3　冻结设计图

2）测温孔

共布置 6 个测温孔，深度为 4 ~ 12 m，目的主要是测量冻结帷幕范围不同部位的温度发展状况，以便综合采用相应控制措施，确保施工的安全。测温孔管材选用ϕ89 × 8 mm 20#低碳钢无缝钢管。

3）钻孔施工

钻孔的施工工序为：定位开孔及孔口管（如图 6.2.4 所示）安装→孔口密封装置（如图 6.2.5 所示）安装→钻孔→测量→（封闭孔底部）→打压试验。

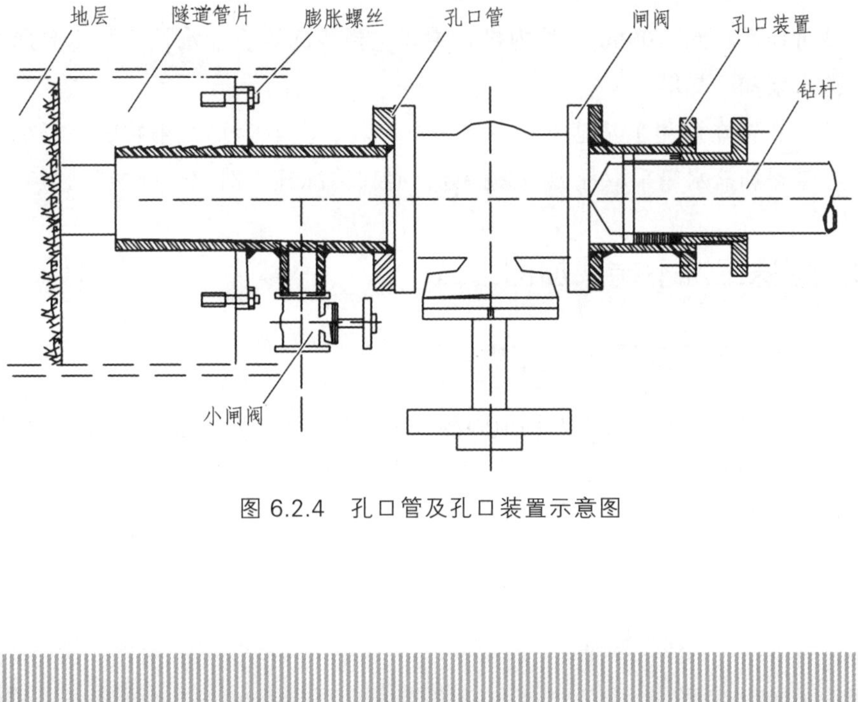

图 6.2.4　孔口管及孔口装置示意图

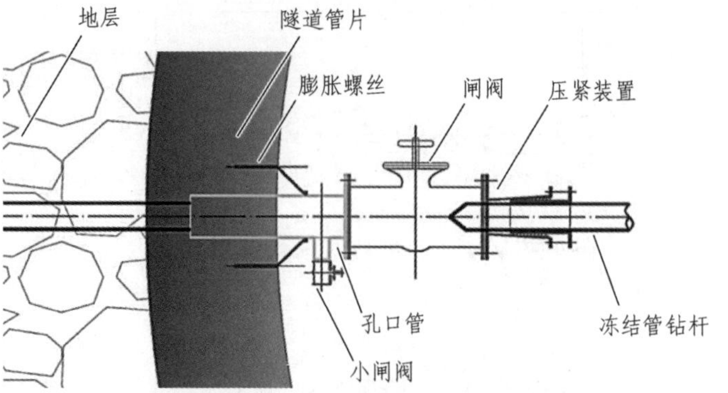

图 6.2.5　钻孔孔口密封装置图

2. 冻结施工

1）制冷设计

冻结参数确定：

（1）积极冻结期盐水温度为 – 28 ~ – 30 °C。

（2）维护冻结期温度为 – 25 ~ – 28 °C。

（3）外围冻结孔终孔间距 L_{max}≤1 000 mm，冻结帷幕交圈时间为 20 ~ 25 d，达到设计厚度时间为 35 d。

（4）积极冻结时间为 35 d，维护冻结时间为 5 d。

（5）冻结孔布置 56 个，冻结管总长度为 587.2 m。

（6）测温孔布置 6 个，深度为 4 ~ 12 m，测温孔一般定在终孔间距较大的位置，位置可根据实际施工时进行调整。

2）总体布置

冻结站占地面积约 100 m^2，站内设备主要包括冷冻机、盐水箱、盐水泵以及箱式变电站、清水泵和冷却塔。

冻结机组布置在郑州东站地下负一层下沉广场，上方为郑州东站西广场绿化带草坪。对冷冻管路和盐水箱采取保温包裹措施，确保冷冻施工对周边环境的影响。

6.3　特殊工况下端头加固方法

6.3.1　特殊工况加固方法变更统计

根据施工现场水文地质条件及场地限制、管线影响等情况，部分车站端头加固采取变更措施，详见表 6.3.1。

表 6.3.1 特殊工况加固方法变更统计表

序号	问题	车站	标段	解决方法
1	场地受限或加固区存在管线	南阳路站	1 标	高压旋喷桩方案变更为注浆法
		文化路站	2 标	
		花园路站	3 标	
		大学南路站左线、紫荆山路站东端头	10 标	
2	水文地质情况变化	农业东路	4 标	高压旋喷桩方案变更冷冻法

6.3.2 WSS 无收缩双液注浆技术

以南阳路站西端头（沙口路站—南阳路站区间接收端头）及五龙口出入场线左线接收端头加固为例。

1. 工程地质

工程区域内地貌单元为山前冲洪积缓倾平原地貌，场地 30 ~ 40 m 深度范围内地层主要为第四系上更新统（Q_3）地层，主要地层为砂质粉土、黏质粉土、粉质黏土，夹有粉细砂。

根据本区间现场钻探所揭示的地层情况，结合地貌特征。本场地 55 m 以上地基土均属第四系（Q）沉积地层。在垂直方向上 55 m 范围内分布有第四系全新统人工堆积层杂填土（$Q_{4\text{-}3}^{ml}$）和第四系上更新统冲洪积物（Q_3^{al+pl}）、第四系中更新统坡洪积物（Q_2^{dl+pl}）。

2. 水文地质

本区间的地下水类型主要为第四系松散层孔隙潜水。含水层岩性以黏质粉土、粉质黏土及细砂为主，勘察期间地下水初见水位埋深为 19.70 ~ 25.80 m，稳定水位埋深为 19.20 ~ 25.30 m，变幅 1.0 ~ 2.0 m。目前本区地下水受郑州市开采影响，地下水位变化受人为控制，据调查场地近 3 ~ 5 年地下水最高埋深为 17.10 ~ 21.10 m，历史最高水位埋深为 12.1 ~ 16.10 m。

3. 原设计概况

1）南阳路站西端头加固设计概况

南阳路站西端为沙南盾构接收端，采用φ800@650 三重管高压旋喷桩进行端头加固，并预留 1 ~ 2 个降水井设置条件。竖向加固范围为隧道顶板以上 3 m 至底板以下 3 m，平面加固范围为盾构隧道结构轮廓线左右各 3 m，纵向加固长度为 8 m，如图 6.3.1、6.3.2 所示。

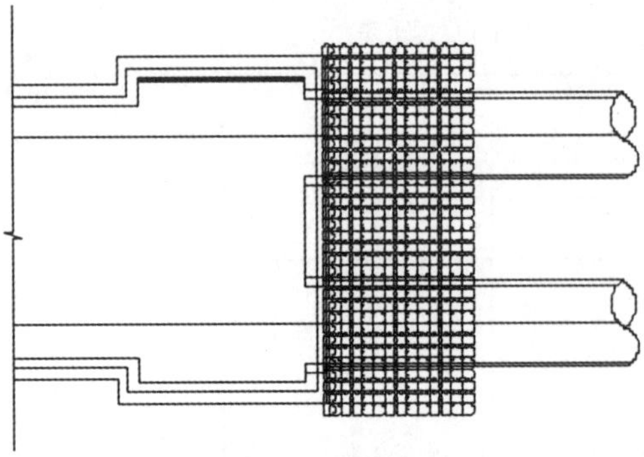

图 6.3.1　南阳路站西端头加固平面图

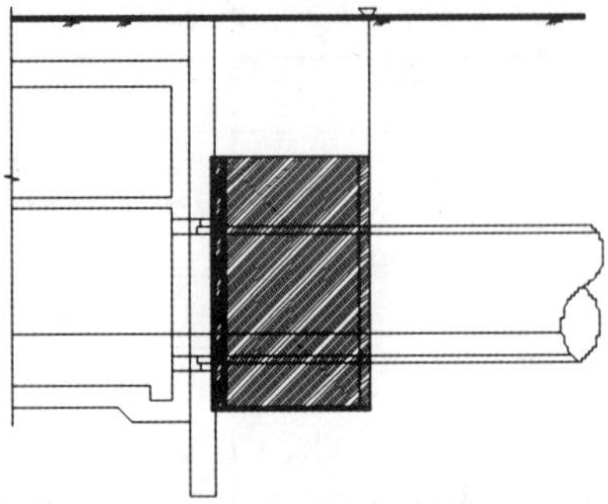

图 6.3.2　南阳路站西端头竖向加固图

2）出入场线区间左线端头加固设计概况

左线盾构接收出洞端采用ϕ800@600 三重管高压旋喷桩加固，其中加固体与接收井围护结构之间的空隙采用ϕ800@500 三重管高压旋喷桩充填，加固长度为 8 m，加固水平范围为隧道左、右各 3 m，纵向范围为隧道上、下各 3 m，如图 6.3.3 所示。

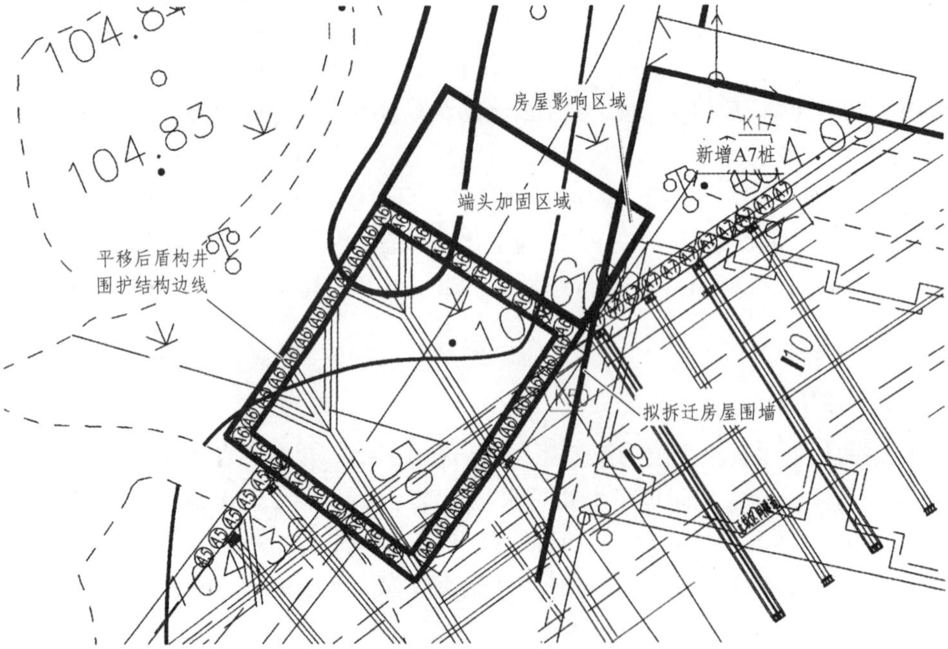

图 6.3.3　出入场线区间左线端头加固平面图

4. 变更原因

1）南阳路站西端头加固变更原因

南阳路站西端头管线多、场地受限，无法满足旋喷桩的施工，故将旋喷桩加固变更为 WSS 无收缩双液注浆技术对此洞门范围内进行全断面注浆加固。南阳路站西端头管线平面图如图 6.3.4 所示。

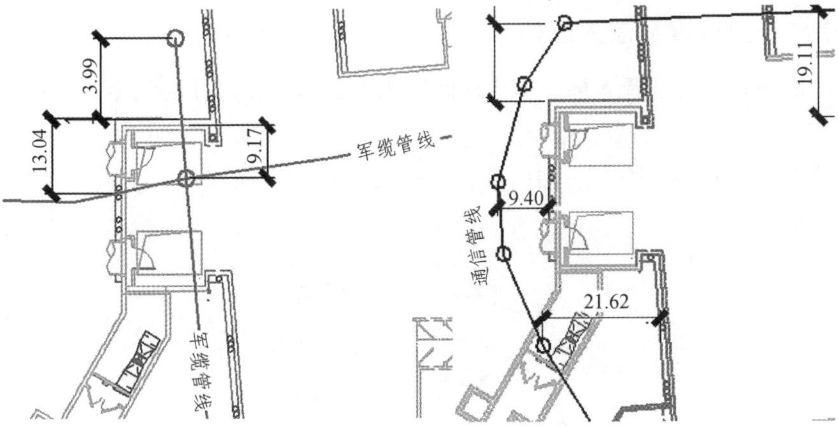

图 6.3.4　南阳路站西端头管线平面图

2）五龙口出入场线左线端头加固变更原因

（1）左线端头旋喷桩加固深度约 39 m，根据以往施工经验，高压旋喷桩加固深度在 25 m 左右效果最好，然后随加固深度的增加，旋喷桩质量控制较难，无法较好地保证加固施工质量。

（2）盾构井采用围护桩 + 第一 ~ 六层混凝土支撑（含圈梁）+ 第七层钢支撑支护体系，中间穿插施工大基坑第一 ~ 十层锚索。已完成基坑锚索施工，若进行旋喷桩施工将会损坏锚索，大基坑开挖施工时产生较大安全隐患。因此采用 WSS 无收缩双液注浆技术对洞门范围内进行全断面注浆加固

5. 注浆加固工艺流程

采用二重管钻机钻进至预定长度，采用同步双液注浆机注浆，浆液共有三种即 A 液（水玻璃）、B 液（磷酸）、C 液（水泥浆），A 液先后与 B 液、C 液混合，形成 A、C 液（水泥和水玻璃混合液）和 A、B 液（水玻璃和磷酸混合液），其原理先用 AB 液将土层颗粒中的水强迫排除，再通过 AC 液使土层黏结力、内摩擦角增大，从而起到加固隔水的作用。整个注浆加固流程如图 6.3.5 所示。

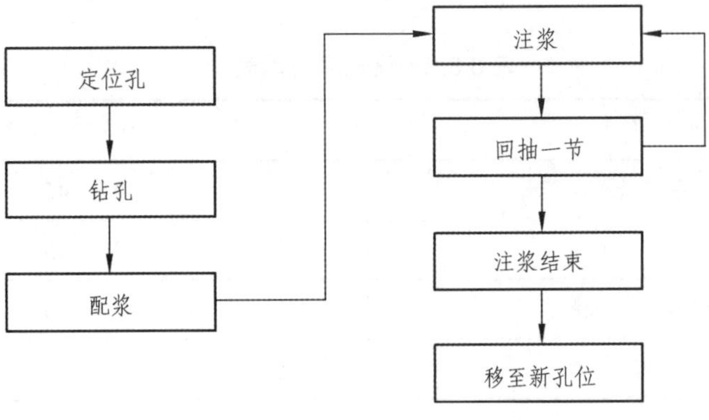

图 6.3.5　注浆加固流程图

6. 注浆孔的布置及注入顺序

采用环形布置，共设置 4 环，环与环间距为 0.8 cm，孔与孔的间距为 0.8 cm，如图 6.3.6 所示。

钻孔的顺序是先钻外圈，后钻内圈，内孔还可以作为检查孔。注浆时由上到下。

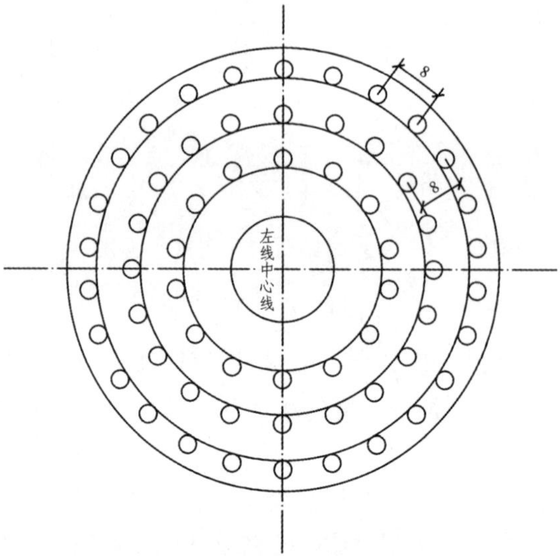

图 6.3.6 注浆孔布置图

7. 注浆量计算

由于浆液的扩散半径与围岩孔隙很难精密确定，只能按以往施工经验及隧道工程地质、水文条件、注浆压力进行注浆量的计算及浆液注入量控制。每个洞门总注浆量

$$Q = An\alpha(1+\beta)$$

式中：A 为注浆范围体积，单位 m^3；n 为孔隙率（%）；α为浆液填充系数，取值 0.7～0.9；β为注浆材料损耗系数，取值 1.2。设计中，$n\alpha(1+\beta)$ 统称为填充率，填充率按表 6.3.2 选用。

表 6.3.2 填充率选用表

地质条件	填充率/%
杂填土	25～45
粉质黏土、砂土	30～45
粉细砂、砂层	40～50
中砂、中粗砂	50～60

8. 注浆压力的选定

注浆压力是注浆施工中的重要参数，它关系到注浆施工的质量及经济性。因此，正确确定注浆压力和合理运用注浆压力有着重要的意义。注浆压力与围岩孔隙发育程度、涌水压力、浆液材料的黏度和凝胶时间长短等有关，目前均按经验确定。

（1）按已知的地下水静水压力计算。设计的注浆压力（终压值）为静水压力的 2 ~ 3 倍，最大可达到 3 ~ 5 倍，即：

$$p' < p \leqslant (3\sim5)p'$$

式中：p 为设计注浆压力（终压值），单位 MPa；p'为注浆处静水压力，单位 MPa。

（2）根据注浆处地层深度计算。设计注浆压力（终压值）：

$$p = KH$$

式中：H 为注浆处深度，单位 m；K 为由注浆深度确定的压力系数，按表 6.3.3 取值。注浆深度一般为 19 ~ 25 m，因此 K 的取值取 0.016。

因此注浆压力取值范围为 0.304 ~ 0.4 MPa。现场施工过程中注浆前在同等地质条件下，试注浆并记录注浆数据，根据试注浆施工记录及注浆效果确定最终确定注浆压力及配合比。

表 6.3.3　压力系数取值表

注浆深度/m	<8	10 ~ 12	12 ~ 16	16 ~ 20	>20
K	0.023 ~ 0.021	0.021 ~ 0.020	0.020 ~ 0.018	0.018 ~ 0.016	0.016

9. 注浆后效果检测

注浆施工结束后，在洞门处打探孔。探孔主要分布为洞门上部、中部及底部分别开设 3 个深度为 5 m 的探水孔，探水孔完成后观察是否有明水流出。如有明水流出则需继续注浆止水加固。

10. 施工质量保证措施

（1）钻孔：

① 布孔：严格按照施工设计图布孔并进行复核。

② 钻机定位：定位准确，钻头点位误差≤20 mm。钻杆垂直度误差≤1°。

③ 钻孔：密切观察钻进尺度及溢水出水情况，出现涌水时，立即停钻，先行注浆止水，再分析原因。确认止水效果后，方可继续钻孔。

（2）配料计量工具必须经过检验合格按照设计配方配料。

（3）注浆按照设计的注浆程序施工。进浆量必须准确，严格控制注浆压力，注浆方向并由专人操作，当压力突然上升或从孔壁、地面溢浆以及跑浆时，立即停止注浆。应采取措施解决并确保注浆量。

（4）由专人负责每道工序的操作记录。

（5）注浆全过程应加强施工检查和监测，监测施工地段的地面沉降。

11. 加固效果

经过采用 WSS 双液注浆技术，端头加固质量达到了预期效果，盾构机安全出洞，保障了 5 号线洞通的节点目标，取得了一定的经济效益，也为后续施工提供了宝贵的经验与参考价值。图 6.3.7 为盾构机顺利接收。

图 6.3.7 盾构机顺利接收

6.3.3 水平冷冻加固技术

以农业东路站西端头（CBD 站—农业东路站区间接收端）加固为例。

1. 设计概况

CBD 站—农业东路站区间自 CBD 站东端头井始发，沿黄河东路向东向北敷设，至农业东路站西端头井处负三层接收。接收端地质条件和周边环境复杂，施工影响因素多，施工风险大。

结合农业东路站基坑实际开挖情况，在大埋深、高水位、富水砂层条件下，盾构端头采用旋喷桩加固无条件，且在密实砂层中实施旋喷桩成桩质量差，止水效果不能完全保证，存在较大的风险。为此将原设计的旋喷桩加固变更为水平冷冻施工技术。

设计冻结壁平均温度为 – 10 °C，冻土抗压强度 $\sigma_{压}$ 不小于 3.6MPa，抗拉强度 $\sigma_{拉}$ 不小于 2.0 MPa，抗弯强度 $\tau_{剪}$ 不小于 1.5 MPa。

接收端头水平冻结设计冻结壁有效厚度为“杯底”3.5 m，“杯壁”厚度为 2 m、长度为 12.0 m（不包含地连墙、内衬），冻结壁设计平均温度为不高于 – 10 °C。冷冻加固范围如图 6.3.8 所示。

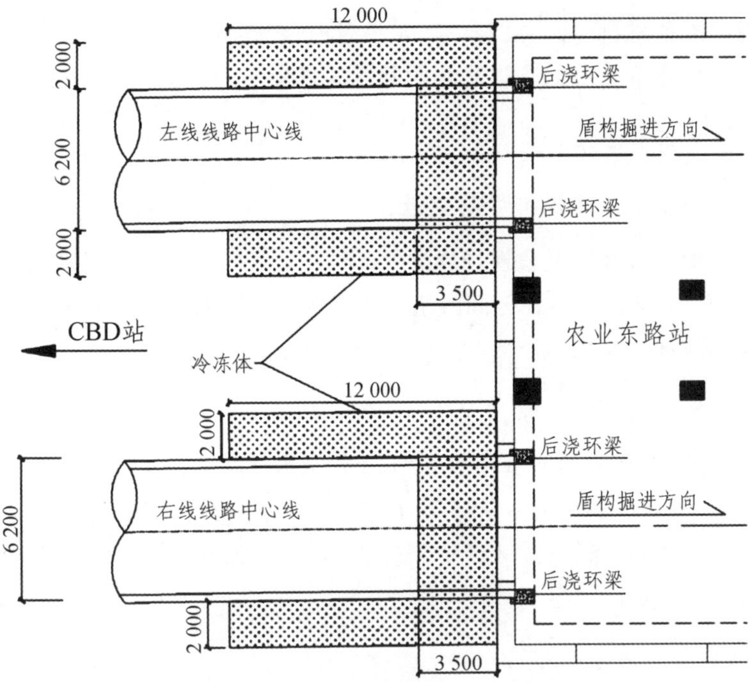

图 6.3.8　冷冻加固范围示意图

2. 工程特点及重难点分析

1）工程特点

（1）大埋深、高水位、富水砂层地质条件下盾构接收，周边临近重要建筑物、构筑物，环境复杂，地表沉降要求严格。

（2）接收端平面为半径 400 m 的圆曲线与直线的缓和曲线。

2）重难点分析

（1）冷冻管施工及冻结体的质量

水平冷冻体的质量直接决定盾构接收的成败。

措施：严格按照设计图纸进行钻孔施工，确保钻孔深度、角度满足要求；停止周边一切降水井；充足的冻结时间；钻孔检验冷冻体强度；盐水温度及测温孔测温记录满足接收条件。

（2）洞门凿除

在冷冻体的保护下进行洞门凿除，工期与盾构掘进的配合、对冷冻管的保护是施工重点。

措施：24 小时作业，7 天内完成；凿除时机与盾构掘进进度相互配合。

（3）冷冻管拔除

洞门范围冷冻管设计采用钢管，需在盾构机到达拔除，拔除作业及出现断管等突发事件，对整个盾构接收影响大，是施工的重点和难点。

措施：提前准备材料和人员，要求 24 小时内全部完成；提前准备液氮及液氮操作人员，鼓风机就位新鲜空气，实施监测内部氧气含量。

3. 施工技术原理

1）水平冻结加固土体保障安全凿除洞门

根据接收段地质水文情况及现场周边实际情况，区间隧道接收端采用 3.5 m 厚冻结壁进行土体加固，冻结加固体在区间隧道洞门破除时，起到抵御水土压力、防止土层塌落和泥水涌入工作井的作用。

2）预留、预埋注浆管封水注浆

通过在洞门处 10 环管片上每环增加 10 个注浆孔，以及在洞门钢圈、过渡连接环上预埋 16 个环向注浆管，洞内外双管齐下相互配合注浆，互相印证，有效地填充了管片与洞门钢圈之间的空隙，消除在钢套筒开仓时、盾构机吊装、管片拔除及洞门环梁施工过程中的风险。

4. 施工特点

安全可靠，风险小：采用水平冻结法辅助加固地层，质量可控能更好地起到止水封水效果。

5. 操作要点

1）冷冻法实施

盾构机接收前对冻结厚度、冻结体温度、冻结体强度进行效果验证，复核设计要求。

2）曲线接收施工措施

盾构接收阶段，对盾构机的位置进行准确的测量，明确成型隧道中心轴线与隧道设计中心轴线的关系，同时对接收洞门位置进行复核测量，确定盾构机的贯通姿态及掘进纠偏计划。在考虑盾构机的贯通姿态时应注意：一是盾构机贯通时的中心轴线与隧道设计轴线的偏差；二是接收洞门位置的偏差。纠偏要逐步完成，每一环纠偏量不能过大。盾构机到达前 100 m 地段即加强盾构姿态和隧道线形测量，及时纠正偏差使盾构顺利到达接收井。

3）注浆措施

为防止施工过程中出现涌水涌砂事故，设置了 3 道止水防水措施。

（1）同步注浆：盾构接收施工中严格控制同步注浆参数，及时填充开挖面与管片间隙。

（2）增加管片注浆孔：最后 10 环管片每环再增加 10 个注浆孔，向管片外侧注双液浆，封闭止水，如图 6.3.9 所示。

（3）预埋注浆孔：在洞门钢圈上预埋 16 个环向注浆管，强化最后两环的背后注浆，如图 6.3.10、6.3.11 所示。

4）施工监测

盾构机到达掘进过程中加大测量频率，并复核控制点，确保盾构机到达的姿态正确，在端头连续墙、地面及周围建筑物布置沉降观测点；围护结构及洞门周围布置形变监测点。并测量初始值，盾构机到达过程中每天测量 2 次，若变形较大，增加测量频率并及时通报项目部采取应急处理措施。

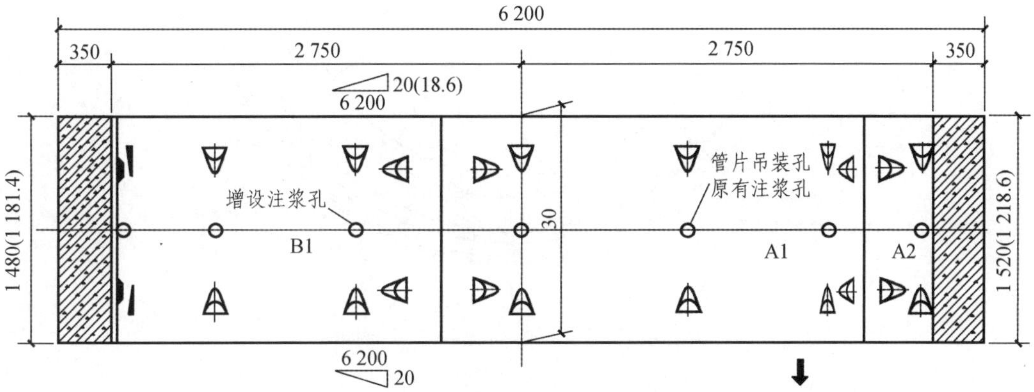

图 6.3.9　管片增加注浆孔展开图

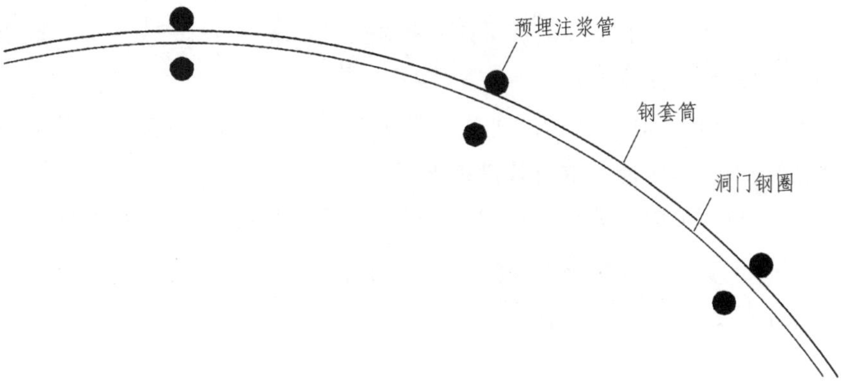

图 6.3.10　过渡连接环预留注浆孔图

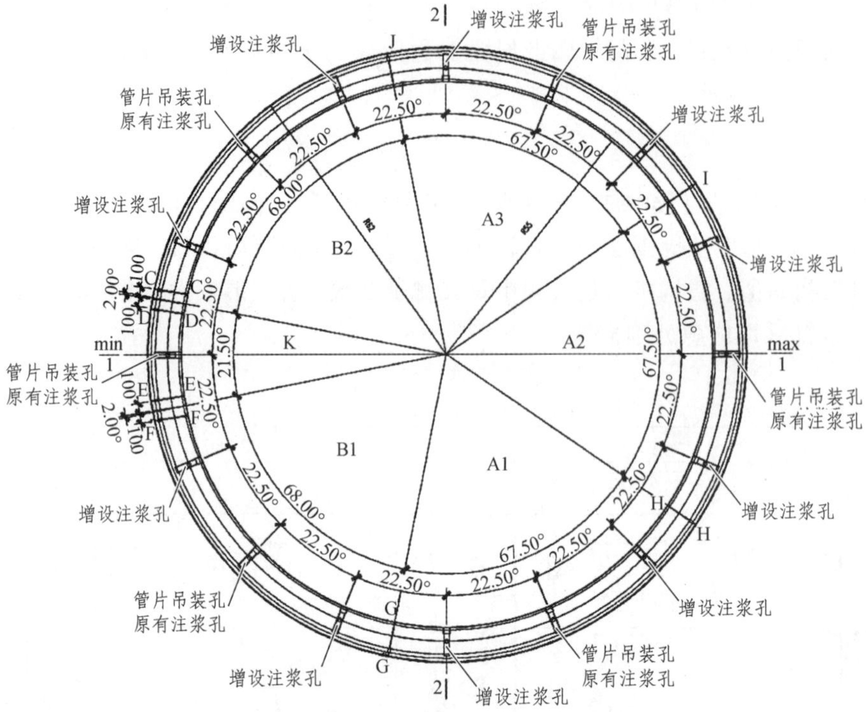

图 6.3.11　管片增加注浆孔立面图

6.4　非本场地盾构接收存在问题

在本工程中，非本场地盾构接收主要存在以下问题：

（1）接收端头周边存在降水井降水，导致地下水位下降，致使冷冻加固效果不佳。

（2）接收端头周边地下管线调查不详，未对重要管线进行保护处置，致使地下管线出现断裂现象，影响施工安全。

端头加固出现以上问题原因为：非本场地进行盾构接收施工，施工单位对周边环境及地下管线调查不详，未能采取有效措施进行防治。

建议：在标段划分时充分考虑现场实际情况，合理选择盾构始发、接收端头。

6.5　危大工程验收标准

根据国家、行业以及《郑州市地铁集团有限公司工程质量验收细则》要求，盾构始发、到达施工前须进行条件验收，其中端头加固的效果是主控项目，加固范围及参数指标必须符合表 6.5.1 所示要求。

表 6.5.1　加固范围及参数指标表

项　目	旋喷桩加固	搅拌桩加固	注浆加固	冷冻法加固
土体强度	≥1.0 MPa	≥1.0 MPa	≥1.0 MPa	≥3.6 MPa
渗透系数	≤10^{-7} cm/s	≤10^{-7} cm/s	≤10^{-7} cm/s	冻结壁温度≤10 °C
加固效果	良好的均匀性、自立性、密封性，无明水	良好的均匀性、自立性、密封性，无明水	良好的均匀性、自立性、密封性，无明水	冻结壁厚度≥4 m

6.6　小　结

常见的端头加固方法有深层搅拌加固法、旋喷桩加固法、注浆加固法、冻结加固法，郑州轨道 5 号线各车站端头加固主要采用了三轴搅拌桩、三重管旋喷桩、注浆、冻结法、三重管旋喷桩 + 注浆共计六种施工方法。在一些特殊工况下，由于施工现场水文地质条件及场地限制、管线影响等情况，应结合具体对部分车站端头加固采取变更措施。

部分车站端头管线多、场地受限，无法满足旋喷桩的施工，可将旋喷桩加固变更为 WSS 无收缩双液注浆技术对此洞门范围内进行全断面注浆加固。

在大埋深、高水位、富水砂层条件下，盾构端头采用旋喷桩加固无条件，且在密实砂层中实施旋喷桩成桩质量差，止水效果不能完全保证，存在较大的风险。可将旋喷桩加固方案变更为水平冷冻施工技术。

总之，在标段划分时应充分考虑现场实际情况，盾构始发、到达施工前须按照相关标准进行条件验收，再合理选择盾构始发、接收端头。

第 7 章 盾构始发技术

7.1 盾构始发流程

盾构始发是指利用反力架和负环管片，始发基座上的盾构，由始发竖井推入地层，开始沿设计线路掘进的一系列作业，是盾构施工的关键环节之一。其主要内容包括：始发前竖井端头的地层加固、安装盾构始发基座、盾构组装及试运转、安装反力架、凿除洞门临时墙和围护结构、安装洞门密封、盾构姿态复核、拼装负环管片、盾构贯入作业面建立土压和试掘进等。盾构始发流程见图 7.1.1。

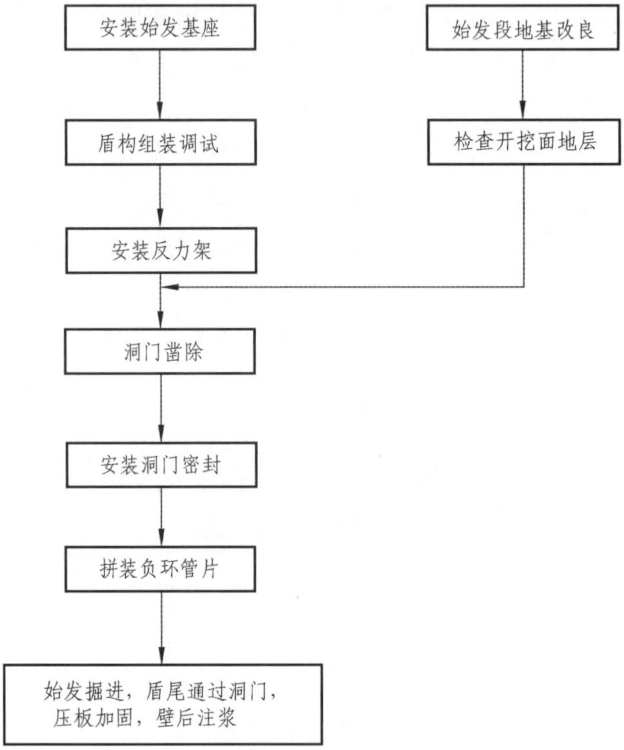

图 7.1.1 盾构始发流程图

7.2 盾构始发准备工作

7.2.1 技术准备

施工前完成相应的勘察设计交底，并对施工图进行图纸会审，充分理解设计意图，熟悉施工过程中的重难点，并依据施工重难点制定相应的应对措施。

依据施工图纸及施工特点完成各类方案的编制与审批，并对涉及危大工程施工的专项方案组织专家论证，依据专家论证结果进行修改完善，部分盾构施工方案如表 7.2.1 所示。

表 7.2.1 盾构施工方案（部分）汇总表

序号	施工方案名称	序号	施工方案名称
1	端头加固方案	7	盾构施工风险分析及应急预案
2	管片生产施工组织设计	8	盾构区间周边环境调查报告
3	盾构施工测量方案	9	盾构机选型专项施工方案
4	盾构施工临时用电方案	10	盾构始发、掘进、到达安全专项施工方案
5	盾构施工监测方案	11	盾构机吊装、解体安全专项施工方案
6	盾构下穿管线、建（构筑物）施工保护方案	12	门式起重机安装、拆卸专项施工方案

盾构始发前，依据施工方案、编制详细可行的盾构施工技术交底和安全技术交底，并召开专项交底会，交底到每一个作业人员。

7.2.2 始发基座安装

始发托架一般采用钢结构形式（如图 7.2.1 所示），主要承受盾构机的重力以及推进时盾构机产生的摩擦力和扭转力。结构设计考虑盾构前移施工的便捷和结构受力，以满足盾构在组装时对主机进行向前移动的需要。盾构机主机总质量达 300 t，始发托架必须具有足够的强度、刚度和稳定性，整体抬高 3 cm，防止“栽头”现象。

图 7.2.1 始发基座安装

7.2.3 盾构机吊装、组装与调试

1. 盾构机吊装顺序

（1）后配套台车依照从后往前顺序依次下井，用机车分别推到盾构始发井后端组装连接。下井原则采取凡不影响到运输和下井工作的零部件，应连同各自的台车运输、下井（必须做好固定的工作）。凡对下井有影响的后配套台车零部件应拆下，在该组后配套台车下井后，随即下井并马上按要求组装。

（2）设备桥下至始发井并推到指定位置后，设备桥后端直接和 1#拖车连接，前端焊门字梁支撑。

（3）螺旋输送机下井，放置在管片小车上，移动至拖车内，拆除轨道，反力架底梁下井。螺旋机长度超过井口净空长度，需斜吊。

（4）中盾下井，并将盾体后移，为下前盾留出空间。

（5）吊装前盾下井并与中盾连接。

（6）吊装刀盘下井并与前盾连接。

（7）主机前移，吊装管片安装机与中盾连接。

（8）吊装尾盾，安装铰接油缸。

（9）将放置在管片车上的螺旋输送机移动到安装位置导链配合吊车安装螺旋机，并与前盾、中盾连接固定。

（10）反力架剩余部分安装。

2. 吊装作业要点

吊装作业要点如表 7.2.3 所示。

表 7.2.3　吊装作业要点

序号	工序	作业内容
1	施工准备	机械人员准备、吊装 前吊装环境验收，根据施工现场实际情况，编制实际可行的盾构吊装方案。吊装之前组织安全交底会。地基采取加固措施，须符合承载力要求。各类机具设备符合方案实施需求，设备性能满足要求
2	翻转	组装盾构吊装一般需要两台吊车，一台为主吊，主要负责盾构吊装下井（吊出），一台为副吊，主要配合主吊进行盾构部件的翻转
3	试吊	翻转完毕后，起吊机头离地 500 mm 下落试吊，检查地面承载情况，完好无异常后方可继续吊装
4	吊装	盾构机采用分块吊至井内预先安置好的基座上，下井吊装过程中，操作人员须明白各自职责、有条不紊、密切配合

3. 盾构机组装与调试

1）盾构机组装

盾构机整体大框架吊装安放好后，可进行各类管线及零部件的组装：

（1）液压管线连接：连接盾体内和拖车上的油、气、水、泥浆等管线，管路接口处均有 2 mm 的标识牌，绑在管口两头，可参考管路分布图。拆除绑带、封口，严格按图纸和标识连接管路。清洗液压系统。

（2）电气线缆连接：连接盾体内和台车上的电气线缆。电气线路在装机时已做好充分标识，装机时应结合电气图纸严格按标识进行连接。连接好后需由电气工程师进行复查。

（3）皮带架的安装、皮带铺设、皮带硫化。

在地面拖车吊入井下的过程中，进行拖车上的皮带架的安装，之后铺设皮带，并在接口处对皮带进行硫化。

（4）盾构机高压电缆连接。

高压电缆采用 500 m 一卷电缆，直接从地面高压柜接入盾构机高压中转箱，然后接入盾构机自带变压器。

2）盾构机调试

盾构机组装和连接完毕后，即可进行调试，调试的目的主要是检查设备是否能正常运转。主要调试内容为：

刀盘驱动系统，推进系统，铰接系统，人行闸及土仓自动调压系统，拼装机系统，螺旋机及皮带机出土系统，管片运输（单梁及双梁）系统，注浆系统，盾尾密封油脂及集中润滑系统，水冷及过滤系统以及各类仪表的校正。

电气部分运行调试：检查线路→检查电机→检查各类电气元器件→分系统参数设置与试运行→整机试运行→再次调试。

液压部分运行调试：检查管路→检查各系统阀块元件及仪表→分系统进行调试。

气压部分运行调试：检查空压机设备→检查气体管路及仪表→分系统进行调试（包含人行闸耐压试验）。

7.2.4 反力架安装

在盾构主机与后配套连接之前，进行反力架的安装。由于反力架为盾构始发时提供反推力，在安装反力架时，反力架端面应与始发台轴线垂直，以便盾构轴线与隧道设计轴线保持平行。安装时反力架与车站结构连接部位的间隙要垫实，以保证反力架脚板有足够的抗压强度，反力架安装作业要点见表 7.2.4。

表 7.2.4　反力架安装作业要点表

序号	工序	作业要点
1	准备工作	根据方案及几何尺寸定出反力架位置，找出车站底板预埋件。施工范围内有干扰物体及时进行清除
2	立柱安装	根据测量定位线进行焊接，立柱靠管片面与洞门在同一平面，以确保良好的始发姿态
3	安装下八字撑	根据测量定位线进行焊接。靠管片面应保证与立柱平面相平
4	安装上八字撑	根据测量定位线进行焊接。靠管片面应保证与立柱平面相平，保证负环管片位置刚好与反力架相平
5	装斜撑和直撑	斜撑和直撑采用双拼 H 型钢，满焊加固，用手拉葫芦将直撑吊到合适位置时进行焊接加固
6	焊接加固	将立柱以及直撑和斜撑进行再次焊接加固
7	安全文明施工	电焊等操作人员必须经过岗位培训，持证上岗，遵守安全操作规程，穿戴好必要的防护用品；严格控制重点危险源；施工用电、机具的安全管理；高处作业须系好安全带；进入施工现场必须佩戴安全帽，严禁违章作业

7.2.5　洞门凿除

洞门混凝土凿除前，端头加固的土体须达到设计所要求的强度、渗透性、自立性等技术指标后，方可开始洞口凿除工作。

洞门壁混凝土采取人工用高压风镐凿除，凿除工作分两步进行：第一步先凿除外层 500 mm 厚混凝土并割除钢筋及预埋件，保留最内层钢筋；外层凿除工作先上部后下部，钢筋及预埋件割除须彻底，以保证预留洞门的直径。第二步，当盾构组装调试完成，并推进至距离洞门 1.0 ~ 1.5 m 时，凿除里层。里层凿除方法是根据断面的不同，将其分割成 9 ~ 20 块。图 7.2.2 是分割为 12 块的施工方法，具体做法是，在洞门中心位置上凿 3 条水平槽，沿洞门周围凿一条环槽，然后开 2 条竖槽。

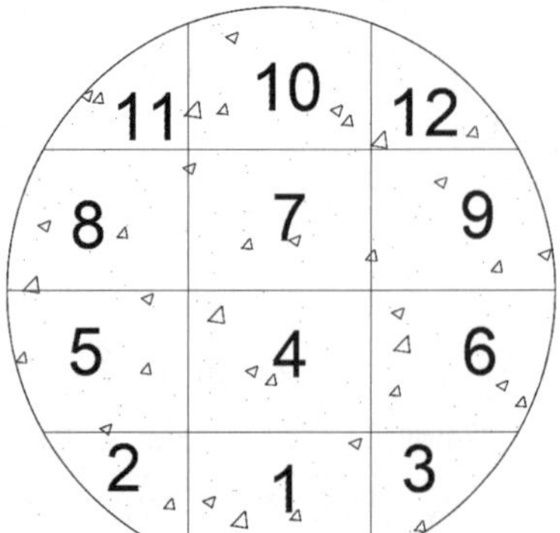

图 7.2.2　洞门凿除顺序示意图

洞门凿除作业要点见表 7.2.5。

表 7.2.5　洞门凿除作业要点表

序号	工序	作业要点
1	施工准备	洞门中心已复核完毕，制定施工安全保证措施及应急预案。端头加固已达到强度要求
2	脚手架搭设	在盾构机头与内衬墙之间及洞圈内搭设钢管脚手架，钢管采用 ϕ48 mm×2.5 mm 钢管，水平间距 900 mm×900 mm，步距 900 mm，平行线路方向水平横杆前端与围护结构钢筋焊接后，铺设踏板。脚手架按规范要求搭设，底部设扫地杆，立面基坑侧设剪刀撑及斜撑
3	洞门探孔	洞门混凝土凿除前，开设的观察孔察看加固土体情况，若发现加固不到位或漏水涌砂现象，应该立即插导管封堵，并加注化学浆液进行二次加固止水止砂。确定加固土体达到要求后，方可进行洞门混凝土的凿除工作。观察孔采用水钻开孔，钻至加固土体
4	混凝土凿除	根据围护结构厚度，先凿除其外层混凝土，凿除工作先上部后下部，暴露出的钢筋并割去，再由上至下凿除余下混凝土
5	安全文明施工	加强安全生产教育；机械操作人员经过岗位培训、持证上岗，穿戴好必要的防护用品；严格控制重点危险源；施工用电、机具的安全管理；脚手架按规范搭设、做好临边防护、高处作业须佩戴安全带；进入施工现场所有人员必须佩戴安全帽，严禁违章作业。及时清理砼渣

7.2.6　洞门密封

为了防止盾构始发或到达时泥土、地下水从盾壳和洞门的间隙处流失，以及盾尾通过洞门后背衬注浆浆液的流失，在盾构始发或到达时需安装洞门密封。

洞口密封的施工分两步进行。第一步，是在结构的施工过程中，做好洞门预埋件工作，预埋件必须与结构的钢筋连接在一起。第二步，在盾构正式始发或到达前，应先清理完洞口的渣土，然后进行洞口密封装置的安装。

洞门密封装置由帘布橡胶、扇形压板、防翻板、垫片和螺栓等组成。安装洞门密封之前，应对帘布橡胶的整体性、硬度、老化程度等进行检查，对圆环板的成圆螺栓孔位等进行检查，并提前把帘布橡胶的螺栓孔加工好。然后将洞门预埋件的螺栓孔清理干净，最后按照帘布橡胶板、圆环板、扇形压板、防翻板的顺序进行安装。

盾构始发时，为防止盾构进入洞门时刀盘损坏帘布橡胶，可在帘布橡胶板外侧涂抹一定量的油脂。随着盾构向前推进，需根据情况对洞门密封压板进行调整，以保证密封效果，见图 7.2.3。

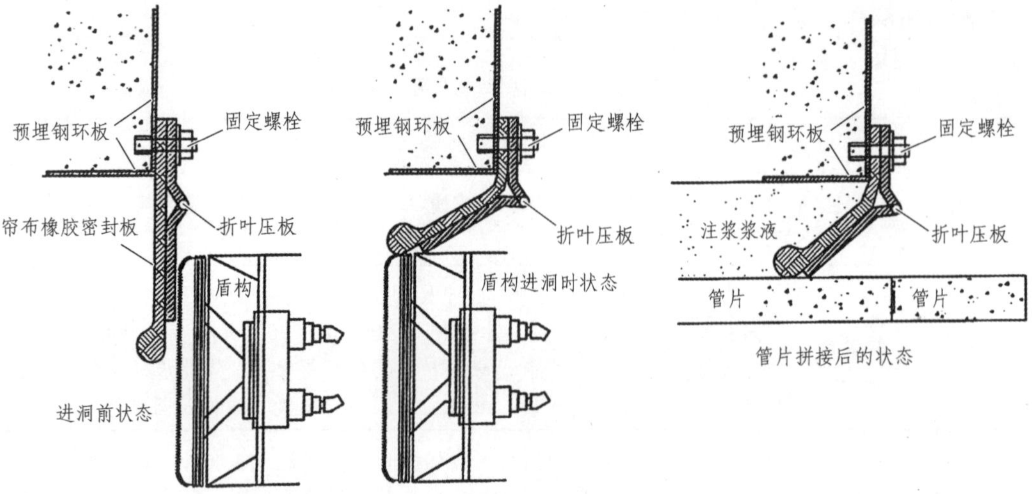

图 7.2.3　洞门密封

7.2.7　负环管片拼装

当完成洞门凿除、洞门密封装置安装及盾构组装调试等工作后，组织相关人员对盾构设备、反力架、始发基座等进行全面检查与验收。验收合格后，开始将盾构向前推进，并安装负环管片，拼装示意图见图 7.2.4。

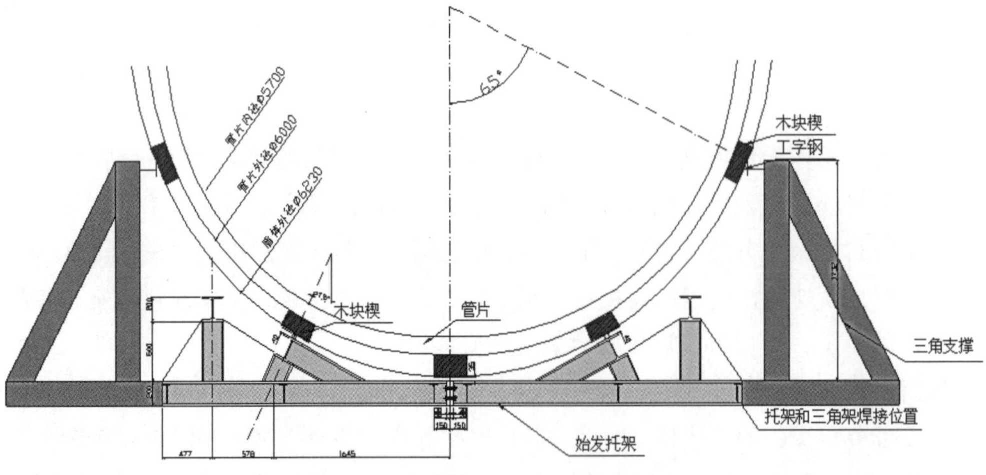

图 7.2.4　负环管片拼装示意图

（1）在盾尾壳体内安装管片支撑垫块，为管片在盾尾内的定位做好准备。见图 7.1.6。

（2）从下至上一次安装第一环管片，要注意管片的转动角度一定要符合设计，换算位置误差不能超过 10 mm。

（3）安装拱部的管片时，由于管片支撑不足，一定要及时加固。

（4）第一环负环管片拼装完成后，用推进油缸把管片推出盾尾，并施加一定的推力把管片压紧在反力架上的负环钢管片上，用螺栓固定后即可开始下一环管片的安装。

（5）管片在被推出盾尾时，要及时支撑加固，防止管片下沉或失圆。同时也要考虑盾构推进时可能产生的偏心力，因此支撑应尽可能稳固。

（6）当刀盘抵达掌子面时，推进油缸已经可以产生足够的推力稳定管片，就可以把管片定位块取掉。

负环管片拼装作业要点见表 7.2.6。

表 7.2.6　负环管片拼装作业要点表

序号	工序	作业要点
1	施工准备	因盾尾内径与管片外径之间有间隙，在拼装负环管片时，需要在盾尾下部盾壳内焊接圆钢，位置为拼装末环负环管片时 B1、B2、B3 标准块两端各 1 根，沿盾构方向放置，尾部靠在盾尾刷附近。圆钢靠近撑靴处与盾壳点焊 2 个点，以方便负环管片安装完成后将其割除
2	拼装落底块 B2	负环管片封顶块 K 在 12 点钟方向，落底块 B2 中线与隧道铅垂中线重合。负环管片测量定位时，管片后端面应与线路中线垂直，在管片安装机位置定出隧道中线，落底块 B2 中线螺母与之对应，确保后期管片安装角度符合要求
3	拼装标准块 B1、B3	B1 在盾尾左侧，B3 在盾尾右侧。每安装一块管片，立即将管片环向连接螺栓插入连接孔，并戴上螺帽用气动扳手紧固。管片安装到位后，应及时伸出相应位置的推进千斤顶撑靴固定管片，防止管片倾覆，然后方可移开管片拼装机
4	拼装邻接块 L1、L2、封顶块 K	安装第一环负环管片上部 2 块邻接块及 1 块封顶块时，负环没有纵向螺栓固定管片，先将其与标准块的环向螺栓连接。现场实施将邻接块抬升，以便封顶块的插入，邻接块上部用 L 型钢板焊接在盾壳上。封顶块就位后，用螺栓连接，割除 L 型钢板，两块邻接块落下与封顶块搭接密实
5	负环后移与钢环连接	用拼装模式将负环管片后推，顶靠在反力架上，与反力架钢环连接。由于始发架与管片外侧有一定的空隙，为了避免负环管片全部推出盾尾后下沉，在始发架导轨上插打木楔，将负环管片托起，环向设置一道钢丝绳拉紧
6	安全文明施工	加强安全生产教育；电焊作业人员经过岗位培训、持证上岗，穿戴好必要的防护用品；严格控制重点危险源；施工用电、机具的安全管理；进入施工现场所有人员必须佩戴安全帽，严禁违章作业；及时清理管片，保证整洁

7.2.8 材料物资准备

盾构始发前应完成各类周转材料（轨道、轨枕、水管、轨道夹板等）、盾构消耗材料（盾尾油脂、润滑油脂、泡沫剂等）、注浆材料（水泥、砂子、膨润土、粉煤灰等）、应急物资的准备，并完成相应材料的检测。

7.3 始发掘进要点

（1）盾构始发掘进时的总推力应控制在反力架承受能力以下，同时确保在此推力下刀具切入地层所产生的扭矩小于始发基座提供的反扭矩。

（2）在盾构推进、建立土压过程中，应认真观察洞门密封、始发基座、反力架及反力架支撑的变形、渣土状态等情况，发现异常，应适当降低土压力（或泥水压）、减小推力、控制推进速度。

（3）由于始发基座轨道与管片有一定的空隙，为了避免负环管片全部推出盾尾后下沉，可在始发基座导轨上焊接外径与理论间隙相当的圆钢，利用圆钢将负环混凝土管片托起。

（4）在盾构内拼装好整环后，利用盾构推进油缸将负环管片缓慢推出盾尾，直至与钢负环接触，并用管片螺栓连接固定。负环管片的最终位置要以推进油缸的行程进行控制，在第一环负环管片与负钢环之间的空隙用早强砂浆或钢板填满，确保推进油缸的推力能较好地传递至反力架上。第二环负环及以后管片将按照正常的安装方式进行安装。

（5）随着负环管片拼装的进行，应不断用准备好的木楔填塞负环管片与始发基座轨道及三角支撑之间的间隙。待洞门维护结构完全拆除后，盾构应快速地通过洞门进行始发掘进施工。

（6）当始发掘进至第 50 ~ 60 环时，可拆除反力架及负环管片。盾构施工中，始发掘进长度应尽可能缩短，但不短于以下两个长度中较长的一个：一是，管片外表面与土体之间的摩擦力应大于盾构的推力，根据管片环的自重及管片与土体间的摩擦系数，计算出此长度；二是，始发长度应能容纳后配套设备。

（7）始发前盾尾钢丝刷必须用 WR90 油脂进行涂抹，且必须达到涂抹质量（饱满、均匀），每根钢丝上均粘有油脂。

（8）严禁盾构在始发基座上滑行期间进行盾构纠偏作业。

（9）盾构始发过程中，严格进行渣土管理，防止由于渣土管理控制不当，造成地表沉降或隆起；开始掘进后，必须加强地表沉降监测，及时调整盾构掘进参数。

（10）当盾尾完全进入洞门密封后，调整洞门密封，及时通过同步注浆系统对洞门进行注浆，封堵洞圈，防止洞门密封处出现漏泥水和所注浆液外漏现象的发生。

（11）在始发阶段由于盾构设备处于磨合阶段，要注意对推力、扭矩的控制，同时也要注意各部位油脂的有效使用。

7.4 危大工程验收核查

依据《危险性较大的分部分项工程安全管理规定》（住房城乡建设部令第 37 号）、《关于加强城市轨道交通工程关键节点风险管控的通知》（建办质〔2017〕68 号）等相关文件规定，盾构始发前应完成盾构始发关键节点施工前条件核查工作，核查内容详见表 7.4.1。

表 7.4.1 盾构始发施工前条件核查要点表

序号	核查条件		核查要点	核查结论	核查人	备注
1	主控条件	设计、勘察交底	① 设计文件满足现场施工要求； ② 已完成图纸会审及勘察设计交底	□符合 □不符合 □不涉及		
2		施工方案及监理细则	① 盾构推进、始发方案（含端头加固、安全专项施工方案）已通过专家论证，论证意见已予落实或整改，审批齐全有效； ② 工程条件发生变化时，已对施工组织设计及专项施工方案作出修订； ③ 监理细则安全、质量风险控制内容齐全，明确主要危险源、重要（关键）部位/环节及其控制措施，已编制旁站监理方案，明确旁站项目，监理细则已通过审批	□符合 □不符合 □不涉及		
3		工作井及各项技术参数	工作井已按设计要求完成，其标高、轴线、结构强度等各项技术参数符合设计和规范要求并能满足盾构施工各阶段受力要求（端头井结构尺寸和洞门中心已复核且符合设计要求）并通过验收	□符合 □不符合 □不涉及		
4		测量	① 井下控制点设置通过验收，盾构位置测量验收完毕，测量参数满足施工要求； ② 对盾构导向系统原始数据、输入数据进行双人确认并经测量监理工程师复核确认	□符合 □不符合 □不涉及		
5		盾构机安装调试	① 盾构设备进场前需完成盾构设备适应性、可靠性评估，并报监理单位审核，盾构累计使用年限不超过 6 年且累计掘进不超过 5 km； ② 施工单位建立盾构管理台账，包括设备制造厂商及盾构编号、主要技术参数、已使用年限、累计掘进隧道长度、主要穿越地层情况及设备运行维修状况等，并报监理单位备案； ③ 始发前盾构机安装调试验收完成（附设备验收报告），土仓压力传感器有效	□符合 □不符合 □不涉及		
6		始发托架、反力架及导轨	① 反力架等结构强度和刚度已通过设计验算并符合要求； ② 对反力架、托架进行安装质量及焊缝检测并确认合格； ③ 已设置防扭转装置，导轨稳固，通过验收（附始发反力架设计图纸、验算书）	□符合 □不符合 □不涉及		

续表

序号	核查条件		核查要点	核查结论	核查人	备注
7	主控条件	端头降水及洞门土体加固	① 按专项方案对始发端头进行加固，加固范围及参数指标符合设计要求(附端头加固效果检测报告)，已采取降水措施，降水井数量、管径、材质、深度等符合设计要求，出水含砂量、降水水位等符合设计要求，运行正常； ② 洞门探孔已打，未发现渗漏水等异常情况； ③ 冷冻法加固已落实专项监测，冷冻循环系统温度、流量、压力正常，喇叭口和集水井角部等薄弱部位的冻土厚度已按设计要求加强，冻土帷幕交圈时间、厚度、宽度与高度、平均温度等符合设计要求	□符合 □不符合 □不涉及		
8		洞门密封	① 盾构洞门按设计要求制作洞圈（钢环）和密封装置； ② 洞门密封止水装置安装完成，外观质量及完整性符合设计要求	□符合 □不符合 □不涉及		
9		盾构管片	① 盾构管片已进场并验收合格； ② 管片堆放场地坚实、平整且有排水措施，通道通畅； ③ 管片堆放高度和纵横间距符合要求	□符合 □不符合 □不涉及		
10		浆液制作	浆液制作设施已完成，浆液配合比已确定，胶凝时间、强度及稠度等指标符合施工要求	□符合 □不符合 □不涉及		
11		环境风险	已对地质条件和工程影响范围内的周边环境条件进行全面核查，根据实际情况制定好切实可行的保护措施，并落实到位	□符合 □不符合 □不涉及		
12		视频门禁	① 视频监控已安装到位可正常使用，已接入监控中心； ② 门禁系统已安装到位并可正常使用	□符合 □不符合 □不涉及		
13		监控系统	盾构机已安装监控系统，并可实施查看盾构机参数	□符合 □不符合 □不涉及		
14		监控量测	① 按设计和相关规定编制施工监测方案，并通过审批； ② 监测人员的配备满足工程需要，设备精度满足要求； ③ 监控量测仪器台账及有关检定证书满足要求； ④ 已按批准的监测方案布点并通过验收，初始值已测取，控制值已确定，并将信息录入安全风险管理系统平台，满足监测数据上传条件； ⑤ 对周边重要环境对象的初始状态进行巡查并形成文字或影像记录	□符合 □不符合 □不涉及		
15		潜在风险分析	① 对本工程潜在的风险进行辨识和分析； ② 已分解到具体操作层，并培训交底	□符合 □不符合 □不涉及		

续表

序号	核查条件		核查要点	核查结论	核查人	备注
16	主控条件	应急管理	① 施工单位按规定编制事故综合应急预案、项目应急预案和现场处置方案，预案有针对性、可操作性，综合应急预案已备案； ② 应急物资到位，通信畅通，应急照明、消防器材符合要求，及时更换（置换）已失效的应急资源； ③ 定期组织应急预案培训，应急演练频率符合相关规定	□符合 □不符合 □不涉及		
17	一般条件	材料及构配件	质量证明文件齐全，复试合格	□符合 □不符合 □不涉及		
18	一般条件	设备机具	设备进场记录齐全有效，特种设备安全技术档案齐全，安装稳固，防护到位，大型施工机械使用年限不超过5年，提升系统等验收合格	□符合 □不符合 □不涉及		
19	一般条件	分包管理	① 分包单位资质、许可证等资料齐全，安全生产协议已签署，按规定建立安全管理机构、配备安全员，人员资格满足要求； ② 对分包队伍开展安全教育； ③ 分包合同已签订，并备案	□符合 □不符合 □不涉及		
20	一般条件	培训及交底	① 盾构机操作工应经专业技能培训考试合格后持证上岗，3年以上盾构施工经验； ② 特种作业人员类别和数量满足作业要求，操作证齐全； ③ 对进入新岗位或者新进入施工现场的作业人员（含起重机械租赁单位的作业人员）进行安全教育； ④ 对作业人员普及触电、高处坠落等事故应急救援知识； ⑤ 施工和安全技术交底已完成	□符合 □不符合 □不涉及		
21	一般条件	安全标识及防护	① 作业平台搭设牢固，防护到位，临边防护设施符合要求； ② 有较大危险因素的设施、设备、场所设置明显标识、警戒围栏或安全引导语等安全警示标志； ③ 在隐患未及时整改的场所已设置隐患告知牌； ④ 已向作业人员提供合格的安全防护或职业卫生用品	□符合 □不符合 □不涉及		
22	一般条件	作业环境	① 已进行职业危害防治措施交底； ② 施工风、水、电、照明满足施工需求； ③ 通风防尘及防有害气体措施落实，按规定进行氧气及瓦斯、沼气、粉尘检测	□符合 □不符合 □不涉及		
23	一般条件	其他	设计及规范规定的其他要求	□符合 □不符合 □不涉及		
24	特殊要求	根据工程实际和管理制度自定		□符合 □不符合 □不涉及		

注：盾构始发条件核查应在洞门破除前进行。

7.5 特殊工况下盾构机始发案例

7.5.1 小半径曲线始发技术

以五龙口停车场出入长线盾构区间小半径曲线始发技术为例。

1. 工程概况及难点

1）工程概况

五龙口停车场出入场线盾构区间采用盾构法施工，区间左线在 540 m 区间半径始发、右线在 450 m 区间半径始发。

2）工程难点

（1）位置位于曲线半径上，并且曲线半径较小，一旦始发角度及始发中线出现偏差，将会导致盾构轴线偏差超限、盾构无法进洞甚至始发失败情况。

（2）盾构始发后轴线不能纠偏至设计轴线，后期盾构纠偏需要较长距离，盾构始发本身在曲线半径上，一旦纠偏过长将会对后期成型隧道造成侵限，影响后期运营。

2. 应对措施

盾构井施工完成后应对洞门环的精度进行复测，洞门偏差不大于 10 mm。以保证盾构机的顺利进入和洞门防水的效果，洞门复测完成后根据复测结果安装始发托架。

盾构机盾壳长度为 9.33 m，盾构机在曲线始发时理论上应该是盾头盾尾的连线在盾头位置沿曲线切线始发，且随曲线转弯。由于始发条件有限，在狭窄的盾构井里，盾构机必须在托架上直线掘进一小部分，盾构机长度 9.33 m，始发导轨约 1 m，即盾构机始发直线部分最大 10.33 m。可以推断出盾构机在直线掘进 10.33 m 后脱离托架，盾构机本身最小的转弯半径（150 m）转弯时盾构机的姿态，此时盾头已经偏离隧道中心线 288 mm，这显然已经大大超出规范要求（－50～＋50 mm），也不利于盾构机本身的纠偏。沿切线始发已不能满足要求，需采用割线始发。

割线的内切割线部分的中点与隧道中心线的最大距离达到 49 mm 的时候，可以计算出 12 m 处端点，即盾构机脱离托架可以转弯时的盾头姿态为－40 mm（即盾头偏左 40 mm），此时盾构机可以以半径 200 m（小于隧道中心线的曲线半径）的纠偏曲线向着隧道中心线掘进，此时的盾构机姿态为－40 mm，已经是偏移的最大量。因此可以以这条割线作为始发割线，计算出盾构机的始发姿态为前点 0，后点－100 mm（即盾头位于隧道中心线上、盾尾偏左 100 mm），虽然盾尾超出了规范要求，但是因为盾体本身位于竖井内，隧道中心线在这里只是一条虚拟线，因此对始发没有影响，随着盾构的掘进，盾尾会随着盾头沿着隧道中心线前进，而隧道偏移量并没有超出要求。如果将转弯处的最大偏移量定位－50 mm（即盾头偏左 50 mm），以这点与最大偏移量为 49 mm 的点相连形成的割线也可以作为始发割线。以这条割线计算出的盾构机姿态为前点 + 3 mm、后点 – 80 mm（即盾头偏右 3 mm、盾尾偏左 80 mm），整体满足设计及规范要求。

采用割线始发方法进行盾构始发，始发过程中加强以下几点的控制：

（1）盾构机在小半径曲线上始发在未进入曲线前，提前开启铰接装置，预先推出弧形态势。

（2）将盾构机沿曲线的割线方向掘进，以减小管片因受侧向分力而引起的向圆弧外侧的偏移量。

（3）适当降低推进速度，在盾构机推进启动时，推进速度要以较小的加速度递增。

（4）推进时，要适当调整左右两组油缸的压力差，使曲线内侧油缸压力略小于外侧油缸压力，但纠偏幅度不要过大。

采用割线始发方式始发，在此过程中加强监控测量，提前调整盾构各项参数，最终出入场线左右线均顺利始发，掘进参数及轴线偏差满足设计要求，目前出入场线车辆均正常运营。

盾构机受盾体长度的影响，在小曲线半径无法采用常规方案进行始发时，应采用割线始发方法进行始发，始发前后加强测量放线、洞门预留、环板安装、压板加工、盾构掘进参数控制及注浆控制，进洞后及时进行纠偏，确保曲线半径始发前后轴线偏差满足设计及规范要求。

在地铁建设各区段盾构施工线路始发的选择上，由于受规划及建构筑物的制约，始发路径的确定变得越来越复杂；受设计及周边施工环境等因素的影响，盾构小半径曲线始发时均可采用上述技术方法进行始发。

7.5.2 盾构分体始发技术

以郑汴路站—经北二路站盾构区间盾构分体始发技术为例。

1. 工程概况

郑汴路站—经北二路站区间在郑汴路站始发，郑汴路站是轨道交通 5 号线与 3 号线的换乘站，在车站中部实现 T 字换乘，由于结构限制，车站可提供的装机工作面为 50 m，中铁装备盾构整机长 83 m，包括主机、连接桥和 6 节台车。由于车站结构设计不满足正常始发要求，盾构机部分台车不能下井组装，但出渣装置连接在整体始发的盾构机的最后一节台车后部，最后一节台车和连接在其后部的出渣装置无法进入隧道内，机器处于残缺状态，无法正常工作，分体始发需要解决临时出渣问题。

2. 施工工艺特点

（1）采用 BIM 技术对盾构机分体始发进行模拟，最大限度地优化分体始发方案，使有限的井下空间能够得到充分利用，且通过对分体始发管线的模拟，能有效提高管线连接效率，提高盾构调试和分体始发施工效率。

（2）在盾构分体始发中采用临时出渣系统，使盾构机皮带系统能够正常使用，解决常规分体始发中皮带机无法使用的问题，提高施工效率达到 2 ~ 3 倍。

（3）盾构分体始发场地需求较小，在始发井空间不满足盾构始发的情况下，也能完成盾构机的始发，确保了工程能按期完成。

3. 工艺原理

在盾构分体始发施工前，采用 BIM 技术制作盾构机及始发井模型，对盾构分体始发进行模拟，确定始发井内最多放入两节台车，并通过对延长管线进行模拟，制定延长管线用量最少的方案（1# ~ 4#台车下井），并确定所有延长管线的长度、数量及布设方案，确保盾构分体始发成功。

同时通过在 4#台车尾部安装临时皮带支撑架，能保证在带有皮带机的台车未能下井的情况下，正常安装及使用皮带系统，解决了常规分体始发中出渣困难的问题。

4. 施工工艺流程

施工工艺流程见图 7.5.1。

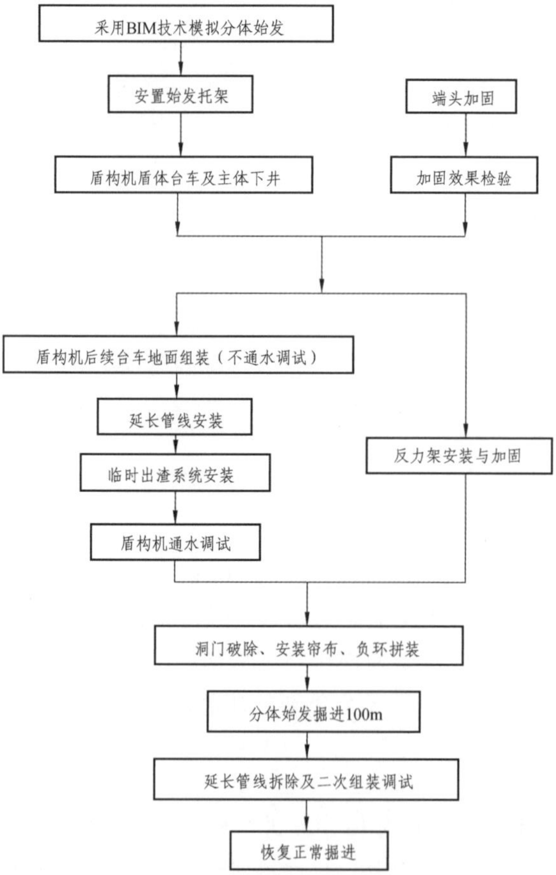

图 7.5.1　盾构机分体始发流程图

5. 操作要点

1）模拟分体始发

在盾体及每节台车的模型中建立电缆及管路信息，根据分体始发时的实际情况，查找放置在地面台车上的所有管线的连接回路，即可确定分体始发时延长管线的数量及连接位置。通过比选，确定管线数量最少的方案，快速确定分体始发方案，且在管线连接中，能快速找到对应的管线连接位置。

在本工程实例中，通过使用 BIM 技术进行模拟（盾构分体始发模拟图见图 7.5.2），车站长度满足 1#～4#台车下井，因此需有两节台车放置在地面。将哪两节台车放置在地面使用的延长管线最少是方案确定的主要依据。采用 BIM 技术进行模拟，快速地确定各种方案中延长管线的数量，最终确定将 5 号及 6 号台车放置在地面为最佳方案。

图 7.5.2 盾构分体始发模拟图

由于带有皮带机的 5#台车未下井，此种情况下，一般会采用直接从螺旋机口出土的方案进行出土，这种方法出渣效率低下，掘进速度慢。本工法通过在 4#台车后方安装临时出渣车架，将 5#台车皮带机系统拆除安装在 4#台车后方的临时出渣车架上，通过 BIM 技术模拟后，该方法完全能满足施工要求。

盾构分体始发的关键点为延长管线的连接，由于管线长度长，数量多，极易发生错误，且管线连接顺序及布置方式也极为重要，若管线布置不合理，在后期分体掘进过程中，管线的移动补顺畅会对掘进造成极大的困难，而采用 BIM 技术可提前对管线的连接进行模拟，确定管线连接顺序及合理的管线布置方案。

2）安置始发托架

本工程盾构分体始发托架安装与常规整体始发托架安装工艺相同。

3）盾构机台车进场下井

盾构机到场时，按照下井顺序，依次编排下井，对于后续台车不需要下井的，安排在第二批次进场，首先将 1#～4#台车下井，并通过适当调节台车部件布局实现资源利用的最大化，这样既节省了时间又不会造成现场的拥挤发生。

（1）台车下井顺序为：在始发井口依次吊下 1#～4#台车，使用电瓶车将台车拖动至车站内并连接，之后正常连接 1#～4#台车间管线。

（2）5～6 号台车依次摆放在始发井一侧，通过正常连接方式连接起来。5 号台车之前管线通过延长既有线的方式与前部台车设备连接。

（3）连接桥与螺旋机下井：台车下井完成后，连接桥下井，一端与一号台车固定，另一端固定在制作的支架上，支架焊接在管片小车上，以便移动。连接桥下井完成后将台车整体拖入车站内，然后螺旋机下井，并安放在专用支架上，支架焊接在管片小车上，螺旋机也需拖入车站内。

4）盾构机盾体进场下井

主机下井顺序：

中盾下井—前盾下井（与中盾连接）—刀盘下井（与前盾连接）—拼装机下井安装—螺旋机安装—盾尾安装—连接盾体与连接桥。

5）延长管线

盾构机主机 1#～4#台车下井组装完成后。需延长连接 4#台车与 5#台车之间的管线。

管线在始发井内绕成 S 形，并将电缆、油管和通信线分开单独捆绑连接，避免出现故障时增加排除故障的时间和电源线对通信线路的干扰，造成传输数据的不准确和延迟。

6）临时出渣系统安装

盾构皮带系统由皮带电机、皮带主动轮、连接皮带架、从动轮组成，而皮带电机及皮带主动轮安装在 5#台车上，而 5#台车未下井，导致皮带系统无法正常使用，为解决该问题，本工法中通过在 4#台车后部制作安装临时出渣装置，将 5#台车皮带电机及主动轮拆除并安装在 4#台车后部，与 4#台车皮带架连接，使皮带系统能正常使用，保证掘进中出渣效率。

7）盾构机组装调试

盾构机整体大框架吊装安放好后，可进行各类管线及零部件的组装。

（1）液压管线连接：分体始发主要结构布局为 1#～4#台车及盾体主体在施工井内，5 号、6 号台车在工作井上，原来按照正常连接的管路不能连接，要使用延长管线将跨越计划连接到 5 号台车的所有管线进行有限距离延伸。在延伸过程中为了更好地保护油管和避免后期盾构机在工作中产生的液压振动产生的摩擦损坏油管，所以将油管捆扎在一起，拐弯和与地面、钢材接触的位置用保护棉包裹起来。

（2）电气线缆连接：连接盾体内和台车上的电气线缆。电气线路在装机时已做好充分标识。主要延长电缆已经在最初简化并修改相应的控制方式延长到对应的位置。信号线在延长过程中单独走线，避免与其他电源线和控制线距离过近造成电场干扰从而引起数据的不真实和滞后。

盾构机组装和连接完毕后，对各系统进行调试前排查，主要目的是避免在管路延长过程中产生的误接及连接不准确。确定完成滞后即可进行调试，调试的目的主要是检查设备是否能正常运转。主要调试内容为：

刀盘驱动系统，推进系统，铰接系统，人行闸及土仓自动调压系统，拼装机系统，螺旋机及皮带机出土系统，管片运输（单梁及双梁）系统，集中润滑系统，过滤系统以及各类仪表的校正。

电气部分运行调试：检查线路→检查电机→检查各类电气元器件→分系统参数设置与试运行→整机试运行→再次调试。

液压部分运行调试：检查管路→检查各系统阀块元件及仪表→分系统进行调试。

气压部分运行调试：检查空压机设备→检查气体管路及仪表→分系统进行调试（包含人行闸耐压试验）。

循环水系统、泡沫系统、加泥系统和注浆系统因传输介质含有水分，容易冻结；盾尾油脂系统传输介质为盾尾油脂，遭遇低温黏稠度增高，会使系统故障，所以也受冬季施工影响。因此这 5 个系统可以空载调适，但不能加入对应材料进行调适。

8）反力架安装与加固

9）洞门破除，安装洞门帘布

10）负环拼装

11）分体始发掘进

本工法安装了临时皮带出渣系统，使皮带系统能够正常使用，因此掘进过程中可以使用正常土斗进行出土，电瓶车编组如图 7.5.3 所示。

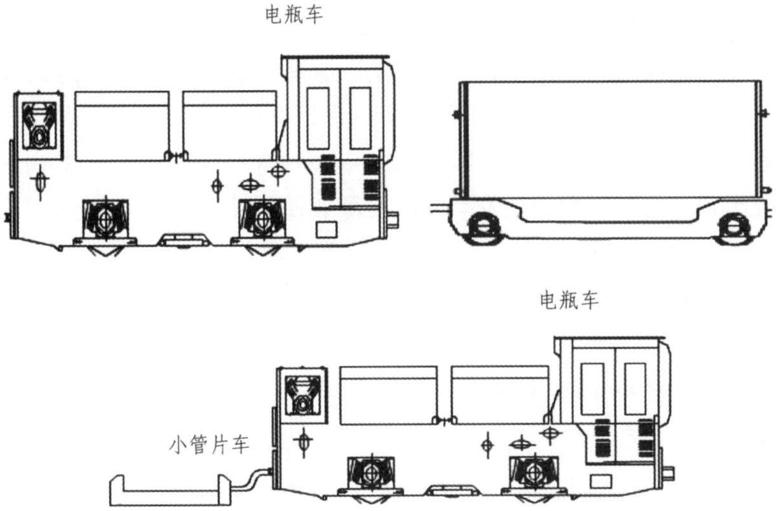

图 7.5.3　电瓶车编组示意图

先将管片车连接在电瓶车后部，运输管片进入盾构机前方，管片吊装完成后，吊出管片车，将渣土车连接在电瓶车前方，进行出土，由于可以使用大土斗进行出土，掘进效率显著提高。

待盾构掘进至4#台车全部进入隧道后，可进行二次组装机恢复整机掘进。

12）二次装机及调试

（1）负环管片拆除。

盾构掘进到相应位置后，拆除负环上半部分，如果掘进距离较短，为防止盾构机推力过大导致已拼装管片移动，可在负环上半部分拆除后，增加两道支撑。

（2）整机组装。

负环管片上半部分拆除后，将三号台车及四号台车下井，拆除延长管线，正常连接盾构机并进行二次调试。

（3）正常掘进。

整机组装完成后，设置完整的电瓶车编组，盾构机正常掘进。

7.6 小 结

盾构始发是盾构施工的关键环节之一，主要包括始发前竖井端头的地层加固、安装盾构始发基座、盾构组装及试运转、安装反力架、凿除洞门临时墙和围护结构、安装洞门密封、盾构姿态复核、拼装负环管片、盾构贯入作业面建立土压和试掘进等关键步骤。

当盾构区间要在小半径曲线始发时，需要特别注意始发角度和始发中线，一旦出现偏差，将会导致盾构轴线偏差超限、盾构无法进洞甚至始发失败情况。不仅如此，盾构始发后如果轴线不能纠偏至设计轴线，后期盾构纠偏需要较长距离，而盾构始发本身在曲线半径上，一旦纠偏过长将会对后期成型隧道造成侵限，影响后期运营。为此，应在盾构井施工完成后对洞门环的精度进行复测，以保证盾构机的顺利进入和洞门防水的效果，洞门复测完成后根据复测结果安装始发托架。若盾构机在狭窄的盾构井里沿切线始发已不能满足要求，需采用割线始发。始发前后加强测量放线、洞门预留、环板安装、压板加工、盾构掘进参数控制及注浆控制，进洞后及时进行纠偏，确保曲线半径始发前后轴线偏差满足设计及规范要求。

当车站结构设计不满足正常始发要求时（如 T 字换乘车站，盾构机部分台车不能下井组装），可采用盾构分体始发技术。在盾构分体始发施工前，采用BIM技术制作盾构机及始发井模型，对盾构分体始发进行模拟，确定始发井内最多放入台车数量，并通过对延长管线进行模拟，制定延长管线用量最少的方案，并确定所有延长管线的长度、数量及布设方案，确保盾构分体始发成功。

第 8 章 盾构掘进技术

8.1 土压平衡盾构施工流程

土压平衡盾构施工工艺流程见图 8.1.1。

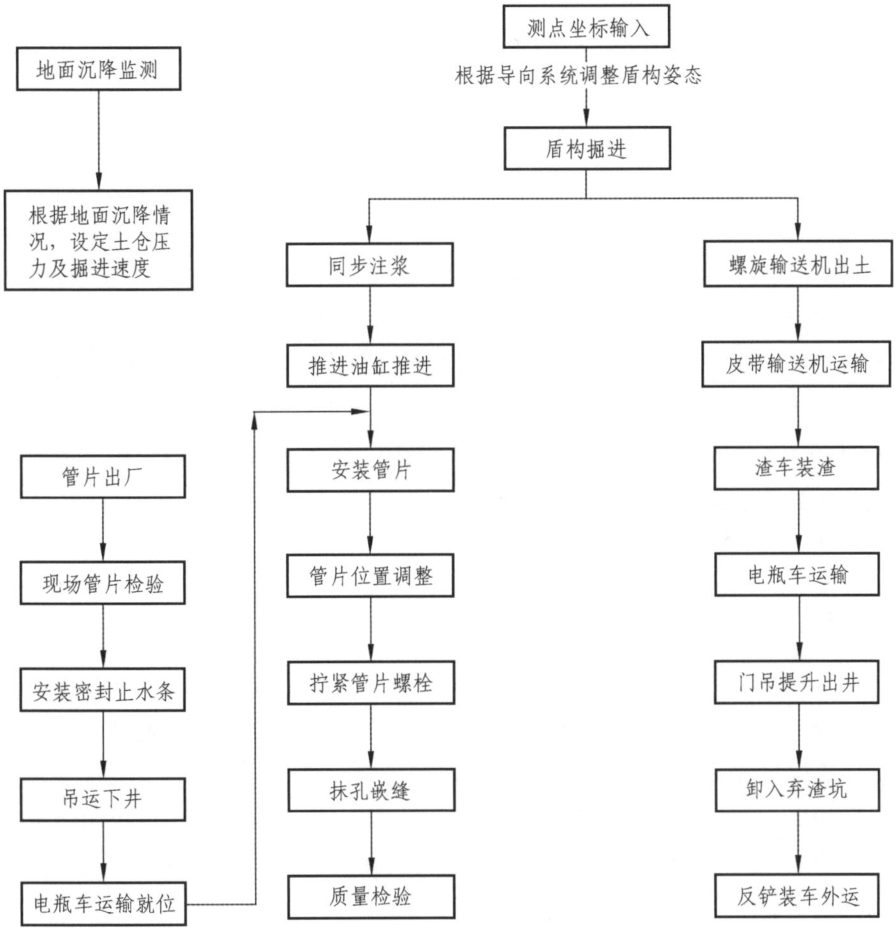

图 8.1.1 土压平衡盾构施工工艺流程图

8.2 掘进管理原则

正式掘进施工阶段采用始发试掘进阶段所掌握的最佳施工技术参数，结合 5 号线具体的地质情况，通过加强施工监测，不断完善施工工艺，控制地面沉降。掘进前由工程部土木工程师下达掘进指令与管片指令，主司机应严格按照掘进指令上的各种参数进行掘进，拼装管片应按照管片指令上所注明的管片布置形式进行安装。

掘进过程中，应根据导向系统给出的坐标值严格控制好盾构姿态，当盾构的水平位置或高程偏离设计轴线 20 mm 时，便要进行盾构姿态纠偏。在纠偏过程中，每一循环盾构的纠偏值水平方向不超过 9 mm，竖直方向不超过 5 mm。掘进过程中严格控制并记录各组推进油缸的行程。在直线段，各组推进油缸的行程差每循环不宜超过 20 mm。

在掘进过程中，盾构掘进姿态不能突变，水平和高程的姿态改变量不能超过 2%。在每一掘进循环后，必须由土木工程师对盾尾间隙进行测量。将测量数据记录下来并将其输入导向系统，通过导向系统计算后预测出下几环管片的布置形式。背衬注浆与掘进应同时进行，背衬注浆是控制地表沉降的关键工序，所以应严格做到没有注浆就不能掘进。盾构在停止掘进时，土仓内应保持相应的压力，以防止在安装管片或停机时，掌子面发生坍塌。

盾构掘进施工全过程须严格受控，工程技术人员应根据地质变化、隧道埋深、地面荷载、地表沉降、盾构姿态、刀盘扭矩、油缸推力、盾尾间隙、油缸行程等各种测量和量测数据信息，正确下达每班的掘进指令及管片指令，并即时跟踪调整。盾构主司机及其他部位操作人员必须严格执行掘进指令以及管片指令，细心操作。对盾构初始出现的偏差应及时纠正，绝对不能使偏差累积，造成超限。盾构纠偏时，纠偏量不要太大，以避免管片发生错台和对地层的扰动。

为了防止盾构掘进对地面建筑物产生有害的沉降和倾斜，防止盾构施工影响范围内的地下管线发生开裂和变形，必须规范盾构操作并选择适当的掘进工况，减小地层损失，将地表隆陷控制在允许的范围内（ – 3 ~ + 1 cm）。

掘进时，严格按照启动顺序开机。开机前全面检查冷却循环水系统、压缩空气系统、推进系统、管片拼装系统、主轴承密封润滑系统、盾尾注脂系统等，确保系统正常方能启动操作。盾构掘进过程中，必须确保开挖面的稳定，按围岩条件调整土仓压力和控制出渣量。盾构掘进的推力必须在考虑围岩情况、盾构类型、超挖量、隧道曲线半径、坡度和管片反力等情况下，确保盾构掘进时的推力始终保持在适当的数值上。盾构机启动、停机顺序如图 8.2.1、8.2.2 所示。

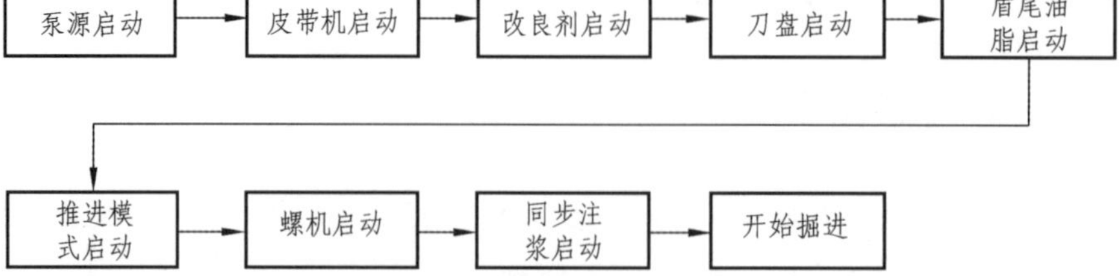

图 8.2.1　盾构机启动顺序

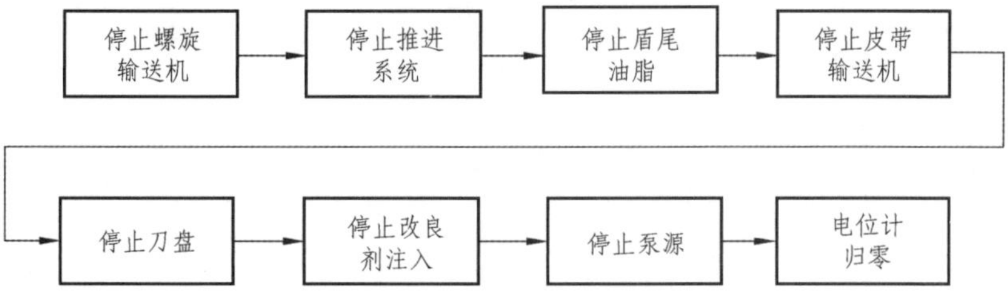

图 8.2.2　盾构机停机顺序

8.3　土压平衡工况掘进

8.3.1　土压平衡工况掘进特点

土压平衡工况掘进时，刀具切削下来的土充满土仓，然后利用土仓内泥土压与作业面的土压和水压相抗衡。与此同时，用螺旋式输送机排土设备进行与盾构推进量相应的排土作业，掘进过程中，始终维持开挖土量与排土量相平衡，以保持正面土体稳定，并防止地下水土的流失而引起地表过大沉降。

8.3.2　掘进控制

掘进控制程序如图 8.3.1 所示。

在盾构掘进中，保持土仓压力与作业面压力（土压、水压之和）平衡是防止地表沉降，保证建筑物安全的一个很重要的因素。

1. 土仓压力值的选定

（1）获取地层物理力学指标。地质勘探、土工试验或参考经验数据，得出γ（土体重度）、c（黏聚力）、φ（内摩擦角）以及地下水头高度等。

（2）计算隧道上方覆土自重应力和地面荷载引起的附加应力等。

（3）确定土压力系数。静止土压力系数 $K_0(K_0=1-\sin\varphi)$，主动和被动土压力系数 $K_a=\tan^2(45°-\varphi/2)$、$K_p=\tan^2(45°+\varphi/2)$。

土仓压力值 P 值应能与地层土压力 P 和静水压力相抗衡，在地层掘进过程中根据地质和埋深情况以及地表沉降监测信息，进行反馈和调整优化。地表沉降与工作面稳定关系及相应措施对策见表 8.3.1。

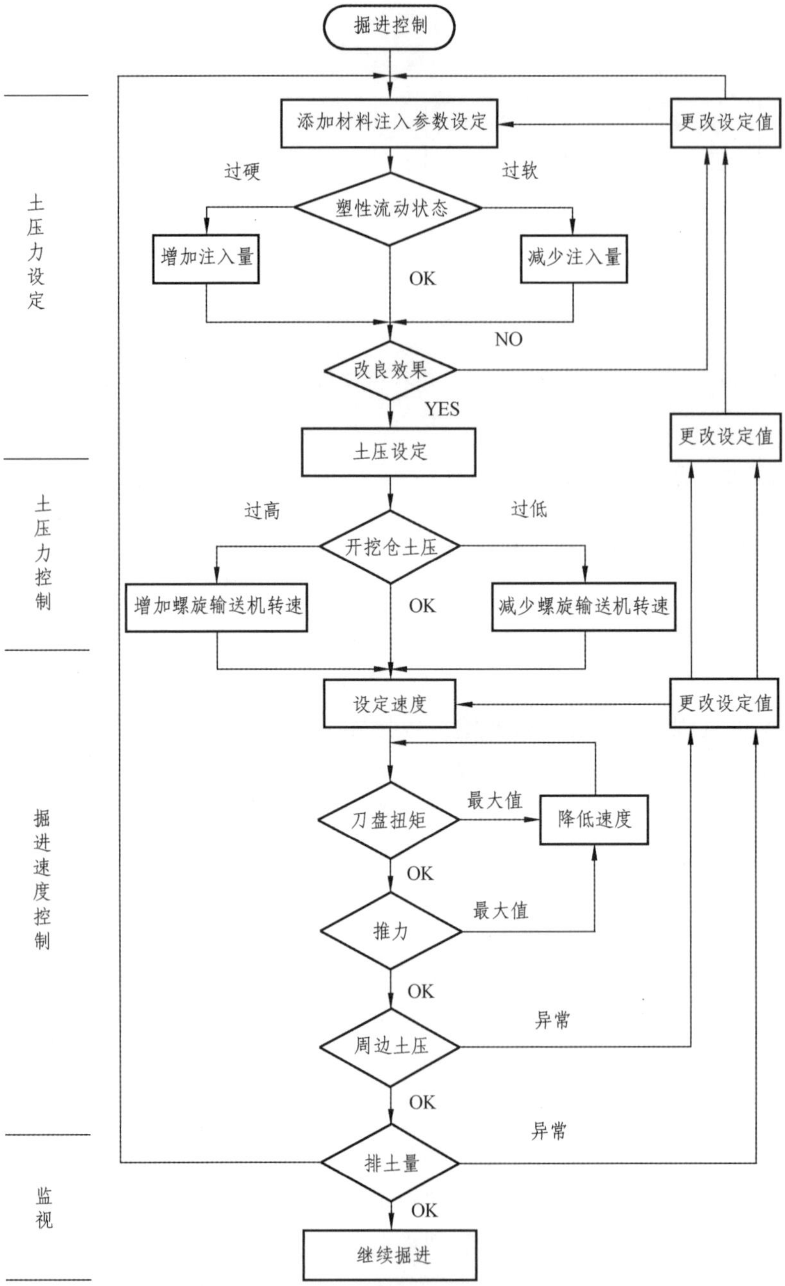

图 8.3.1　掘进控制程序图

表 8.3.1　地表沉降与工作面稳定关系及相应措施与对策

地表沉降信息	工作面状态	P 与 P_0 关系	措施与对策	备　注
下沉超过基准值	工作面坍塌与失水	$P_{max}<P_0$	增大 P 值	P_{max}、P_{min} 分别表示 P 的最大峰值和最小峰值
隆起超过基准值	支撑土压力过大，土仓内水进入地层	$P_{min}>P_0$	减小 P 值	

2. 土仓压力的保持

土仓压力主要通过维持开挖土量与排土量的平衡来实现。可通过设定掘进速度、调整排土量，或设定排土量、调整掘进速度两条途径来达到。

排土量的控制是盾构在土压平衡工况模式下工作时的关键技术之一。

理论上螺旋输送机的排土量 Q_s 是由螺旋输送机的转速来决定的。当推进速度和 P 值设定，盾构可自动设置理论转速 N：

$$Q_s = V_s N \tag{8.3.1}$$

式中 V_s——设定的每转 1 周的理论排土量；

Q_s——与掘进速度决定的理论渣土量 Q_0 相当，即

$$Q_0 = AVn_0 \tag{8.3.2}$$

式中 A——切削断面面积；V——推进速度；n_0——松散系数。

通常，理论排土率用 $K = Q_s/Q_0$ 表示。

渣土的排出量必须与掘进的挖掘量相匹配，以获得稳定而合适的支撑压力值，使掘进机的工作处于最佳状态。当通过调节螺旋输送机的转速仍不能达到理想的出土状态时，可以通过改良渣土的塑流状态来调整。

3. 渣土具有的特性

在土压平衡工况模式下渣土应具有以下特性：① 良好的塑流状态；② 良好的黏—软稠度；③ 低内摩擦力；④ 低透水性。

一般地层岩土不一定具有这些特性，从而使刀盘摩擦增大，工作负荷增加。同时，密封仓内渣土塑流状态差时，在压力和搅拌作用下易产生泥饼、压密固结等现象，从而无法形成有效对开挖仓密封和良好的排土状态。当渣土具有良好的透水性时，渣土在螺旋输送机内排出时无法形成有效的压力递降，土仓内的土压力无法达到稳定的控制状态。

当渣土满足不了这些要求时，需通过向刀盘、混合仓内注入添加剂对渣土进行改良，采用的添加剂种类主要是泡沫或膨润土。

8.3.3 确保土压平衡而采取的技术措施

（1）拼装管片时，严防盾构后退，确保正面土体稳定。

（2）同步注浆充填环形间隙，使管片衬砌尽早支承地层，控制地表沉陷。

（3）切实做好土压平衡控制，保证掌子面土体稳定。

（4）利用信息化施工技术指导掘进管理，保证地面建筑物的安全。

（5）在砂质土层中掘进时向开挖面注入黏土材料、泥浆或泡沫，使搅拌后的切削土体具有止水性和流动性，既可使渣土顺利排出地面，又能提供稳定开挖面的压力。

8.3.4 渣土改良

为了使刀盘切削下来的渣土具有好的流塑性、合适的稠度、较低的透水性和较小的摩擦阻力，通过盾构配置的专用装置向刀盘前面、土仓及螺旋输送机内注入添加剂，如泡沫、膨润土或聚合物等，利用刀盘的旋转搅拌、土仓搅拌装置搅拌及螺旋输送机旋转搅拌，使添加剂与土渣充分混合，达到稳定土压平衡的作用。

通过渣土改良，可以达到渣土的流塑性以及较小的摩擦阻力，减少泥饼的形成。不同厂家为防止泥饼产生，在结构设计上有一些改进，这也是有益的措施。

1. 泡沫剂

泡沫有良好的润滑作用和一定的“强度”，可减小压力舱内土体的内摩擦角，提高土仓内渣土的流动性，利于稳定掘进。

泡沫具有压缩性，可提高改良后的渣土的压缩性，抑制“结饼”问题的发生。同时开挖土压变动小，利于开挖面的稳定。

泡沫有一定的润滑作用，能降低土体的黏度，防止开挖土粘附于盾构机刀盘面板和压力舱内壁，有利于松散出土。

泡沫能置换土颗粒间隙中的水，能改变渣土的渗透性，防止地下水位高的砂地层中“喷涌”现象，泡沫剂的改良效果见图 8.3.2。

图 8.3.2　泡沫剂改良效果

2. 膨润土

膨润土（蒙脱石）由于有良好的物理化学性能，可做净化脱色剂、粘结剂、触变剂、悬浮剂、稳定剂、充填料、饲料、催化剂等，广泛用于农业、轻工业及化妆品、药品等领域，所以蒙脱石是一种用途广泛的天然矿物材料。

常用的膨润土分为钠质膨润土与钙质膨润土，它们的区别主要体现在：① 钠质膨润土的分散程度较钙质膨润土高；② 钠质膨润土比钙质的吸水率高、膨胀倍数大；③ 钠质膨润土的造浆性能比钙质膨润土要好。

使用膨润土的膨化效果试验如图 8.3.3 所示。

图 8.3.3　膨润土膨化效果试验

8.4　土压平衡盾构的掘进模式

土压平衡盾构一般有三种掘进模式，即敞开模式、局部气压模式和土压平衡模式（EPB），每一种掘进模式具有各自的特点和适用条件。

根据 5 号线具体的地质条件决定采用土压平衡模式，土压平衡模式建立如图 8.4.1 所示。

土压平衡盾构在掘进开挖面土体的同时，使掘进下来的渣土充满土仓内，并且使土仓内的渣土密度尽可能与隧道开挖面上的土壤密度接近。在推进油缸的推力作用下，土仓内充满的渣土形成一定的压力，土仓内的渣土压力与隧道开挖面上的水、土压力实现动态平衡，这样开挖面上的土壤就不会轻易坍落，达到既完成掘进又不会造成开挖面土体的失稳。

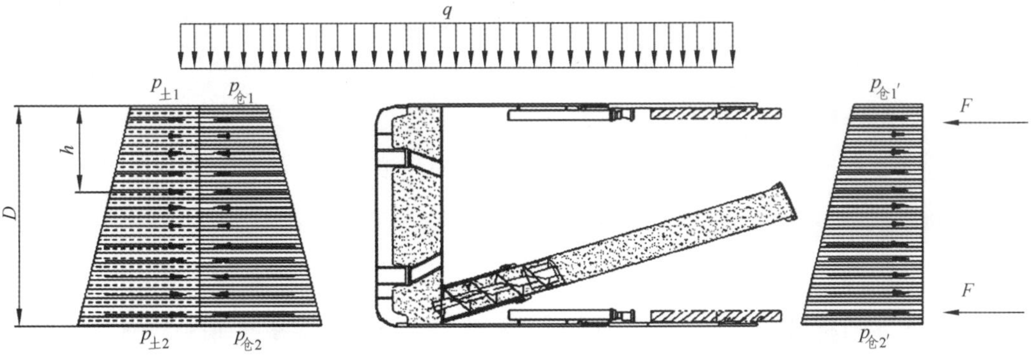

图 8.4.1　土压平衡模式建立

8.5 盾构掘进方向的控制

盾构施工中，采用激光导向来保证掘进方向的准确性和盾构姿态的控制。导向系统用来测量盾构的坐标（*X*，*Y*，*Z*）和位置（水平、上下和旋转），其掘进姿态控制见图8.5.1。测量的结果可以在面板上显示，将实际的数据和理论数据进行对比，导向系统还可以存储每环管片安装的关键数据。

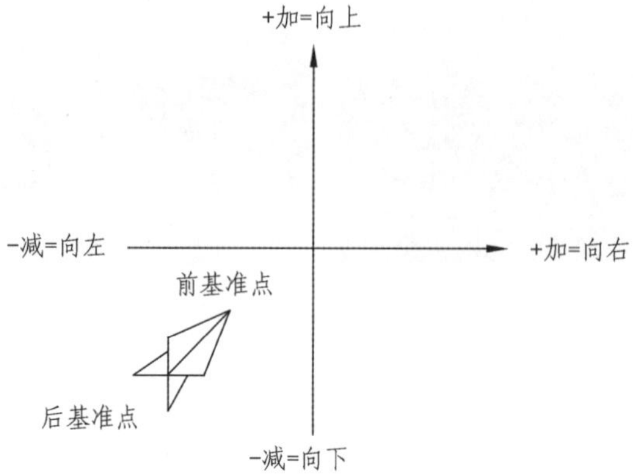

图 8.5.1　掘进姿态控制

8.5.1 导向系统

目前，国内使用的盾构主要有 4 种类型的导向系统：PPS 导向系统、SLS-T APD 系统、ROBOTEC 系统、中铁装备导向系统。

盾构机定位前需要通过竖井联系测量传递到地下两个导线点及高程。此工作非常重要，它确定盾构机的初始定位和掘进质量。竖井水平联系测量可采用悬垂法加测方位角（陀螺经纬仪测量方位角）和激光投点仪进行投点。竖井高程联系测量主要是用钢尺悬挂法传递高程。

1. 盾构机的始发定位测量

1）始发架的定位

根据始发架的间距和尺寸分别计算出各个支架的里程端点坐标和每个圆弧的 5 个高程进行放样。

2）始发定位

精确测定盾构机主机两个断面的直径。精确测定盾构机零参考面的 5 ~ 8 个点的坐标，使其零参考面位于里程和标高，盾构机零参考面和始发里程会吻合。精确测定 ELS 靶中心与盾构机中心的关系。

3）激光全站仪的搬站

由于只有当激光束入射到激光靶屏幕并被激光靶感应到时，入射光方为有效，激光靶对入射角度有一定的参数限制，水平及竖直倾角 ± 5.7°，所以激光全站仪的位置在曲线上不能与激光靶距离太长，一般为 80 ~ 100 m。在直线段与洞内环境有关系，直线段一般为 120 ~ 150 m。

2. 隧道设计线路（DTA）数据的输入和编辑

通过项目提供的线路设计图纸，整理出线路上的几何元素，如直线、圆曲线等，将这些几何元素输入 DTA 设计师软件模块，生成 DTA 文件。本文件包括一系列点及 3 个坐标数据，坐标表示为北向坐标（Y），东向坐标（X）及标高（Z）。DTA 数据用图像（水平及垂直）及数据表格两种形式显示。生成的文件既可以直接被发送到系统提供的存储设施上，以供对点进行直接编辑，模拟及/或转移到存储设施上。

3. 激光全站仪的搬站操作

在系统工作的过程中需要定期将全站仪向机器的方向移动。通常激光站的位置需要被测量，计算全站仪跟设置的后视棱镜的新方位角。为了帮助实现这个功能，系统设置了一系列的对话窗口来实现激光站的前移。

4. 盾构机掘进测量

导向系统在完成后视定位后，手动转动激光全站仪，使激光入射到激光靶上，从而使导向系统自动开始跟踪激光靶测量，完成数据采集、计算后，盾构机实时姿态就会用图表和数字两种形式显示在监视器上。

5. 人工测量精确定位

随着盾构推进，导向系统的测量仪器及后视基准点需要前移，必须通过人工测量来进行精确定位。为保证推进方向的准确可靠，根据具体情况确定每周人工测量的次数，以校核自动导向系统的测量数据并复核盾构机的位置、姿态，确保盾构掘进方向的正确。

6. 采用分区调整盾构推进油缸推力控制盾构掘进方向

根据线路条件所做的分段轴线拟合控制计划、导向系统反映的盾构姿态信息，结合隧道地层情况，通过分区操作盾构机的推进油缸来控制掘进方向。

（1）在上坡段掘进时，适当加大盾构机下部油缸的推力；在下坡段掘进时则适当加大上部油缸的推力；在左转弯曲线段掘进时，则适当加大右侧油缸推力；在右转弯曲线掘进时，则适当加大左侧油缸的推力；在直线平坡段掘进时，则应尽量使所有油缸的推力保持一致。

（2）在均匀的地质条件时，保持所有油缸推力一致；在软硬不均的地层中掘进时，则应根据不同地层在断面的具体分布情况，遵循硬地层一侧推进油缸的推力适当加大，软地层一侧油缸的推力适当减小的原则来操作。

8.5.2 推进油缸的分区控制

通过分区操作盾构推进油缸控制盾构掘进方向。盾构的推进机构提供盾构向前推进的动力，推进机构包括 *n* 个推进油缸和推进液压泵站。推进油缸按照在圆周上的区域被编为 4～5 组。现一般为 4 组，见图 8.5.2，分上、下、左、右可分别进行独立控制的 4 个液压区。在曲线段（包括水平曲线和竖向曲线）施工时，盾构推进操作控制方式是把液压推进油缸进行分区操作。每组油缸均能单独控制压力的调整，为使盾构沿着正确的方向开挖，可以调整 4 组油缸的压力，油缸也可以单独控制。

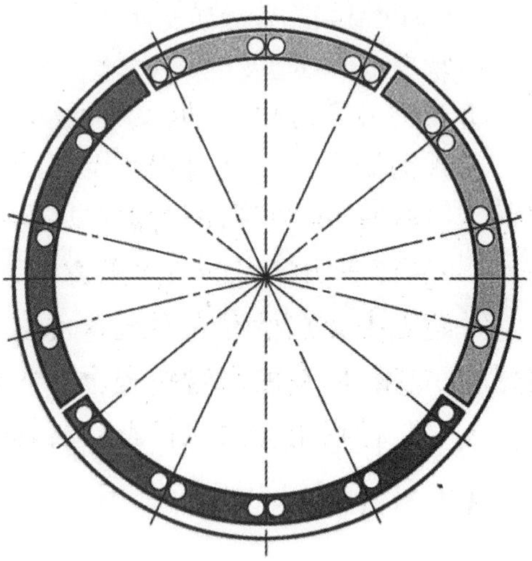

图 8.5.2 推进油缸控制分区

8.5.3 推进过程中的蛇行和滚动

在盾构推进过程中，蛇行和滚动是难以避免的。出现蛇行和滚动主要与地质条件、推进操作控制有关。针对不同的地质条件，进行周密的工况分析，并在施工过程中严格控制盾构的操作，减少蛇行值和盾构的滚动。当出现滚动时，采取正反转刀盘方法来纠正盾构姿态。盾构推进时还需注意以下几个问题：

（1）工作面的地层结构及物理力学特性的不均匀性。

（2）推进系统性能的平衡性、稳定性。

（3）监控系统的敏感性、可靠性和稳定性。

（4）富水软弱地层对盾壳的环向弱约束性。

（5）通过软硬变化地层时的刀盘负载与盾壳约束条件的不对称性（包括进出洞的类似情况）。

8.6 管片选型与拼装

8.6.1 管片拼装机械设备

管片安装器整体外形为一圆环状，套装在 2 个安装器行走悬伸臂上，主要用于管片的拼装衬砌。其安装头具有 6 个自由度，包括随安装器的前后移动、旋转运动、伸举运动和绕管片自身的三轴旋转运动，管片安装手通过操作控制台能够精密控制管片的动作和定位。

管片安装器由液压驱动，安装器旋转的旋转角度在 ± 200°范围，管片拼装机示意图见图 8.6.1。

图 8.6.1 管片拼装机

8.6.2 管片堆放运输

（1）管片出厂前逐片进行尺寸、外观的检测，不合格者不允许出厂。外观的检测内容有：管片表面光洁平整，无蜂窝、露筋，无裂痕、缺角，无汽、水泡，无水泥浆等杂物；灌浆孔螺栓套管完整，安装位置正确。轻微的缺陷进行修饰，止水带附近不允许有缺陷。

（2）达到龄期并检验合格的管片有计划地由平板车运到施工现场，管片运输时之间用垫木垫实，以免使管片产生有害裂纹，或棱线部分被碰坏。

（3）管片到达现场后由龙门吊卸到专门的管片堆放区。管片堆放区应选择适当，以免因其自重造成场所不均匀沉降和垫木变形而产生异常的应力和破裂。在卸之前对管片进行逐一的外观检测，不符合要求（裂缝、破损、无标志等）的管片立即退回。管片吊放到两节拖车上，之间用 10 cm × 10 cm 方木垫隔，拖卡上也预先安放了方木垫块以方便管片堆放。

标准管片和左、右转弯管片分开堆放，以方便吊运和存量统计。管片贴密封垫后，经专人检查合格（位置、型号、粘结牢固性等）才可吊下隧道使用。储存时，必须注意，不能让油类、泥等异物污损管片，混凝土管片的接头配件确保不发生腐蚀。

（4）管片下井采用龙门吊进行。洞内运输采用电瓶车牵引管片车运输。管片车上的管片堆放有序，堆放次序是依据下一环的管片安装顺序，示意图如图 8.6.2。

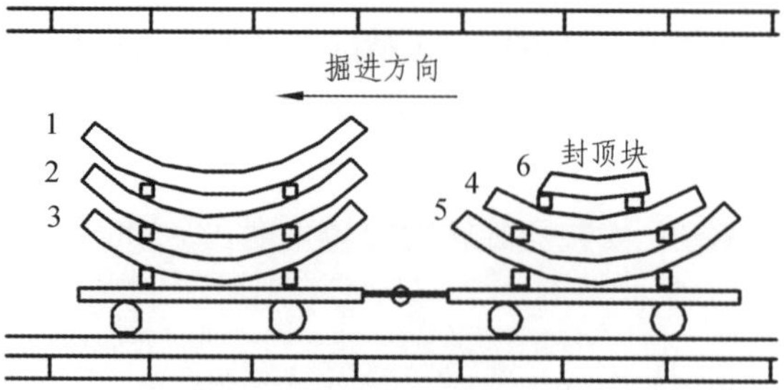

图 8.6.2　管片运输示意图

（5）管片运到盾构机附近后，由专门设备卸到靠近安放位置的平台上，再送到管片安装器工作范围内，并被从下到上依次安装到相应位置上。当最后一块插入块安装紧固后，一环管片即安装完毕，可以进行下一环的掘进。

8.6.3　管片选型

1. 管片选型的影响因素

1）盾构机盾尾间隙的影响

盾尾与管片之间的间隙叫盾尾间隙。

如果盾尾间隙过小，则盾构机在掘进过程中盾尾将会与管片发生摩擦，增加盾构机向前的阻力和造成管片压坏引起隧道渗漏水，同时盾尾密封效果减弱造成盾尾漏浆。

2）推力油缸行程和铰接油缸行程差对管片的选型影响

盾构机是依靠推力油缸顶推在管片上产生的反力向前掘进的，推力油缸按上、下、左、右四个方向分成四组，每一个掘进循环这四组油缸的行程的差值反映了盾构机与管片的平面位置之间的空间关系，可以看出下一个掘进循环盾尾间隙的变化趋势。当管片平面不垂直于盾构机轴线时，各组推进油缸的行程就会有差异，当这个差值过大时，推进油缸的推力就会在管片环的径向产生较大的分力，从而影响已拼装好的隧道管片以及掘进姿态。通常我们以各组油缸行程的差值的大小来判断是否应该拼装转弯环，在两个相反的方向上的行程差值超过 40 mm 时，就应该拼装转弯环来进行纠偏。通过转弯环的调整左右与上下的油缸行程差值就控制在 30 mm 以内，有利于盾构掘进及保护管片不受破坏。

铰接油缸可以被动收放，有利于曲线段的掘进及盾构机的纠偏。同样铰接油缸的行程差也影响管片的选型。这时应将上下或左右的推进油缸行程差值减去上下或左右的铰接油缸行程差值，最后的结果作为管片选型的依据。

2. 管片选型原则

管片选型的原则有三个：管片选型要适合隧道设计线路、管片选型要适应盾构机的姿态、根据现有的管模数量和类型及生产能力。

1）管片选型要适合隧道设计线路

根据隧道的埋深和地质状况，管片分为 A、B、C 三类。

根据隧道中线的平曲线和竖曲线的走向，管片分为标准环、左转环、右转环三类，其示意图见图 8.6.3。

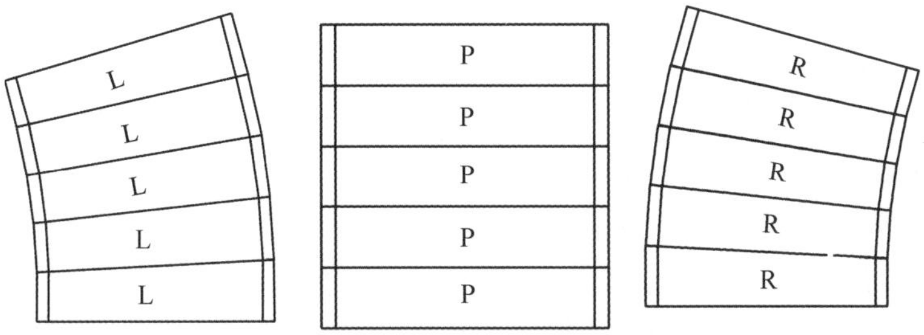

（a）左转环　　（b）标准环　　（c）右转环

图 8.6.3　管片示意图

直线上选标准环，左转曲线上选左转环，右转曲线上选右转环。其中转弯环数量的计算公式如下：

$$\theta = 2\gamma = 2 \cdot \arctan(\delta / D) \tag{8.6.1}$$

式中　θ——转弯环的偏转角；

δ——转弯环的最大楔形量的一半；

D——管片直径。

根据圆心角的计算公式：

$$\alpha = 180L/(\pi R) \tag{8.6.2}$$

式中　L——线路中心线的长度；

R——曲线半径。

2）管片选型要适应盾构机的姿态

管片是在盾尾内拼装，所以不可避免地受到盾构机姿态的约束。管片要尽量垂直于盾构机轴线，让盾构机的推进油缸能垂直地推在管片上，这样使管片受力均匀，掘进时不会产生管片破损。同时也要兼顾管片与盾尾之间的间隙，避免盾构机与管片发生碰撞而破损管片。当因地质不均、推力不均等原因，使盾构机偏离线路设计轴线时，管片的选型要适应盾构机的姿态。盾构管片选型适应盾构机姿态见图 8.6.4。

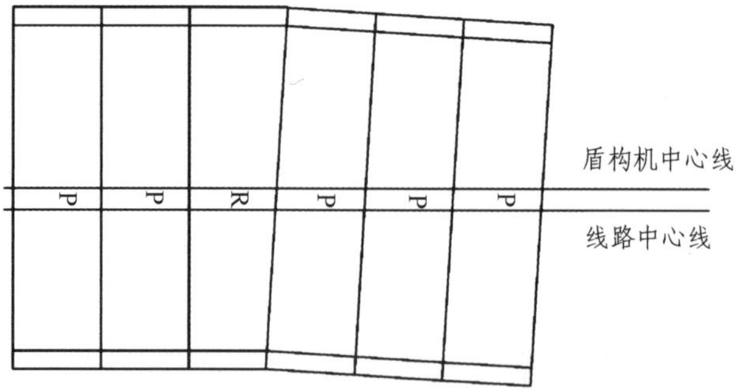

图 8.6.4　管片选型适应盾构机姿态

根据盾构机姿态选管片的计算方法如下所述。

假定推进油缸行程：

上 1 850 mm　　下 1 830 mm

左 1 820 mm　　右 1 840 mm

铰接油缸行程：

上　80 mm　　下　70 mm

左　62 mm　　右　75 mm

盾尾间隙：

上　65 mm　　下　80 mm

左　60 mm　　右　90 mm

因推进油缸、铰接油缸安装在中盾上，反力支座在同一部位，所以推进油缸的行程差减去铰接油缸的行程差是管片要校正的偏移量。

上下（上减下）：

$$(1\,850-1\,830)-(80-70)=+10\ (\text{mm}) \tag{8.6.3}$$

右左（右减左）：

$$(1\,840-1\,820)-(75-62)=+7\ (\text{mm}) \tag{8.6.4}$$

盾构机油缸的行程差大于 5 mm 时，需要选楔形环，下一环所选楔形环管片的最大楔形量应处于右上方，管片走向应左向下，即要选左转环 10 点或右转环 4 点。

如果盾尾和管片都处于真圆状态，上下盾尾间隙之和及左右盾尾间隙之和分别等于 150 mm。所选管走向应使盾尾间隙趋于均等。

盾尾间隙差：

上下（上减下）

$$65-80=-25\ (\text{mm}) \tag{8.6.5}$$

右左（右减左）

$$90 - 60 = +30\ (\text{mm}) \tag{8.6.6}$$

通过盾尾间隙判断，下一环管片走向应该是右下方，即选右转环 11 点或 10 点。

但行程差判断下一环管片走向应是左下方。综合考虑油缸行程差和盾尾间隙，管片应拼向下，或向右下方，那么只能从右转 11 点和 10 点两个里面选一个不通缝的点位。

在进行管片选型的时候，只有盾尾间隙接近警戒值（60 mm）时，才根据盾尾间隙选择管片。

8.6.4 管片拼装

管片在安装前仍要进行一次检查，再确认管片种类正确、质量完好无缺和密封垫黏结无脱落，管片的吊装孔预埋位置正确，逆止阀、封堵盖完好无损，以及其他主要预埋件和混凝土的握裹牢固，管片接头使用的螺栓、螺母、垫圈、螺栓防水用密封垫等附件准备齐全后，才允许安装。每环管片安装结束后要及时拧紧各个方向的螺栓，且在该环脱出盾尾后再次拧紧。

对掘进过程中出现的管片裂缝和其他破损，要及时观察记录并提醒盾构机操作手注意，并要选择合适时间对管片进行修补。

管片安装是盾构法施工的重要环节，其安装质量的好坏不仅直接关系到成洞的质量，而且对盾构机能否继续顺利推进有着直接的影响。

1. 拼装顺序

管片安装采取自下而上的原则一般从下部的标准（A 型）管片开始，依次左右两侧交替安装标准管片，然后拼装邻接（B 型）管片，最后安装楔形（K 型）管片，封顶块安装时，先径向搭接 2/3，径向推上，然后纵向插入。不同的管片拼装点位示意见图 8.6.5。

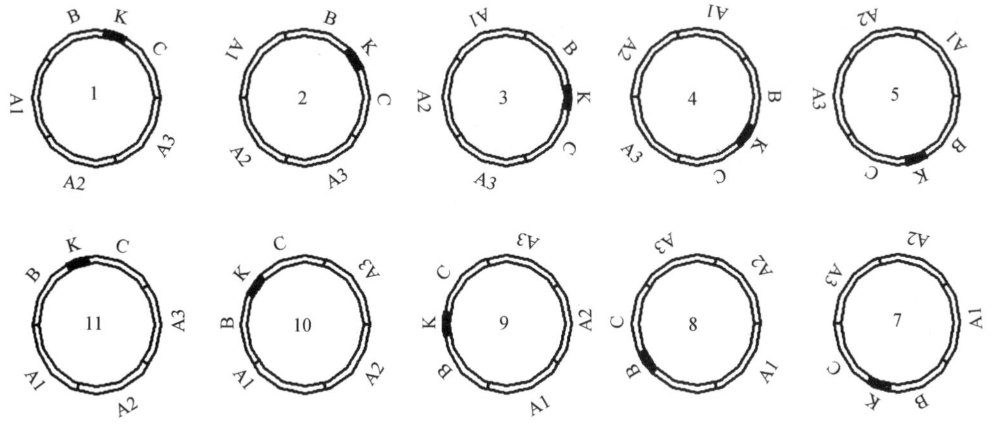

图 8.6.5　管片拼装点位

拼好的一环管片从盾尾脱出时，受到自重和压力的作用产生变形，当变形量过大，既成环和拼装环高低不平，影响到安装纵向螺栓时，用真圆保持器对管片进行临时整圆。

2. 管片拼装工艺

管片拼装工艺见图 8.6.6。

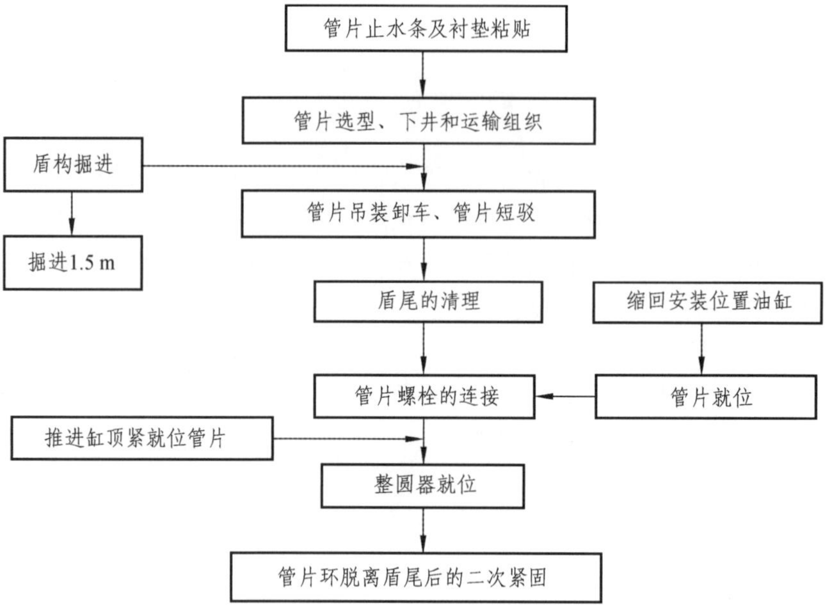

图 8.6.6　管片拼装工艺流程图

管片在防水处理前必须对管片进行清理，然后再进行密封的粘贴。

安装过程中彻底清除盾壳安装部位的垃圾和积水，同时必须注意管片的定位精确，尤其第一环要做到居中安放。

用管片拼装机将管片吊起，沿吊机梁移动到盾尾位置。

安装时千斤顶交替收回，即安装那段管片收回那段相对应的千斤顶，其余千斤顶仍顶紧。

管片安装把握好管片环面的平整度，环面的超前量以及椭圆度，还有用水平尺将第一块管片与上一环管片精确找平。

第二块管片与上一环管片和第一环管片大致对准后，先纵向压紧环向止水条，再环向压紧纵向止水条，并微调对准螺栓孔。

边拼装管片边拧紧纵、环向联结螺栓。

在整环管片脱出盾尾后，再次按规定扭矩拧紧全部联结螺栓。

3. 盾构千斤顶操作

拼装时，禁止盾构千斤顶同时全部缩回，否则在开挖面土压的作用下盾构会后退，开挖面将异常不稳定（开挖面土压损失，并失去平衡），管片拼装空间也将难以保证。因此，随管片拼装顺序分别缩回该位置的盾构千斤顶非常重要。

4. 紧固连接螺栓

紧固连接螺栓时，先紧固环向（管片之间）连接螺栓，后紧固轴向（环与环之间）连接螺栓。采用扭矩扳手紧固，紧固力取决于螺栓的直径与强度。

5. 楔形管片安装方法

楔形管片安装在邻接管片之间，为了不发生管片损伤、密封条剥离，必须充分注意正确地插入楔形管片。为方便插入楔形管片，可装备能将邻接管片沿径向向外顶出的千斤顶，以增大插入空间。拼装径向插入楔形管片时，先径向重叠顶起，再纵向插入。

6. 复紧连接螺栓

一环管片拼装后，利用所有盾构千斤顶均匀施加压力，充分紧固轴向连接螺栓。

盾构继续掘进后，在盾构千斤顶推力、脱出盾尾后土（水）压力及失去盾壳约束后管片自重和土压力的作用下衬砌会产生变形，拼装时紧固的连接螺栓会松弛。为此，待推进到千斤顶推力影响不到的位置后，用扭矩扳手等再一次紧固连接螺栓。再复紧的位置随隧道外径、隧道线形、管片种类、地质条件等而不同。

7. 管片拼装施工要点

（1）管片拼装前，应对上一衬砌环面进行清理。

（2）应控制盾构推进千斤顶的推力和行程，并应保持盾构姿态和开挖面稳定。

（3）应根据管片位置和拼装顺序，逐块依次拼装成环。

（4）管片连接螺栓紧固扭矩应符合设计要求。管片拼装完成，脱出盾尾后，应对管片螺栓及时复紧。

（5）拼装管片时，应防止管片及防水密封条损坏。

（6）对已拼装成环的衬砌环应进行椭圆度抽查。

（7）当盾构在既有结构内空推并拼装管片时，应合理设置导台，并应采取措施控制管片拼装质量和壁后填充效果。

（8）当在富水稳定岩层掘进时，应采取防止管片上浮、偏移或错台的措施。

（9）当在联络通道等特殊位置拼装管片时，应根据特殊管片的设计位置，预先调整盾构姿态和盾尾间隙，管片拼装应符合设计要求。

8. 管片拼装误差及其控制

管片拼装时，若管片间连接面不平行，导致环间连接面不平，则拼装中的管片与已拼管片的角部呈点接触或线接触，在盾构千斤顶推力作用下管片易发生碎裂。为此，拼装管片时，各管片连接面要拼接整齐，连接螺栓要充分紧固。

另外，盾构掘进方向与管片环方向不一致时，盾构与管片产生干涉，将导致管片损伤或变形。伴随管片宽度增加，上述情况增多。为防止管片损伤，预先要根据曲线半径与管片宽度研究确定适宜的盾构方向控制方法，施工中对每环管片的盾尾间隙认真检测，并对隧道线形与盾构方向严格控制。在盾构与管片产生干涉的场合，必须迅速改变盾构方向、消除干涉。

盾构纠偏应及时连续，过大的偏斜量不能采取一次纠偏的方法，纠偏时不得损坏管片，并保证后一环管片的顺利拼装。

9. 管片修补

当已拼装完成的钢筋混凝土管片表面出现《盾构法隧道施工及验收规范》GB 50446—2017 第 6.6.2 条中规定的一般缺陷时，应及时修补。修补后质量应符合验收要求。管片修补时，应分析管片破损原因及程度，制定修补方案。修补材料强度不应低于管片强度。

10. 选型和拼装引起管片开裂原因分析及预防措施

1）开裂原因

因选型和拼装引起管片开裂主要原因是拼装不平整和选型错误。当管片拼装不平整或选型错误时，油缸靴子与管片端面、管片与管片之间接触面不平整或者使管片切在盾壳上，形成集中应力，易使管片开裂。示意图如图 8.6.7。

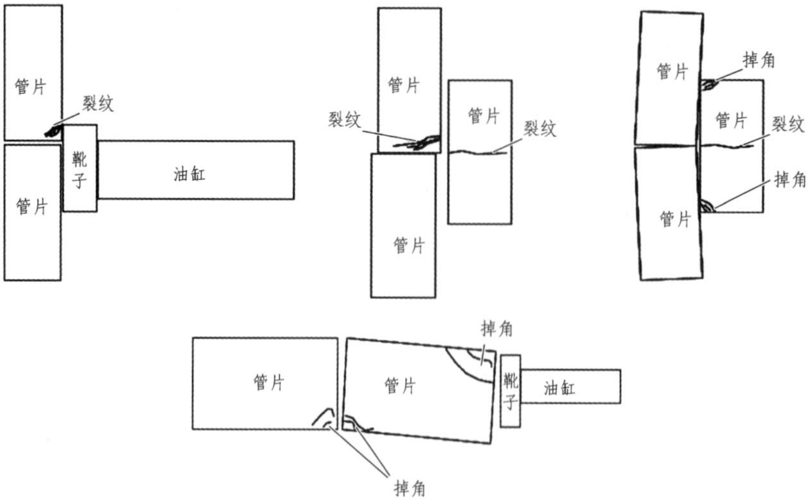

图 8.6.7　管片开裂示意图

2）预防措施

管片选型时，人选和机选相结合，以免出现错误，通过调整点位后也不能满足楔形量的管片，运出隧道替换。

注意管片拼装平整，每一环的第一块，需要与上以还找顺。

拼装管片前，清理盾壳泥砂，清洗环面杂物。

8.7 壁后注浆

8.7.1 方式与材料

壁后注浆采取同步注浆和二次补充注浆两种方式，同步注浆通过同步注浆系统随掘进同时注入，二次补充注浆利用补充注浆系统通过管片注浆孔进行注浆。

同步注浆浆液为水泥砂浆，二次补充注浆可采用水泥砂浆、水泥＋水玻璃双液浆等。

同步注浆的主要指标：

（1）胶凝时间：4 ~ 5 h。

（2）浆液收缩值：大于 95%，即固结收缩率小于 5%。

（3）浆液稠度：8 ~ 12 cm。

（4）浆液比重：要求控制在 1.8 g/cm^3。

（5）浆液稳定性：倾析率小于 5%。

同步注浆浆液配合比依据试验情况进行确定，如表 8.7.1、表 8.7.2 所示。

表 8.7.1 一般情况注浆配比

1 m^3 浆液	水	膨润土	粉煤灰	砂	水泥
	450 kg	100 kg	450 kg	550 kg	150 kg

表 8.7.2 风险源位置注浆配比

1 m^3 浆液	水	膨润土	粉煤灰	砂	水泥
	450 kg	100 kg	450 kg	550 kg	200 kg

8.7.2 注浆操作

1）注 浆

注浆作业与盾构推进同步进行，其注入速率应与掘进速度相适应。

2）注浆压力及注浆量的控制

注浆作业时，严密注意注浆压力和注浆量变化，以注浆压力控制为主，注浆量控制为辅。考虑到浆液扩散、超挖等因素，注浆量初步决定取地层与衬砌间空隙计算值的 150%～180%，施工中将根据信息反馈的结果及时调整注浆量。根据量测和检测结果，必要时通过管片吊装孔进行二次补浆，以充分回填衬砌背后的空隙，减少地面沉降。

施工过程中严格按照设定的注浆压力进行控制，其压力值不宜超过设定值。如果注浆压力变化异常、注浆量变化异常、设备异常以及注浆时隧道出现偏移、上浮或浆液从管片泄漏时应立即通知盾构操作手停止盾构推进，分析原因采取措施后方可继续正常作业。

3）结束注浆

盾构推进结束后，必须待注浆压力达到设定要求，注浆量也在预定合理范围内方可停止注浆。注浆结束应及时按机械操作规程将注浆设备及管路清洗干净。

8.7.3 技术参数

1. 注浆压力

为保证达到对环向空隙的有效充填，同时又能确保管片结构不因注浆产生过大的变形和损坏，注浆压力取值为 0.2～0.35 MPa。

2. 注浆量

根据管片壁后环形空隙与地层有效填充的经验公式计算，在施工过程中，注浆量的控制应结合地面沉降监测数据进行调整。盾尾同步注浆理论量为每环 3.57 m^3（4.18 m^3），根据施工经验注浆时每环应按 5.4～7.5 m^3 控制（150%～180%）。

3. 注浆速度

同步注浆速度应与掘进速度相匹配，按盾构完成一环 1.5 m 掘进的时间内完成当环注浆量来确定其平均注浆速度，达到均匀注浆的目的。

4. 注浆结束标准

采用注浆压力和注浆量双指标控制，即当注浆压力达到设定值时，注浆量达到设计值的 95%以上时，即可认为达到了质量要求。对本设计参数还需通过监控量测进行优化，使注浆效果达到更佳。

5. 效果检查

注浆效果检查主要采用分析法，结合掘进速度及衬砌、地表与周围建筑物变形量测结果进行综合分析判断。必要时采用无损探测法进行效果检查。当检查表明注浆不足时，及时进行补充注浆。

8.8 盾构百环试掘进效率及参数分析

5 号线各区间线路盾构百环试掘进时间统计详见表 8.8.1。

表 8.8.1 盾构百环试掘进时间统计表

序号	线路名称	开始时间	结束时间	累计用时/d	备注
1	停车场出场线区间（左线）	2016-03-06	2016-03-26	21	
2	停车场入场线区间（右线）	2016-01-01	2016-01-26	26	
3	沙口路站—南阳路站区间（左线）	2017-02-08	2017-03-08	31	
4	沙口路站—南阳路站区间（右线）	2017-03-21	2017-04-12	23	
5	西站街站—沙口路站区间（左线）	2017-08-22	2017-10-10	50	
6	西站街站—沙口路站区间（右线）	2017-08-11	2017-08-29	19	
7	南阳路站—文化路站区间（左线）	2017-03-27	2017-05-16	51	
8	南阳路站—文化路站区间（右线）	2017-02-18	2017-03-31	42	
9	文化路站—花园路站区间（左线）	2017-12-11	2018-01-22	43	
10	文化路站—花园路站区间（右线）	2017-10-26	2017-12-01	37	
11	未来北路站—众意路站（左线）	2017-02-27	2017-04-02	34	
12	未来北路站—众意路站（右线）	2016-10-30	2016-12-05	36	
13	经三路站—未来北路站（左线）	2017-07-05	2017-08-21	47	
14	经三路站—未来北路站（右线）	2017-09-12	2017-11-08	57	
15	花园路站—经三路站（左线）	2017-12-25	2018-01-11	17	
16	花园路站—经三路站（右线）	2018-01-17	2018-01-30	13	
17	众意西路站—中央商务区站区间（左线）	2016-06-18	2016-08-29	72	
18	众意西路站—中央商务区站区间（右线）	2016-05-04	2016-05-31	28	
19	中央商务区站—儿童医院站区间（左线）	2017-03-23	2017-04-23	32	
20	中央商务区站—儿童医院站区间（右线）	2017-04-06	2017-05-29	53	
21	金水东路站—郑州东站区间（左线）	2016-05-15	2016-06-20	37	
22	金水东路站—郑州东站区间（右线）	2016-01-09	2016-02-20	42	
23	郑州东站—康宁路站区间（左线）	2017-03-30	2017-04-24	26	
24	郑州东站—康宁路站区间（右线）	2016-08-02	2016-10-04	64	
25	郑汴路站—经北二路站区间（左线）	2016-05-25	2016-08-03	70	
26	郑汴路站—经北二路站区间（右线）	2016-06-30	2016-08-27	58	

续表

序号	线路名称	开始时间	结束时间	累计用时/d	备注
27	经北二路站—经开第八大街站区间（左线）	2017-03-10	2017-04-11	32	
28	经北二路站—经开第八大街站区间（右线）	2017-04-30	2017-06-18	49	
29	经开第八大街站—经开第三大街站区间（左线）	2016-04-25	2016-05-30	35	
30	经开第八大街站—经开第三大街站区间（右线）	2016-12-09	2017-01-17	36	
31	经开第三大街站—商英街站区间（左线）	2016-09-06	2016-10-27	52	
32	经开第三大街站—商英街站区间（右线）	2016-10-26	2016-10-30	36	
33	商英街站—腾飞路站区间（左线）	2017-05-05	2017-07-05	52	
34	商英街站—腾飞路站区间（右线）	2017-06-09	2017-07-02	24	
35	腾飞路站—未来路站区间（左线）	2016-05-26	2016-6-22	28	
36	腾飞路站—未来路站区间（右线）	2016-03-20	2016-04-20	31	
37	未来路站—魏庄西街站区间（左线）	2017-05-17	2017-07-19	63	
38	未来路站—魏庄西街站区间（右线）	2017-06-14	2017-11-20	159	
39	出入段线（左线）	2016-10-09	2016-12-25	77	
40	出入段线（右线）	2017-02-18	2017-03-20	30	
41	魏庄西街站—紫荆山路站区间（左线）	2017-02-19	2017-03-08	17	
42	魏庄西街站—紫荆山路站区间（右线）	2016-11-27	2017-01-13	47	
43	紫荆山路站—冯庄路站区间（左线）	2017-05-08	2017-06-19	42	
44	紫荆山路站—冯庄路站区间（右线）	2017-04-04	2017-04-22	18	
45	冯庄路站—京广南路站区间（左线）	2017-07-12	2017-09-13	63	
46	冯庄路站—京广南路站区间（右线）	2017-05-16	2017-06-14	29	
47	京广南路站—大学南路站区间（左线）	2017-11-08	2017-11-25	17	
48	京广南路站—大学南路站区间（右线）	2017-12-10	2018-01-10	31	
49	嵩山路站—大学珞站区间（左线）	2016-10-01	2016-11-15	46	
50	嵩山路站—大学路站区间（右线）	2016-11-15	2016-12-21	36	
51	嵩山路站—工人路路站区间（左线）	2017-04-26	2017-05-21	25	
52	嵩山路站—工人路站区间（右线）	2017-05-30	2017-06-21	22	
53	工人路站—淮河路站区间（左线）	2017-09-15	2019-10-14	29	
54	工人路站—淮河路站区间（右线）	2019-10-15	2019-11-10	25	

5 号线各区间线路盾构百环试掘进参数统计详见表 8.8.2。

表 8.8.2　盾构百环试掘进参数统计表

序号	线路名称	盾构机推力/kN	刀盘扭矩/（kN·m）	掘进速度/（mm/min）	出土量/m^3	注浆量/m^3	管片拼装时间/min
1	停车场出场线区间（左线）	10 500	2 200	52	51.8	7.1	25～43
2	停车场入场线区间（右线）	11 000	2 250	54	50.2	7.3	25～40
3	沙口路站—南阳路站区间（左线）	9 800	2 300	50	52.1	7.0	28～35
4	沙口路站—南阳路站区间（右线）	9 700	2 100	51	49.8	7.5	27～36
5	西站街站—沙口路站区间（左线）	9 900	2 050	43	50.5	7.2	25～32
6	西站街站—沙口路站区间（右线）	10 100	2 180	55	48.7	7.3	24～34
7	南阳路站—文化路站区间（左线）	6 500	2 300	45	45	7	25～35
8	南阳路站—文化路站区间（右线）	6 500	2 300	45	45	7	25～35
9	文化路站—花园路站区间（左线）	8 000	2 300	45	45	7	25～35
10	文化路站—花园路站区间（右线）	8 000	2 300	45	45	7	25～35
11	未来北路站—众意路站（左线）	10 386	1 792	58	52.5	6.1	36～48
12	未来北路站—众意路站（右线）	10 524	1 862	59.5	51.2	6.4	39～50
13	经三路站—未来北路站（左线）	11 354	1 861	56.5	50.3	6.1	37～40
14	经三路站—未来北路站（右线）	10 967	1 840	52	52.4	6.3	39～55
15	花园路站—经三路站（左线）	11 028	1 739	61	50.7	6.6	35～49
16	花园路站—经三路站（右线）	11 674	1 894	63	51.5	6.8	37～51
17	众意西路站—中央商务区站区间（左线）	8 720	1 015	45.5	59.8	5.9	38～46
18	众意西路站—中央商务区站区间（右线）	8 719	1 001	46.6	62.3	6.2	39～49
19	中央商务区站—儿童医院站区间（左线）	11 942	1 224	51.4	60.2	6.4	39～48

续表

序号	线路名称	盾构机推力/kN	刀盘扭矩/（kN·m）	掘进速度/（mm/min）	出土量/m^3	注浆量/m^3	管片拼装时间/min
20	中央商务区站—儿童医院站区间（右线）	11 873	1 349	49.9	59.5	6.1	43 ~ 50
21	金水东路站—郑州东站区间（左线）	12 350	1 821	42	50.2	6.6	24 ~ 31
22	金水东路站—郑州东站区间（右线）	15 204	1 932	48	49.8	6.4	30 ~ 35
23	郑州东站—康宁路站区间（左线）	14 326	2 045	43	51.2	5.8	25 ~ 35
24	郑州东站—康宁路站区间（右线）	15 248	2 316	45	51.8	5.6	24 ~ 37
25	郑汴路站—经北二路站区间（左线）	10 573	1 764	55	51.5	6.7	35 ~ 47
26	郑汴路站—经北二路站区间（右线）	11 532	2 061	53.5	50.3	6.3	37 ~ 50
27	经北二路站—经开第八大街站区间（左线）	10 542	1 875	54	49.5	6	35 ~ 40
28	经北二路站—经开第八大街站区间（右线）	11 224	2 035	58	52.5	6.5	41 ~ 45
29	经开第八大街站—经开第三大街站区间（左线）	13 030	3 396	45	60	6.5	35 ~ 45
30	经开第八大街站—经开第三大街站区间（右线）	13 250	3 061	53.5	60	6.4	37 ~ 52
31	经开第三大街站—商英街站区间（左线）	17 570	2 060	70	52.5	6.5	29 ~ 31
32	经开第三大街站—商英街站区间（右线）	12 560	2 351	51	49.2	5.8	30 ~ 45
33	商英街站—腾飞路站区间（左线）	21 530	2 330	55	51.0	6.1	27 ~ 40
34	商英街站—腾飞路站区间（右线）	11 582	2 164	52	50.1	6.7	35 ~ 45
35	腾飞路站—未来路站区间（左线）	8 750	1 530	35	61.5	6.2	25 ~ 35
36	腾飞路站—未来路站区间（右线）	8 680	1 490	35	61.4	6.2	25 ~ 35
37	未来路站—魏庄西街站区间（左线）	8 900	1 620	40	60.6	6.2	25 ~ 35

续表

序号	线路名称	盾构机推力/kN	刀盘扭矩/(kN·m)	掘进速度/(mm/min)	出土量/m^3	注浆量/m^3	管片拼装时间/min
38	未来路站—魏庄西街站区间(右线)	9 050	1 570	35	61.7	6.2	25～35
39	出入段线(左线)	10 100	1 850	35	61.5	6.3	35～42
40	出入段线(右线)	10 050	1 830	30	62.0	6.3	35～42
41	魏庄西街站—紫荆山路站区间(左线)	9 563	1 990	34	62.1	5.4	24～55
42	魏庄西街站—紫荆山路站区间(右线)	9 721	1 905	36	61.3	5.36	25～54
43	紫荆山路站—冯庄路站区间(左线)	11 372	2 022	37	57	5.23	27～45
44	紫荆山路站—冯庄路站区间(右线)	11 043	1 978	42	58.9	5.44	26～48
45	冯庄路站—京广南路站区间(左线)	9 984	1 901	41	60.5	5.71	26～36
46	冯庄路站—京广南路站区间(右线)	10 600	1 947	39.5	61.6	5.45	25～36
47	京广南路站—大学南路站区间(左线)	10 002	1 940	55	58.3	5.42	28～51
48	京广南路站—大学南路站区间(右线)	9 817	1 877	58	57.1	5.32	25～41
49	嵩山路站—大学珞站区间(左线)	10 455	1 898	49	50.5	6.7	35～46
50	嵩山路站—大学路站区间(右线)	11 435	1 948	53.5	50.3	6.5	30～48
51	嵩山路站—工人路路站区间(左线)	10 512	2 116	55	49.5	6.5	35～45
52	嵩山路站—工人路站区间(右线)	11 019	1 989	56	51	6.3	30～48
53	工人路站—淮河路站区间(左线)	10 718	2 012	59	51.5	6.6	35～50
54	工人路站—淮河路站区间(右线)	11 182	2 181	55	50.5	6.5	35～48

郑州市轨道交通 5 号线工程属于城市核心区外围边缘的环形线路，覆盖城市东北半环客流走廊和西南半环客流走廊。线路以中州大道为分界线，划分为东、西两大区域，东区（CBD 站—腾飞路站）盾构主要下穿地层为砂层，西区（魏庄西街站—建设西路站）盾构主要下穿地层为黏土层。

根据 5 号线各区间线路盾构百环试掘进参数统计分析比较，在东部地区砂层及西部地区黏土层盾构机掘进主要技术参数见表 8.8.3。

表 8.8.3　盾构机掘进主要技术参数表

序号	范围名称	盾构机推力/kN	刀盘扭矩/(kN·m)	掘进速度/(mm/min)	出土量/m^3	注浆量/m^3	管片拼装时间/min
1	东部地区（砂层）	12 875	2 044	49	54	6.3	30 ~ 35
2	西部地区（黏土层）	9 969	1 940	48	53	6.4	37 ~ 40

8.9 小　结

盾构机掘进前，先对各种施工参数进行计算，然后根据计算结果，设定施工参数。在正常掘进阶段施工中，根据设定施工参数的应用效果，结合地表监测的结果对各种参数进行调整、优化，使各项参数设定达到最佳。

第 9 章　盾构接收技术

9.1　盾构接收施工程序

盾构接收是指盾构沿设计线路，在区间隧道贯通前 100 m 至车站的整个施工过程。

盾构接收一般按下列程序进行：洞门凿除→接收基座的安装与固定→洞门密封安装→到达段掘进→盾构接收。如图 9.1.1 所示。

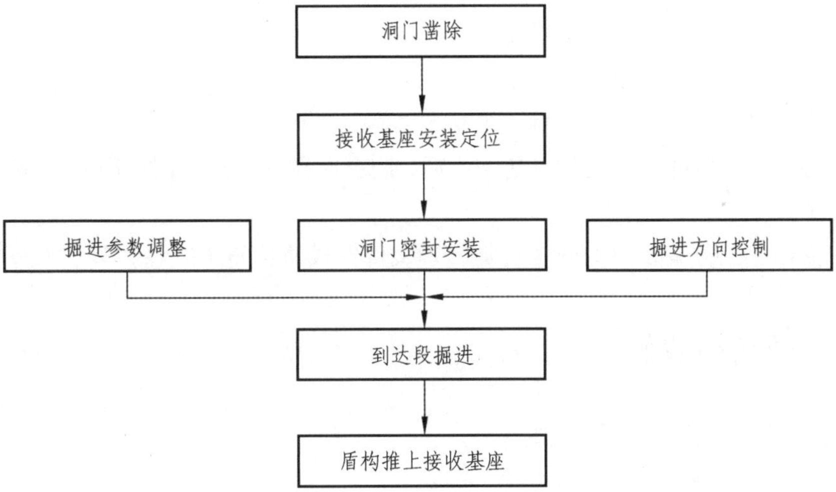

图 9.1.1　盾构接收施工程序

9.2　盾构到达施工的主要内容

盾构到达施工主要内容包括：

（1）到达端头地层加固。

（2）在盾构贯通之前 100 m、50 m 处分两次对盾构姿态进行人工复核测量。

（3）到达洞门位置及轮廓复核测量。

（4）根据前两项复测结果确定盾构姿态控制方案并进行盾构姿态调整。

（5）到达洞门凿除。

（6）盾构接收架准备。

（7）靠近洞门最后 10 ~ 15 环管片拉紧。

（8）贯通后刀盘前部渣土清理。

（9）盾构接收架就位、加固。

（10）洞门防水装置安装及盾构推出隧道。

（11）门注浆堵水处理。

（12）制作连接桥支撑小车、分离盾构主机和后配套机械结构连接件。

9.3 盾构接收的准备工作

盾构接收前，应做好下列工作：

（1）制订盾构接收方案，包括到达掘进、管片拼装、壁后注浆、洞门外土体加固、洞门围护拆除、洞门钢圈密封等工作的安排。

（2）对盾构接收井进行验收并做好接收盾构的准备工作。

（3）盾构到达前 100 m，50 m 时，必须对盾构轴线进行测量、调整。

（4）盾构切口离到达接收井距离约 10 m 时，必须控制盾构推进速度、开挖面压力、排土量，以减小洞门地表变形。

（5）盾构接收时应按预定的拆除方法与步骤，拆除洞门。

（6）当盾构全部进入接收井内基座上后，应及时做好管片与洞门间隙的密封，做好洞门堵水工作。

（7）依据施工方案及盾构施工各类管理文件完成盾构施工应急物资及人员储备。

9.4 盾构接收施工

9.4.1 到达位置复核测量

盾构到达施工位置范围时，应对盾构位置和盾构隧道的测量控制点进行测量，对盾构接收井的洞门进行复核测量，确定盾构贯通姿态及掘进纠偏计划。在考虑盾构的贯通姿态时须注意两点：一是盾构贯通时的中心轴线与隧道设计轴线的偏差，二是接收洞门位置的偏差。综合这些因素在隧道设计中心轴线的基础上进行适当调整，纠偏要逐步完成。

9.4.2 盾构到达段掘进

根据到达段的地质情况确定掘进参数：低速度、小推力、合理的土压力（或泥水压力）和及时饱满的回填注浆。

在最后 10 ~ 15 环管片拼装中要及时用纵向拉杆将管片连接成整体，以免在推力很小或者没有推力时管片之间的松动。

9.4.3 接收基座安装及盾构推上接收基座

接收基座的构造同始发基座，接收基座在准确测量定位后安装。其中心轴线应与盾构进接收井的轴线一致，同时还要兼顾隧道设计轴线。

接收基座的轨面标高应适应盾构姿态，为保证盾构刀盘贯通后拼装管片有足够的反力，可考虑将接收基座的轨面坡度适当加大。接收基座定位放置后，采用 I 25 的工字钢对接收基座前方和两侧进行加固，防止盾构推上接收基座的过程中，接收基座移位。

在接收基座安装固定后，盾构可慢速推上接收基座。在通过洞门临时密封装置时，为防止盾构刀盘和刀具损坏帘布橡胶板，在刀盘外圈和刀具上涂抹黄油。

盾构在接收基座上推进时，每向前推进 2 环拉紧一次洞门临时密封装置，通过同步注浆系统注入速凝浆液填充管片外环形间隙，保证管片姿态正确。

9.4.4 洞门圈封堵

在最后一环管片拼装完成后，拉紧洞门临时密封装置，使帘布橡胶板与管片外弧面密贴，通过管片注浆孔对洞门圈进行注浆填充。注浆的过程中要密切关注洞门的情况，一旦发现有漏浆的现象应立即停止注浆并进行封堵处理。确保洞口注浆密实，洞门圈封堵严密。

9.5 盾构接收施工要点

（1）盾构到达前应检查端头土体加固效果，确保加固质量满足要求。

（2）做好贯通测量，并在盾构贯通之前 100 m，50 m 两次对盾构姿态进行人工复核测量，确保盾构顺利贯通。

（3）及时对到达洞门位置及轮廓进行复核测量，不满足要求时及时对洞门轮廓进行必要的修整。

（4）根据各项复测结果确定盾构姿态控制方案并提前进行盾构姿态调整。

（5）合理安排到达洞门凿除施工计划，确保洞门凿除后不暴露过久。并针对洞门凿除施工制定专项施工方案。

（6）盾构接收基座定位要精确，定位后应固定牢靠。

（7）增加地表沉降监测的频次，并及时反馈监测结果指导施工。盾构到站前要加强对车站结构的观察，并加强与施工现场的联系。

（8）为保证近洞管片稳定，盾构贯通时需对近洞口 10 ~ 15 环管片作纵向拉紧。

（9）帘布橡胶板内侧涂抹油脂，避免刀盘刮破影响密封效果。

（10）在盾构贯通后安装的几环管片，一定要保证注浆及时、饱满。盾构贯通后必要时对洞门进行注浆堵水处理。

（11）盾构到达时各工序衔接要紧密，以避免土体长时间暴露。

9.6 危大工程验收核查

依据《危险性较大的分部分项工程安全管理规定》(住房城乡建设部令第 37 号)、《关于加强城市轨道交通工程关键节点风险管控的通知》建办质〔2017〕68 号等相关文件规定，盾构接收前应完成盾构接收关键节点施工前条件核查工作，核查内容详见表 9.6.1。

表 9.6.1 盾构到达施工前条件核查要点

序号	核查条件		核查要点	核查结论	核查人	备注
1	主控条件	设计、勘察交底	① 设计文件满足现场施工要求； ② 已完成图纸会审及勘察设计交底	□符合 □不符合 □不涉及		
2		施工方案及监理细则	① 盾构到达方案（含端头加固、安全专项施工方案）已通过专家论证，论证意见已予落实或整改，审批齐全有效； ② 工程条件发生变化时，已对施工组织设计及专项施工方案作出修订； ③监理细则安全、质量风险控制内容齐全，明确主要危险源、重要（关键）部位/环节及其控制措施，已编制旁站监理方案，明确旁站项目，监理细则已通过审批	□符合 □不符合 □不涉及		
3		工作井及各项技术参数	工作井已按设计要求完成，其标高、轴线、结构强度等各项技术参数符合设计和规范要求并能满足盾构施工各阶段受力要求（端头井结构尺寸和洞门中心已复核且符合设计要求）并通过验收	□符合 □不符合 □不涉及		
4		测量	井下控制点设置通过验收，测量数据已复核，盾构位置测量验收完毕，测量参数满足施工要求	□符合 □不符合 □不涉及		
5		接收架及导轨	结构强度和刚度已通过设计验算并符合要求，导轨稳固，通过验收	□符合 □不符合 □不涉及		

续表

序号	核查条件		核查要点	核查结论	核查人	备注
6	主控条件	端头降水及洞门土体加固	① 按专项方案对始发端头进行加固，加固范围及参数指标符合设计要求（附端头加固效果检测报告），已采取降水措施，降水井数量、管径、材质、深度等符合设计要求，出水含砂量、降水水位等符合设计要求，运行正常； ② 洞门探孔已打，未发现渗漏水等异常情况； ③ 冷冻法加固已落实专项监测，冷冻循环系统温度、流量、压力正常，喇叭口和集水井角部等薄弱部位的冻土厚度已按设计要求加强，冻土帷幕交圈时间、厚度、宽度与高度、平均温度等符合设计要求	□符合 □不符合 □不涉及		
7		洞门密封	① 盾构洞门按设计要求制作洞圈（钢环）和密封装置； ② 洞门密封止水装置安装完成，外观质量及完整性符合设计要求	□符合 □不符合 □不涉及		
8		钢套筒接收	① 钢套筒安装及加固体系满足要求； ② 钢套筒、支撑及钢套筒与洞门钢环焊缝已经过探伤实验，并满足要求； ③ 钢套筒无渗漏点，密闭性测试满足要求，已通过验收	□符合 □不符合 □不涉及		
9		浆液制作	浆液制作设施已完成，浆液配合比已确定，胶凝时间、强度及稠度等指标符合施工要求	□符合 □不符合 □不涉及		
10		环境风险	建构筑物及管线已核查，并且根据实际情况制定好切实可行的保护措施（有周边环境调查报告），并落实到位	□符合 □不符合 □不涉及		
11		视频门禁	① 视频监控已安装到位可正常使用，已接入监控中心； ② 门禁系统已安装到位并可正常使用	□符合 □不符合 □不涉及		

续表

序号	核查条件		核查要点	核查结论	核查人	备注
12	主控条件	监控量测	① 按设计和相关规定编制施工监测方案，并通过审批； ② 监测人员的配备满足工程需要，设备精度满足要求； ③ 监控量测仪器台账及有关检定证书满足要求； ④ 已按批准的监测方案布点并通过验收，初始值已测取，控制值已确定，并将信息录入安全风险管理系统平台，满足监测数据上传条件； ⑤ 对周边重要环境对象的初始状态进行巡查并形成文字或影像记录	□符合 □不符合 □不涉及		
13		潜在风险分析	① 对本工程潜在的风险进行辨识和分析； ② 已分解到具体操作层，并培训交底	□符合 □不符合 □不涉及		
14		应急管理	① 施工单位按规定编制事故综合应急预案、项目应急预案和现场处置方案，预案有针对性、可操作性，综合应急预案已备案； ② 应急物资到位，通信畅通，应急照明、消防器材符合要求，及时更换（置换）已失效的应急资源； ③ 定期组织应急预案培训，应急演练频率符合相关规定	□符合 □不符合 □不涉及		
15	一般条件	材料及构配件	质量证明文件齐全，复试合格	□符合 □不符合 □不涉及		
16		设备机具	特种设备安全技术档案齐全，进场记录齐全有效，安装稳固，防护到位，已通过验收	□符合 □不符合 □不涉及		
17		分包管理	① 分包单位资质、许可证等资料齐全，安全生产协议已签署，按规定建立安全管理机构、配备安全员，人员资格满足要求； ② 对分包队伍开展安全教育	□符合 □不符合 □不涉及		

续表

序号	核查条件		核查要点	核查结论	核查人	备注
18	主控条件	安全标识及防护	① 临边防护设施符合要求； ② 有较大危险因素的设施、设备、场所设置明显标识、警戒围栏或安全引导语等安全警示标志； ③ 在隐患未及时整改的场所已设置隐患告知牌； ④ 已向作业人员提供合格的安全防护或职业卫生用品； ⑤ 作业架设置工作平台及围栏防护，作业架脚手板满铺，设置登高扶梯	□符合 □不符合 □不涉及		
19		作业环境	① 已进行职业危害防治措施交底； ② 施工风、水、电、照明满足施工需求	□符合 □不符合 □不涉及		
20		培训及交底	① 拟上岗人员安全培训资料齐全，考核合格； ② 对进入新岗位或者新进入施工现场的作业人员（含起重机械租赁单位的作业人员）进行安全教育； ③ 对作业人员普及触电、高处坠落等事故应急救援知识； ④ 特种作业人员类别和数量满足作业要求，操作证齐全； ⑤ 施工和安全技术交底已完成	□符合 □不符合 □不涉及		
21		其他	设计及规范规定的其他要求	□符合 □不符合 □不涉及		
22	特殊要求	根据工程实际和管理制度自定		□符合 □不符合 □不涉及		

注：盾构到达条件核查应在进入加固段前进行。

9.7 特殊工况下盾构机接收案例

9.7.1 钢套筒接收技术

1. 设计概况

CBD 站—农业东路站区间自 CBD 站东端头井始发，沿黄河东路向东向北敷设，至农业东路站西端头井处负三层接收。接收端地质条件和周边环境复杂，施工影响因素多，施工风险大。

结合农业东路站基坑实际开挖情况，在大埋深、高水位、富水砂层条件下，盾构端头采用旋喷桩加固无条件，且在密实砂层中实施旋喷桩成桩质量差，止水效果不能完全保证，存在较大的风险。为此，提出了钢套筒盾构接收的施工技术。

2. 工程特点及重难点分析

1）工程特点

（1）大埋深、高水位、富水砂层地质条件下盾构接收，周边临近重要建筑物、构筑物，环境复杂，地表沉降要求严格。

（2）接收端平面为半径 400 m 的圆曲线与直线的缓和曲线。

2）重难点分析

（1）钢套筒拼装质量

钢套拱拼装位置、高程，钢套筒密封性、稳定性是本工程的重点。

措施：依据线路的走向放样钢套筒的轴线和高程，保证钢套筒位置正确；组装完成后根据要求进行充水检查，无渗漏后方使用；在钢套筒厂家的指导下进行钢套筒的固定和安装，按要求设置反力架和侧向支撑。

（2）洞门凿除

在冷冻体的保护下进行洞门凿除，工期与盾构掘进的配合、对冷冻管的保护、钢套筒的通风保障是施工重点。

措施：24 小时作业，7 天内完成；凿除时机与盾构掘进进度相互配合。

（3）钢套筒填土

填土的质量和事件决定这盾构机能否按时接收，是施工的重点。

措施：提前预存 200 m^3 膨润土搅拌过的渣土，和易性满足要求；运土车辆选择混凝土罐车和渣土车两种车辆；挖机配合 24 小时作业完成。

3. 钢套筒施工技术原理

1）钢套筒设计

钢套筒是一端开口的桶状结构，整个钢套筒总长为 12 280 mm，由 1 个过渡连接环、4 个筒体、1 个后端盖、3 根立柱以及左、右工字钢支撑等部分组成，如图 9.7.1 所示。

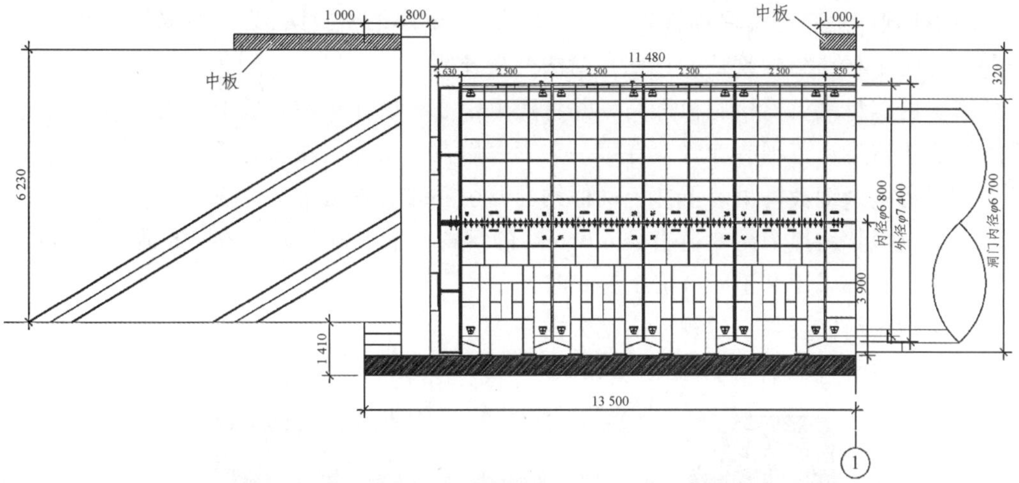

图 9.7.1 钢套筒结构示意图

钢套筒盾构接收施工技术是利用钢套筒中填充泥土并加压来模拟地层，使得盾构机如同正常掘进一样推进到钢套筒中，在管片上及过渡连接环上预留、预埋注浆孔注浆止水，封闭管片背后空隙，精准控制盾构机推进，以达到盾构机安全接收的目的。

2）钢套筒填充泥土并加压模拟地层

利用钢套筒创建一个密闭的空间，在底部设置细石混凝土带 + 砂垫层有效的支撑盾体，在内部填充塑性良好的泥土，加压并保持钢套筒内水土压力接近洞口段地层压力，盾构机盾体正常掘进使得盾尾脱出洞门进入接收井，完成盾构接收施工。

3）预留、预埋注浆管封水注浆

通过在洞门处 10 环管片上每环增加 10 个注浆孔，以及在洞门钢圈、过渡连接环上预埋 16 个环向注浆管，洞内外双管齐下相互配合注浆，互相印证，有效地填充了管片与洞门钢圈之间的空隙，消除在钢套筒开仓时、盾构机吊装、管片拔除及洞门环梁施工过程中的风险。

4. 钢套筒施工特点

（1）多重防水保障：在钢套筒开仓、盾构机吊装、管片拔除及洞门环梁施工过程中易出现涌水涌砂事故，本工法设置了三道止水防水措施，安全更有保障。

（2）经济效益、社会效益显著：该施工技术采用钢套筒进行盾构接收，钢套筒可循环利用，降低施工成本。该施工技术无需进行降水，对周边环境影响小，避免了泥浆对场地的污染，社会效益显著。

5. 操作要点

1）钢套筒安装、密封

（1）在地面上将钢套筒连接处法兰盘加贴 8 mm 厚的密封圈，密封圈采用现场加工，采用管片防水材料结构胶粘贴在钢套筒法兰盘外侧。

（2）由测量人员复核底板标高，并将隧道中心线放在车站底板上。

（3）改造隧道范围冷冻管，待第一节下井后在重新连接盐水管。

（4）将剩余钢套筒吊装下井，确保钢套筒中心线与隧道中心线重合。

（5）反力架斜撑采用 3 道直径 609 mm 的钢管，水平横撑上部采用 8 道 100 mm 工字钢支撑、下部采用 8 道 100 mm 工字钢支撑。

（6）钢套筒安装整个过程应在 7 天内完成。

钢套筒安装过程如图 9.7.2 所示。

图 9.7.2　钢套筒安装

2）混凝土基座施工

为防止盾构机进入钢套筒后“栽头”及“翻滚”现象发生，在钢套筒底部60°范围内浇筑150 mm厚的C15混凝土带，同时在混凝土带上方铺设20 cm厚砂垫层，保证了盾构机脱离地层后底部形成有效的支撑，同时黄砂也可起到减小盾构机与混凝土带间摩擦力的作用。混凝土基座施工如图9.7.3所示。

图9.7.3　混凝土基座施工

3）曲线接收施工措施

针对盾构接收井位于圆曲线、缓和曲线上的情况，钢套筒拼装完成后为12.28 m的圆柱体，如何保证盾构机顺利推入钢套筒中是施工的关键所在。

盾构接收阶段，对盾构机的位置进行准确的测量，明确成型隧道中心轴线与隧道设计中心轴线的关系，同时对接收洞门位置进行复核测量，确定盾构机的贯通姿态及掘进纠偏计划。盾构机到达前100 m地段即加强盾构姿态和隧道线形测量，及时纠正偏差使盾构顺利到达接收井。

4）注浆措施

为防止施工过程中出现涌水涌砂事故，设置了3道止水防水措施。

（1）同步注浆：盾构接收施工中严格控制同步注浆参数，及时填充开挖面与管片间隙。

（2）增加管片注浆孔：最后10环管片每环再增加10个注浆孔，向管片外侧注双液浆，封闭止水。

（3）预埋注浆孔：在洞门钢圈、钢套筒过渡连接环上预埋16个环向注浆管，强化最后两环的背后注浆。

管片注浆孔如图9.7.4～9.7.6所示。

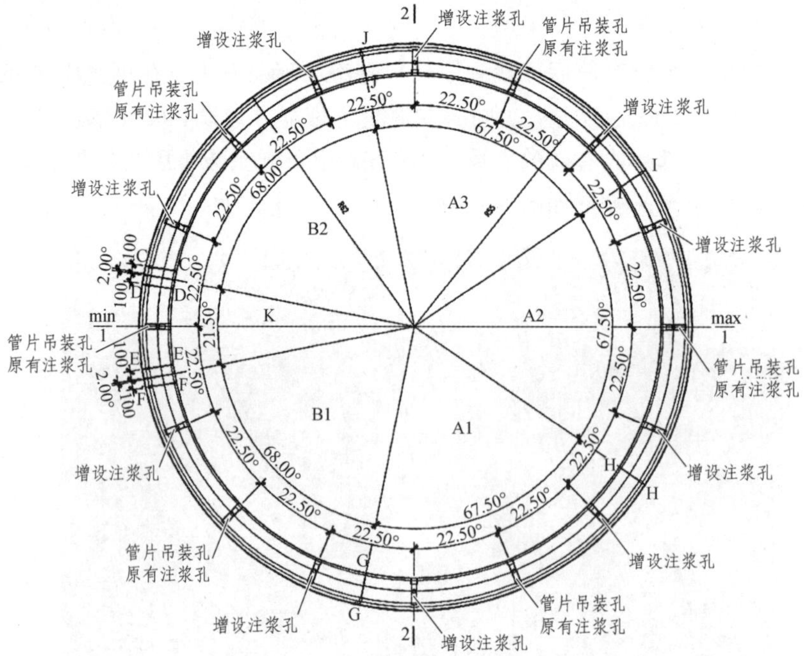

图 9.7.4 管片增加注浆孔立面图

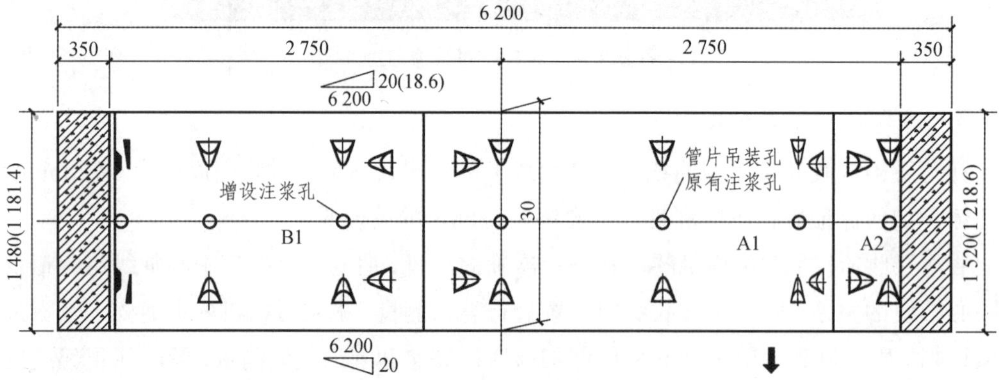

图 9.7.5 管片增加注浆孔展开图

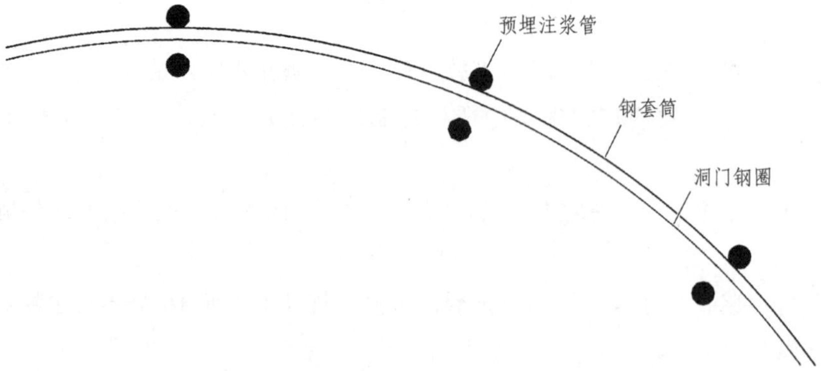

图 9.7.6 过渡连接环预留注浆孔图

5）钢套筒拆除

注浆凝固之后，打开钢套筒上预留的卸压口，测试有无水涌出，然后缓慢降低土仓压力，观察情况，如无异常，则将土仓压力降至零，确认无涌水后，打开钢套筒上的填料孔，观察注浆情况，确认后方可割除过渡连接环。

6）施工监测

盾构机到达掘进过程中加大测量频率，并复核控制点，确保盾构机到达的姿态正确，在端头连续墙、地面及周围建筑物布置沉降观测点；围护结构、钢套筒及洞门周围布置形变监测点。并测量初始值，盾构机到达过程中每天测量 2 次，若变形较大，增加测量频率并及时通报项目部采取应急处理措施。钢套筒现场实施效果如图 9.7.7 所示。

图 9.7.7　钢套筒现场实施效果图

9.7.2　小洞门接收大盾构

1. 工程概况

金水东路站—郑州东站区间线路自金水东路站出站后沿心怡路南行，下穿七里河、下穿七里河南路立交桥后到达郑州东站北端头井接收，而后在郑州东站站内过站。左线全长 1 026.209 m，右线全长 959.2 m。左线设置 2 处平曲线，曲线半径均为 400 m，右线设置2处平曲线，半径为400 m和470 m，最大坡度26.7‰，隧道拱顶埋深9.8 ~ 26.5 m。区间设计隧道管片外径6.2 m、内径5.5 m，宽度1.5 m。

金郑区间从金水东路站始发，达到郑州东站接收，郑州东站接收洞门钢环设计为B型盾构，直径6 620 mm，实测直径为6 580 ~ 6 620 mm。在5号线施工设计时，5号线为A型盾构，管片外径6 200 mm，我部所用盾构机外径为6 470 mm，致使盾构机与洞门之间的间距为4 ~ 5 cm，接收难度之大为本公司目前之最。

2. 重难点分析

在5号线施工设计时，5号线为A型盾构，管片外径6 200 mm，我部所用盾构机外径为6 470 mm，致使盾构机与洞门之间的间距为4 ~ 5 cm，接收难度之大为本公司目前之最。

3. 采取措施

在金郑区间接收前80环开始，对每一环的姿态每天进行复测，洞门联系测量3次，在测量技术人员的艰辛奋战下，于2016年5月18日顺利贯通，实测盾构机与洞门钢环之间的最小间距为3 cm。

9.7.3 经南三路

1. 经三路站盾构平移原因

由于盖板的原因，经未区间左线无法正常出洞、花经区间左线无法正常始发，需要对盾构机进行平移。在接收端经未区间左线出洞接收后，盾构机和接收托架一块平移至右线吊装孔处吊出，拖车按照出洞顺序依次移至右线吊出；在始发段花经区间左线不具备直接吊装的条件，盾构机拖车按照6、5、4、3、2、1的顺序下井后移至左线，盾构主机组装完毕后和始发基座一块整体平移至左线，然后联机进行调试。

始发及接收车站三视图如图9.7.8 ~ 9.7.11所示。

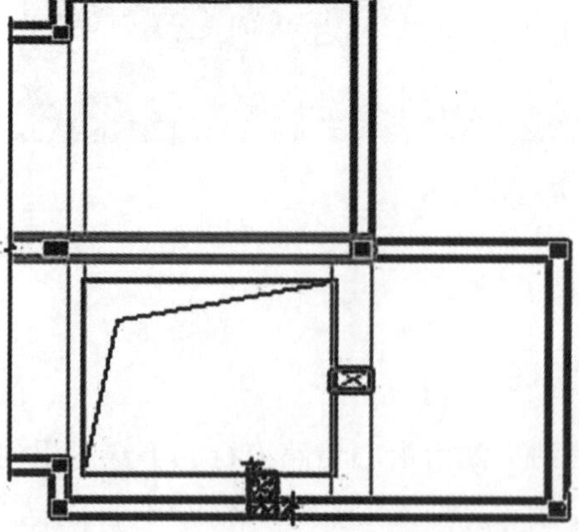

图9.7.8 接收端车站平移区域平面图

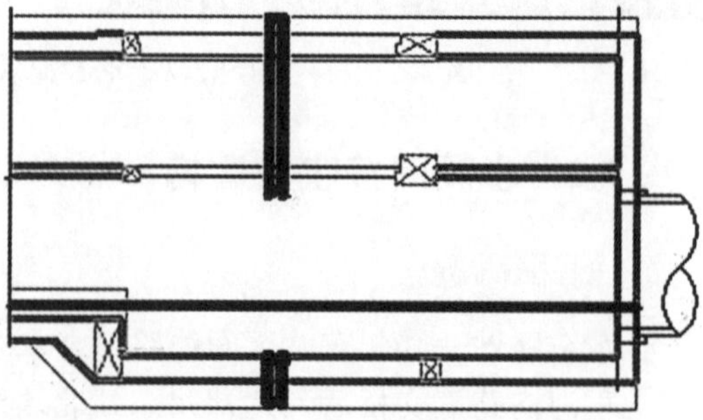

图9.7.9 接收端车站平移区域剖面图

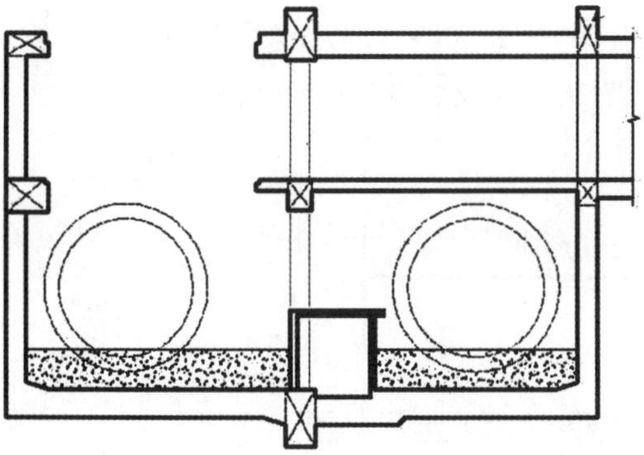

图 9.7.10　始发端车站平移区域平面图

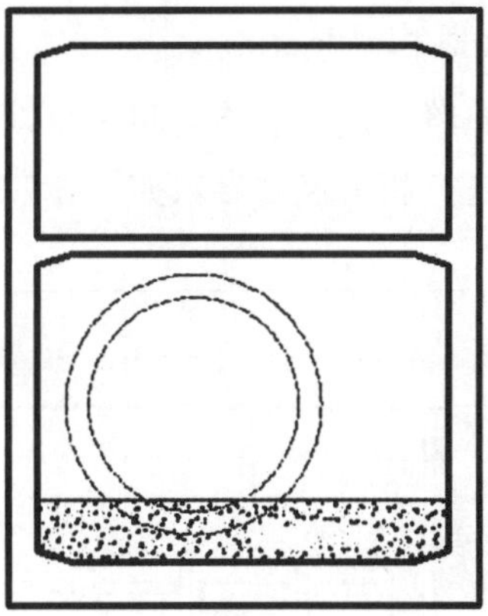

图 9.7.11　接收端车站平移区域横断面

2. 盾构接收及始发平移方案

1）施工工艺

如图 9.7.12 所示。

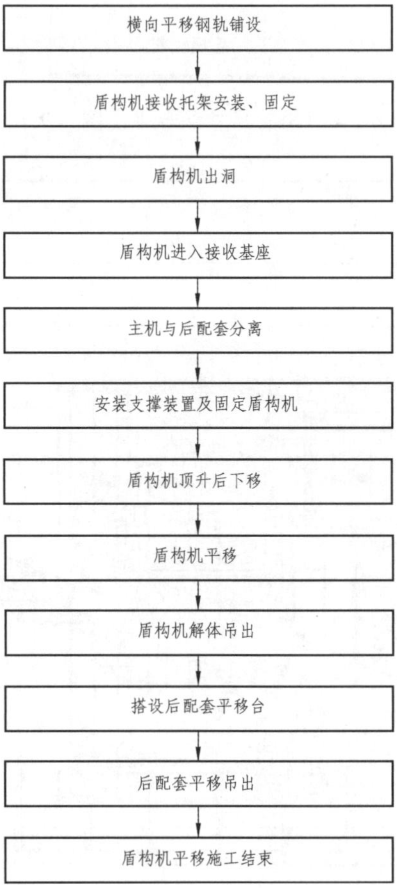

图 9.7.12　盾构接收及始发平移施工工艺

2）盾构机技术参数

经三路—未来北路区间左线以及花园路—经三路区间左线均采用中铁装备 41 号盾构机掘进，相关尺寸参数如图 9.7.13、图 9.7.14 及表 9.7.1 所示。

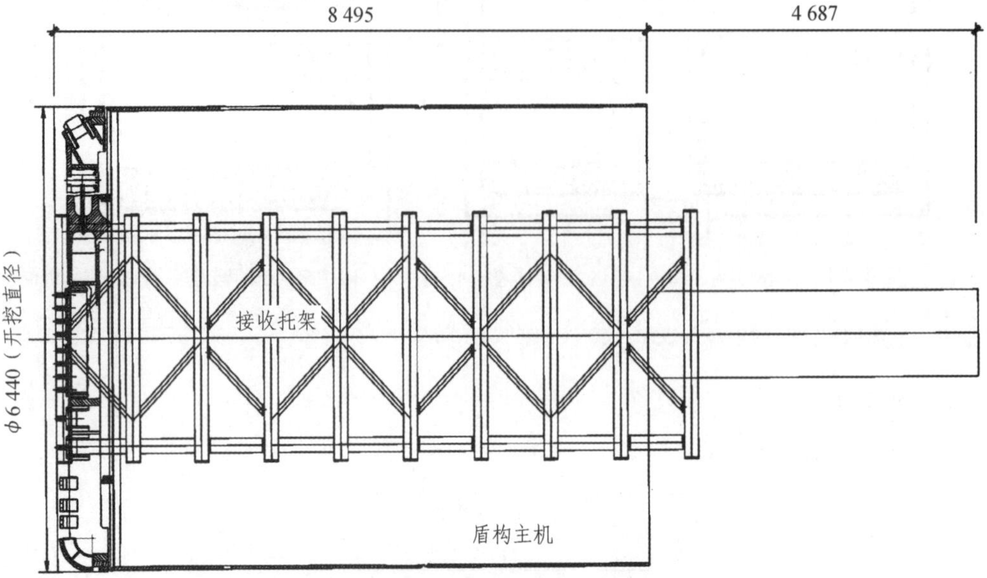

图 9.7.13　盾构机相关尺寸参数平面图（单位：mm）

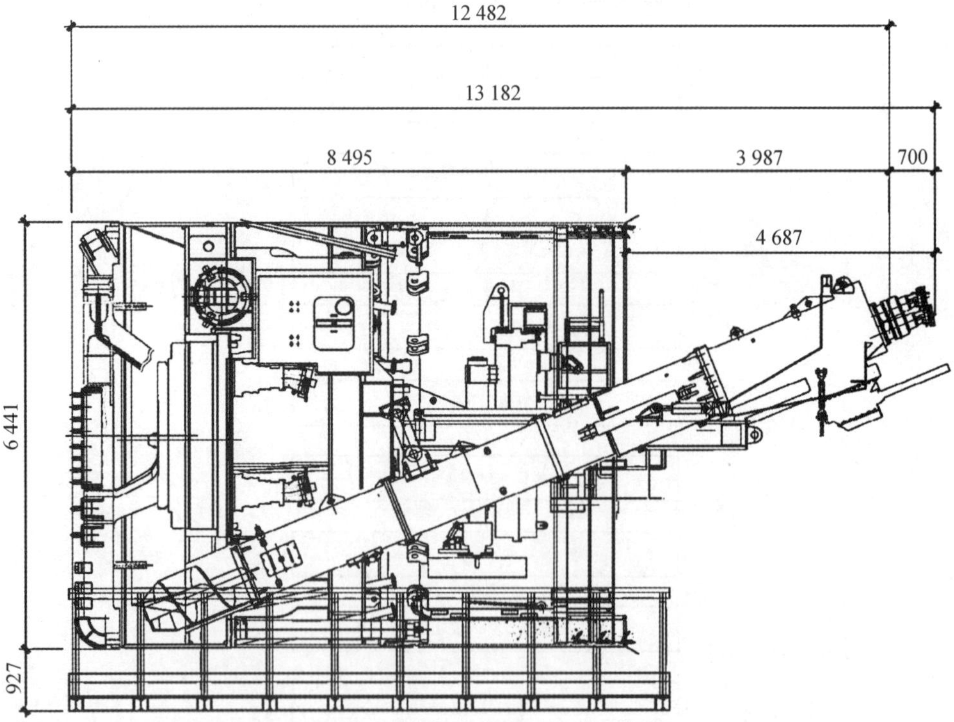

图 9.7.14　盾构机相关尺寸参数剖面图（单位：mm）

表 9.7.1　盾构主机各部分质量及相关数据

序号	名　称	数量	直径/mm	长/mm	宽/mm	高/mm	质量/t
1	刀盘 （含刀）	1	6 440	6 440	6 440	1 445	61
2	前盾 （含刀盘驱动）	1	6 430	6 430	6 430	2 305	120
3	中盾 （含主推进油缸、铰接油缸、人仓及安装机米字梁）	1	6 420	6 420	6 420	2 795	80
4	尾盾	1	6 410	6 410	6 410	3 900	35
5	管片安装机	1		5 625	5 048		22
6	螺旋输送机	1		12 648	800	800	21
7	设备桥（含皮带机架子）	1		12 761	4 875	3 365	13
8	1#拖车	1		10 974	4 710	3 924	25
9	2#拖车	1		10 608	4 456	3 924	28
10	3#拖车	1		9 903	4 290	3 924	20
11	4#拖车	1		10 308	4 425	3 924	29
12	5#拖车	1		10 308	4 785	3 924	18
13	6#拖车	1		7 032	3 924	3 924	13
14	管片运输小车	1		5 220	1 660	545	5
15	其他相关附件	1					

3）盾构机接收平移

（1）钢轨铺设

清理盾构机平移场地并确保场地平整，再在混凝土面上铺设钢轨。钢轨锚固必须牢固（已提前在底板预埋钢板），接缝焊接打磨平整，钢轨上抹黄油以减少移动托架和钢轨之间的摩阻力。

（2）接收基座安装

接收基座的中心轴线应与隧道设计轴线一致，同时还需兼顾盾构机出洞姿态。接收基座的轨面标高除适应于线路情况外，做适当调整，以便盾构机顺利上基座。为保证盾构刀盘贯通后拼装管片有足够的反力，将接收基座以盾构进洞方向 + 3‰的坡度进行安装。对接收基座进行加固，在接收井铺设钢轨与接收架焊接，并利用工字钢等材料将接收托架支撑在接收井的混凝土结构上，尤其要加强纵向加固，保证盾构机能顺利到达接收基座上。接收架平面布置及托架立面图如图 9.7.15 ~ 9.7.16 所示。

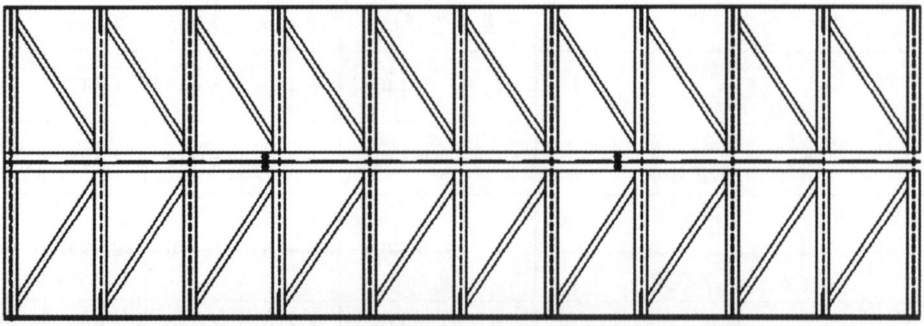

图 9.7.15　接收托架平面示意图

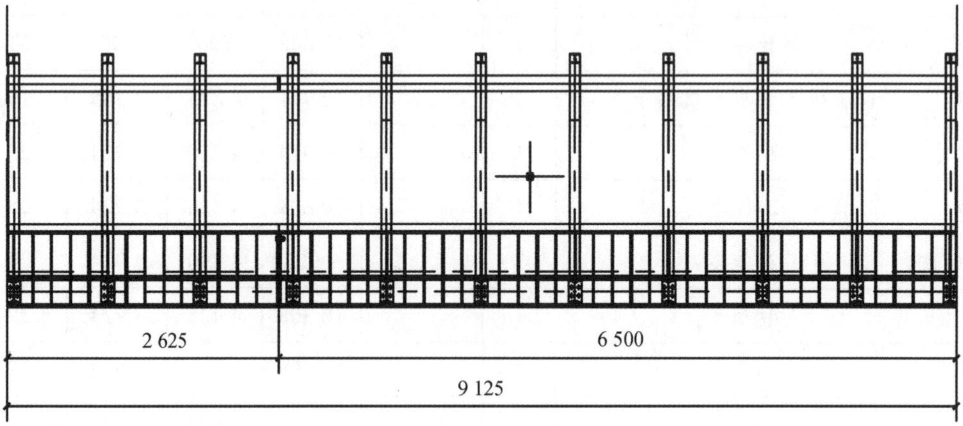

图 9.7.16　接收托架立面示意图（单位：mm）

（3）盾构机与后续台车分离

① 调整拼装机的位置，使拼装机的前移、定位机构位于正下方；旋转螺旋机，使螺旋机内部渣土清理干净，并使螺旋机螺旋伸到最前面。

② 利用盾构机推进油缸，将盾体往前移动直至盾体完全处于接收架上。

③ 在管片车上焊接支架，支架将连接桥前端支撑。

④ 断开盾体和台车之间的水电、液压管线以及钢结构的连接，管线作编号，并做好清洁保护。

⑤ 在盾体外壳焊接防止盾体转动的限位钢板，同时焊接防止铰接活动的钢板。

（4）盾构机平移施工

盾构机平移的指导思路是使用液压油缸顶推托架，由于接收端中板下翻梁的高度问题，平移的高度不能满足要求，这就需要盾构机接收后先整体用 4 根 150 吨的千斤顶顶起来，用卷扬机将基座底座下的 450 型钢拉出，然后再将盾构机连同接收基座一块放下来实施平移。千斤顶顶升盾构机如图 9.7.17 所示。

图 9.6.17　千斤顶顶升盾构机示意图

盾构机中、前盾上焊接的千斤顶顶板具体位置及尺寸如图 9.7.18 所示。

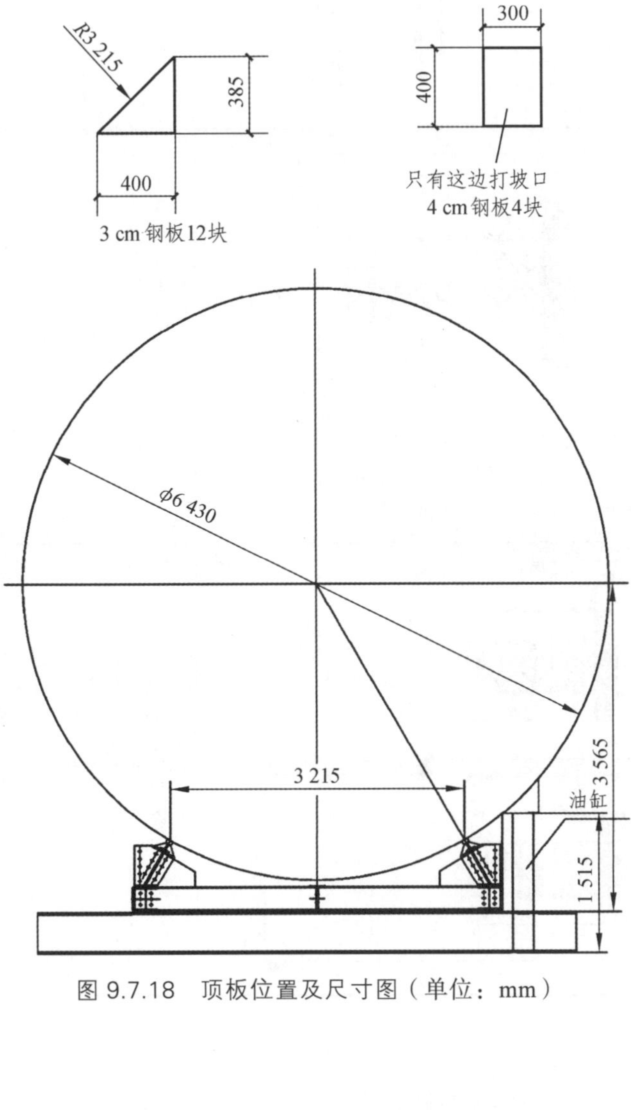

图 9.7.18　顶板位置及尺寸图（单位：mm）

为了盾构平移施工，专门定做了底部满铺钢板并连成整体的接收基座，盾构机上接收架后，利用液压油缸顶推托架整体平移，钢板上抹黄油减少移动托架和钢轨之间的摩阻力，准备工作完成后进行平移施工，施工步骤如表 9.7.2 所示。

表 9.7.2　盾构机平移施工步骤

序号	图　示	说　明
1	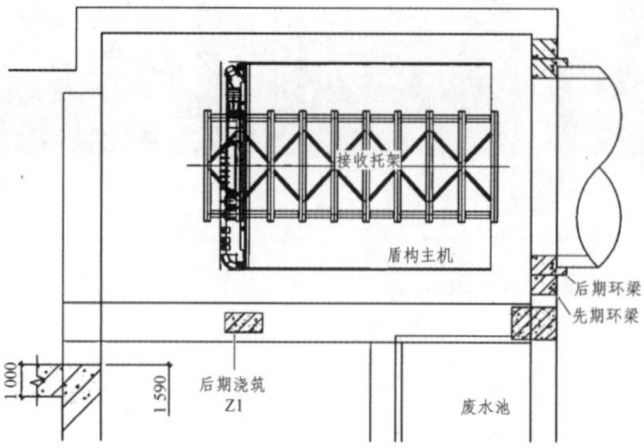	（1）盾构机顶推爬上接收基座。 （2）将盾构机与接收基座固定。 （3）断开主机和后配套的连接，在接收基座上固定盾构机
2	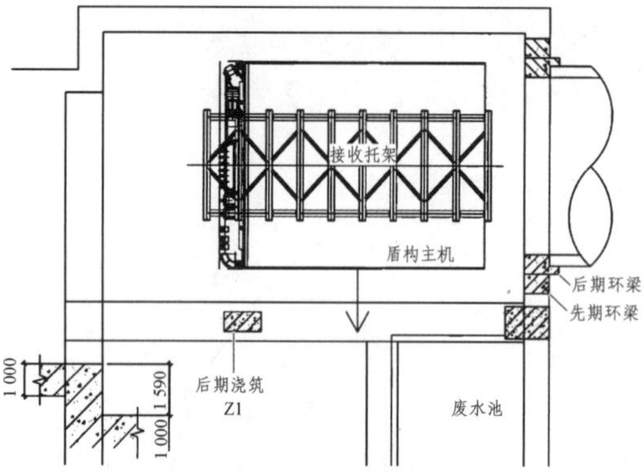	（4）用千斤顶将盾构机顶起，拉出基座下面的 450 型钢，再将盾构机连同基座一块放下来。 （5）横向平移盾构机和接收基座
3	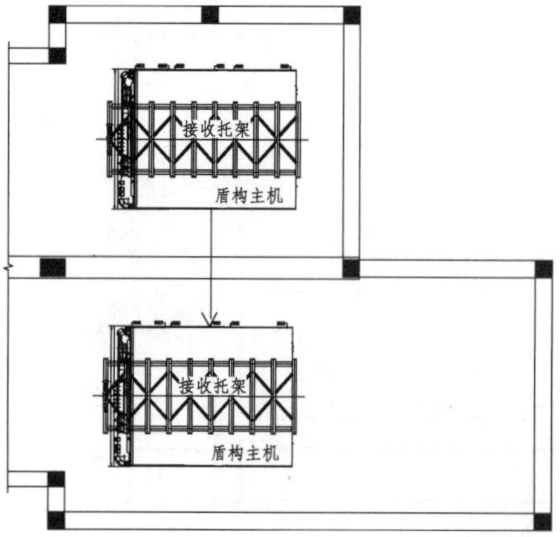	（6）平移盾构机直至右线预留的调出井口。 （7）依次将盾尾、中盾、前盾、刀盘吊出

（5）后续台车平移施工

为了平移设备桥及拖车，专门加工了一台平移小车，如图 9.7.19 所示。

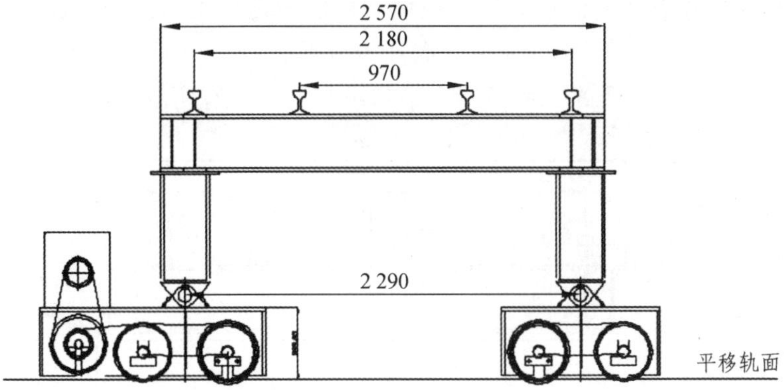

图 9.7.19　平移小车横断面图（单位：mm）

平移小车的主体结构由暗挖段衬砌台车的行走机构改装而成，两根 320 的工字钢焊接在一起为一根主梁，长 9.4 m，共两根；主梁搭焊在 320 双拼 H 型钢上，行走轮之间的纵向中心距离为 9 m，即平移轨道的中心距为 9 m；由于后配套拖车的轨距为 2 180 mm，设备桥支撑架的轨距为 970 mm，因此要铺设两组轨道，一组轨距为 2 180 mm，铺设在主梁上，另一组轨距为 970 mm；为支撑该组轨道，在主梁中间架设 7 组横梁，采用 7 根 320 的工字钢合并；横梁与主梁之间用 20 mm 钢板焊接在一起。平移示意如图 9.7.20 所示。

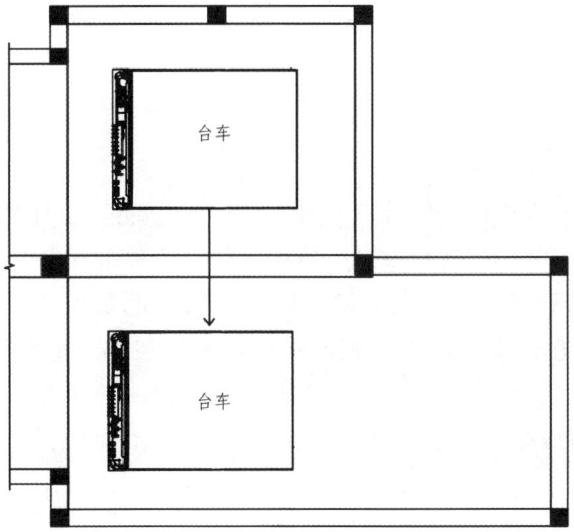

图 9.7.20　台车平移示意图

（6）盾构机吊装施工

盾构机到达车站后，左线盾构机平移至右线后吊出。

4）盾构机始发井内平移施工

在始发端，底板和下翻梁净空高度能满足盾构直接平移施工，不需要再顶升盾构机。始发端和接收端一样需要提前在底板上预埋钢板以固定钢轨。预埋件及回填高度如图 9.7.21 所示。和接收时一样，为了平移设备桥及拖车，专门加工了一台平移小车。由于接收端与始发端车站结构形式有所不同，平移小车的尺寸有所改动。

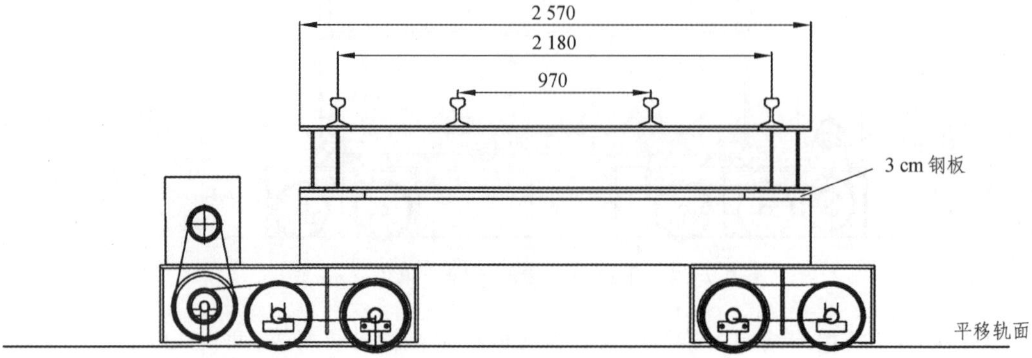

图 9.7.21　平移施工示意图（单位：mm）

在经三路车站西端头右线始发井内安装好平移小车后，依次将 6 号拖车、5 号拖车、4 号拖车、3 号拖车、2 号拖车、1 号拖车、设备桥下井并平移到左线，用电瓶车将拖车拖到车站站台层；在始发基座上组装好盾构主机及螺旋输送机后，将始发基座盾构机主机整体利用千斤顶平移至左线，平移过程和盾构接收平移过程一样。平移结束后需要对始发基座的位置及标高做精确调整并固定牢靠，以满足盾构始发要求。

9.8　小　结

盾构到达接收是盾构法施工的重点和难点之一，主要包括洞门凿除、接收基座的安装与固定、洞门密封安装、到达段掘进、盾构接收几个关键程序。

当盾构接收端处于大埋深、高水位、富水砂层的地质条件时，盾构端头采用旋喷桩加固无条件，且在密实砂层中实施旋喷桩成桩质量差，止水效果不能完全保证，存在较大的风险，加之周边临近重要建筑物、构筑物，环境复杂，地表沉降要求严格。采用钢套筒盾构接收的施工技术，在钢套筒内充填介质，使钢套筒内压与接收埋深处地层压力相互平衡，维持钢套筒辅助盾构机接收过程中的动态平衡，实现盾构机安全接收。

当小洞门接收大盾构时（金郑区间郑州东站接收洞门钢环设计为 B 型盾构，直径 6 620 mm，施工用盾构机为 A 型盾构，管片外径 6 200 mm），应在区间接收前 80 环开始，对每一环的姿态每天进行复测，洞门联系测量 3 次，最终金郑区间成功贯通。

当左线或右线因为部分原因（如盖板）无法正常出洞、影响下一区间始发时，需要对盾构机进行平移。盾构接收平移技术主要有以下关键步骤：钢轨铺设、接收基座的安装、盾构机与后续台车分离、盾构机平移施工、后续台车平移施工、盾构机吊装施工。施工时应减少移动托架和钢轨之间的摩阻力，保证盾构平移顺利施工。

第 10 章　盾构施工测量及监测技术

10.1　盾构测量

10.1.1　测量依据

郑州轨道交通 5 号线盾构施工测量遵循以下标准：

（1）郑州市轨道交通 5 号线工程土建施工盾构区间相关设计文件；

（2）《城市轨道交通工程测量规范》（GB/T50308—2017）；

（3）《城市测量规范》（CJJ T8—2011）；

（4）《盾构法隧道施工与验收规范》（GB50446—2017）；

（5）《工程测量规范》（GB50026—2007）；

（6）《全球定位系统（GPS）测量规范》（GB/T18314—2009）；

（7）《地下铁道工程施工及验收规范》（GB50299—2018）；

（8）第三方控制测量单位下发的郑州市轨道交通 5 号线工程测量技术交底文件；

（9）其他与土建、设备安装、装修有关的施工质量验收规范；

（10）国家其他测量规范、强制性标准。

根据以上规范及有关要求，本着“技术先进，确保质量”的原则，制定盾构施工测量方案，确保圆满完成盾构施工测量任务。

10.1.2　地面导线及高程控制测量

1. 沿线控制网复测

根据郑州市轨道交通工程施工测量管理办法的要求，施工单位对业主提供的沿线平面控制点和高程控制点两个月复测一次；并在施工过程中根据施工需要进行控制点加密；现场测量数据经严密平差满足相关规范要求后，以书面形式上报监理、第三方测量进行审核。

2. 近井导线点测量

近井导线点按照《城市轨道交通工程测量规范》（GB/T50308—2017）中精密导线测量的相关技术要求施测，详见表 10.1.1。

表 10.1.1　精密导线测量主要技术要求

平均变长/m	闭合环或符合导线总长度/km	每边测距中误差/mm	测距相对中误差	测角中误差/(″)	水平角测回数		边长测回数	方位角闭合差/(″)	全长相对闭合差	相邻点的相对点位中误差/mm
					Ⅰ级全站仪	Ⅰ、Ⅱ级全站仪	Ⅰ、Ⅱ级全站仪			
350	3～4	±4	1/60 000	±2.5	4	6	往返测距各2测回	$+5\sqrt{n}$	1/35 000	±8

注：① n 为导线的角度个数，一般不超过 12。
② 符合导线路线超长时，宜布设结点导线网，结点间角度个数不超过 8 个。

符合导线的边数宜少于 12 个，相邻边的短边不宜小于长边的 1/2，个别短边的边长不应小于 100 m。

水平角观测一测回内 $2C$ 较差，Ⅰ级全站仪为 9″，Ⅱ级全站仪为 13″。同一方向值各测回较差，Ⅰ级全站仪为 6″，Ⅱ级全站仪为 9″。

附合精密导线或精密导线环的方位角闭合差（W_β），不应大于下式计算的值：

$$W_\beta = \pm 2M_\beta\sqrt{n} \tag{10.1.1}$$

式中　M_β——测角中误差（±2.5″）；

n——附合导线或导线环的角度个数。

精密导线网测角中误差 M_0 应按下式计算：

$$M_0 = \pm\sqrt{\frac{1}{N}\left[\frac{f_\beta \cdot f_\beta}{n}\right]} \tag{10.1.2}$$

式中　f_β——附合导线或闭合导线环的方位角闭合差；

n——附合导线或导线环的角度个数；

N——附合导线或闭合导线环的个数。

3. 高程控制测量

施工单位根据实际情况将高程控制点引入施工现场，并沿线路走向加密高程控制点。水准基点（高程控制点）必须布设在沉降影响区域外且保证稳定。

水准测量采用二等精密水准测量方法和 $\pm 8\sqrt{L}$ mm（L 为水准路线长，以 km 计）的精密要求进行施测，且沿线路附近布设成附合线路、闭合线路或结点网。二等水准点间距平距 800 m，联测城市一、二等水准点的总数不应少于 3 个，宜均匀分布，水准网测量的技术要求见表 10.1.2。

表 10.1.2　水准网测量的主要技术要求

水准测量等级	每千米高差中数中误差/mm		附合水准路线平均长度/km	水准仪等级	水准尺	观测次数		往返较差、附合或环线闭合差/mm
	偶然中误差 M_{Δ}	全中误差 M_{W}				与已知点联测	附合或环线	
一等	±1	±2	35～45	DS1	铟瓦尺或条码尺	往返测各一次	往返测各一次	$\pm 4\sqrt{L}$
二等	±2	±4	2～4	DS1	铟瓦尺或条码尺	往返测各一次	往返测各一次	$\pm 8\sqrt{L}$

注：① L 为往返测段、附合或环线的路线长（以 km 计）。

② 采用数字水准仪测量的技术要求与同等级的光学水准仪测量技术要求相同。

一等及二等水准网测量的观测方法应符合下列规定：

往测　奇数站上：后—前—前—后

　　　偶数站上：前—后—后—前

返测　奇数站上：前—后—后—前

　　　偶数站上：后—前—前—后

③ 使用数字水准仪，应将有关参数、限差预先输入并选择自动观测模式，水准路线应避开强电磁场的干扰。

④ 一等水准每一测段的往测和返测，宜分别在上午、下午进行，也可以在夜间观测。

⑤ 由往返向返测时，两根水准尺必须互换位置，并重新整置仪器。

水准测量观测的视线长度、视距差、视线高度应符合表 10.1.3 规定。

表 10.1.3　水准测量观测的视线长度、视距差、视线高度的要求　　单位：m

等级	视线长度		前后视距差	前后视距累计差	视线高度	
	仪器等级	视距			视线长度 20 m 以上	视线长度 20 m 以下
一等	DS1	≤50	≤1.0	≤3.0	≥0.5	≥0.3
二等	DS1	≤60	≤2.0	≤4.0	≥0.4	≥0.3

往返两次测量高差超限时应重测。重测后，一等水准应选取两次异向观测的合格成果，二等水准则应将重测成果与原测成果比较，其较差合格时，取其平均值。

水准测量的内业计算，应符合下列规定：

（1）计算取位，高差中数取至 0.1 mm；最后成果，一等水准取至 0.1 mm，二等水准取至 1.0 mm。

（2）水准测量每千米的高差中数偶然中误差按下式计算：

$$M_{\Delta} = \pm\sqrt{\frac{1}{4n}\left[\frac{\Delta\Delta}{L}\right]} \tag{10.1.3}$$

式中　M_{Δ}——每千米高差中数偶然中误差（mm）；

　　　Δ——水准路线测段往返高差不符值（mm）；

L——水准测量的测段长度（km）；

n——往返测水准路线的测段数。

（3）当附合路线和水准环多于 20 个时，每千米水准测量高差中数全中误差应按下式计算：

$$M_W = \pm\sqrt{\frac{1}{N}\left[\frac{WW}{L}\right]} \tag{10.1.4}$$

式中 M_W——每千米高差中数全中误差（mm）；

W——附合线路或环线闭合差（mm）；

L——计算附合线路或环线闭合差时的相应路线长度（km）；

N——附合线路和闭合线路的条数。

水准网的数据处理应进行严密平差，并应计算每千米高差中数偶然中误差、高差全中误差、最弱点高程中误差和相邻点的相对高差中误差。

10.1.3 联系测量

联系测量是将地面测量数据传递到隧道内，以便指导隧洞道施工。具体方法是将施工控制点通过布设趋近导线和趋近水准路线，建立近井点，再通过近井点把平面和高程控制点引入竖井下，为隧道开挖提供井下平面和高程依据。

隧道贯通前的联系测量工作不应少于 3 次，宜在隧道掘进到 100 m、300 m 以及距贯通面 100 ~ 200 m 时分别进行一次。当地下起始边方位角较差小于 12"时，可取各次测量成果的平均值作为后续测量的起算数据指导隧道贯通。

定向测量的地下定向边不应少于 2 条，传递高程的地下近井高程点不应少于 3 个，作业前应对地下定向边之间和高程点之间的几何关系进行检核。

贯通面一侧的隧道长度大于 1 500 m 时，应增加联系测量次数或采用高精度联系测量方法等，提高定向测量精度。

1. 趋近导线和趋近水准测量

地面趋近导线应附合在精密导线点上。近井点与 GPS 点或精密导线点通视，并应使定向具有最有利的图形。趋近导线测量用 I 级全站仪进行测量，测角四测回（左、右角各两测回，左、右角平均值之和与 360°的较差应小于 4″），测边往返观测各二测回，用严密平差进行数据处理，点位中误差小于 ± 8 mm。

2. 竖井定向测量

1）一井定向

盾构始发前通过车站预留洞口悬挂钢丝进行一井定向。

角度观测应采用不低于Ⅱ级全站仪，用方向观测法观测六测回，测角中误差应在

± 2.5″之内。联系三角形定向推算的地下起始边方位角的较差应小于 12″，方位角平均值中误差为 ± 8″。三角定向测量示意见图 10.1.1。

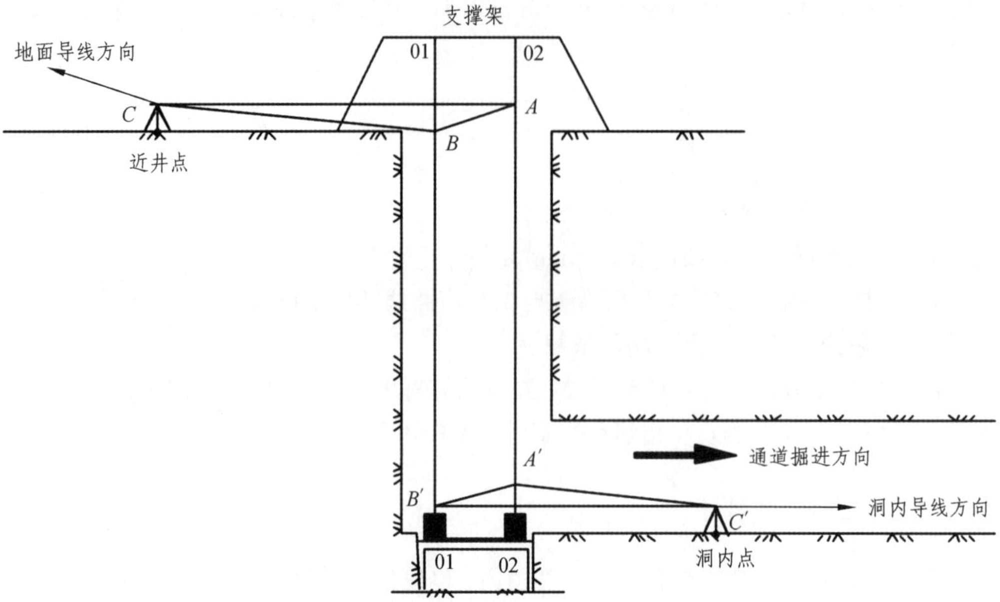

图 10.1.1 联系三角形定向测量示意图

2）两井定向

在条件允许的情况下可以采用两井定向的方法，这样可以拉大钢丝间的距离，提高方位定向精度。两井定向测量示意见图 10.1.2。

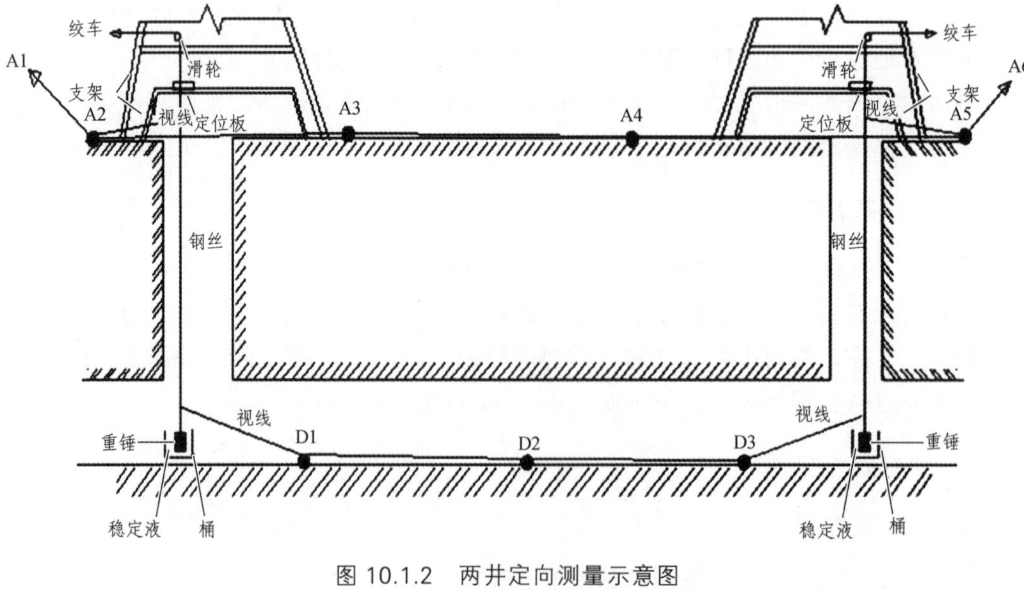

图 10.1.2 两井定向测量示意图

3. 高程传递测量

高程测量控制，通过竖井采用长钢卷尺导入法把高程传递至井下，向地下传递高程的次数，与坐标传递同步进行。先作趋近水准测量，再作竖井高程传递。

经竖井传递高程采用悬吊钢尺（经检定后），井上和井下两台水准仪同时观测读数，每次错动钢尺 3 ~ 5 cm，施测 3 次，高差较差不大于 3 mm 时，取平均值使用，当测深超过 20 m 时，三次误差控制在 ± 5 mm 以内。

地下施工水准测量采用精密水准仪及铟瓦尺进行往返观测，其闭合差应在 ± $8\sqrt{L}$ mm（L 以 km 计）之内。竖井高程传递见图 10.1.3。

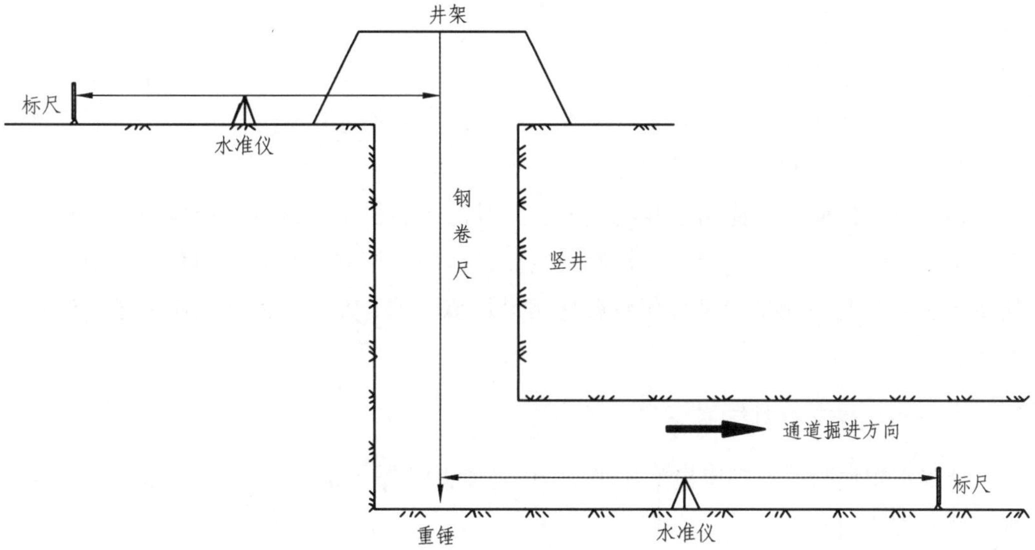

图 10.1.3 竖井高程传递示意图

10.1.4 洞内控制测量

洞内控制测量的目的是为盾构掘进提供平面及高程控制点。隧道施工控制测量最大特点是所有的导线点和水准点均处在运动状态，所以盾构施工过程中控制网的延伸测量和及时复测显得尤为重要。

每次延伸地下控制导线和控制水准，应对已有施工控制点进行检测，检测点如有变动应剔除，并选择其他稳定点进行延伸测量。也可以通过多次测量来提高导线边的精度，对证实没有发生变动的点，角度和距离取所有观测结果的平均值进行导线平差。

1. 洞内导线测量

区间内平面控制网采用双支导线往前延伸，如图 10.1.4 所示，以联系测量投至始发站底板的导线点为起始边，采用闭合导线向洞内延伸平面控制点。每增加一个控制点从车站基点复测一次，并对之前旧点坐标进行对比。

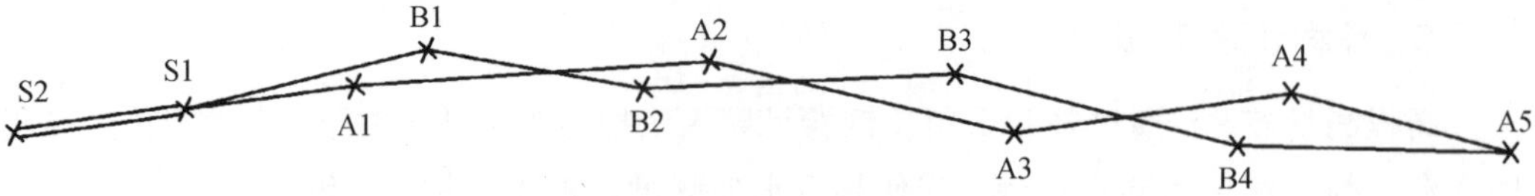

图 10.1.4　隧道内导线布置示意图

洞内导线测设需要满足以下要求：

（1）区间施工控制测量利用车站内控制导线点，直线隧道每掘进 200 m，曲线隧道每掘进 100 m 时，应布设地下平面控制点，控制点间平均边长宜为 150 m。曲线段控制点间距不应小于 60 m，控制点应避开强光源、热源、淋水等地方，控制点间的视线距隧道壁应大于 0.5 m。

（2）平面控制测量应采用导线测量方法，左右角各观测两测回，左右角平均值之和与 360°较差应小于 4″，边长往返观测各两测回，往返平均值较差应小于 4 mm，测角中误差为 ± 2.5″，测距中误差为 ± 3 mm。

（3）每次延伸施工控制导线测量前，应对已有的控制导线点进行检测，检测点如有变动，选择另外稳定点的施工控制导线点进行施工控制导线延伸测量。重合点重复测量的坐标值与原测量的坐标值较差应满足规范要求，方可作为施工控制导线延伸量的起算值。

2. 洞内高程控制测量

地下高程控制点可利用地下导线点，单独埋设时每 200 m 埋设一个，应采用二等水准测量的方法施测。

地下高程控制测量的方法和精度，应符合二等水准测量要求。水准线路往返较差、附合或闭合差为 $\pm 8\sqrt{L}$ mm。

水准测量应在隧道贯通前进行 3 次，并应与传递高程测量同步进行。重复测量的高程点间的高程较差应小于 5 mm，满足要求时，应取逐次平均值作为控制点的最终成果指导隧道掘进。

开挖至隧道全长 1/3 和 2/3 处，贯通前 50 ~ 100 m，分别对地下水准点按二等水准精度要求复测，保障高程贯通精度。

10.1.5　盾构施工测量

1. 盾构机初始姿态测量

盾构机姿态初始测量主要内容包括：托架定位测量、线路数据导入及相关设置，测站、后视坐标输入；人工复测盾构机姿态；人工测量姿态与导向系统显示姿态的对比、调整。其中隧道中线坐标需经过其他办法多次复核无误后方可使用。

导向系统本身在输入线路数据及测站、后视坐标后即可工作自动测出盾构机姿态，然后对比导向系统测量的盾构机姿态与人工复测的盾构机姿态，对测量标志初始测量值经换算得到的盾构机姿态应与盾构拼装时测定的数据或与本身测量系统测算的盾构姿态一致。如果二者差值在 5 mm 之内，可以认为是正常误差；如果二者差值大于 5 mm，则应查找原因做出相应调整。

为提高精度且便于激光站前移，在隧道左上方安装提前加工的吊篮，用以安装导向系统的全站仪及后视棱镜，如图 10.1.5 所示。为确保自动导向系统的准确性，利用人工测量对其进行定期检核和不定期检核（尤其是在掘进初期及贯通前 50 环），避免因系统自身原因引起施工误差，从而保证整个隧道的贯通。利用地下平面控制点和高程控制点测定盾构机测量标志点时，测量误差应在 ± 3 mm 以内。

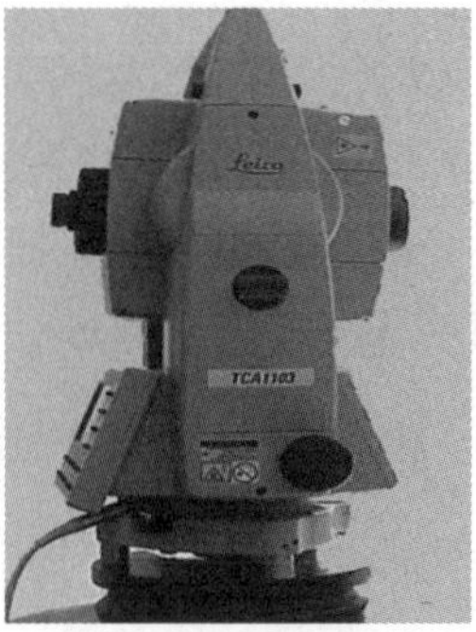

图 10.1.5　导向系统

2. 盾构掘进测量

盾构法掘进隧道施工测量包括：导向系统的姿态测量；管片姿态的人工复测，每掘进 15 环（至多 20 环），必须进行一次管片姿态测量，且报监理审批；盾构机姿态的人工复测，激光站及后视棱镜的前移。盾构掘进测量的基础是洞内控制网，数据计算的精度要求见表 10.1.4。

表 10.1.4　数据计算精度要求

名　称	单　位	精度要求
横向偏差	mm	1
竖向偏差	mm	1
俯仰角	(″)	1
方位角	(″)	1
滚转角	(″)	1
切口里程	m	0.01

衬砌环片测量包括测量衬砌环的环中心偏差、环的椭圆度和环的姿态。衬砌环片不少于 3 ~ 5 环测量一次，测量时每环都测量，并测定待测环的前端面。相邻衬砌环测量时重合测定 2 ~ 3 环片。量精度应小于 3 mm。盾构测量资料整理后，及时编制测量成果报送盾构操作人员，操作人员根据盾构和管片姿态测量成果及偏差值，对运行轨迹进行修正。

3. 姿态纠偏

由于地层软硬不均、隧道曲线和坡度变化以及操作等因素的影响，盾构推进不可能完全按照设计的隧道轴线前进，而会产生一定的偏差。当这种偏差超过一定限界时就会使隧道衬砌侵限、盾尾间隙变小使管片局部受力恶化而破损，并造成地层损失增大而使地表沉降加大。为防止盾构姿态恶化，影响隧道线形，盾构姿态应控制在 ±30 mm 以内；当盾构轴线偏离隧道轴线≥30 mm 时，项目部内部召开专题会议确定纠偏方案；当盾构轴线偏离隧道轴线≥50 mm 时应停止掘进，对盾构机姿态与管片姿态进行实际复测并报第三方测量单位进行复核，同时上报监理，由监理组织召开专题会议，确定纠偏方案后恢复掘进。

4. 盾构接收测量工作

为确保盾构隧道顺利贯通，在隧道贯通前除进行始发端联系测量，洞内控制网复测，还应在接收端进行联系测量，根据联系测量结果对接收端洞门实际位置进行复测，并根据上述测量结果对盾构姿态做最后的调整。

为提高贯通测量精度，对始发端、接收端近井点进行联测时尽量采用同一控制边及高程基准点。

10.1.6 竣工测量

竣工测量主要包括贯通测量和断面测量。

1. 贯通测量

隧道贯通后应利用贯通面两侧平面和高程控制点进行贯通误差测量。贯通误差测量应包括隧道的纵向、横向和方位角贯通误差测量以及高程贯通误差测量。

隧道的纵向、横向贯通误差，采用贯通面两侧控制点测定贯通面附近某一临时点坐标闭合差，并应分别投影到线路和线路的法线方向上确定；方位角贯通误差可利用两侧控制点测定与贯通面相邻的同一导线边的方位角较差确定。隧道高程贯通误差应由两侧地下高程控制点测定贯通面附近同一水准点的高程较差确定。

2. 断面测量

根据规范和相关文件要求，隧道贯通后还应进行断面测量，断面测量主要内容包括：

线路中线测量，净空（高）测量并提交相应的测量资料。

1）线路中线测量

在贯通测量基础上，用隧道两端车站底板导线点、水准点对洞内导线点及水准点进行平差，然后以洞内导线点、水准点为基础。采用坐标放样法按要求测设出百米桩及曲线五大桩。

2）断面净空（高）测量

以测设的百米桩及曲线五大桩为基础，采用全站仪按照相关技术要求在成型隧道上采集三维坐标。每个断面测量 8 ~ 10 个测点，直线 6 m 一个断面，曲线 5 m 一个断面。然后根据实测三维坐标拟合出所有断面，确定实测断面与设计的偏差，并根据相关技术要求计算、整理出“隧道断面横距数据”及“线路中心线顶、底部标高数据”；断面里程误差允许 ± 50 mm，断面净空、净高测量精度允许误差为 ± 10 mm。

10.2 监控量测

10.2.1 监测目的与依据

1. 监测目的

（1）监测的目的是根据监测结果及时反馈、指导盾构掘进施工：根据对地表沉降监测的结果及时调整盾构机掘进速度、刀盘转速、土仓压力、液压千斤顶推进压力等掘进参数，以充分发挥盾构机对不同地层的适应性，保证顺利掘进；根据对隧道隆陷监测的结果及时调整注浆压力、注浆量，保证隧道管片线性平顺，尽量减少管片拼装错台出现。

（2）促进郑州轨道交通 5 号线各盾构区间安全技术管理工作的系统化、规范化和信息化，最大限度地规避风险，避免人员伤亡和环境损害，降低工程经济和工期损失，为隧道建设提供安全保障服务。

（3）保证盾构区间施工的安全，支护结构在破坏前往往会在不同部位上出现较大的变形，或变形速率明显增大，如有周密的监测控制有利于采取应急措施，在很大程度上避免或减轻破坏的后果。

（4）总结工程经验，为完善设计提供依据，为今后的同类工程设计提供类比依据。

（5）在施工过程中对周边环境、工程本体实施独立、公正的监测工作，基本掌握周边环境、围护结构体系的变形、应力应变动态，获取监测数据，为建设单位、监理、设计、施工单位提供参考依据。

（6）为工程建设风险管理提供支持，通过监测工作、安全巡视和监测管理服务工作，较全面地掌握各工点的施工安全控制程度，为风险管理提供基础数据，对施工过程实施全面监控和有效控制管理。

2. 监测依据

郑州轨道交通 5 号线盾构施工监控量测遵循以下标准：

（1）《城市轨道交通工程监测技术规范》（GB50911—2013）。

（2）《城市轨道交通工程测量规范》（GB50308—2008）。

（3）《建筑变形测量规范》（JGJ 8—2007）。

（4）《国家一、二等水准测量规范》（GB12897—2006）。

（5）《工程测量规范》（GB50026—2007）。

（6）《郑州轨道交通工程监控量测管理办法》。

（7）《郑州轨道交通 5 号线工程监控量测管理办法》。

（8）《郑州市轨道交通 5 号线工程监测管理工作的补充规定》。

（9）《郑州市轨道交通工程安全风险管理系统实施管理办法（暂行）》。

（10）《郑州市轨道交通 5 号线 01 标段农业东路站至心怡路站区间岩土工程勘察报告》。

（11）农业东路站—心怡路站区间设计图纸及相关文件。

10.2.2 监测项目及技术要求

1. 监控量测项目

监控量测的项目主要根据工程周边的地质条件、围岩类别、跨度、开挖深度、开挖方法和支护类型等综合确定，而且在监测的过程中，绝不是单纯地为了获取信息，而是把它作为施工管理的一个积极有效手段。根据相关监测规范及设计文件，具体监测项目、仪器、精度及监测频率见表 10.2.1。

表 10.2.1 监测项目表

序号	监测项目	监测仪器	监测精度	备注
1	洞内、洞外观测	—	—	
2	地表沉降	Trimble DiNi 精密水准仪，铟钢尺	0.3 mm	
3	建筑物沉降、倾斜	Trimble DiNi 精密水准仪，铟钢尺	0.3 mm	
4	管片沉降	Trimble DiNi 精密水准仪，铟钢尺	0.3 mm	
5	净空水平收敛	激光测距仪	2.0 mm	
6	管线沉降	Trimble DiNi 精密水准仪，铟钢尺	0.3 mm	
7	地下水位	水位计	2.0 mm	

2. 监控量测控制值

监控量测过程中需要根据相应的监测项目选取控制值，结合本工程的实际情况根据有关规范、规程、设计资料及类似工程经验选取监控量测管理基准值。但是位移指标本身的物理意义不够明确，主要是位移指标与埋深、支护、施工等影响因素关系未能很好解决，因而位移控制指标的制定和应用必须同时配合使用位移速率控制指标根据相关监测规范及设计文件，具体监测控制值见表 10.2.2。

表 10.2.2 监测控制值

序号	监测项目	累计控制值/mm	速率控制值/（mm/d）
1	建筑物沉降	30	2
2	建筑物倾斜	4‰（H≤24 m）	0.1H‰
		3‰（24<H≤60 m）	0.1H‰
		2.5‰（60<H≤100 m）	0.1H‰
3	地表沉降	−20，+10	3
4	管片沉降	20	3
5	净空水平收敛		3
6	管线沉降	20	2
7	地下水位	累计下降＜1 m	±0.5 m

3. 监测频率

盾构法隧道工程施工中隧道管片结构、周围岩土体和周边环境的监测频率见表 10.2.3。

表 10.2.3 监测频率记录表

监测部位	监测对象	开挖面至监测点或监测断面的距离	监测频率
开挖面前方	周围岩土和周边环境	掘进面距监测断面≤0～20 m 时	1 次/1 天
		掘进面距监测断面≤20～50 m 时	1 次/2 天
		掘进面距监测断面>50 m 时	1 次/周
开挖面后方	管片结构、周边岩土和周边环境	衬砌环距盾尾≤20 m 时	1 次/天
		距盾尾>50 m 后	1 次/2 天
		距盾尾>100 m 后	1 次/30 天

4. 监测网观测方法及技术指标

水准网观测采用几何水准测量方法，使用电子水准仪进行观测，主要技术要求如下：基准网观测按《城市轨道交通工程测量规范》（GB/T50308—2017）二等垂直位移监测网技术要求观测，其主要技术要求见表 10.2.4。

表 10.2.4　垂直位移基准网观测主要技术指标及要求

序号	项　目	限　差
1	相邻基准点高差中误差	0.5 mm
2	每站高差中误差	0.15 mm
3	往返较差及环线闭合差	$\pm 0.3\sqrt{n}$ mm（n 为测站数）
4	检测已测高差较差	$\pm 0.4\sqrt{n}$ mm（n 为测站数）
5	视线长度	30 m
6	前后视的距离较差	0.5 m
7	任一测站前后视距差累计	1.5 m
8	视线离地面最低高度	0.5 m

监测点按《城市轨道交通工程测量规范》（GB/T 50308—2017）三等垂直位移监测网技术要求观测，主要技术指标及要求见表 10.2.5。

表 10.2.5　监测点观测主要技术指标及要求

序号	项　目	限　差
1	监测点与相邻基准点高差中误差	1.0 mm
2	每站高差中误差	0.30 mm
3	往返较差及环线闭合差	$\pm 0.6\sqrt{n}$ mm（n 为测站数）
4	检测已测高差较差	$\pm 0.8\sqrt{n}$ mm（n 为测站数）
5	视线长度	50 m
6	前后视的距离较差	2.0 m
7	任一测站前后视距差累计	3 m
8	视线离地面最低高度	0.3 m

施工前或仪器设备安装后，应对所有的监测项目进行连续两次独立的观测，判定稳定后并取其平均值作为监测项目的初始值。当监测值超过有关标准或场地条件变化较大时，应加密观测；当有危险事故征兆时，则需进行加密监测。观测采用闭合水准路线时

可以只观测单程，采用附合水准路线形式必须进行往返观测，取两次观测高差中数进行平差。观测顺序：往测为后、前、前、后，返测为前、后、后、前。

10.2.3　本工程各监测项目实施方案

郑州轨道交通 5 号线工程主要涉及以下监控量测项目：① 围岩与支护结构状态观察；② 地表沉降；③ 建（构）筑物竖向位移及差异沉降；④ 建（构）筑物倾斜；⑤ 建（构）筑物裂缝；⑥ 地下管线竖向位移及差异沉降；⑦ 地下水位；⑧ 管片净空水平收敛；⑨ 管片结构竖向位移。

对于基坑，还包括以下监控量测项目：① 桩顶水平位移监测；② 桩体沉降监测；③ 桩体水平位移监测；④ 支撑轴力监测。

在区间下穿铁路时，还包括对铁路路基及轨面、铁路生产生活用房、接触网进行监控量测。

1. 围岩与支护结构状态观察

1）监测目的

通过现场观察工作面的围岩级别、断层、节理裂隙地下水的状态等地质情况，综合施工工艺及工法掌握隧道的安全性，为施工和优化设计提供现场依据。

2）监测实施

（1）现场巡视

每天派专人对隧道周边环境进行观察，通过目测进行判断是否有异常情况或征兆，其观察的主要内容包括：岩质种类和分布状态，界面位置和状态，开挖工作面的稳定状态，是否有涌水涌沙涌泥现象等。

（2）初始值采取

根据设计要求在郑经区间隧道主要影响区和次要影响区布设施工监测点，监测点布设完成稳定后进行采取初始值，初始值采取需采取 3 次，经比对审核后区平均值上报。

（3）日常监测

根据区间隧道的主要影响区和次要影响去进行区间日常监测，将监测数据进行数据比对分析，分为电子版及书面版进行上报。

根据相应观察及监测结果判定实际围岩级别，并分析支护设计参数是否合理，隧道是否安全等，为变更设计提供现场依据。

2. 地表沉降

1）监测目的

隧道开挖后，地层中的应力扰动区延伸至地表，地表沉降可以反映隧道开挖过程中围岩的受力及变形特征。

2）监测仪器

精密水准仪，铟钢尺。

3）监测实施

（1）测点埋设

地表沉降测点布设原则为分别沿左右线隧道中线布设地表观测点，标准段每 30 m 一个测点，每 90 m 设 1 个监测断面；盾构始发与接收段的 100 m 内每 10 m 一个测点，每 20 m 设一个监测断面，特殊地段可根据具体情况灵活布置。在联络通道及大砂坑回填区等部位设有横向监测断面控制，每个横断面布置 12 ~ 16 个点。具体测点埋设位置根据现场实际情况确定。

地表点埋设示意图如 10.2.1 所示。

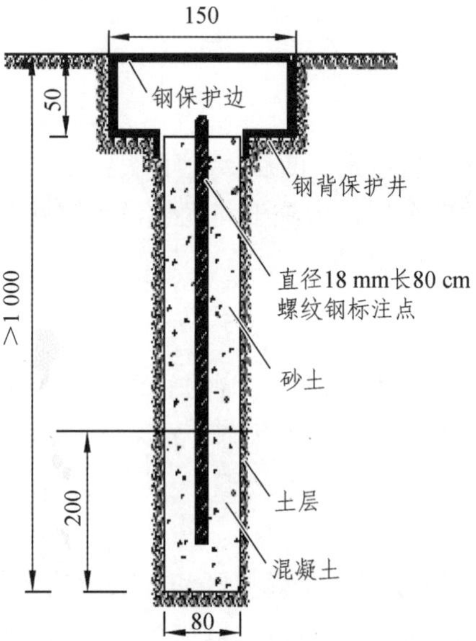

图 10.2.1　地表沉降点埋设示意图

测点一般采用长 200 ~ 300 mm 半圆头钢筋（或用螺栓代替）制成，四周用水泥砂浆填实，待测点完全稳定后，即可开始测量。

（2）量测方法

地表沉降测量、管线竖向位移测量主要采用精密水准仪，通过量测各测点与基准点之间的相对高程差，本次所测高差与上次所测高差相比较，差值即为本次沉降值，本次所测高差与初始高差相较，差值即为累计沉降值。沉降量测现场见图 10.2.2。

图 10.2.2　地表、管线沉降监测

（3）数据分析与处理

根据量测数据绘制时间位移曲线散点或距离位移曲线散点图，并结合施工情况对所测数据进行分析。

3. 建（构）筑物竖向位移及差异沉降

本工程区间隧道盾构推进邻近多幢建筑物，考虑盾构推进影响范围，拟在距隧道中心 1.5 倍覆土埋深范围内的主要建筑物进行垂直位移监测，测点布置在建筑物有代表性位置，距离施工区域较远的建筑物测点布置适当放宽，距离施工区域较近的建筑物测点布置适当调整加密。实际布点的情况需结合施工现场的实际情况进行最终完善，并制定详细的布点图。

1）监测目的

地下工程开挖后，地层中的应力扰动区延伸至地表，围岩力学形态的变化在很大程度上反映于地表沉降，如附近有建筑物，则地表沉降有可能引起房屋的不均匀下沉，对房屋造成破坏，因此必须对地表沉降情况及受影响房屋情况进行严格的监测和控制。

2）监测仪器

精密水准仪，铟钢尺。

3）监测实施

（1）测点埋设

建筑物监测测点埋设时应在所受影响区域按照规范测点距离进行埋设，基准点应埋设在沉降影响范围外的稳定区域，具体基点埋设位置根据现场实际情况确定，测点埋设先用冲击钻钻孔，然后放入沉降测点，测点一般采用长 200 ~ 300 mm 半圆头钢筋（或用螺栓代替）制成，测点四周用水泥砂浆填实。待测点完全稳定后，即可开始测量。测点构造示意图如图 10.2.3 所示。

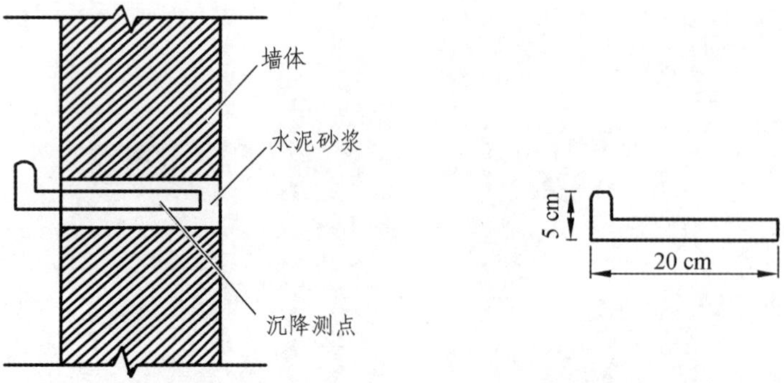

图 10.2.3 建筑物测点构造示意图

（2）量测方法

建筑物沉降量测主要采用精密水准仪，量测各测点与基准点之间的相对高程差，本次所测高差与上次所测高差相比较，差值即为本次沉降值，本次所测高差与初始高差相较，差值即为累计沉降值。

（3）数据分析与处理

根据量测数据绘制时间位移曲线散点或距离位移曲线散点图。并结合施工情况对所测数据进行分析。

4. 建（构）筑物倾斜

1）监测目的

掌握了解工程施作对周边建（构）筑物的影响情况，及时掌握建（构）筑物的倾斜情况。

2）监测仪器

Trimble DiNi 精密水准仪，铟钢尺。

3）监测实施

（1）测点埋设

在受工程开挖影响一侧的建筑物底部对角分别打上沉降点，同时在附近通视位置架设仪器。

（2）量测方法

通过精密水准仪测量两个点水平高程，通过三角函数和空间几何方法计算建筑物的倾斜度，该倾斜度为建筑物倾斜角的正切值。

（3）数据分析与处理

第一次测量采取三次数值，将平均值作为初始值。本次测量值与初始值之差即为累计变化值，本次测量值与上次测量值之差即为本次变化值。

5. 建（构）筑物裂缝

1）监测目的

建（构）筑物变形监测的主要目的是掌握建（构）筑物的实际形状，科学、正确、及时地分析和反映工程施工扰动对建（构）筑物的影响，对工程建（构）筑物的结构病害防治提供依据，在发生结构破坏事故时提供鉴定数据。

2）监测仪器

游标卡尺。

3）监测实施

（1）测点埋设

根据建筑物裂缝的分布位置、走向、长度、宽度、深度、错台等参数，选取应力或应力变化较大的部位的裂缝或宽度较大的裂缝布设监测点，监测裂缝宽度变化及发展趋势；裂缝宽度监测点宜在裂缝最宽处及裂缝首、末端按组布设，每组 2 个监测点，分别布设在裂缝两侧，且其连线垂直于裂缝；每条裂缝的监测部位应至少包含两端、最大跨度处 3 处；裂缝宽度测点埋设应选择结构缝典型部位进行监测；测点被破坏后应 24 小时内在原位置恢复或在附近位置增补监测点，重新取得初始值，累计变形量在原来基础上继续累加。测点布置示意图如图 10.2.4 所示。

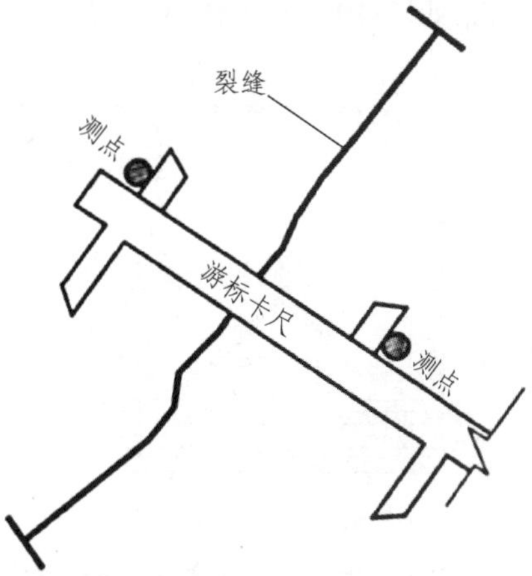

图 10.2.4　测点布置示意图

（2）监测作业方法

裂缝宽度变化监测常采用在裂缝两侧埋设测量标志，用游标卡尺进行直接测量，进行监测时，需保证游标卡尺每次测量同一位置。

（3）数据分析与处理

每次应监测不少于 3 次且互差在允许范围的合格数据，取其平均值作为最终测量结果。

6. 地下管线竖向位移及差异沉降

1）监测目的

城市轨道交通多建设于繁华城市，地下管线密布，为确保地下管线的运行安及施工的顺利进行，在进行城市轨道交通工程施工中必须对施工影响区域内的埋设管线进行变形观测，特别要加强对天然气管、供水、雨污水管、热力等带水、带压管线的监测，以有效指导施工、确保施工安全及管线安全，避免事故的发生。

2）监测仪器

精密水准仪，铟钢尺。

3）监测实施

（1）测点埋设

监测点形式和布设位置应根据地下管线的重要性、修建年代、类型、材质、管径、接口形式、埋设形式、使用状况，以及与工程的空间位置关系等综合确定。地下管线位于主要影响区时竖向位移监测点间距宜为 5 ~ 15 m，位于次要影响区时竖向位移监测点间距宜为 15 ~ 30 m。监测点宜布设在地下管线的节点、转角点、位移变化敏感或预测变形较大的部位。地下管线宜布设直接监测点对管线变形直接监测；无法布设直接监测点时，可布设间接监测点对管线变形进行间接监测。

管线沉降监测点布设示意图如图 10.2.5 所示。

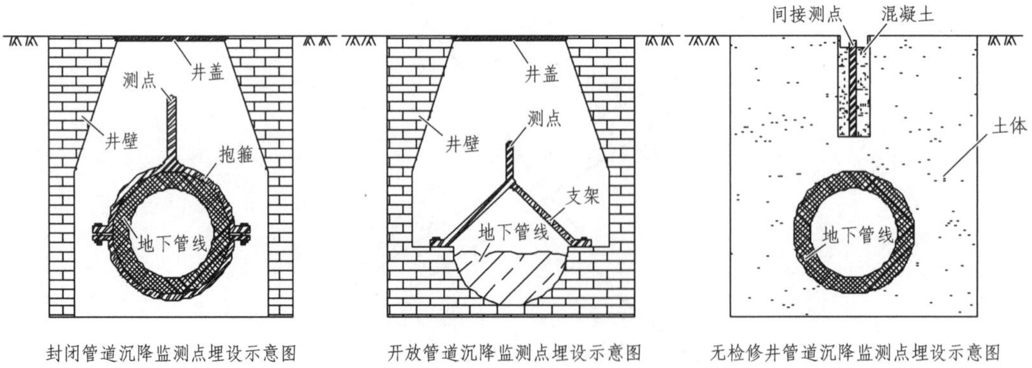

图 10.2.5　管线沉降监测点布设示意图

（2）量测方法

地下管线竖向位移监测所采用的监测方法主要为几何水准的方式，从水准基点或工作基点起测，将各个监测点贯穿于整个水准线路中，最后回到工作基点或水准基点，形成附合或闭合水准线路。外业成果合格后，再按水准线路平差方式，计算出各监测点的高程，再根据监测点的高程与初始高程、上次测量高程进行比较，求得各监测点的累计垂直位移变化量和期内变化量。除对地下管线采用仪器定量监测外，在施工影响期间，尚需对地下管线进行日常巡查，以便于对地下管线安全状态有综合性的了解。

（3）数据分析与处理

监测点观测按《城市轨道交通工程测量规范》（GB 50308—2008）垂直位移监测技术要求观测，其技术要求如表 10.2.6 所示。

表 10.2.6　垂直位移监测技术要求

等级	高程中误差/mm	相邻点高差中误差/mm	往返较差，附合或环线闭合差/mm	监测方法
Ⅱ	±0.5	±0.3	$\pm 0.30\sqrt{n}$	水准测量

注：n 为测站数。

7. 地下水位

1）监测目的

通过坑外水位观测可以对盾构始发、接收及联络通道的施工提供一定的参考数据。

2）监测仪器

钢尺水位计。

3）监测实施

（1）测点埋设

地下水位观测孔应布设在盾构始发段，接收段及联通通道处；降水区靠近地表水体时，应在其附近埋设地下水位监测孔，观测和分析地表水对地下水的影响；测点被破坏后应在附近位置增补监测点。

测点埋设如图 10.2.6 所示。

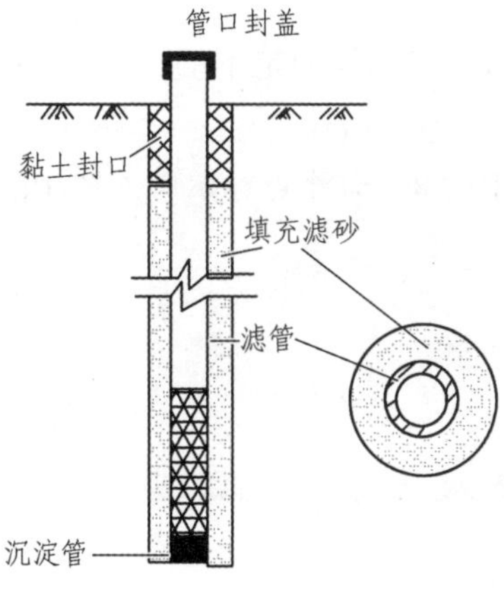

图 10.2.6　测点埋设示意图

（2）量测方法

地下水位监测采用钢尺水位计，钢尺水位计的工作方法是在已埋设好的水位管中缓慢向下放入水位计探头，当探头接触到水面时，启动讯响器，此时读取测量钢尺在管顶位置的读数，每次读取管顶读数对应的管顶位置应一致，并固定读数人员。

（3）数据分析与处理

根据管顶高程、管顶与地面的高差，即可计算地下水位的高程和埋深。水位计工作原理如图 10.2.7 所示。

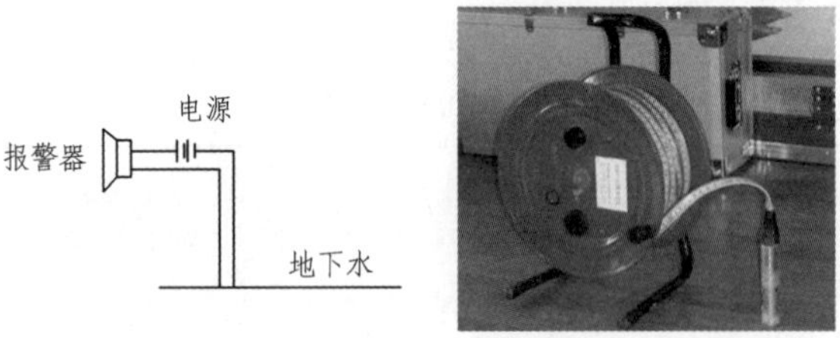

图 10.2.7　水位计工作原理示意图

8. 管片净空水平收敛

1）监测目的

掌握施工过程中隧道结构的变形情况。

2）监测仪器

红外激光测距仪，反光膜片。

3）监测实施

（1）测点埋设

在盾构环左右拱腰对应位置分别贴反光膜片。

（2）量测方法

应在区间隧道管片一端做托架确保固定不动，另一端贴反光膜片作对应点，进行采取初始值。

管片净空的收敛图如图 10.2.8，监测点标示牌如图 10.2.9。

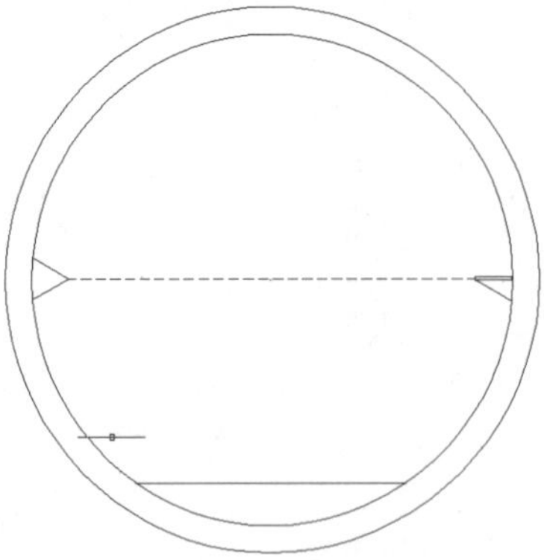

图 10.2.8　管片净空收敛示意图

图 10.2.9　监测点标示牌

（3）数据分析与处理

通过每次测得的反光膜片的位移变化状态计算盾构管片的变形。

9. 管片结构竖向位移

1）监测目的

掌握施工过程中隧道结构的变形情况。

2）监测仪器

精密水准仪，钢卷尺。

3）监测实施

（1）测点埋设

在盾构环顶部每 10 ~ 50 m 处打膨胀挂钩固定，确保膨胀挂钩稳固不动。

（2）量测方法

应在车站内选稳定处做相对基准点，采用倒尺发进行观测。管片结构竖向位移测量如图 10.2.10 所示。

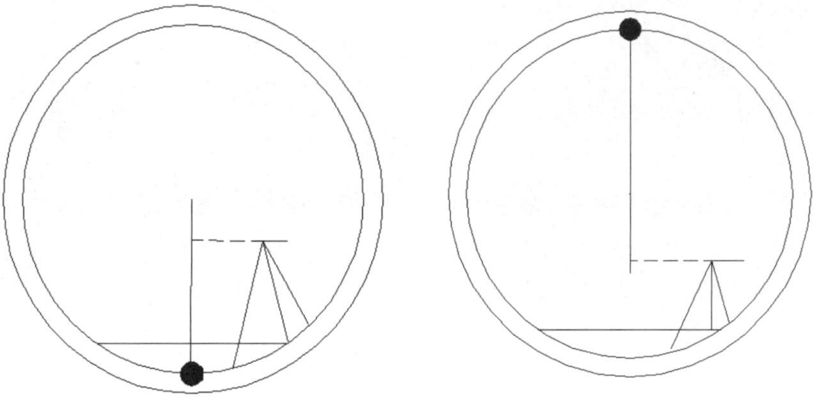

图 10.2.10　管片结构竖向位移测量示意图

（3）数据分析与处理

通过每次测得膨胀挂钩的竖向位移变化状态计算盾构管片的变形。

10. 桩顶水平位移监测

1）监测目的

对地铁施工期间围护体系的内力及变形进行监测，及时和全面地反映其变化情况，判断基坑安全和环境安全，保证地铁开挖安全顺利地进行。

2）监测仪器

Ⅰ级全站仪。

3）监测实施

（1）测点埋设

现场监测基准点采用强制归心的水泥观测墩，顶面长宽各 0.4 m，地下部分埋深大于 1.2 m，地面部分高 1.0 m；监测点埋设时先在圈梁、地下连续墙或围护桩的顶部用冲击钻钻出深约 10 cm 的孔，再把强制归心监测标志放入孔内，缝隙用锚固剂填充。埋设形式如图 10.2.11 ~ 10.2.13 所示。

图 10.2.11　监测基准点实景图

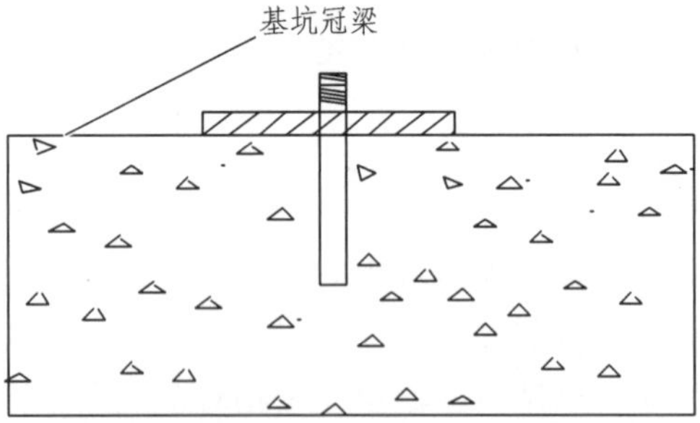

图 10.2.12　监测点埋设示意图

图 10.2.13　监测点埋设实景图

（2）量测方法

根据基坑周边环境情况，水平位移基准点及监测控制点组成附合、闭合导线或导线网，观测方案如图 10.2.14 所示。水平位移基准点及工作基点必须使用强制对中装置。水平位移监测控制点的测量选用 I 级全站仪导线测量的方法，按国标“精密工程测量规范”的四等三角测量技术要求施测。

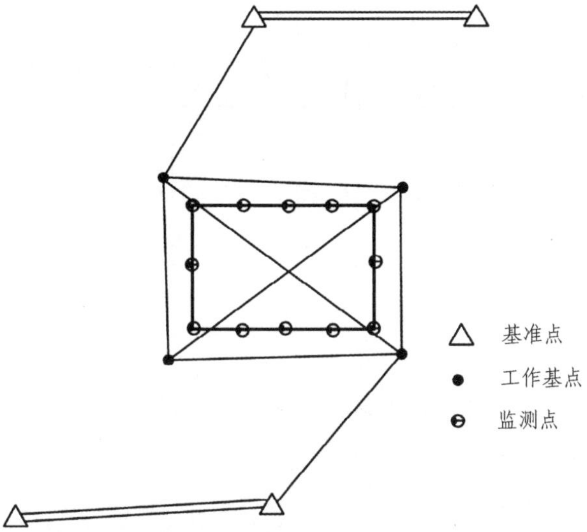

图 10.2.14　基准点及工作基点布置示意图

由于施工场地内环境条件一般较差，考虑现场情况，监测点水平位移观测一般采用极坐标法，使用工作基点为起算点，采用极坐标法测定各监测点坐标，计算连续墙顶测点的变形量。

（3）数据分析与处理

观测记录采用全站仪多测回测角测量记录程序进行，观测时可完成各项限差指标控制，观测完成后形成电子原始观测文件，通过数据传输处理软件传输至计算机，使用控制网平差软件进行严密平差，得出各点坐标。

11. 桩体沉降监测

1）监测目的

对地铁施工期间围护体系的内力及变形进行监测，及时和全面地反映其变化情况，判断基坑安全和环境安全，保证地铁开挖安全顺利地进行。

2）监测仪器

精密水准仪，铟钢尺。

3）监测实施

（1）测点埋设

基准点及工作基点的埋设与建（构）筑物沉降监测的基准点及工作基点共用。基准点与工作基点可视现场情况使用施工单位或其他已有的精密水准点。

监测点埋设时先在连续墙或梁的顶部用冲击钻钻出深约 10 cm 的孔，再把强制归心监测标志放入孔内，缝隙用锚固剂填充。监测点材料用直径 12 mm 以上的圆头钢棒，长度约 10 cm，顶部画有十字丝，埋设时用冲击钻钻孔，清水冲洗干净，并灌入水泥浆，如图 10.2.15 所示。

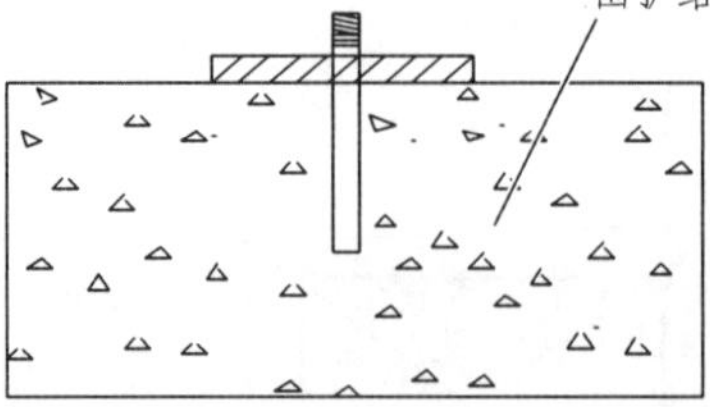

图 10.2.15　桩顶沉降监测点埋设示意图

（2）量测方法

观测方法与建（构）筑物沉降监测的观测方法相同。

（3）数据分析与处理

同建（构）筑物沉降监测。

12. 桩体水平位移监测

1）监测目的

对地铁施工期间围护体系的内力及变形进行监测，及时和全面地反映其变化情况，判断基坑安全和环境安全，保证地铁开挖安全顺利地进行。

2）监测仪器

测斜仪。

3）监测实施

（1）测点埋设

测斜仪器由测斜管（软质）、测斜探头、数字式测读仪三部分组成。埋设时将测斜管在现场组装后绑扎固定在桩钢筋笼上，管底与钢筋笼底部持平或略低于钢筋底部，顶部到达地面（或导墙内），管身每 1.5 m 绑扎 1 次。测斜管随钢筋笼一起下到孔槽内，并将其浇筑在混凝土中，浇筑之前应封好管底底盖并在测斜管内注满清水，防止测斜管在浇筑混凝土时浮起，并防止水泥浆渗入管内，测斜管内有四条十字形对称分布的凹形导槽，作为测斜仪滑轮上下滑行轨道。测量时，使测斜探头的导向滚轮卡在测斜管内壁的导槽中，沿槽滚动将测斜探头放入测斜管，并由引出的导线将测斜管的倾斜角值显示在测读仪上。

（2）量测方法

测斜管应在测试前 5 天装设完毕，在 3 ~ 5 天内用测斜仪对同一测斜管作 3 次重复测量，判明处于稳定状态后，以 3 次测量的算术平均值作为侧向位移计算的基准值。

测斜探头放入测斜管底应等候 5 min，以便探头适应管内水温，观测时应注意仪器探头和电缆线的密封性，以防探头数据传输部分进水。测斜观测时每 0.5 m 标记一定要卡在相同位置，每次读数一定要等候电压值稳定才能读数，确保读数准确性。图 10.2.16 为测斜管现场实测。

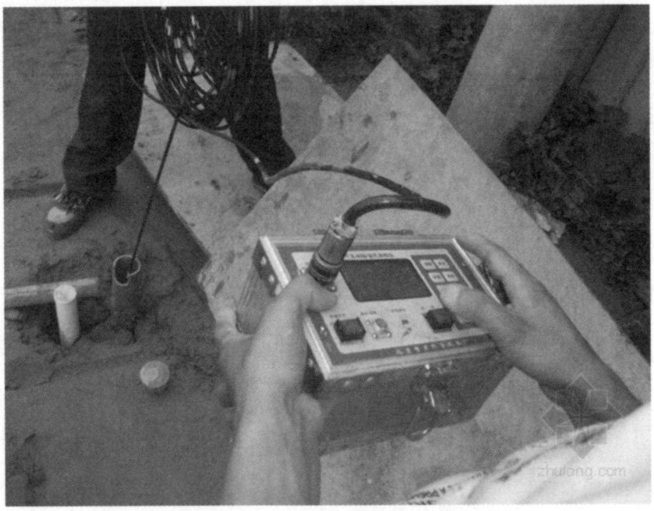

图 10.2.16　测斜管现场实测图

（3）数据分析与处理

首先，必须设定好基准点，连续墙墙体变形观测的基准点一般设在测斜管的底部。当被测桩体产生变形时，测斜管轴线产生挠度，用测斜仪确定测斜管轴线各段的倾角，便可计算出桩体的水平位移。

13. 支撑轴力监测

1）监测目的

对地铁施工期间支撑体系的内力及变形进行监测，及时和全面地反映其变化情况，判断基坑安全和环境安全，保证地铁开挖安全顺利地进行。支撑轴力测试是本工程监测的重要测试项目，支撑体系是否安全，直接关系着整个工程的成败。

2）监测仪器

钢弦式频率轴力计、振弦式钢筋应变计。

3）监测实施

（1）测点埋设

对于钢支撑，轴力监测采用钢弦式频率轴力计，安装时将轴力计安装架与钢支撑端头对中并牢固焊接，在拟安装轴力计位置的桩（墙）体钢板上焊接一块 250 mm × 250 mm ×

25 mm 的加强垫板，以防止钢支撑受力后轴力计陷入钢板。待焊接件冷却后将轴力计推入安装架并用螺丝固定好。安装过程要注意轴力计和钢支撑轴线在同一直线上，各接触面平整，确保钢支撑受力状态通过轴力计（反力计）正常传递到围护结构上。

对于混凝土支撑，采用振弦式钢筋应变计进行监测，在支撑绑扎钢筋时埋设，为了能够真实反映出支撑杆件的受力状况，每一个截面在受力大小变化的方向上排列安装钢筋应变计，并严格均匀分布钢筋计。钢筋计和支撑的主筋要尽量轴心相对连接，钢筋计和支撑的主筋焊接时要尽量保证钢筋计部位的温度不要大于 90 °C，否则会使钢筋计内部元件失灵，无法工作，可采取包裹湿布浇水降温的措施。焊接完成后，导线要要分股标识清楚，并保护起来。

（2）量测方法

轴力计安装后，在施加钢支撑预应力前进行轴力计的初始频率的测量，在施加钢支撑预应力时，应该测量其频率，计算出其受力，同时要根据千斤顶的读数对轴力计的结果进行校核，进一步修正计算公式。基坑开挖前应测试 2 ~ 3 次稳定值，取平均值作为计算应力变化的初始值。支撑轴力量测时，同一批支撑尽量在相同的时间或温度下量测，每次读数均应记录温度测量结果。

（3）数据分析与处理

轴力计的工作原理是：当轴力计受轴向力时，引起弹性钢弦的张力变化，改变了钢弦的振动频率，通过频率仪测得钢弦的频率变化，即可测出所受作用力的大小。

14. 铁路路基及轨面

地面沉降监测点需布置纵向（沿轴线）剖面监测点和横剖面监测点，纵向（沿轴线）剖面监测点的布设一般需保证盾构顶部始终有监测点在监测，所以监测沿轴线方向监测点间距一般小于盾构长度，故取每 6 m 在沿轴线方向布置一个测点。

监测横剖面：每隔 12 m 布置一个横剖面，在横剖面上从盾构轴线由中心向两侧由近到远，按测点间距为 3 m、6 m 不等；布设的范围大于盾构 1 倍埋深，即线路左右各 15 m 范围内。

对于轨面的监测，在每根轨道上沿轨道方向每 3 m 设一个观测点，布设的范围为线路左右各 24 m 范围内，测点用红油漆标记，并统一编号。

量测的频率为：盾构掘进时，地面监测频率为 2 次/天，监测范围为机头前 20 m 和后 30 m，监测结果在监测完成后 30 min 内上报有关部门。施工监测时要与铁路工务段人员一起进行监测。对穿越节点的监测应在穿越完成后一段时间内待地面沉降稳定后方可结束。

轨道公司的第三方监测专业队伍的监测数据应与铁路部门的监测结果核对比较，保证监测数据的真实可靠。

同时，盾构穿越完成后，施工监测与第三方监测单位还应严格按照施工监测的相关规范确定工后的监测时间及监测频率。

15. 铁路生产生活用房监测

建筑物四角、沿外墙每隔 10 ~ 15 m 处或每隔 2 ~ 3 根柱基上，且每侧不小于 3 个监测点。

不同地基或地基的分界处，不同结构的分界处，变形缝、抗震缝或严重开裂处的两侧，新、旧建筑或高、低建筑交接处的两侧各布置一个测点。

量测的频率为：盾构掘进时，房屋和生产设施监测频率为 1 次/天，监测范围为机头前 20 m 和后 30 m，监测结果在监测完成后应每天上报有关部门。如沉降或倾斜超限，应进行地面跟踪注浆，并会同铁路部门、业主、监理和设计单位各方查明原因。

16. 接触网监测

每根接触网立柱下布置一个测点。每个接触网线岔应布置一个测点。

量测的频率为：接触网立柱与接触网线岔的监测频率为 1 次/天，监测范围为机头前 10 m 和后 20 m，监测结果在监测完成后 30 min 内上报供电段和铁路相关部门。如接触网线岔偏差超限，立柱沉降或倾斜超限，并会同铁路部门、业主、监理和设计单位各方查明原因。

10.2.4 监测点的保护及修复措施

1. 监测点的保护措施

在复杂的施工环境下，由于监测点相对较小不易发现，监测工作不被现场重视等各种原因，易出现监测点被破坏的现象，进而影响了监测工作的继续，监测数据的准确性，因此有必要对监测点采取一定的保护措施，避免测点遭到破坏。

（1）针对建（构）筑物沉降测点进行明显的喷漆标识，同时在条件允许的情况下进行悬挂测点标识牌，并标明测点作用。

（2）针对拱顶沉降及水平收敛测点在条件允许情况下悬挂测点标识牌，并标明测点作用。

（3）测点在布设过程中，布设位置在满足监测视角要求及沉降变形最大位置外，应尽量布设在施工设备、施工人员接触较少的位置，避免遭到破坏。

（4）针对地表取芯测点，测点在埋设过程中应低于路面，避免车辆行驶对测点造成破坏。

2. 监测点的修复措施

在整个监测过程中，固然采取了一定的测点保护措施，但在复杂的施工环境下，仍然会出现个别测点遭到破坏、掩埋等情况，使得对应位置的监测工作出现停滞现象，为了减少测点破坏对监测工作的不利影响，在测点遭到破坏后应及时进行修复工作。

针对地表沉降测点、建（构）筑物沉降测点、管线沉降测点等测点在遭到破坏后，应及时在对应位置或周边位置重新进行布设，破坏前测点的累计沉降累加到新布设测点上。

10.3 小 结

在对郑州轨道交通 5 号线盾构施工测量方法总结的同时，也认识到要确保地铁隧道的准确贯通还必须考虑一些细节问题。一是在地铁隧道区间贯通前，地面控制测量、竖井联系测量必须从头至尾重新进行一次，而地下控制导线要进行多次测量，采用行之有效的处理方法，有时测量结果往往会与前几次差别较大，在分析原因时，一定要注意隧道内环境的影响，隧道内一般情况下雾气较大，对测量影响较大。二要将测量成果有效的和总测单位成果相结合，不能简单地取用几次结果的平均值来指导施工，要注意成果的数据差别，若差别较大，需反复测量，查找原因，这样才能确保隧道的准确贯通。三要常检查激光全站仪的各个连接螺栓，防止松动、变形，做好防水、防尘工作，避免在二次补强注浆时浆液落入电缆接头、黄盒子等配套物件内，否则会影响正常工作。四是为防止传输电缆被烧坏（破损），传输电缆所经过的地方尽量不要进行焊接、切割钢结构等对传输电缆不利的行为，避免不了的要对电缆进行包装、遮挡等保护，减少不必要的经济损失。

近年来，监控量测在隧道工程施工中的重要性，越来越引起人们的重视，它为实现信息化施工提供可靠的数据支持，通过对监控测量数据的分析和整理，能够得出各监测项目的一般变化规律，预测其发展趋势，判断是否安全，是否需要预警以采取加强措施，以及验证设计是否合理等，具有十分重要的意义。

第四部分

典型施工案例

第 11 章 盾构下穿河流及既有设施

11.1 下穿河流

11.1.1 工程概况

农业东路站至心怡路站区间位于郑东新区，区间起于拟建农业东路站，先后下穿祭城路及其绿化带、熊耳河，往东下穿东风东路、熊耳河路、郑和小区、东至盛和街拟建心怡路站。区间左线为左 DK12 + 634.225 ~ 左 DK13 + 852.009，长度为 1 214.457 单线延米（左 DK13 + 696.673 处短链 3.327 m），右线为右 DK12 + 634.224 ~ 右 DK13 + 853.479，长度为 1 219.255 单线延米。拟在右 DK13 + 103.25 及右 K13 + 303.00（兼泵房）设 2 处联络通道，最小平曲线半径 400 m，最大坡度 26.78‰，盾构隧道底埋深一般为 15.7 ~ 28.5 m。

盾构隧道斜交下穿南北走向的熊耳河，熊耳河宽约为 101.50 m，河底标高 82.32 m，河面标高约 84.80 m，水深约 2.50 m。

位置：隧道右 DK12 + 898.452 ~ 右 DK13 + 000.953，穿越熊耳河段区间结构顶板覆土埋深为 13.7 ~ 15.1 m。

11.1.2 主要技术难点

本区间前期掘进过程中地面产生沉降、喷涌，主要是因为砂层掘进过程中渣土改良不当，导致盾构推力、刀盘扭矩、掘进速度等施工参数不理想，从而产生喷涌、超挖现象，进而致使地面发生沉降，具体体现在以下几个方面。

1. 河堤及河底沉降

隧道开挖地层为全断面粉细砂层，隧顶覆有淤泥层，且河堤大多采用回填土，地层较松散，在盾构推力及刀盘扭矩作用下土体易发生扰动。如果掘进参数控制不合理，土仓与螺机进排土量不平衡，将会导致地层及地下水损失，致使地面产生沉降现象。

2. 喷　涌

盾构下穿河道时，地层含水量很大，在掘进过程中如果土压控制不当，对土体扰动过大，会造成河底隆起或沉降，从而形成水流通道。砂层在水流作用下成流体状进入土仓，随着仓内压力的增大，形成喷涌现象。因此，盾构机穿越河道时，设定合理的土仓压力，尽量减少对隧道围岩的扰动，降低渣土中水的比例，向土体中加入足量的膨润土泥浆、泡沫、高分子聚合物等改善渣土的和易性，同时加强设备的维修保养工作，保证盾构机平稳、快速的通过。

3. 盾尾漏水、漏砂

盾尾密封主要是为了防止地下水和同步注浆浆液渗入盾构机，确保开挖面的稳定和盾构的正常掘进。管片拼装不居中、密封油脂注入量小、同步注浆压力过大等原因，容易造成盾尾漏水、漏砂。如果盾尾出现涌水、涌砂，首先减少或停止同步注浆，降低盾尾外部的压力，并及时在泄露位置加注优质油脂。调整盾构机和管片姿态，减小泄露处的盾尾间隙。改变同步浆液配液配合比，加大水泥用量，缩短浆液的凝固时间，尽早降低盾尾处的浆液压力。

盾构穿越河流时，如盾构姿态控制不当，盾构机易出现蛇形摆动现象，导致铰接油缸和推进油缸行程差过大，盾构铰接缝出现漏水、漏砂现象。此时，先缩小各油缸行程差，改善铰接状态，继续推进直到流砂减少，或停止为止。如果流砂不止且有增大趋势，打开铰接处聚氨酯注入孔，向铰接外部注入聚氨酯，及时封水，并对铰接密封进行维修。

11.1.3　应对措施

针对郑州轨道交通 5 号线农业东路站至心怡路站区间地质状况，经过与相关专家多次讨论，确定采用以下应对措施。

1. 渣土改良方法

根据下穿熊耳河期间砂层掘进中渣土改良所面临的问题，我部采用了钠基膨润土 + 钙基膨润土浆液和泡沫剂作为渣土改良剂，渣土改良效果比较理想。

2. 钠基膨润土 + 钙基膨润土浆液作用

钠基膨润土在水介质中能分散呈胶体悬浮液，这种悬浮液具有一定的黏滞性、触变性和润滑性，它和水、泥、砂等细琐屑物质的掺合物有可塑性和黏结性。钠基膨润土在水化时，钠离子连接各层薄片，同时挤占与之接触的土颗粒之间的间隙，积聚于土壤与泥水的接触表面，形成不透水的可塑性胶体，从而形成泥膜。

钙基膨润土与钠基膨润土共同使用，可有效增加膨润土浆液中的悬浮颗粒，在富水砂层盾构掘进中，可提高砂土的含泥量，使砂泥土化，补充土体的微细颗粒组分，使土体的内摩擦角变小，增加开挖土体的流动性和不透水性。

在砂层中掘进只采用膨润土对渣土进行改良，能有效降低刀盘扭矩，但效果并不十分理想，虽改善了渣土的和易性，但却增大了盾构掘进时喷涌风险，不利于掘进参数的控制和掌子面的稳定。

3. 膨润土浆液同泡沫剂配合使用

在砂层掘进中，若只使用膨润土做渣土改良剂，刀盘扭矩还是会较大，推进困难；只使用泡沫剂做渣土改良剂，会使土仓内水土比变大，加大喷涌风险，改良效果也并不理想。在砂层中掘进，为达到理想的渣土改良效果，需配合使用膨润土浆液与泡沫剂。

4. 渣土改良总结

渣土改良以膨润土浆液为主，泡沫剂为辅。以掘进速度和出渣稠度为主要依据，适时调节膨润土掺入量和膨润土浆液注入量；以刀盘扭矩和螺旋机出渣情况为依据，适时调整泡沫剂掺量和注入量。

膨润土泥浆要达到良好的改良效果，应达到以下要求：一是保证膨润土材料的质量稳定；二是严格按照配合比拌制并保证膨润土膨化时间；三是对全断面砂层每环注入量 5 ~ 8 m^3。

泡沫剂的配合比和注入量应根据刀盘扭矩大小和螺旋机出渣的具体情况确定，若刀盘扭矩偏大，则适当加大泡沫混合液浓度或注入量；反之则需减小泡沫剂混合液浓度或注入量；每环注入泡沫剂量为 70 ~ 100 L。

11.2 下穿建筑物

11.2.1 下穿建筑物盾构施工产生不均匀沉降引起建筑物开裂

1. 工程概况

心一金区间左线在 2017 年 11 月 26 日凌晨 4 点 30 分，盾构推进 187 ~ 188 环时，盾构扭矩表现异常、土仓压力减小，经调查发现神力集团水泵房内的两口水井冒出泥浆。经过沟通产权房同意封堵降水井，晚上开始复推，在推进过程中逐渐建压。复推后盾构机的各项参数都不太理想状态，当左线盾构刀盘推进 200 环时，建科商务楼西侧阳角部分区域产生大量的裂缝，如图 11.2.1 所示，产权单位和我部开会协商后，先做好停机保压措施。盾构停机保压位置如图 11.2.2 所示。

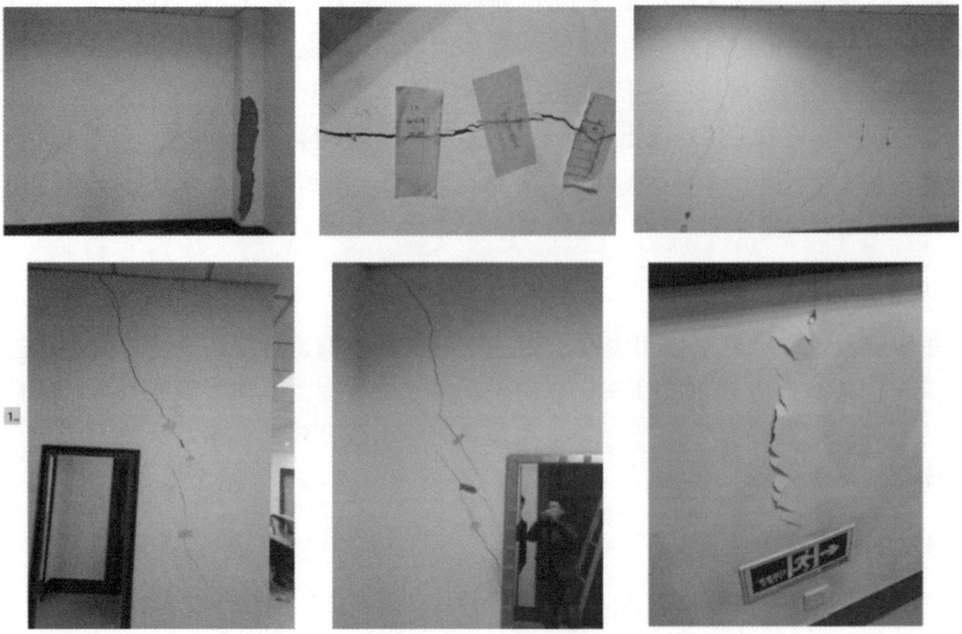

图 11.2.1　左线盾构复推后上方建筑物出现不同程度开裂情况

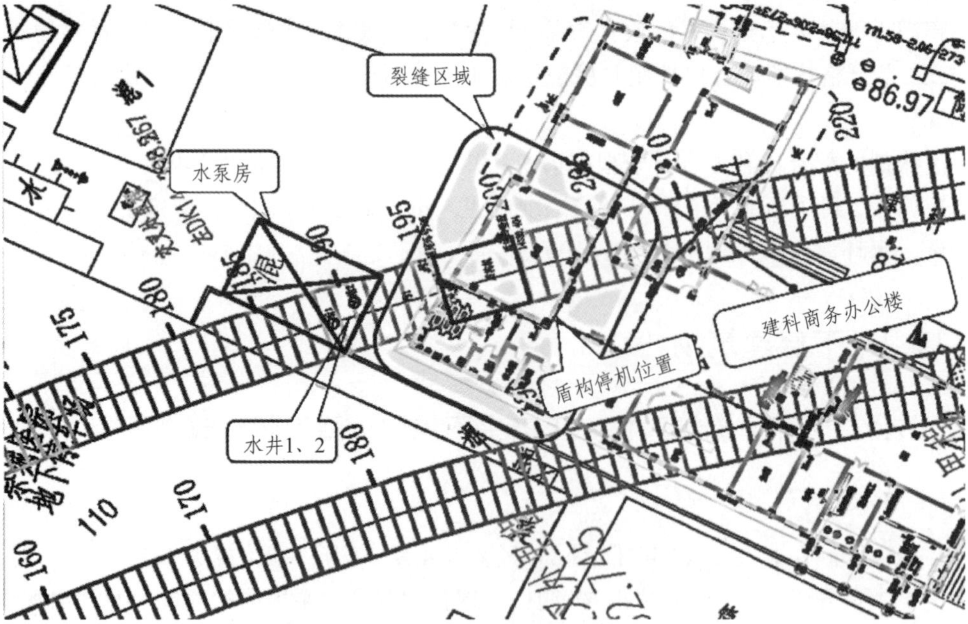

图 11.2.2　盾构停机保压位置平面图

截止到 12 月 2 日，目前只有 JCG-6-7 这个监测点报警，其他监测点的累计数据都在规范允许值范围之内，地表监测点最大沉降 34 mm。建筑物检测点布置情况及沉降值曲线如图 11.2.3 所示。

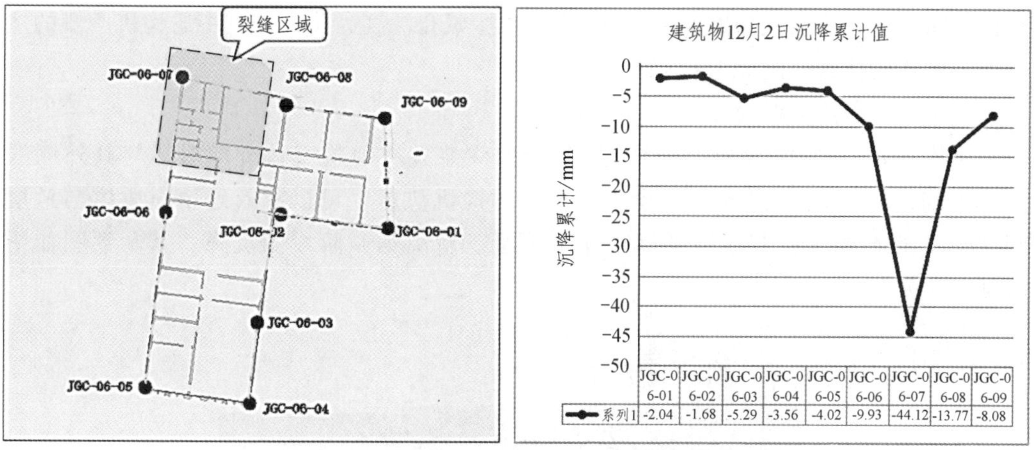

图 11.2.3　建筑物监测点布置图及沉降值曲线

经过和产权单位的协商确定，委托相关检测单位，通过两天的检测、评估和论证，对现场采集的数据进行分析，开裂的原因为地基不均匀沉降造成的，但是目前发现的裂缝全部分布在非承重墙上，承重体系立柱、大梁等未发现裂缝，框架体系构造合理，连接方式正确，整体性符合国家规范要求。

2. 原因分析

根据盾构施工特点，针对该事故分析其产生不均匀沉降的原因。

原因一：盾构推断的钢管后土仓压力骤减，刀盘前面土体可以塌陷，而且推断的井管一直附着在刀盘前面，导致盾构机的各项参数一直处于理想状态，造成盾构推进过程中对地层的扰动大，从而造成地层沉降。

原因二：事故建筑部分位置没有独立基础和地梁，现场开挖后发现为砖基础，此部分未设计地梁和框架体系边接成整体，两部分基础刚度不一样，很容易产生沉降。

原因三：在监测过程中开挖房基发现，位于卫生间的污水管一直在渗水现象，污水逐渐渗到地基土中，随着时间的推移导致地基承载力下降，最终致使墙体出现开裂。

原因四：我部通过走访调查，据当地人反映，相邻医院地下停车场基坑开挖深度约 11 m，由于基坑距离市鼓楼仅有 6 m，停车场基坑开挖时，此位置影响地基承载力出现沉降，且现场围墙和主楼的墙体发现原有裂缝均有修复的痕迹。

3. 处理措施

事故发生后我部及时上报业主并提出相关措施进行地基加固处理。

措施一：地表注浆加固。

对建筑物四周的土体进行袖阀管注浆加固，注浆为垂直注浆和斜孔注浆，斜孔布置两个独立基础之间打分别以 27 度、43 度、53 度三组斜孔注浆。孔径 75 mm，孔距 1 000 ~ 1 200 mm，排距 1 000 mm，钻孔数量根据现场情况调整。钻孔作业时要避开独立基础。

盾构区间上方的注浆孔深度为 9 m，除此之外注浆孔深度为 13 m，其中盾构机两侧的注浆管距离盾构体边 3 m 以上。

措施二：采用克泥效注浆。

盾构掘进过程中，利用盾体预留的径向注浆孔在盾构壳体外即盾体与其外侧的土体之间的间隙同步进行克泥效注浆，将盾构机包裹，可以有效地填充盾体与地层间隙，从而有效地控制掘进期间土体下沉量。解决第一阶段的沉降。其示意图如图 11.2.4 所示。

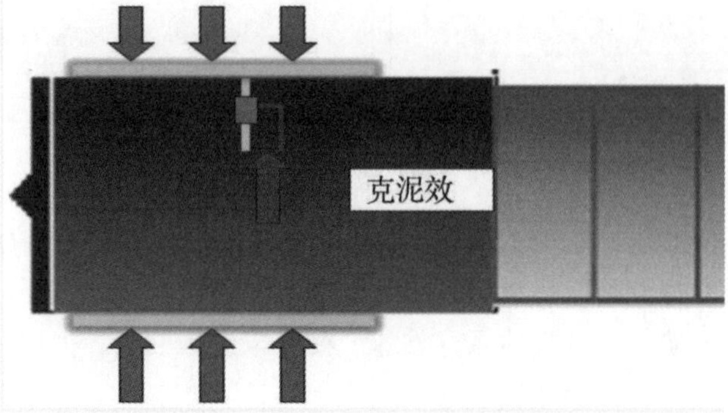

图 11.2.4　克泥效注浆示意图

措施三：径向注浆。

为了抑制建筑物后期工后沉降，盾构下穿建科百合商务楼段利用管片预留的注浆孔进行径向深孔注浆加固，以加固盾构隧道外的土体。径向注浆长度为 4 m，宽度为 1 m，向全断面注浆；纵向的径向注浆范围同克泥效使用范围并根据地层沉降监测情况及时调整注入量。其示意图如图 11.2.5 所示。

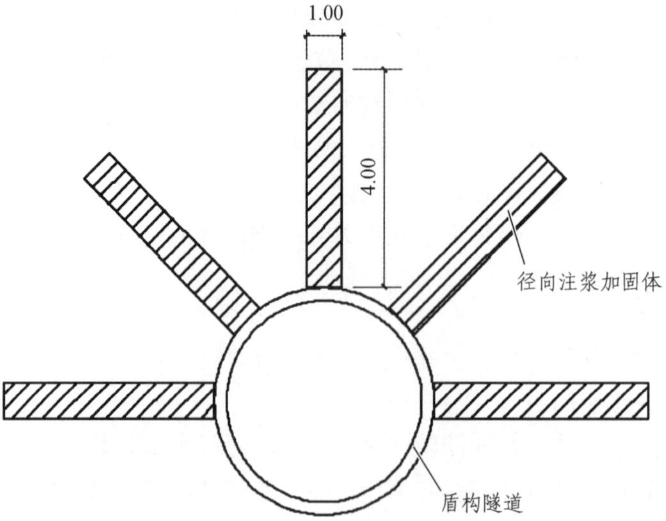

图 11.2.5　径向注浆示意图

4. 结　果

加固完成后进行复推，最终顺利通过该处风险源，且未对房屋结构产生破坏。

11.2.2　下穿障碍物盾构区间锚索人工挖空处理

1. 工程概况

心—金区间左线盾构隧道在 DK14 + 864.367 ~ DK14 + 954.89 段侧穿东侧的深航商务办公楼，侧穿区段隧道埋深 9.4 ~ 12 m，与深航商务办公楼地下室结构水平净距为 18.93 ~ 4.79 m。该建筑物为地上 25 层框架结构，地下两层采用筏板与桩基础结合的复杂基础，大楼已建成，原基坑深 10.7 m，围护结构采用钻孔灌注桩 + 锚索（锚杆）体系。大楼西侧自上至下两道锚杆、两道锚索，2 层锚索侵入区间隧道内，盾构机遇到锚索，锚索有很强的韧性，在刀盘旋转过程中，极容易绞入刀盘及土仓，将刀盘和螺旋机卡死，导致盾构机瘫痪。所以需拔除锚索，数量总计约 100 束。

该位置处于市区主干道路周边商业楼密集，地面埋设有天然气、给水管等管线，工期紧，综合上述因素，经与公司主管部门和设计院专家研究最终采用人工挖孔桩的方法进行拔除锚索。

根据勘察报告显示：土层自上而下地层依次为杂填土、黏质粉土、粉质黏土、粉细砂、细砂。锚索穿越区间地层为粉质黏土和砂质粉土土层，稍湿—中湿，土质不均，局部夹薄层粉砂。地下水主要为第四系孔隙潜水，勘察期间测得稳定水位埋深为 10.1 ~ 18.0 m。施工中配合设置降水。

2. 应对措施

采用人孔挖孔桩方案明挖竖井 + 暗挖横通道施工技术对侵入隧道内锚索进行处理。流程如下：预留超前注浆管→马头门注浆→洞门范围内水平探孔→架设临时支撑→马头门破除→开挖→上拱 3 榀钢格栅紧密安装→继续开挖上台阶至 2.5 m→安装第一榀下拱钢格栅封闭成环→循环进尺开挖进洞→端头墙加固封端→锚索处理→横通道及竖井回填。

1）竖井施工

竖井深约 11.7 m，内净空尺寸 3.4 m × 3.7 m，采用倒挂井壁法施工。先施作锁扣圈梁，待其达到设计强度后，安装井架提升设备，向下开挖土方，初喷混凝土、挂钢筋网、架格栅钢架及临时型钢支撑，喷射混凝土至设计厚度，逐步向下开挖至井底并封底，施作集水池。现场施工情况如图 11.2.6 所示。

图 11.2.6　竖井施工

2）横通道施工

横通道长度 82.7 m，采用直墙拱断面形式，通道净高 3.02 m（直墙高 2 m），净宽 2.8 m，采用矿山法施工，格栅 + 喷锚支护方式。现场施工情况如图 11.2.7 所示。

图 11.2.7　横通道施工

隧道开挖前，先施作拱顶超前小导管注浆加固土体，在满足要求后，破除洞门处上部竖井井壁混凝土，然后自上而下用风镐破除洞门处井壁混凝土，并逐榀割除该部位密排钢架，开挖马头门。在马头门处格栅钢架封闭成环，土层趋于稳定后，进行横通道下部标准段初支施工。初期支护采用网喷混凝土 + 超前小导管 + 锁脚锚管 + 格栅钢架组成联合支护体系。横通道断面为拱顶直墙断面，中间增设工 22a 型钢，净宽 2.8 m。开挖面土方开挖完成后立即进行喷射混凝土，及时封闭，找平开挖面，防止土体表面剥离脱落。超前小导管采用外径 ϕ 32 热轧无缝钢管，L=3.5 m。注浆管一端做成尖锥状，另一端焊上铁箍，在距铁箍端 1.0 m 处开始钻孔，钻孔沿管壁间隔 150 mm 呈梅花形布设，孔位互成 90°，孔径 10 mm。超前小导管布置情况如图 11.2.8 所示。

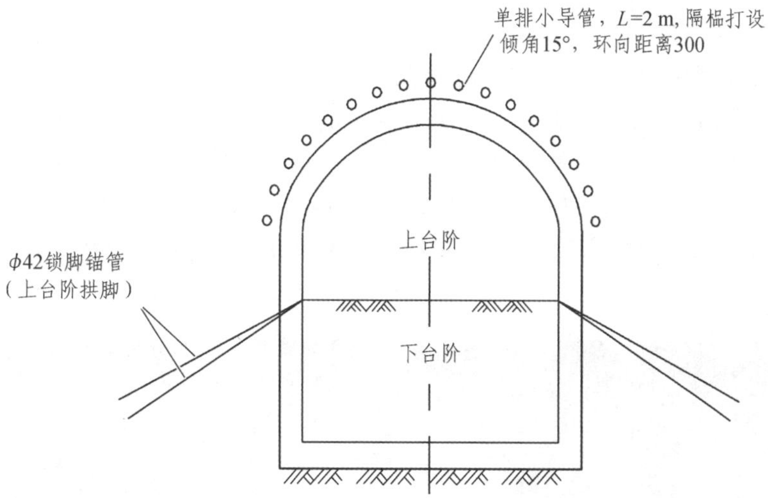

图 11.2.8 超前小导管布置图

通道开挖采取短台阶开挖法，人工手持风镐开挖。开挖循环进尺长度视现场地质情况而定，最小为 0.75 m。隧道开挖前，先封闭掌子面，施工拱部超前小导管注浆支护。环形开挖上半台阶、初喷混凝土，架立格栅钢架，复喷混凝土，台阶长度 2 ~ 3.5 m 以内，并根据施工实际情况调整。再开挖下台阶，初喷混凝土，架立格栅钢架，复喷混凝土，初支封闭成环。

3）横通道封端

横通道开挖至端头后采用 I22a 工字钢与通道标准段格栅钢架连接并预埋注浆管的方式封端，作为端头墙支护结构。

封端墙内设置竖向，双排Φ22@800 连接筋，连接筋与通道格栅单面搭接焊连接焊缝长度不小于 10d；锁角锚管采用Φ42@500 长 2.5 m 钢管，每步开挖时及时打设，每榀打设两根。封端导管采用Φ32 × 3.25 热轧无缝钢管，长 3 m，倾角 20°，间距 400 mm，梅花形布置，后期注浆使用。现场情况如图 11.2.9 所示。

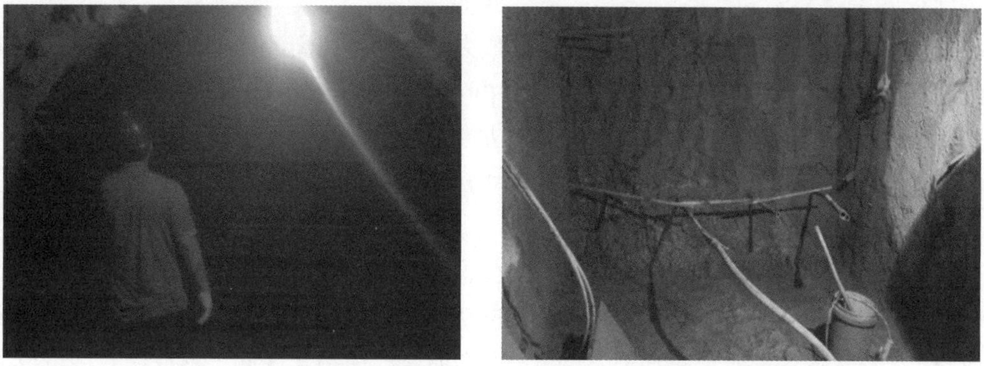

图 11.2.9 横通道封端墙及其钢筋布设情况

4）锚索拔除施工

因地下空间狭小，锚索拔除机具配置关键技术为：自制地下狭小空间轻型拔锚装置（用于锚索拔除的设备，全液压动力系统）；自制锚索导向架（连接在电动葫芦下面，通过地下狭小空间轻型拔锚装置对锚索摩阻力减小后，用于改变锚索拔除方向和加快锚索拔除进度的一种桁架）；自制卷扬机（用于提供锚索拔除的动力）；自制液压油泵站（用于提供地下狭小空间轻型拔锚装置的动力）。锚索拔除施工现场情况如图11.2.10所示。

图 11.2.10　锚索拔除施工

经考虑套管旋切套取锚固体，使用全液压套管钻机，并对其进行改装，使其更加适合施工现场要求。

首先制作长度为1.0 m的ϕ159的套管，将套管安装在套管钻机上，同时将入射角度调整为原来锚索铺设的角度，也要视场地实测角度为准开动钻机，进行取芯式钻进，以解除锚索与土层之间的摩擦力，调整好钻进角度，利用钻机旋转马达带动套管及钻头旋切锚固体周围土层，利用钻机推进提升马达向前加尺，同时开动泥浆泵，泵送泥浆护壁排渣，测量计算出钻进深度，直至将全部长度的锚固体装入套管中，然后将套管及锚固体一同拔出。

然后套管及锚固体的拔除时，将旋切套取完成的套管四周混凝土墙壁上安放承压钢板以防在液压拔取套管时破坏护壁，影响井内安全。利用专用拔管机具套在套管上，锁紧套管锁片，开动液压泵站，给拔管机提供足够的动力，观察套管，拔管机具及泵站压力，当套管松动后，注意观察套管拔出过程中周围支护结构及地面上变化情况，在确定安全的情况下方可继续施工。在拔出一节套管后，将其卸掉，用电镐或风镐将水泥体破碎，切断钢绞线，然后进行下一环节的拔取，直至全部拔出。

最后在拔除后，应及时采用水泥砂浆对锚索孔进行填充和封堵，回填方法采用同步注浆法。灌注水泥砂浆时应将注浆管插入孔底，防止孔内塌孔或渣土形成的封堵造成灌浆不实。

5）横通道及竖井回填

拔锚作业结束后，横通道回填考虑到通道空间狭小且为临时结构，灰土回填夯实作业较为困难，采用 C15 素混凝土回填。回填过程中，预埋注浆管至马头门处，回填结束后，进行注浆，减小地层沉降。横通道回填后，依次拆除竖井设施，回填竖井并凿除锁口圈梁，恢复路面。竖井地面以下 3 m 范围内采用素土回填，3 m 以下范围内采用黏性土分层夯实回填，密实度不小于 0.9。

在横通道中进行锚索处理过程中应用千斤顶拉拔工艺、旋切套取工艺、高压水切割工艺，快速解除锚索锚固力，有限作业空间多点同时施工。

3. 施工中难点分析

1）挖不到锚索

由于锚索施工中采用螺旋钻成孔，成孔角度以及成孔的直线度精度不高，所以在施工横井时，可能会有挖不到锚索的情况。

2）锚索拔断

由于锚索为 2 根钢绞线锚索，2 根钢绞线的极限载荷在 510 kN 左右，锚索体在土层中的摩阻力约为 44.5 kN/m，本工程需拔出锚索最长约 14.6 m，14.6 m 锚索摩阻力约 649.7 kN，锚索极限荷载为 766 kN > 摩阻力 649.7 kN 锚索不会拉断，但实际操作时锚索可能已出现磨损情况，直接拔除钢绞线可能被拔断。

3）反弹反压力大

在拔除过程中锚索松动断裂还会出现弹射的情况，再就是反压力太大，在拉拔过程中反压力对锚孔周边土层会造成破坏，直接影响竖井结构安全。

4. 技术措施

（1）挖不到锚索原因有两种：一种为水平方向偏差，即锚索施工中钻机成孔与支护桩及冠梁方向不垂直。本施工方案采用横井施工，所以水平方向的偏差这一问题已在横井工艺中能够解决。一种为上下方向的偏差，即锚索施工中钻进角度的不同产生的偏差，当遇有锚索不在设定横井中时，应向上或向下探出锚索位置，然后确定向上或向下调整横通道至满足施工要求。

（2）为确保锚索完全拔除，应多种工艺相互配合施工，防止套管在拔除工作中断裂。工作中应注意两方面：一方面，在打设套管时，应注意泥浆的纯度，钻进中要用沉淀过的泥浆，根据钻进需要适时添加新的泥浆，以保证渣土能完全排出，防止卡钻、抱钻，增加套管与周围土层的润滑效果；另一方面，在选用套管时，应注意选取高强度材料的厚壁无缝钢管作为母材，加工制作出实用的套管，以防止套管的断裂。高压水切割时，注意锚固体周围土体，在满足施工的情况下尽可能地少破坏土层。穿心千斤顶拉拔钢绞线时，应时刻注意泵站压力，将压力控制在钢绞线破断强度范围内。

为了确保锚索处理成功，采用跟管钻进套取锚索，采用地质钻探套管取芯的工作原理，将不规则的锚固体整个地套在套管内，再将套管同锚固体一同拔出，每拔一节套管破碎一节水泥体，同时采用砂轮切断一节钢绞线，再拔再切，直至全部拔除。此种方法既解决了钢绞线被拉断的问题，又解决了施工量大、成本高的问题。

（3）为确保施工安全，必须增大作业面积、加强竖井结构安全及制作反力架的方法，确保施工安全。

采用与千斤顶相匹配的反力架，依据现场实际情况，本方案采用 50 t 千斤顶进行施工。反力架试验空间：850 mm；反力架净重：1 850 kg；测力系统最大试验力：500 kN。

5. 施工总结

人孔挖孔桩施工方式速度快、效率高、精度高、质量可靠。竖井及横通道位置可灵活调整，有效规避地面障碍物、避免管线改迁及场地局限带来的一系列施工困难。在横通道中锚索处理过程中应用了千斤顶拉拔工艺、旋切套取工艺、高压水切割工艺，快速解除了锚索锚固力，在有限作业空间实现多点同时施工，提高施工效率。

该方案既保证了施工安全，对周边影响小，又能够达到清除障碍和地基加固的双重目的，降低了施工成本，大大提高了经济效益及社会效益。并满足了盾构施工工期安排，为盾构的顺利推进提供了良好的工作环境，为本标段盾构施工的顺利完成提供了先决条件。

11.2.3 下穿河南省供销社房屋施工

1. 工程概况

花园路站—经三站区间右 CK6 + 158.543 ~ 右 CK6 + 805.253（左 CK6 + 158.543 ~ 左 CK6 + 805.253），左线短链 0.208 m，左线长度为 646.502 m 单线延米，右线长度为 646.710 m 单线延米，全长 1 293.212 单线延米。区间平面位置如图 11.2.11 所示。

图 11.2.11 区间平面位置示意图

花—经区间左线侧穿河南省供销社家属院 23 号楼，最近距离为 0.36 m，11 号楼最近距离 2.11 m。右线隧道在右 DK6 + 173.566 ~ DK6 + 381.456 下穿河南省供销社家属院 23 号楼、11 号楼、综合楼，穿越长度 207.890 m，侧穿河南省供销社家属院 22 号楼最近距离 1.73 m。花—经区间隧道与河南省供销合作社平面位置关系如图 11.2.12 所示，河南省供销合作社现状如图 11.2.13 所示。

区间右线下穿 23 号楼 5 层居民楼、侧穿一层社区医院，区间隧道顶距离居民楼竖向距离为 8.52 ~ 9.14 m，23 号楼和社区医院与盾构隧道空间交叉关系如图 11.2.14。

区间右线下穿 11 号楼 5 层居民楼、左线侧穿 11 号楼 5 层居民楼，区间隧道顶距离居民楼竖向距离为 9.18 ~ 10.32 m，11 号楼与盾构隧道空间交叉关系如图 11.2.15。

区间右线下穿综合楼 4 层居民楼，区间隧道顶距离居民楼竖向最大距离为 10.36 ~ 10.88 m，综合楼与盾构隧道空间交叉关系如图 11.2.16。

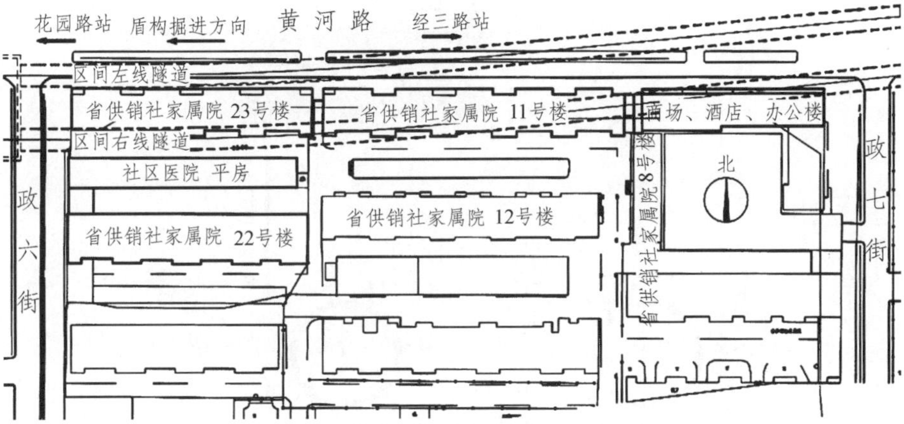

图 11.2.12　花园路站—经三路站区间隧道与河南省供销合作社平面位置关系图

图 11.2.13　河南省供销合作社现状图

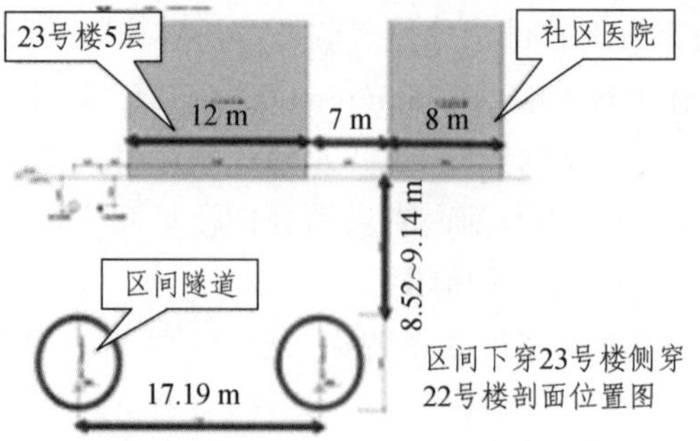

图 11.2.14　23 号楼和社区医院与盾构隧道空间交叉关系图

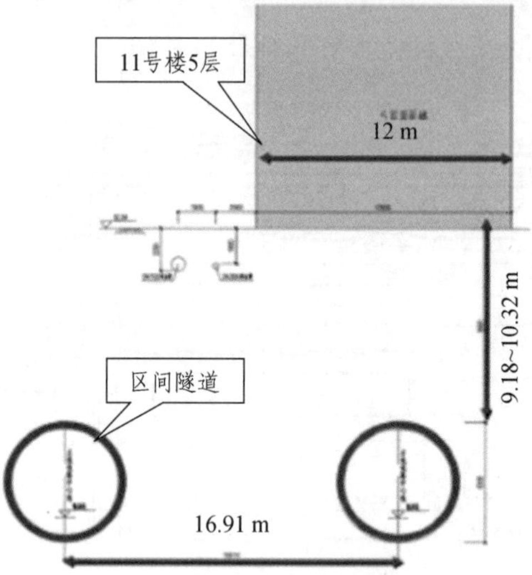

图 11.2.15　11 号楼与盾构隧道空间交叉关系图

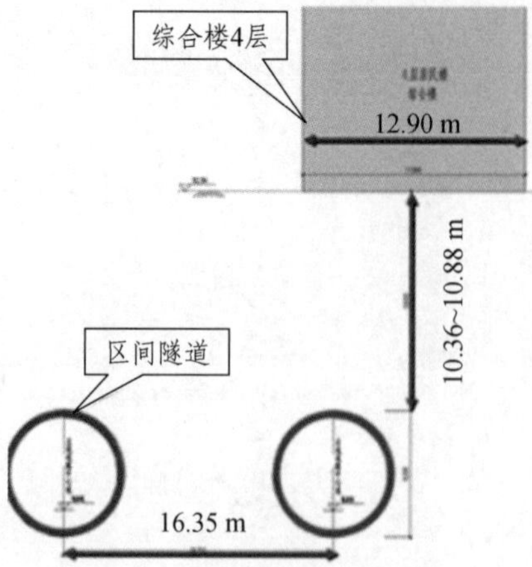

图 11.2.16　综合楼与盾构隧道空间交叉关系图

2. 工程地质及水文地质

1）工程地质

房屋的基础底至隧道顶部的地层从上向下依次为杂填土、砂质粉土$②_{31}$、黏质粉土$②_{32}$，黏质粉土$②_{33}$和粉质黏土$②_{22}$。

（1）杂填土

第$①_1$层杂填土属于第四系全新统人工堆积层（Q_{4-3}^{ml}）。

灰黑色，上部 30 ~ 50 cm 为沥青路面，下部主要为三七灰土、水泥稳定层、碎石子等，含建筑垃圾，局部含素填土。层底标高 85.22 ~ 95.20 m，层底埋深 0.70 ~ 3.20 m，层厚 0.70 ~ 3.20 m，平均厚度 1.31 m。

（2）砂质粉土

第$②_{31}$层属于第四系全新统冲积层（Q_{4-3}^{al}）。

砂质粉土：褐黄色为主，稍湿，稍密，摇振反应迅速、无光泽、干强度低、韧性低，含有少量钙质条纹、见孔隙。层底标高 81.92 ~ 90.45 m，层底埋深 4.90 ~ 8.00 m，层厚 2.7 ~ 7.10 m，平均厚度 4.76 m。标准贯入试验经杆长修正后平均值为 8.8。

（3）黏质粉土

第$②_{32}$层、第$②_{33}$层属于第四系全新统冲积层（Q_{4-3}^{al}）。

第$②_{32}$层黏质粉土：黄褐色为主夹褐黄、灰黄色，稍湿，稍密，摇振反应中等、无光泽、干强度低、韧性低，夹少量砂质粉土，含有钙质条纹、偶见钙质结核，含少量铁锰质斑点。层底标高 77.01 ~ 91.60 m，层底埋深 4.80 ~ 14.80 m，层厚 1.60 ~ 7.60 m，平均厚度 4.11 m。标准贯入试验经杆长修正后平均值为 10.9。

第$②_{33}$层黏质粉土：浅灰色夹灰褐色、灰黑色，湿—很湿，稍密，摇振反应中等、无光泽、干强度低、韧性低，可见钙质条纹、铁锰质斑点，局部含粉质黏土薄层。层底标高 71.44 ~ 82.68 m，层底埋深 10.60 ~ 21.20 m，层厚 1.10 ~ 6.70 m，平均厚度 3.58 m。标准贯入试验经杆长修正后平均值为 12.4。

（4）粉质黏土

第$②_{22}$层粉质黏土属于第四系全新统湖积层（Q_{4-3}^{l}）。

粉质黏土：浅灰色夹灰褐色、灰黑色，可塑夹软塑，切面光滑、有光泽、干强度中等、韧性中等，可见钙质条纹、铁锰质斑点，局部含粉土薄层。层底标高 67.45 ~ 78.50 m，层底埋深 14.50 ~ 21.40 m，层厚 0.90 ~ 7.00 m，平均厚度 3.40 m。标准贯入试验经杆长修正后平均值为 8.4。

2）水文地质

根据区域水文地质资料和现场钻探，该区间段的地下水类型主要为第四系松散层孔隙潜水。

第四系松散层孔隙潜水含水层岩性以黏质粉土、粉砂、细砂为主，勘察期间地下水位埋深在 8.50 m 左右。该含水层属弱—强透水层。其地下水径流方向与郑州地形总体坡度一致，由西、西南向东及东北径流。由于气候变化及在一年中所处时期的不同，与设计和施工期间的地下水水位会存在一定的差别，设计、施工中应予以注意。

地下水的补给、径流、排泄条件、水位及其动态特征：

（1）地下水的补给：本段沿线地下水的补给源主要为大气降水、河流下渗补给。

（2）地下水的径流：本段沿线内地下水的径流主要受城区浅层地下水降落漏斗的影响，浅层地下水的天然流向是由西南向东北。但由于受开采的影响，径流方向可发生局部改变。

（3）地下水的排泄：本段场地地下水排泄方式主要是以开采、地下径流为主。

（4）地下水水位及其动态特征：根据区域地质资料，地下水径流方向为西、西南向东及东北的径流。地下水位受季节影响相对较小。根据郑州市市气象资料，每年 7 月至 9 月份为补给期（丰水期），12 月份至次年 3 月份处于低水位期（枯水期）。本次勘察时间为 2013 年 11 月 17 至 12 月 9 日，属枯水期。沿线地下水年变幅 1.0 ~ 1.5 m，最近 3 ~ 5 年最高水位埋深为 5.00 m。

3）下穿段周边管线情况

下穿段周边管线 ϕ89 燃气、D100 给水、D700 污水和弱电管线。盾构下穿段主要管线情况如表 11.2.1 所示。

表 11.2.1　盾构下穿段主要管线统计表

序号	管线名称	管线位置	规格	埋深/m	材质	与隧道位置关系	备　注
1	污水	黄河路南侧辅道	Φ700	2.3	砼	左线隧道正上方	DK6 + 395 ~ DK6 + 160
2	天然气	黄河路南侧辅道	Φ89	1.7	铁管	左线隧道正上方	DK6 + 395 ~ DK6 + 160
3	弱电管线	黄河路南侧辅道		1.8	光纤	左线隧道正上方	DK6 + 395 ~ DK6 + 160
4	给水	黄河路南侧辅道	D100	1.5	铸铁	左线隧道正上方	DK6 + 286 ~ DK6 + 172

管线平面图如图 11.2.17 所示。

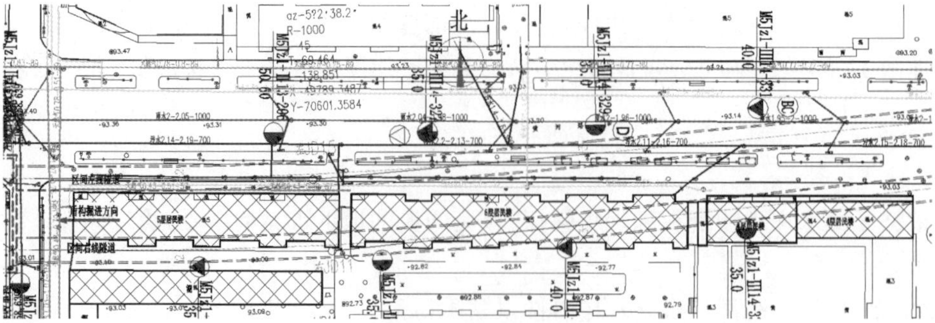

图 11.2.17　管线与隧道平面位置关系图

3. 盾构隧道施工对房屋的影响

隧道施工对于建筑房屋的地基土会有扰动，造成地基土的失稳引起地表隆沉，给房屋造成破坏；地表建筑物的存在，给隧道施工造成了较大的影响，增加了施工难度。

为保证建筑物和盾构施工安全，应采取措施控制地表及房屋沉降。

根据相关设计规范及建筑物调查情况，以及房屋鉴定报告，综合分析研究确定建筑物变形控制标准，指导施工，确保建筑物安全。

1）沉降控制值

11#和 23#楼沉降控制指标如表 11.2.2 所示。综合楼沉降控制指标如表 11.2.3 所示。

表 11.2.2　11#和 23#楼沉降控制指标

项　目	基础沉降控制值	地基变形速率控制值	差异沉降控制值
单线隧道贯通	8 mm	1 mm/d	1‰
双线隧道贯通	10 mm	1 mm/d	1‰

表 11.2.3　综合楼沉降控制指标

项　目	基础沉降控制值	地基变形速率控制值	差异沉降控制值
单线隧道贯通	6 mm	1 mm/d	1‰

2）报警值

11#和 23#楼沉降量或差异沉降量达到控制值的 80%，且出现下列情况之一时应报警，并撤离受安全威胁的所有人员与财产。

（1）任一单元横墙出现 1 条最大宽度大于 1.5 mm，且延伸长度超过 300 mm 的裂缝。

（2）任一单元横向出现 2 条及 2 条以上宽度大于 1.0 mm，且延伸长度超过 200 mm 的裂缝。

4. 盾构下穿建筑物的施工措施

1）河南省供销社房屋加固措施

下穿综合楼房屋临时加固措施如下：

由于下穿综合楼拆改严重，经过专业检测单位鉴定，综合楼需采取加固措施后方可满足盾构下穿要求。

加固方案主要施工内容为一层壁柱混凝土围套加固，二层梁格构式钢梁加固。为满足盾构工期要求，灌浆料需等强，现场施工顺序为自东向西进行施工。

一层壁柱混凝土围套加固范围见图 11.2.18，一层壁柱混凝土围套加固断面见图 11.2.19，二层梁格构式钢梁加固范围见图 11.2.20。

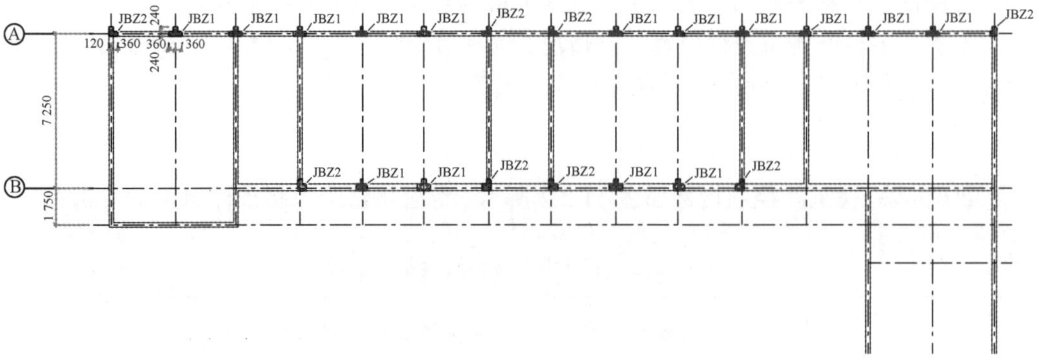

图 11.2.18　一层壁柱混凝土围套加固范围图

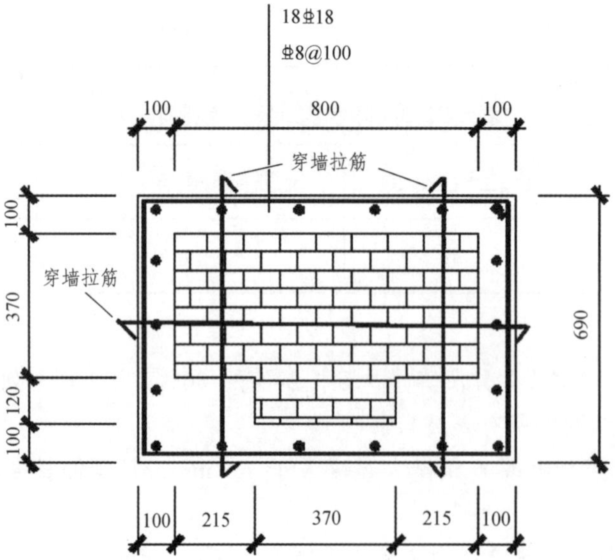

图 11.2.19　一层壁柱混凝土围套加固断面图

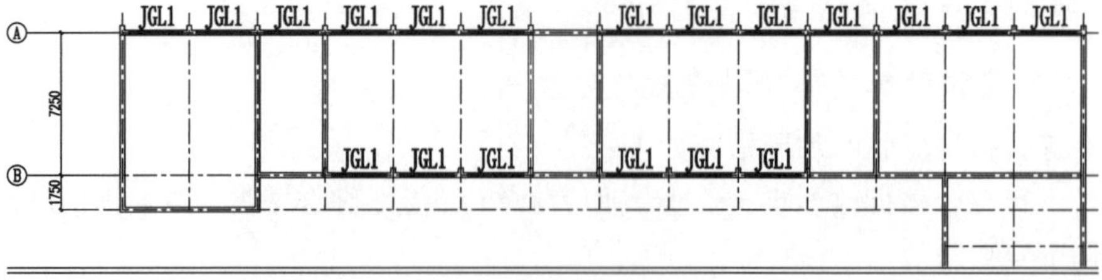

图 11.2.20　二层梁格构式钢梁加固范围图

二层梁格构式钢梁加固断面见图 11.2.21。

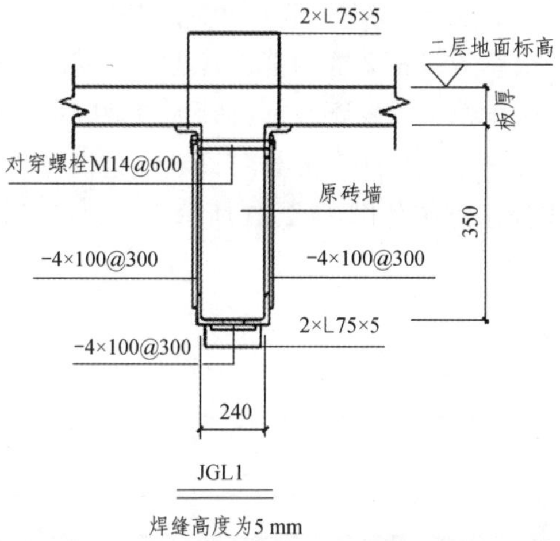

图 11.2.21 二层梁格构式钢梁加固断面

柱围套节点加固见图 11.2.22。

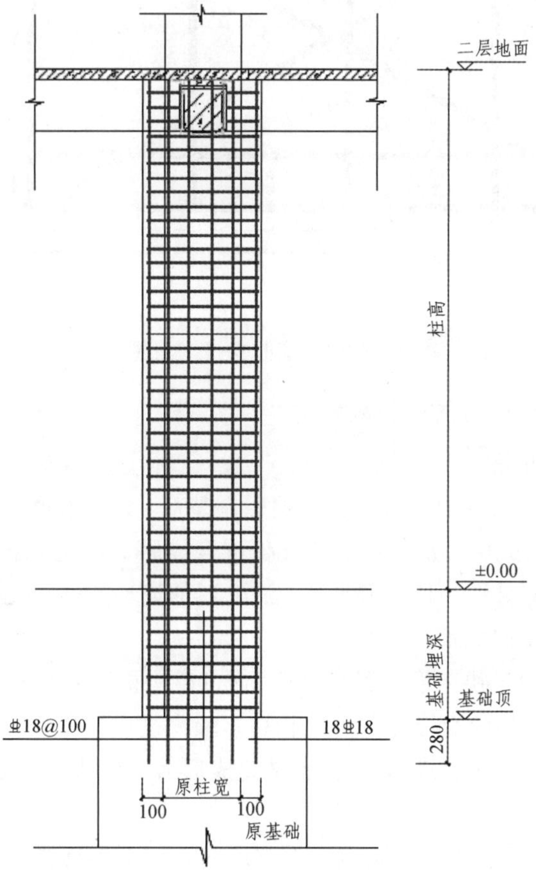

图 11.2.22 柱围套节点加固做法

在永久加固施工完成前，盾构需推进穿越综合楼，为保障加固过程中及后续盾构掘进时综合楼楼体的稳定性，需在各圈梁下部增加临时支撑。

临时支撑采用Φ108 壁厚 6 mm 无缝钢管进行支撑，间距 50 cm，单排支撑，两侧用Φ48 壁厚 3.5 mm 钢管做抛撑，无缝钢管间必须加设剪刀撑，剪刀撑与Φ108 钢管焊接牢固，并距离顶部与底部不超过 350 mm 处各设置一道横撑与Φ108 无缝钢管焊接，使架体形成整体。临时支撑示意图如图 11.2.23 所示。

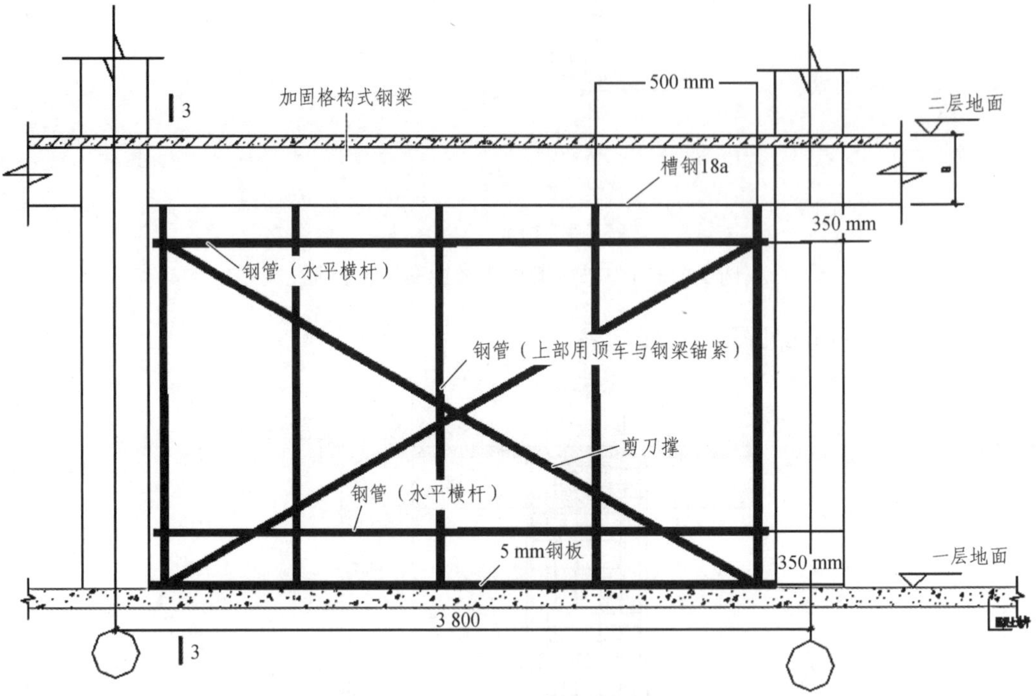

图 11.2.23　临时支撑示意图

2）盾构下穿房屋盾构注克泥效措施

（1）克泥效工法介绍

克泥效工法是将高浓度的泥水材料与塑强调整剂（即水玻璃）两种液体分别以配管压送到指定位置，再将此两种液体以适当比例混合成后，再通过径向孔注入盾构机壳体外面，形成可塑状填充材料一种新型工法。混合后的流动塑性胶化体不易受水稀释，强度低，且其黏性也不随时间而变化。

克泥效与水玻璃通过快速混合器混合后，通过盾构机中盾径向孔注入到盾构机壳体外面，让克泥效与水玻璃的混合液在流动状态下填充进盾构机壳体外的间隙之中，克泥效材料与水玻璃发生反应时间为 4.5 s，胶结完成后为 20 s 左右。通过 20 s 将盾构机壳体外填充饱满。

克泥效在 20 s 胶结过程，也是克泥效浆液向土层中渗透的一个过程，一般在粉质黏土中，克泥效渗透 3 ~ 5 cm，在盾构机壳体外的土层中形成一道泥膜。

同步注浆的浆液有3个去处：一是土层与管片之间间隙。二是通过盾构机壳体外间隙串浆到刀盘前方，用克泥效封堵以后，前面土仓压力和同步注浆压力分别可控。三是本项目中同步注浆胶结时间为8 h。在地下富水层中，可能初凝时间会超过8 h，浆液在胶结时间内，会一直渗透到土层中去，所以，后续下陷。克泥效在土层中渗透后，同步注浆的浆液只有比较少的量渗透土层，可以保证同步注浆效果。

（2）克泥效工法施工方案

① 浆液注入方式

利用盾构机盾体上的11点钟和1点钟位置的两路径向注浆孔对盾构机周圈进行克泥效注入。

由于克泥效材料具有很好的挡水性、抗水流稀释性、承压性，在盾构复推前和掘进过程中，通过中盾两路径向注浆孔在盾构机周圈注入克泥效材料，将盾构机包裹，在盾构机周圈形成一道可靠的密封阻水黏土环，可以有效地填充盾体与地层间隙，从而有效地控制掘进期间土体下沉量。

② 克泥效配比

克泥效材料由两部分组成，分别是特殊膨润土浆液（A液，配比为膨润土：水=1：2）和水玻璃液（B液，配比为水玻璃：水=1：1）。采用两台可调节流量的泵在前盾向外注入，在注入过程中，通过Y形注浆头混入A、B两种浆液，B液的注入率一般为5%～6%。浆液混合后在40 s内达到初凝，形成粘性较高且难以稀释的膏状物。

③ 注入克泥效过程控制

下穿建筑物前15环开始进行克泥效注浆，将9 m左右长度的盾构机壳体能填充饱满，此外，需要在10到15环注入克泥效过程中调整土压与同步注浆参数。开始推进前先注A液，再注B液，推进快结束时先停B液，后停A液，防止水玻璃与黏土泥浆混合而堵管。

注浆压力为0.2～0.8 MPa。应保证克泥效的充分注入，保证其在盾构机周圈形成一道密闭的阻水黏土环，注入时应密切监测地面情况。

施工中，在盾构机周圈充分注入克泥效后，克泥效会逐渐向土仓和盾尾流窜，应密切关注土仓压力变化和盾尾密封油脂的注入工作。

克泥效注浆与推进同步，应根据推进速度调整注浆速度。开始克泥效注浆时，第一环注入量约为1.1 m^3，之后每环注入量约为1 m^3。

3）盾构下穿建筑物掘进控制措施

（1）盾构推进和地层变形的控制

本工程采用土压平衡式盾构掘进机，其利用压力仓内的土压力来平衡开挖面的土体，从而达到对盾构正前方开挖面支护的目的。平衡压力的设定是土压平衡式盾构施工的关键，维持和调整设定的压力值又是盾构推进操作中的重要环节，这里面包含着推力、推进速度和出土量的三者互相关系，对盾构施工轴线和地层变形量的控制起主导作用，所以在盾构施工中要根据不同土质和覆土厚度、地面建筑物，配合监测信息的分析，及时调整平衡压力值的设定。同时要求推进中盾构姿态保持相对的平稳，控制每次纠偏量不过大，减少对土体的扰动，并为管片拼装创造良好的条件。同时根据推力、推进速度、出土量和地层变形的监测数据，及时调整注浆量，从而将轴线和地层变形控制在允许的范围内。

（2）区间掘进顺序

由于下穿段盾构掘进需要试验段提供相应参数支持，故施工掘进先后顺序为：先行始发花园路站—经三路站左线区间，左线区间掘进 100 m 后右线可以进行始发，两台盾构机推荐要求不小于 100 m。

（3）主要参数设定

① 合理设置土压力，防止超挖。

在盾构推进的过程中，根据理论计算、前期掘进数据和监测数据及时调整土压力值，从而科学合理地设置土压力值及相宜的推力、推进速度等参数，防止超挖，以减少对土体的扰动。

土压力控制应分为左线正常段掘进、右线正常段掘进与下穿段掘进。

a. 左线正常段拟定土压设定的理论值可由下列公式计算得出：

左线正常段隧道埋深为 12 ~ 9.07 m（隧道顶部埋深）。

$②_{33}$黏质粉土静止侧压力系数为 0.48，$②_{22}$粉质黏土静止侧压力系数为 0.6。

$②_{33}$黏质粉土天然重度为 19.5 kN/m^3，$②_{22}$粉质黏土天然重度为 18.1 kN/m^3。

正面土压力：

$$P = K_0 \gamma h \tag{11.2.1}$$

式中 P——土压力；

γ——土的平均重度；

h——隧道埋深；

K_0——土的侧向静止土压力系数。

代入公式后计算得出：

$$P = \frac{(0.48+0.6)}{2} \times \frac{(19.5+18.1)}{2} \times (12 \sim 9.07)/10^2 \approx 0.92 \sim 1.22\ (\text{bar}) \tag{11.2.2}$$

b. 右线正常段拟定土压设定的理论值可由下列公式计算得出：

右线正常段隧道埋深为 10.1 ~ 12.25 m（隧道顶部埋深）。

代入公式后计算得出：

$$P = \frac{(0.48+0.6)}{2} \times \frac{(19.5+18.1)}{2} \times (10.1 \sim 12.25)/10^2 \approx 1.02 \sim 1.24\ (\text{bar}) \tag{11.2.3}$$

c. 下穿段拟定土压设定的理论值可由下列公式计算得出：

下穿房屋段隧道埋深为 8.9 ~ 6.5 m（隧道顶部至房屋基础底埋深）。

代入公式后计算得出：

$$P=\frac{(0.48+0.6)}{2}\times\frac{(19.5+18.1)}{2}\times(8.9\sim6.5)/10^2\approx0.66\sim0.9\ (\text{bar}) \tag{11.2.4}$$

根据试验段总结数据，掘进过程中土压增加 0.25 bar 左右刀盘顶部和前方地面单次沉降速率较小，因此实际掘进中土压控制在 0.9 ~ 1.1 bar。

现场掘进土压力应由土木值班工程师根据当时掘进隧道埋深、螺旋输送机出土渣样及地表沉降等情况综合计算确定，同时现场土压力控制应使用试验段统计参数作为参考。

d. 本工程使用的管片外径为 6 200 mm，环宽为 1 500 mm。中铁 234 号盾构机刀盘的直径为 6 470 mm，每环的出土量：

$$V=k\pi L(d/2)^2 \tag{11.2.5}$$

式中　k——可松性系数，取 1.1；

　　L——管片环宽；

　　d——刀盘直径。

代入计算式计算出每环出土量为 54.22 m^3。

中铁 41 号盾构机刀盘的直径为 6 440 mm，代入计算式计算出每环出土量为 53.72 m^3。

每环出土量直接反映了盾构机在掘进施工过程中是否超挖，因此必须严格控制每环的出土量，并做好记录。

e. 同步注浆材料采用水泥、粉煤灰、膨润土和砂等按一定比例配成的可硬性浆液作为同步注浆材料，该浆液具有结石率高、结石体强度高、耐久性好和良好的防止地下水浸析的特点。

同步注浆采用惰性浆液，实现保压注浆，保证管片与地层之间的空隙能够及时填充，注浆压力 0.2 ~ 0.3 MPa，结实强度不小于 2 MPa。

经标定现场拌和站每盘装料体积为 0.417 m^3，经过试验段多次试验，浆液初凝时间控制在 7 ~ 8 h，确定下穿段同步注浆配合比如表 11.2.4 所示。

表 11.2.4　下穿段同步注浆配合比情况

材料名称	水泥	水	砂	粉煤灰	膨润土
每环材料用量/kg	2 964	6 000	5 472	2 400	480
每盘材料用量/kg	247	500	456	200	40

下穿段使用的管片外径为 6 200 mm，环宽为 1 500 mm。中铁 234 号盾构机刀盘的直径为 6 470 mm，根据试验段总结数据，浆液损填充系数为 108%，每环的同步注浆方量：

$$V=\gamma[\pi L(d/2)^2-\pi L(\varPhi/2)^2] \qquad (11.2.6)$$

式中 γ——浆液损耗系数，取 1.08；

d——刀盘直径；

L——管片环宽；

$\varPhi$——管片外径。

代入计算式计算出每环同步注浆量为 4.3 m^3。

中铁 41 号盾构机刀盘的直径为 6 440 mm，代入计算式计算出每环同步注浆量为 4.29 ~ 4.64 m^3。

② 渣土改良。

为保证一个正常的工作范围，减少刀盘的磨损，在掘进过程预先对掌子面土体进行改良，通过对刀盘前方土体注入泡沫剂，以减少刀盘的扭矩，降低刀盘的油压，并使渣土具有适当的和易性。如掘进遇细砂较多，拌制黏度在 90 ~ 120 s 的膨润土浆液用于保压，实验室根据现场试验情况确定 CMC 盾构制浆剂及膨润土掺入比例。

③ 推进速度。

下穿建（构）筑物时保证推进速度的稳定，严格控制盾构推进方向，减少纠偏，保证纠偏值控制在 5 mm/环。

在下穿建筑物的推进过程中，每 30 m 测量一次盾构机的推进方向，尽可能减少纠偏，同时在盾构下穿期间，保持匀速推进，控制在 45 mm/min 内，从而保证盾构机平稳地下穿建筑物。

④ 控制好盾构姿态，确保盾尾间隙均匀。

盾构推进过程中的同步注浆及二次补浆是控制地面沉降的主要因素，以往的经验显示，盾构推进过程中的盾构姿态不好易造成盾尾处漏浆，地面沉降，因此在盾构下穿建筑物期间，确保盾构推进轴线与设计轴线相吻合，盾尾四周间隙均匀，避免蛇形及俯仰。另外通过加大盾尾油脂压注量来防止浆液通过盾尾流失。同时采用性能较好的盾尾油脂。

⑤ 加强施工过程管理，确保盾构连续穿越。

盾构推进过程中长时间的停机易造成地面大量的沉降，进入下穿房屋段前对设备进行故障排查，会同设备供应商共同检测修理，对可能出现的故障预先做好修理准备，对主要设备零件的备件在施工前配备齐全。

⑥ 严格控制同步注浆量、注浆压力和浆液质量，在盾构推进过程中及时填充隧道壁后建筑空隙；若监测数据表明地面沉降仍较大，进行二次注浆，并按“多点、均匀、少量、多次”的原则有序进行，直至土体变形稳定。

⑦ 严格控制管片拼装精度，确保防水材料处于最佳工作状态，防止管片渗漏水造成上方土体的沉降。

⑧ 在盾构下穿建筑物期间，进行 24 h 隧道内及地面建筑群人员巡视，一旦发现异常迹象，立即上报项目部领导，并根据情况采取适当措施进行处理。

5. 盾构下穿建筑物补强措施

1）管片选择

设计在左线里程 DK6 + 158.639 ~ DK6 + 302.797（长度约为 144.15 m）和右线里程 DK6 + 158.639 ~ DK6 + 393.793（长度约为 235.154 m）范围内，区间隧道河南省供销合作社家属楼，采用Ⅰ、Ⅱ型配筋增设注浆孔管片，该型管片每环的注浆孔增至 16 个。管片新增注浆孔示意图见图 11.2.24。

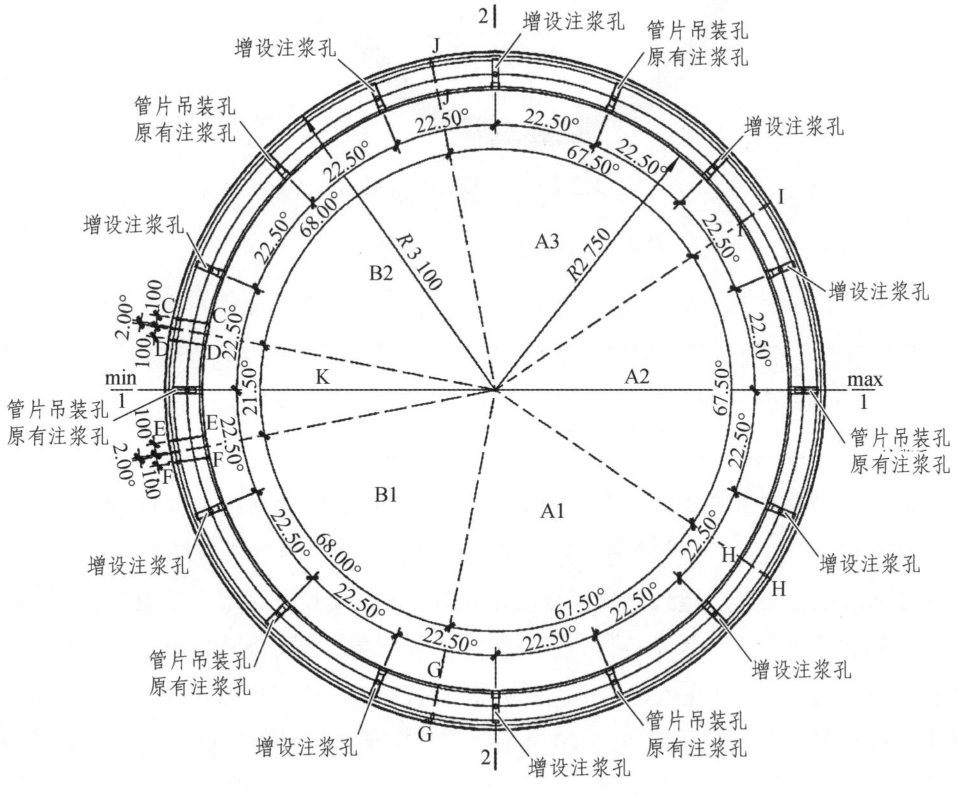

图 11.2.24　管片新增注浆孔示意图

2）径向注浆

区间下穿段采用径向注浆加固，离盾尾 5 ~ 10 环，从洞内采用径向注浆加固盾构隧道与基础间的土体。径向注浆长度为 3 m，宽度 1 m，环向全断面注浆；纵向注浆范围为盾构开挖面距既有结构前后各 1 倍洞径范围内；注浆范围如图 11.2.25 所示。

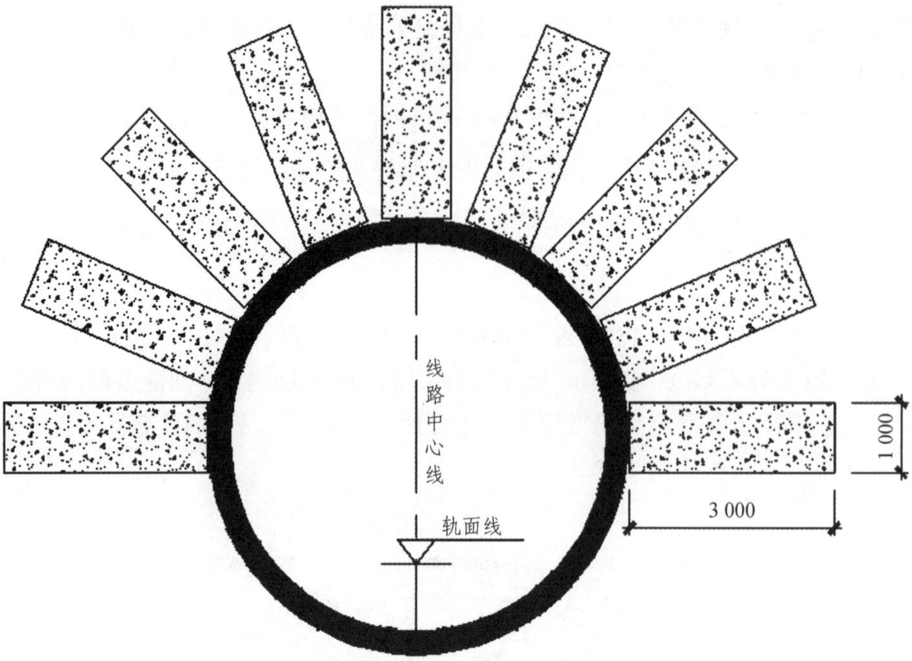

图 11.2.25　注浆范围示意图

注浆浆液采用双液浆，浆液配比如表 11.2.5 所示。

表 11.2.5　双液浆配比表

浆液名称	水灰比	水玻璃（35 °Bé）	A、B 液混合体积比
双液浆	1∶1	1	1∶1∶1

引孔：洞内深孔注浆引孔采用 TXU-75D 钻机，该钻机体型较小，适合在较小空间施工，能在 360°范围内进行钻进，钻杆采用二重管钻杆，在端头安装管内混合器。钻进采用清水作为循环液，达到设计深度或位置时，封闭端点进行横向喷射切换。然后用注浆泵分别将浆液压入外管和内管，浆液在二重管的端头混合器内混合，通过滤网在水平方向实行喷射，将浆液注入地层中。注浆采用后退式，一般 20 ~ 50 cm 为一个注浆段。注浆孔成孔直径>42 mm。施工时，预先在后配套拖车搭设操作平台，钻机安装平稳牢固，通过管片吊装孔进行注浆钻孔施工，确保钻孔钻进角度，同时严格控制钻进深度，注浆孔钻进深度为 3 m。钻孔成孔时要慢速运转，根据地层情况确定钻进参数，密切观察溢水出水情况，出现大量溢水时，应立即停钻，分析清楚原因制定有效措施后再进行施工。

注浆：当钻孔达到设计深度后，进行浆液拌制和注浆管路连接，在吊装孔上安装与吊装孔径匹配的定制注浆球阀，方便注浆结束后封堵。注浆浆液采用双液浆，浆液配比按要求。注浆压力应根据计算确定，注浆出口压力应稍大于注浆出口处的静止土压力，注浆压力一般大于出口压力 0.1 ~ 0.2 MPa，施工需注意中避免下部压力过大引起管片变形与上浮。钻杆回抽幅度为 20 ~ 30 cm/次；注浆速度根据地层孔隙及连通情况、地层密实度等因素，暂定为每分钟 0.2 ~ 0.3 m^3，根据试验段注浆情况和后续的施工情况确定的参数进行适当调整，确保注浆质量。

注浆结束标准按注浆量与注浆压力双控注浆，每根注浆孔注入浆液量不少于理论计算量，当注浆量达理论计算量 1.2 倍而压力未达到注浆终压，可结束注浆；若注浆压力大于注浆终压，注浆量达 80%理论注浆量时也可结束该孔注浆。

理论计算：

地层（主要为黏质粉土、粉质黏土，考虑层间滞水流失）孔隙率 e：42.5%；

浆液充填系数 a：0.7 ~ 0.9，取 0.8；

浆液损失率 β：10% ~ 30%，取 20%；

扩散半径：500 mm；

注浆长度：3 m；

每孔注浆量：$Q = \pi \times 0.5 \times 0.5 \times 3 \times 42.5\% \times 0.8 \times (1+20\%) = 0.96$（$m^3$）；

注浆孔：9 个；

每环注浆量：$h = Q \times 9 = 0.96 \times 9 = 8.65$（$m^3$）。

施工中及时做好注浆记录，注意注浆压力与注浆量的变化，每个注浆孔注浆管完毕抽出钻杆后，关闭球阀，待 10 min 后略微打开球阀，进行观察。如浆液未凝结，及时关闭球阀等待浆液凝结；如浆液已凝结，取下球阀，及时用快干水泥掺水不漏对注浆孔快速封堵。二次深孔注浆如图 11.2.26 所示。

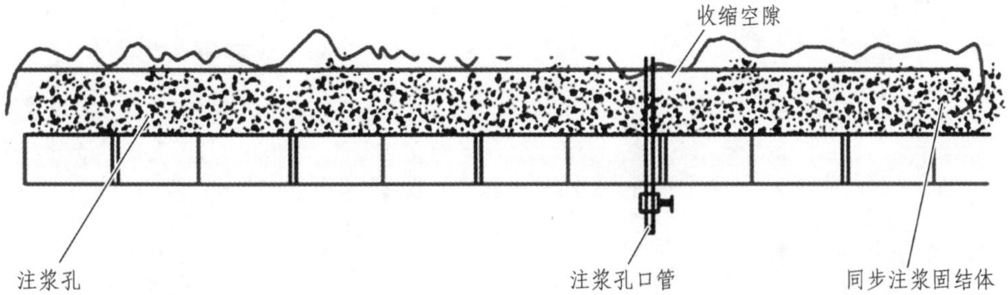

图 11.2.26　二次深孔注浆示意图

为了节约施工时间，保证洞内整洁及人员安全，确保施工循环有序进行，盾尾增加一节后配套拖车用于堆放注浆材料、注浆机、注浆头等配件。二次注浆后配套拖车如图 11.2.27 所示。

图 11.2.27 二次注浆用新增后配套拖车

6. 房屋自动化监测点措施

1）监测点布设

如图 11.2.28 所示。

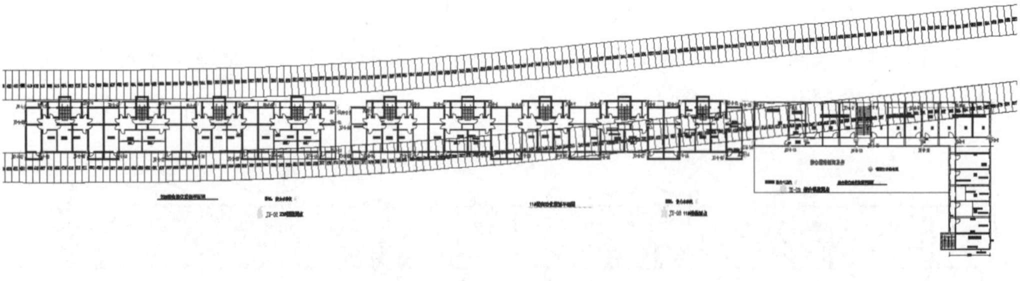

图 11.2.28 监测点布置图

2）监测信息反馈

监测报警指标一般以累计变化量和变化速率两个量控制，累计变化量的报警指标按照设计要求进行确定。

根据工程特点，施工过程中对建筑物进行 24 小时不间断监测，全部监测数据（数据采集及数据分析）均由计算机管理，远程监测数据通过无线传输至后处理计算机，处理后监测结果通过互联网上传至信息平台，确保各方及时了解施工对周边环境各部位影响。若出现较大沉降或沉降速率加速时，可电话及时通知施工、设计、监理，采取对应措施，确保建筑物安全。

11.3　下穿铁路

11.3.1　下穿圃田西站

郑州轨道交通 5 号线车辆段出入线（简称：出入段线）区间左线从腾飞路站引出，右线从未来路站引出，双线沿航海东路相向而行，线路至国香茶城西侧道路转向北，经石化路后下穿陇海铁路圃田西站，过铁路后线路继续向东转入中州大道车辆段。采用盾构、明挖两种工法施工。

出入段线区间在里程右 K1 + 673.709 ~ 右 K1 + 794.039 范围内双线盾构下穿圃田西站 18 条股道，线路平面位于曲线段，圆曲线半径 350 m，左右线间距 13.5 ~ 15.8 m，线路与股道平面夹角为 38° ~ 58°，线路纵坡 34.5‰，隧道至地面覆土 9 ~ 14 m。设计风险等级为一级。

圃田西站位于二里岗货站街。建站时间：1953 年；隶属单位：郑州铁路局；车站性质：货运站；车站等级：特等站。出入段线区间下穿圃田西站 18 条股道，分别为：陇海线上下行 2 条股道，列车运行最高速度 85 km/h，天窗点为上午 10：00 ~ 11：30；陇下货线 1 条股道，列车运行最高速度 70 km/h；西南联络线下行 1 条股道，列车运行最高速度 80 km/h；其余 14 条股道均为站线，列车运行最高速度 30 km/h。

1. 下穿施工情况

1）铁路路基加固施工（注浆和扣轨）

由于郑州轨道 5 号线出入段下穿圃田西站需对铁路路基进行上线加固，工程施工具有特殊性：

（1）一般施工单位缺少类似营业线施工的经验，在铁路封锁、慢行方面协调困难，缺乏与铁路各站段的配合经验，相关手续办理困难，而铁路局桥工段常年进行营业线整修工作，在路基加固施工方面经验丰富，施工效率高。

（2）一般施工单位没有铁路架空所需的专用便梁、专用轨道运输平板车和吊装设备，且此类设施市场租赁来源少，而桥工段自有此类设备。

（3）每年 7—9 月为汛期，按照铁路局要求，“路外单位”不能在汛期进行涉及营业线路基方面的施工，而郑州桥工段可在汛期时间段内组织开工。

因此，采用直接委托的方式，由郑州铁路局桥工段进行代管代建，即由桥工段进行铁路路基加固施工。

通过从地面进行袖阀管注浆，使路基下方土体提前得到加固，有效控制由盾构引起的隧道上层土体扰动，大大降低地铁施工引起的地基变形和不均匀沉降，从而保证铁路轨道、路基以及周边构筑物的安全。注浆加固图见图 11.3.1。

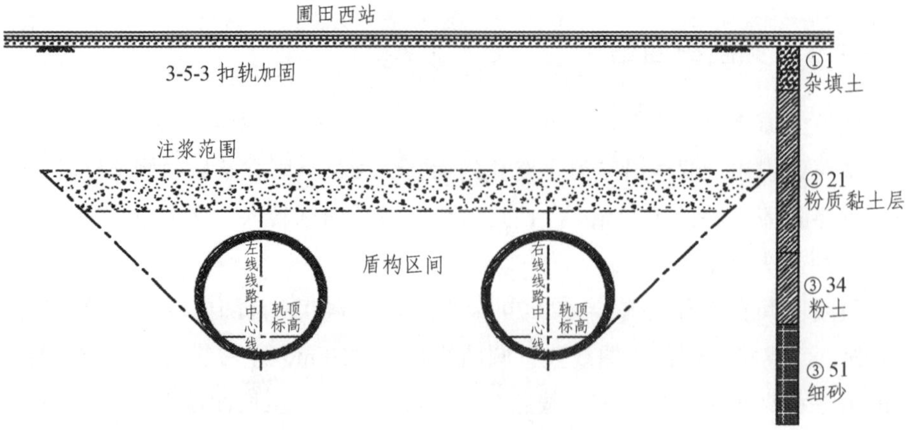

图 11.3.1 注浆加固图

各条股道采用3-5-3式扣轨进行加固保护，确保盾构下穿过程中站场铁路整体受力，避免发生不均匀沉降。扣轨加固图见图 11.3.2。

图 11.3.2 扣轨加固图

2）水文地质情况

出入段线地面高程为 101.577 ~ 105.458 m，地形总体较为平坦，地貌单元为黄河冲积一级阶地，盾构下穿段主要覆土为：$①_1$ 杂填土、$②_{21}$ 粉质黏土。隧道开挖范围内为：$②_{21}$ 粉质黏土、$③_{34}$ 粉土、$③_{51}$ 粉细砂。土层情况见表 11.3.1。

下穿段地下水主要为孔隙潜水，潜水稳定水位埋深 13.5 ~ 24.9 m，高程 77.1 ~ 87.62 m，主要赋存于隧道中部③-51 层粉细砂中。土层情况如表 11.3.1 所示。

表 11.3.1　土层情况

序号	土层名称	特　征
$①_1$	素填土	黄褐色，褐黄色，稍湿，稍密，主要成分以粉土、粉砂为主，含少量砖渣、灰渣。本层层厚 0.30 ~ 7.50 m，层底标高 93.74 ~ 103.87 m
$②_{21}$	粉质黏土	黄褐色—浅灰色，可塑，土质不均，无光泽，切面较光滑，含铁锈斑纹和少量铁锰质斑点。本层揭露厚度 1.0 m，揭露层底 1.39 m，层底埋深 7.2 m，层底高程 93.90 m
$③_{34}$	粉　土	褐黄色—黄色，湿，中密，土质不均，摇震反应慢，含少量云母片和白色钙质条纹，局部夹粉质粉土薄层，含少量钙质结核，粒径一般 5 ~ 20 mm。本层层厚 0.80 ~ 9.50 m，平均层厚 3.39 m，层底埋深 8.20 ~ 30.80 m，平均层底埋深 17.11 m，层底高程 69.63 ~ 95.66 m，平均层底高程 86.29 m
$③_{51}$	粉细砂	褐黄色，湿—饱和，中密—密实，成分由石英、长石、云母等组成，土质不均，局部夹粉土薄层，湿，中密。本层层厚 1.20 ~ 11.90 m，平均层厚 6.46 m，层底埋深 12.30 ~ 25.50 m，平均层底埋深 19.75 m

3）工程重难点分析

（1）陇海铁路是全国铁路运输的枢纽之一，在全国铁路网中处于十分重要的地位。盾构隧道的施工势必会引起地层的扰动而造成地表的差异沉降，再加之铁路行车的振动，不利于开挖面的稳定。为保障铁路的安全及疏通流畅，将地下施工对其影响降低到最小是必须遵循的施工准则。

（2）盾构以 300 m 半径曲线下穿圃田西站，如果盾构姿态控制不好，容易产生超挖从而导致地表沉降过大。

（3）盾构下穿段隧道开挖断面下部为粉细砂层，粉细砂层自稳性差，盾构开挖过程中的上部粉细砂层可能造成地面沉降加大。

（4）通讯发射塔及接触网塔是铁路运输信号发射的中枢，起纽带作用。盾构隧道沉降直接影响铁路整个的运营。

（5）正常地段盾构施工地面沉降允许值为≤30 mm，在采取措施的条件下可以控制到 10 mm 左右 ，但盾构下穿运行中的既有线路来往列车产生的动荷载对地表沉降影响较大，普通措施无法控制到 10 mm。

根据铁道部颁发的 2006 年 10 月 1 日起施行的修改合并后《铁路线路修理规则》（铁运【2006】146 号文件），并结合国内已有很多成功穿越国铁的地铁工程经验。本区间穿越铁路路基规定控制标准为：

轨面沉降值不得超过 6 mm；

相邻两股钢轨水平高程不得超过 6 mm；

相邻两股钢轨三角坑不得超过 6 mm。

因此，出入线下穿圃田西站期间对沉降要求极高，也是本次施工的难点。

4）地面注浆加固

袖阀管注浆通过浆液填充使路基下方土体提前得到加固，有效控制由盾构引起的隧道上层土体扰动，大大降低地铁施工引起的地基变形和不均匀沉降，从而保证铁路轨道、路基以及周边构筑物的安全。

盾构穿越前1个月前完成铁路路基袖阀管注浆加固，加固土体经取芯检测达到设计要求后方可通过，袖阀管注浆期间严格控制注浆压力，根据沉降观测结果，随时停止注浆，防止因注浆导致轨面上抬影响列车运行安全。

注浆要求及加固范围：

（1）加固后土体无侧限抗压强度不小于0.8 MPa。

（2）区间线路纵向加固范围：延伸至轨道外侧20 m，左线140 m（K2＋175.539～K2＋315.029），右线140 m（K1＋673.60～K1＋813.600）。

（3）区间线路横向加固范围：自左、右线线路中心线向外侧各10.5 m，共42 m。

（4）加固体厚度：2 m。

（5）注浆孔位布置：周边地面斜向下打设。

（6）浆液扩散半径：R=1 m。

5）穿越施工控制措施

（1）设置实验段

在盾构到达前100 m（石化路以南）范围作为试验段，通过对试验段的数据进行分析，制定合理的掘进参数指导盾构下穿圃田西站段施工。在实际施工过程中，根据实际情况并同出土量进行有机结合，根据地面沉降情况可适调整土压力设定值，在盾构到达前确定合理的掘进参数，作为保障铁路运行的安全前提。

（2）土仓压力控制

根据盾构下穿圃田西站段的工程水文地质条件及隧道埋深，土仓压力控制在1.4～1.6 bar之间（上部土压），盾构掘进过程中必须保持土压稳定，严禁在盾构掘进过程中土仓压力忽高忽低。

（3）掘进参数控制

刀盘转速在1.0～1.3 r/min，扭矩<60%，掘进速度控制在30～40 mm/min，保证盾构机平稳通过。

（4）出土量控制

盾构掘进出土量控制在理论出土量的98%～100%，则

$$V=\pi\times(D/2)^2\times L=\pi\times(6.47/2)^2\times 1.5=49.3\ (\mathrm{m^3/环}) \qquad (11.3.1)$$

式中　D——盾构外径（m）；

L——管片长度（m）。

松散系数取 1.2 ~ 1.3，即最终出土量为 59.15 ~ 64.08 m^3/环。

可以用量测渣土体积的方法来控制，根据每掘进一斗土的管理行程来严格控制，若出土量出现异常及时调整。控制出土量稍小于理论值，保证盾构切口上方土体能微量隆起，以减小土体的后期沉降。

（5）姿态控制（掘进参数的控制）

严格控制盾构的纠偏量。在掘进中严格控制盾构机的姿态，最大限度减少每次纠偏的幅度，每环纠偏量不超过 4 mm。以减少对地层的扰动，并为管片拼装创造良好的条件。

（6）土体改良措施

采用高分子聚合物、钠基膨润土以及泡沫等材料综合进行渣土改良，钠基膨润土按照 1∶6 的配比，每环注入量在 8 m^3 左右，膨润土的泥浆比重控制在 1.1 ~ 1.2，稠度控制在 20 ~ 23 s；泡沫原液比例控制在 2% ~ 5%，泡沫流量控制在 250 ~ 350 L/min，最终渣土塌落度控制在 160 ~ 180 mm。

（7）同步注浆

壁后注浆是控制铁路沉降的重要措施。要保证注浆量在理论计算值的 180% ~ 200%，即每环注浆量在 7.2 ~ 8.8 m^3。注浆以注浆压力为主控制，注浆压力控制在 0.20 ~ 0.25 MPa，并结合注浆量进行双控。在穿越铁路前 100 m 试验段掘进时加强地面沉降隆起监测，及时分析数据，调整盾构机掘进参数和注浆压力。

（8）二次注浆

为了尽量确保铁路沉降在控制范围内，在穿越过程中，在同步注浆的基础上，及时进行跟踪二次注浆辅以环箍注浆，在脱出盾尾的第 3 ~ 5 环管片，采用双液浆每间隔 5 环打好环箍，使隧道纵向形成止水隔离带。注浆压力控制在 0.2 ~ 0.4 MPa。

6）施工监测

针对盾构下穿铁路期间施工，需要对盾构下穿段进行严格监控量测，为避免严重后果的发生，必须加强施工过程中的监控测量，把施工引起的一系列动态变化信息及时反馈到盾构施工现场，使现场及时调整施工参数，以免危及铁路行车运营安全的事故发生。

观测开挖过程中隧道的状态及对周边环境的影响。特别是既有铁路路基的变形状况，及时掌握铁路线路的沉降变化和盾构周边建筑物以及管线的影响，预防工程破坏事故和环境事故的发生。

通过将监测数据与预测值作比较，判断上一步施工工艺和施工参数是否符合或达到预期要求，同时实现对下一步的施工工艺和施工进度控制，从而切实实现信息化施工。

通过监测及时发现施工过程中的环境变形发展趋势，及时反馈信息，达到有效控制施工对周边环境影响的目的。

主要的铁路监测包含：铁路路基及轨面监测、铁路生产生活用房监测、接触网监测、跟踪监测等。

2. 施工总结

本标段盾构下穿铁路股道数量多，沉降要求高。通过预先对铁路路基进行加固、制定下穿掘进方案、控制掘进参数等措施，较好地完成了下穿掘进施工。下穿施工中，铁路路基及周边建筑物等监测数据均未发生预警，满足铁路安全行车的要求。

11.3.2 下穿陇海铁路

1. 工程概况

1）工程简介

郑州轨道交通 5 号线 12 标区间工程建设西路站—西站街站，在桐柏北路东侧右线以 390 m、左线以 400 m 的曲线半径下穿陇海铁路路基段。区间左线长度 1 425.757 单线延米，右线长度 1 398.609 单线延米。线路最小曲线半径 390 m、最大曲线半径 800 m；线间距 13 ~ 16.2 m。隧道主要穿过黏质粉土层。

建—西区间隧道采用盾构法施工，左线 ZDK39 + 780.182 ~ ZDK39 + 828.182、右线 YDK39 + 776.534 ~ YDK39 + 824.524 下穿陇海铁路，隧道顶与路基的净距约 22.9 m，区间隧道与铁路交角约 53°，区间隧道长度约 48 m。对应的陇海铁路里程：隧道右线为陇海线 K573 + 337，左线为陇海线 K573 + 350。该区域为中原站西岔区地段，线路较多且地下各种电缆线、管线较多。

建—西区间左线下穿陇海铁路起点距始发端 504 m（336 环），终点距始发端 552 m，（368 环），下穿段实际长 48 m，计 32 环。建—西区间右线下穿铁路起点距始发端 481.5 m（321 环），终点距始发端 529.5 m（353 环），下穿段实际长 48 m，计 32 环。建设西路站—西站街站区间下穿陇海铁路现状如图 11.3.3 所示，建设西路站—西站街站区间与陇海铁路平面关系如图 11.3.4 所示。

图 11.3.3 建设西路站—西站街站区间下穿陇海铁路现状图

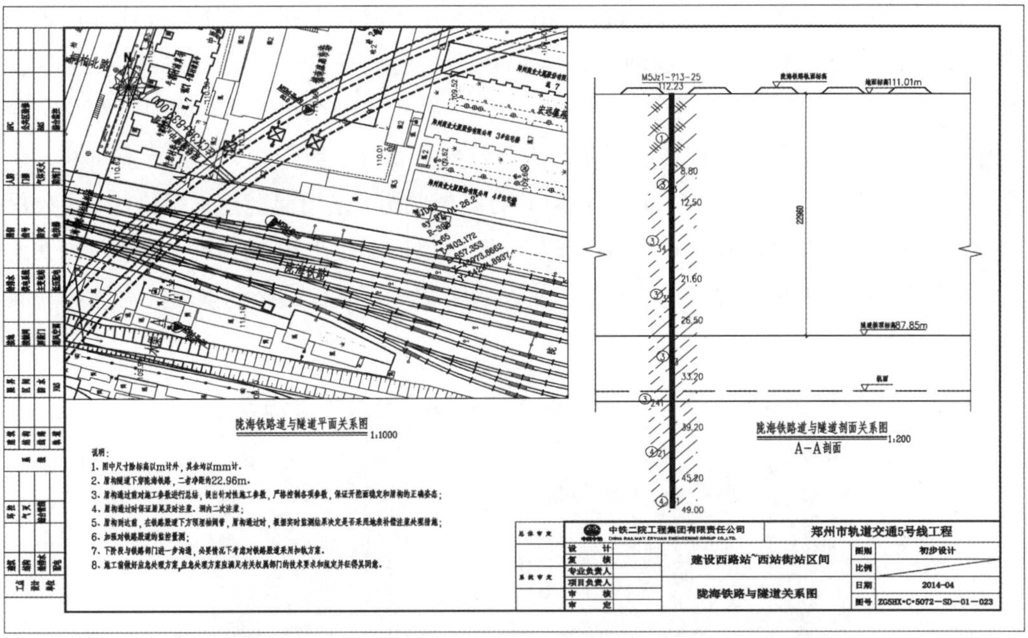

图 11.3.4　建设西路站—西站街站区间与陇海铁路平面关系图

2）水文地质

根据郑州市区域地质资料，郑州市轨道交通 5 号线共跨越 3 个地貌单元，下穿陇海铁路区域属于属于山前冲洪积缓倾平原，地面标高 111.01 m。依据郑州市轨道交通 5 号线沿线的地貌单元及岩土性质，将本工程的工程地质分区分为 3 个区，分别为 A 区、A1 区、B 区，其中本区间属于 B 区地貌单元，属于山前冲洪积缓倾平原地貌，场地 30 ~ 40 m 深度范围内地层主要为第四系上更新统（Q_3）地层，主要地层为粉土、粉质黏土，夹有细砂。

结合野外钻探、原位测试资料、室内土工试验成果，本场地 45 m 以上地基土均属第四系（Q）沉积地层。在垂直方向上 45 m 范围内分布有第四系全新统人工堆积层杂填土（Q_{4-3}^{ml}），全新统冲积物（Q_{4-3}^{al}）、全新统湖积物（Q_{4-2}^{l}）和全新统冲洪积物（Q_{4-1}^{al+pl}），第四系上更新统冲积物（$Q_3{}^{al}$），按地质时代将其划分为①、②、③三个大层，其中第②大层分为 8 层、第③大层分为 3 层。

根据区域水文地质资料和现场钻探，本区间地下水主要为第四系松散层孔隙潜水。最高水位埋深位于隧道结构底板以下，对地铁施工影响不大。下穿陇海铁路区域地下水位为 79.72 m，位于区间结构以下 2.93 m。

3）地下及周边建构筑物

陇海铁路（Lanzhou-Lianyungang Railway）是中国甘肃兰州（陇）通往江苏连云港（海）的铁路干线，于 1905 年起动工，经过 40 余年的分段建设，至 1952 年全线建成，1953 年 7 月全线通车。目前全长 1 759 km，为 I 级双线电气化线路。陇海铁路是贯穿中国东、中、西部即华东、华中、西北最主要及最重要的铁路干线。根据已有资料，建设西路站—西站街站区间下穿段陇海铁路共有 8 根股道，采用混凝土Ⅲ型轨枕，每公里轨枕数 1 667 根。陇海铁路为碎石道床基础，距隧道顶部覆土约 22.9 m。路基两侧铁路通信、信号电缆和电力电缆及电力杆塔。建设西路站—西站街站区间下穿陇海铁路现状如图 11.3.5 所示。

图 11.3.5　建设西路站—西站街站区间下穿陇海铁路现状图

2. 重难点及应对措施

在下穿铁路施工过程中，有效地控制地面沉降是施工的关键控制点，必须将沉降值控制在铁路列车允许范围之内，做到以严谨的施工技术为依托、精心施工、精心管理。在不具备地面作业的情况下，必须从盾构掘进及洞内辅助施工措施方面确保铁路安全的控制措施。鉴于陇海铁路的重要性，按照《高速铁路设计规范》（试行）无砟轨道的相关要求进行从严控制，即路基工后沉降不应大于 5 mm。

3. 存在的问题及处理措施

1）盾构施工情况介绍及控制要点

本合同段选用的土压平衡盾构机，是推进时靠由刀盘切削下来的土体经改良，使开挖面地层保持稳定的一类盾构，其工作原理如图 11.3.6 所示。

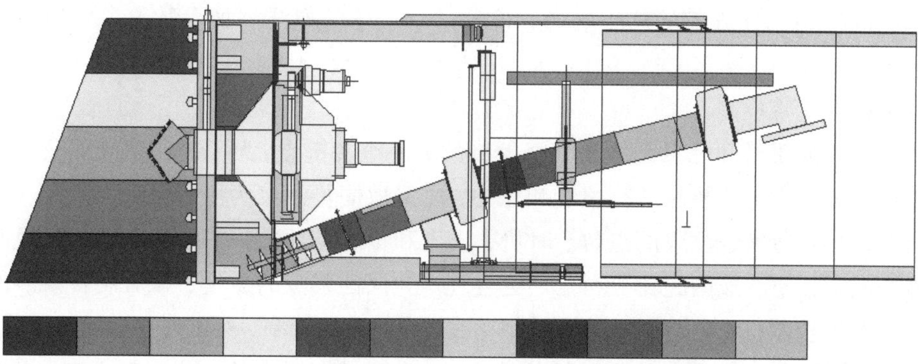

图 11.3.6　土压平衡盾构机工作原理示意图

盾构推进时，前端刀盘切削土层，切削下来的土体进入密封土仓，当土仓内的土体足够多时，可与开挖面上的土、水压力相抗衡，使开挖面地层保持平衡。盾构设有螺旋输送机，由其将渣土排送到土箱，运至地面。螺旋输送机的排土口上装有滑动闸门或螺旋式漏斗，以控制出土量。在盾构掘进过程中向开挖面加压灌注水、膨润土浆、高浓度泥水和泡沫等，同时靠刀盘和搅拌翼混合搅拌切削下来的土体，使之具有止水性、流动性。使得切削下来土体能够顺利排出，又能提供压力，与开挖面的水、土压保持平衡，使开挖面保持稳定的目的。

盾构进入铁道下方前 50 m 位置处，对盾构设备进行一次全面检查，保障下穿掘进不因设备故障而停顿。同时在盾构机进洞后前 100 m 设置“试验段”，对盾构掘进所用渣土改良膨润土和泡沫剂，以及同步注浆所用惰性浆液和水泥浆液等材料进行试验，确定合理的控制地面沉降材料参数。

（1）开挖面稳定控制

沉降控制的关键之一是开挖面的稳定控制。开挖面的控制是个系统控制过程，涉及水土压力控制、出土量控制、添加剂的使用控制等等掘进参数的控制和优化，而掘进参数优化的基础又来源于施工过程中对沉降数据的分析、沉降规律的掌握、土压波动的控制程度和稳定程度的评估等。盾构施工作为一种动态的施工控制过程，在过铁路之前的 100 m 的施工技术管理的成果对过铁路施工具有很大的指导作用。

（2）添加剂的使用

添加剂的合理使用是确保盾构顺利掘进、维持开挖面稳定、实现均衡连续盾构施工的关键。根据该段区域的实际情况，盾构下穿是粉质黏土区域，粉土自身具有较高的细颗粒含量，加入适当的泡沫可以使土体的塑流性得到较大的改善，保证掘进的正常进行，使得盾构前方土压保持稳定，较好地控制地面的隆陷。

在泡沫参数设定方面，根据现场实际出土状况、土压变化、刀盘及螺旋机的工作状况来及时调整泡沫流量、FER 和 FIR 的值。泡沫加入不足，排土困难，还容易在刀盘中心形成泥饼；泡沫加入过多，对土压维持不利，也是浪费。所以要根据过铁路之前的 100 m 段积累这方面的施工参数，确定一个最佳的泡沫添加参数值，发泡率控制在 8 ~ 14。

（3）壁后注浆控制

壁后注浆的质量和效果是地表沉降控制的另一个关键点，为了确保浆液能及时填充管片壁后形成的空隙，并保证充填度和压力，需采取同步注浆为主，辅以二次或三次注浆的措施，并合理确定注浆的点位、时机、压力和量。同时根据掌握的反馈信息及时调整浆液的配比，使浆液的配比更科学、更合理。为保证浆液的质量，要对制备浆液的原材料进行严格控制，要定期测定浆液的坍落度、黏性、离析率、凝结时间、抗压强度等。

为了确保注浆的效果能达到过铁路的要求，在过铁路之前的 100 m 施工中，设置两个各 20 m 的区段实施该注浆方案，总结积累注浆压力和注浆量的参数，并根据实际的地面监测来控制注浆量和注浆参数，以便确保过铁路的安全。

2）沉降控制分析与估算

依据《高速铁路设计规范》（试行）TB10621—2009 中第 6.4.2 条规定：路基与隧道或横向结构物交界处的工后沉降不应大于 5 mm，不均匀沉降造成的折角不应大于 1/1 000。有砟轨道正线路基工后沉降控制标准见表 11.3.2。

表 11.3.2　有砟轨道正线路基工后沉降控制标准表

设计速度 /（km/h）	一般地段工后沉降 /cm	桥台台尾过渡段工后沉降 /cm	沉降速率 /（cm/a）
250	≤10	≤5	≤3
300、350	≤5	≤3	≤2

鉴于陇海铁路的重要性，按照《高速铁路设计规范》（试行）无砟轨道的相关要求进行从严控制，即路基施工后沉降不应大于 5 mm。

（1）地表沉降主要原因分析

盾构施工引起的地面沉降按地表沉降变化规律可分为初期沉降、开挖面沉降（或隆起）、尾部沉降、尾部空隙沉降和长期延续沉降等五个阶段。

（2）施工影响的数值模拟及计算结果

由于岩土材料物理力学特性的随机性和复杂性，要完全模拟岩土材料的力学性能和严格按照实际的施工步骤进行数值模拟是非常困难的。在建模和计算过程中，应考虑主要因素，忽略次要因素，结合具体问题进行适当简化，在本次数值模拟中采用了以下假设：

① 围岩材料为均质、各向同性的连续介质。

② 隧道的受力和变形按平面应变问题进行计算。

③ 在初始应力场模拟时不考虑构造应力，仅考虑自重应力的影响。

④ 管片按均质弹性圆环模拟，考虑管片接缝的刚度折减系数 $\eta = 0.8$。

土体本构采用 M-C（莫尔-库仑）模型，道砟层、管片、注浆材料采用线弹性材料。隧道开挖的应力释放率取为 80%。采用齐次边界条件，约束底部竖向位移和左右两侧边界的水平位移。铁路荷载转换为静荷载计算，考虑到铁路股道间距，转化为二维问题取 100 kN/m 的荷载值。岩土体物理力学参数采用地勘建议的物理力学参数表，盾构管片采用 C50 钢筋混凝土。

注浆考虑采用惰性浆液结合单液浆液对路基进行加固，通过注浆，减小土体间的孔隙率，使土体并使浆液与土体形成复合地基，从而提高土层的黏结力（C），内摩擦角（φ）值，使盾构施工对铁路线路的影响减小到最低。建模时，通过提高加固体的物理力学参数来模拟注浆加固的作用。

3）施工影响的数值模拟及计算结果

（1）计算结果

两盾构中心线水平间距 15.2 m，模型宽 69.5 m，高 44.2 m，盾构隧道位于③35 粉土、③23 粉质黏土中，地下水位线位于隧道拱腰下方。隧道计算模型如图 11.3.7 所示。计算模型所处的地质横断面情况如图 11.3.8 所示。

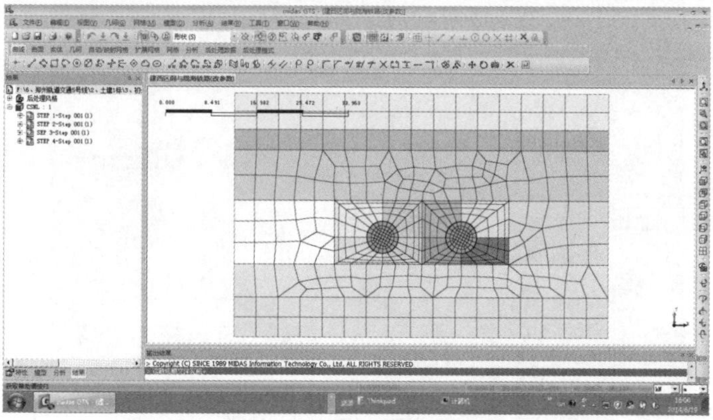

图 11.3.7　计算模型

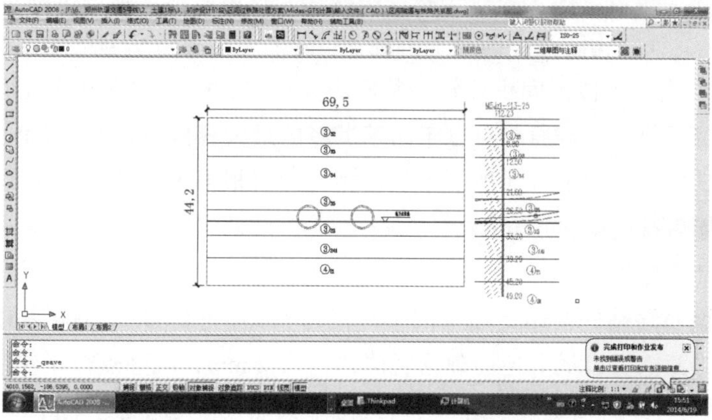

图 11.3.8　计算模型所处的地质横断面图

考虑右线隧道先施工，左线隧道后施工，在两种工况下地层沉降和地面沉降如图 11.3.9、11.3.10 所示。

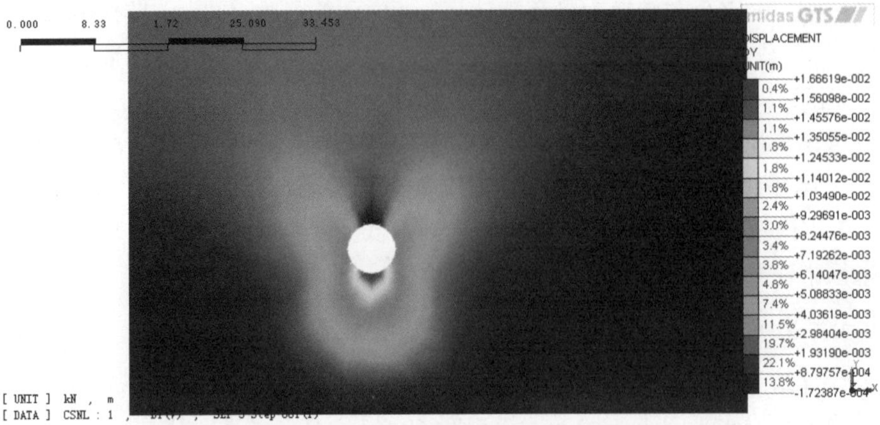

图 11.3.9　右线盾构开挖后的地层沉降云图

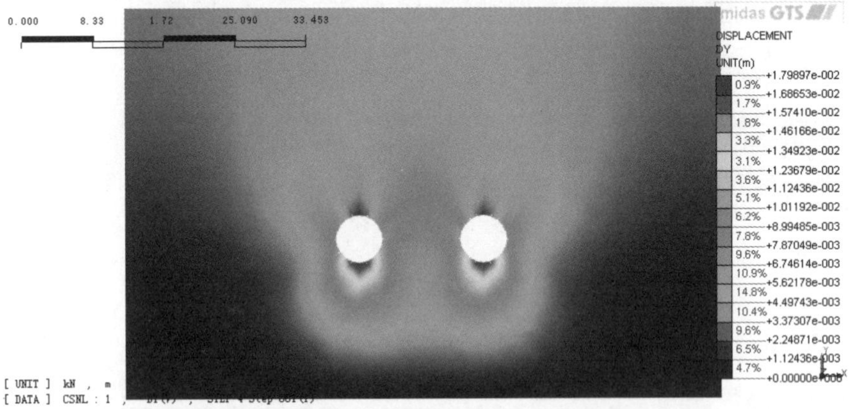

图 11.3.10　左线盾构一并开挖后的地层沉降云图

从图 11.3.5 中可以看出，左线、右线盾构均开挖后，最大地面沉降量为 4.2 mm，沉降点位于左、右线盾构隧道中间最上方地面。先期施工隧道引起的地面沉降值占总的沉降值的 52%。由于本段区间拱顶到路基面距离达 22.9 m，从数值分析可以看出，施工引起的地面沉降值小于普通碎石道床路基沉降的最大容许值，其原因是在隧道上方粉土地层自稳性良好，拱顶上方无地下水的作用；同时根据太沙基（Terzaghi）松弛土压力理论，隧道塌落拱高度在 11 m。

（2）计算结果分析

通过对建设西路站—西站街站区间下穿陇海铁路桐柏北路东侧路基段的影响分析结果，右线盾构开挖后，最大地面理论沉降量为 2.2 mm，沉降点位于左线盾构隧道拱顶最上方；左线、右线盾构均开挖后，与右线沉降累加，最大地面理论沉降量为 4.2 mm，沉降点位于左、右线盾构隧道中间上方地面。在已经完成的约 500 m 掘进过程中，通过调整掘进参数、缩短同步注浆凝固时间、及时跟进二次注浆等措施，实际沉降量在 2 ~ 3 mm，均满足沉降不应大于 5 mm 的控制要求。

4. 施工技术措施

1）设计方面

（1）采取先掘进一条盾构隧道，待施工阶段绝大部分沉降完成后再施工另外一条隧道，避免两条隧道同时施工。

（2）认真细致做好地铁施工下穿段工程地质、水文地质勘探及地下构筑物调查工作，防止推进过程中意外情况发生。

（3）加强管片配筋设计：铁路线下方及两侧各 20 m 的范围内的钢筋混凝土管片采用加强型配筋。

2）施工方面

（1）土压力控制

在盾构下穿铁路过程中严格控制切口平衡土压力，使得盾构切口处的地层有微小的隆起量来平衡盾构背土时的地层沉降量。根据监测数据及时进行调整。同时严格控制与切口平衡压力有关的施工参数，如出土量、推进速度、总推力、实际土压力围绕设定土压力波动的差值等。防止超挖、欠挖尽量减少平衡压力的波动，在实际施工中可土仓压力控制在 0.18 ~ 0.23 MPa，总推力控制在 1 100 ~ 1 300 t，刀盘转速控制在 1.0 ~ 1.2 r，具体的参数值根据施工监测，盾构试掘进阶段的经验参数，现场实际情况进行调整。

（2）推进速度控制

在下穿铁路路基时，盾构机推进速度建议控制在 3 ~ 5 cm/min 匀速推进，掘进 8 ~ 10 环，并根据实际情况及时调整，有效控制地面沉降，使下穿过程中对地层扰动减小至最低程度。盾构掘进尽量做到均衡施工，减少对周围土体的扰动，避免在途中有较长时间停机。盾构进入铁道下方前 50 m 位置处，对盾构设备进行一次全面检查，保障下穿掘进不因设备故障而停顿。

（3）出土量控制

盾构掘进过程中每环管片的出土量直接关系到土压的平衡从而影响地面沉降，盾构掘进土体损失量应控制在 0.5%以内，一旦盾构掘进施工出土量没有控制好，出现较大的超挖现象，就可能出现正面岩土失稳、坍塌，所以此段施工，必须在土压平衡状态下进行盾构掘进，过程中严格控制出土量。下穿过程中将每环的出土量控制在理论出土量（48.86 m^3）的 97% ~ 98%，根据土压的变化情况及地面沉降数据情况，及时地进行微调，以保证下穿过程中掌子面土压平衡，达到控制地面沉降的效果。

（4）盾构纠偏控制

为减小地面沉降，在下穿铁路股道过程中，严禁大量纠偏，左右区域千斤顶力差及相邻两区域千斤顶力差不宜过大，防止盾构蛇形推进或者出现“犁地走”的情况，以此保证减小对土体的扰动，到达减小地面沉降的最终目的。加强对管片的监测工作，以期指导调整盾构机姿。确保盾构均衡匀速施工，盾构姿态变化不可过大、过频。每隔 5 环检查管片的超前量，隧道轴线和盾构轴线折角变化不能超过 0.4%。避免盾构与管片间夹角过大造成土体损失，推进时不急纠、不猛纠，观察管片与盾壳的间隙，相对区域油压的变化量随出土箱数和千斤顶行程逐渐变化。采用稳坡法、缓坡法推进，以减少盾构施工对地面的影响。

（5）管片拼装控制

在下穿过程中，严抓管片拼装，尤其是正确选择 K 块管片定位直接影响到管片的姿态，从而影响盾构机姿态。由专业技术人员采取 24 小时跟班制度，协助盾构推进工班长及盾构司机准确的进行 K 块定位，并使拼装后管片尽量不碎裂、不渗水，减小错台量，提高下穿过程中的拼装速度，使成型的隧道管片为盾构推进反力作出最好的支撑。拼装过程中为防止盾构后退，回缩的千斤顶应尽可能地少，以满足管片拼装即可。拼装结束之后，应当尽可能快地恢复推进，减少土体铁路路基沉降。

（6）严格控制同步注浆量和浆液质量控制

根据以往下穿国铁路基的施工经验，同步注浆量填充率控制在 200% ~ 250%。将严格控制地面拌浆的浆液质量及浆量。并根据实际地面沉降情况及时作出调整，以保证地面沉降控制在最小的范围内。同时严格地面隆起量。盾构机下穿陇海铁路区域设定值为 0.4 ~ 0.5 MPa，每推进一环的建筑空隙为 $1.5\times3.14\times(6.44\times6.44-6.2\times6.2)/4=3.57\ \text{m}^3$，$1.5\times3.14\times(6.37\times6.37-6.2\times6.2)/4=2.52\ \text{m}^3$（盾构开挖外径：Φ6 440 mm 或 6 370 mm；管片外径：Φ6 200 mm），初定每环注浆量为 7.92 m^3、6.3 m^3；具体压浆量和压浆点视压浆时的压力值和地层变形监测数据而优化。

（7）二次注浆辅以环箍注浆

二次注浆过程中严格按照要求进行跟踪注浆。二次注浆压力控制在 0.2 ~ 0.4 MPa，下穿完毕继续进行跟踪监测，及时补浆处理，避免后期沉降，充分压注盾尾油脂，确保盾尾密封效果。指派专人负责，对压入位置、压入量、压力值均做详细记录，并根据地层变形监测信息及时调整，确保压浆工序的施工质量。根据施工中的变形监测情况，随时调整注浆量及注浆参数，壁后二次注浆量根据地面监测情况随时调整，从而使地层变形量减至最小，直至地面变形稳定为止，以确保铁路轨道的安全。

（8）控制地层损失量与盾构操作控制

在盾构掘进过程中根据地面深层监测点数据及时反映土层损失量（控制在 0.5%以内），在推进过程中应保持盾构切口处有微小隆起以抵消后期沉降，盾构掘进后应及时通过同步注浆及二次注浆填充盾尾间隙，严格控制土层损失量，将地层损失控制在 0.5% 范围内。

在过铁路区域之前，控制好盾构的轴线，争取在下穿铁路的过程中不纠偏或者少纠偏，做到少超挖。严格控制四个推进油缸分区油缸行程差及控铰接油缸行程差，控制好盾尾间隙。

（9）临时异常停机措施

① 为保持开挖面的稳定，防止周围土体坍塌，将盾构机刀盘抱死，造成刀盘启动扭矩过大，在盾构机停机后，向刀盘和土仓内注入适量的泡沫及稠膨润土浆液，膨润土浆液建议配比为膨润土：水 = 300：700（重量比），膨润土浆需提前制备好并充分发酵。在停机期间，将土仓内的平均土压力建立在 1.5 bar 以上。

② 在停机时间超过 24 h 时，为防止泡沫的消散，仅通过注入稠膨润土浆来维持开挖面的稳定，在停机期间应密切注意仓内土压力的变化，在平均土压力低于 1 bar 时，特别上部土压低于 0.6 bar 时应及时补注膨润土浆液，以维持整个开挖面的水土压力平衡。

5. 施工监测

1）工程监测范围

依据郑州轨道交通五号线设计和城市轨道交通隧道工程施工阶段沿线环境变形监测要求，本施工工程铁路地表区域路基沉降（变化）监测范围：陇海线 K573 + 320 至 K573 + 370 区间及线路两侧地表路基。

2）洞内监测

陇海铁路以及周围地面的沉降是本风险工程的监测重点，对铁路沿线以及周围构筑物均进行系统调查，对洞内衬砌变形情况进行监测，制定专门的施工监测方案，建立完善的监测网络，确保监测成果的准确及高效，为施工提供确实可靠的数据保证。

地面线路及路基监测由铁路部门施工监测单位进行。洞内衬砌变形监测由地铁盾构区间施工单位进行。具体洞内监测主要包含：洞内观察及安全巡视、管片衬砌变形监测。

3）地面沉降监测

以郑州轨道交通 5 号线在该地区两隧道中心线为主轴线，纵向在地表沿中心线布设一组监测点；两隧道间平行于隧道中心线主轴线，纵向在地表布设一组监测点；两隧道外两侧各平行隧道中心线主轴线，纵向沿地表布设一组监测点；地表监测点根据现场情况布设在路基上，监测点间距 7 m 左右，以满足地表路基监测、不影响铁路运输安全为原则。相关接触网支柱基础上以满足监测为原则。

在选定监测点位置（距铁路线路中心线不少于 2 440 mm），清理地面道砟及虚土，开挖直径不少于 150 mm，深度不少于 200 mm 桩位，在该桩位打下直径为 20 ~ 30 mm 钢管，深度不少于 1.5 m，用混凝土护好桩位，地表上方预留高度与钢轨面大致同样高度观测桩。陇海铁路监测平面图见图 11.3.11。

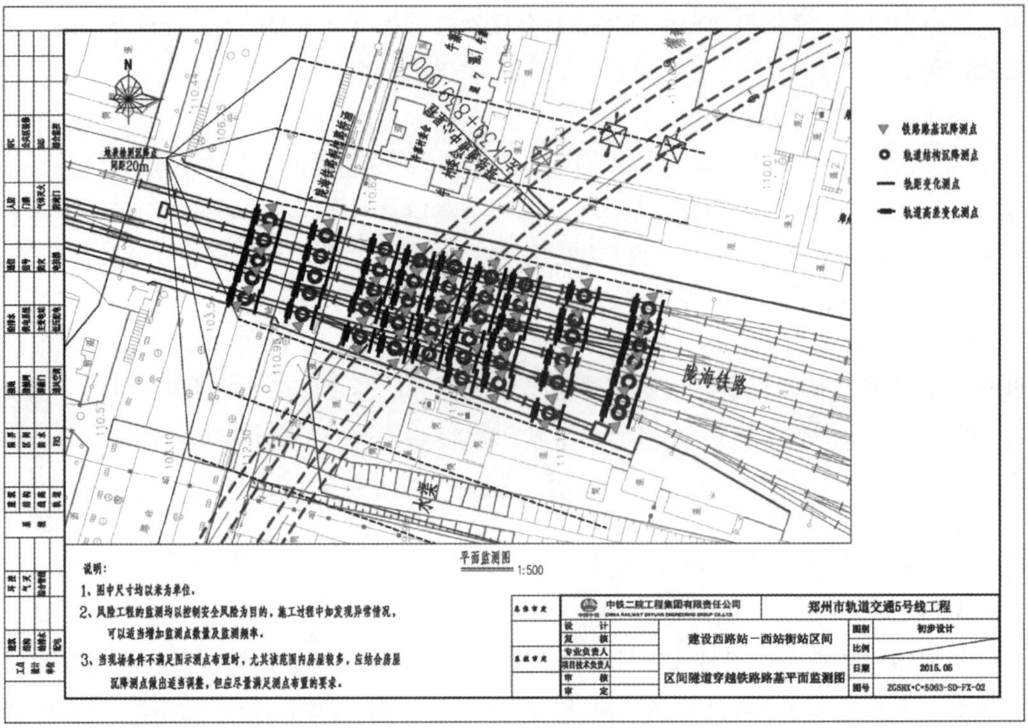

图 11.3.11　陇海铁路监测平面图

4）预警控制

对盾构施工的风险源的影响预测应贯穿于施工的全过程，采用反分析或其他有效方法，按照规定的程序，通报参建各方，及时会商或调整施工措施。并严格按照三级预警机制组织施工，三级预警状态判定和处理详见表 11.3.3。

表 11.3.3　三级预警状态判定处理表

预警级别	预警状态描述	预警处理
黄色预警	设计控制值的 70%，即轨道高低差达到 3.5 mm	发生黄色预警时，应加密监测频率，加强对桥梁沉降动态的观察；分析和调整地铁隧道施工参数
橙色预警	设计控制值的 85%，即轨道高低差达到 4.25 mm	发生橙色预警时，加强观察、监测，立即通知铁路相关部门、地铁相关单位（建设、设计、施工、监理）共同商议确定，同时应对施工方案、开挖进度、掘进参数等做检查和完善，在获得设计和建设单位同意后执行；必要时进行轨道的保养工作，必要时对铁路路基周边的预埋袖阀管进行注浆处理
红色预警	设计控制值的 100%，即轨道高低差达到 5 mm	发生红色预警时，加强观察、监测，立即通知铁路相关部门、地铁相关单位（建设、设计、施工、监理）共同商议确定，必要时停止隧道施工，进行轨道的保养工作或临时补修工作，对铁路路基周边的预埋袖阀管进行注浆处理

6. 结　论

（1）通过对郑州市轨道交通 5 号线建设西路站—西站街站区间与陇海铁路路基位置关系的相互分析，隧道与轨道的净距达 22.9 m，远大于盾构隧道的常规影响范围，故地铁线位可行。

（2）根据郑州 5 号线 12 标建设西路站—西站街站区间盾构法施工的实际效果来看，选用盾构工法是合理的，可以发挥盾构法安全、可靠、快速以及对周边环境影响小的优点。

（3）施工期间盾构施工引起的最大沉降值约 4.2 mm，小于最大沉降量 5 mm 的控制要求；施工中优化盾构推进参数（如土仓压力、推进速度、总推力、出土量、刀盘转速、注浆量和注浆压力等）、严格控制盾构推进姿态、确保同步及二次注浆的注浆量及注浆压力、加强施工监测、建立专项安全施工方案和专项安全应急预案等，满足陇海铁路路基段保护的要求。

11.4　下穿障碍物

11.4.1　经三路站—未来北路站区间锚索拔除施工

1. 设计简介

1）设计内容

（1）锚索设计内容

瀚海璞丽基坑南侧锚固区采用的是 2 道 3Φ15.24 和 2 道 4Φ15.24 预应力锚索，锚索水平间距 1.5 m，注 M20 砂浆，单根长度 26 ~ 31 m，向下倾角 10° ~ 15°。

具体如图 11.4.1 ~ 11.4.6 所示。

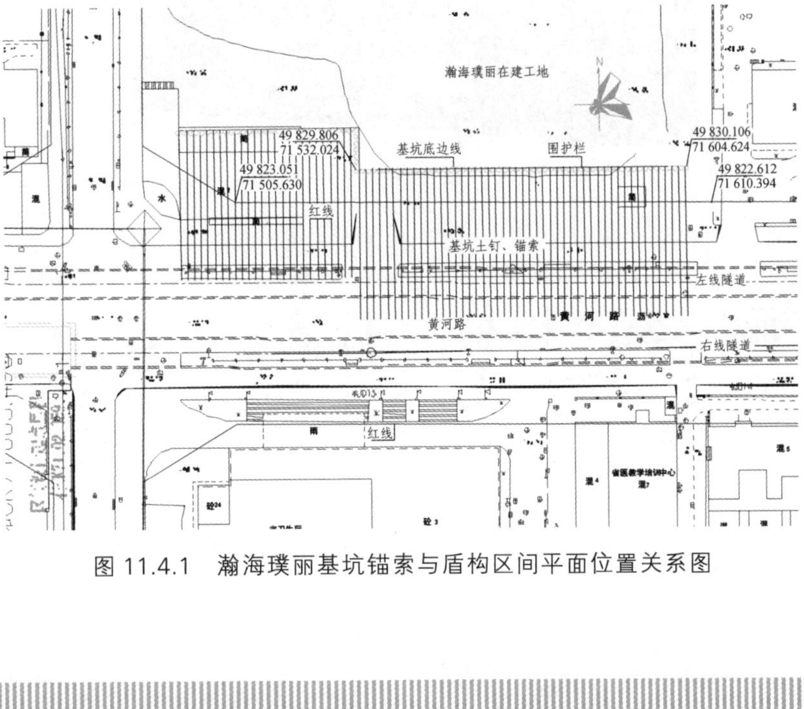

图 11.4.1　瀚海璞丽基坑锚索与盾构区间平面位置关系图

D-D剖面土钉、锚索设计参数表									表9		
土钉、锚杆编号	位置标高 (m)	土钉、锚杆配筋	轴向拉力设计值 (kN)	预应力 (kN)	土钉、锚杆长度 (m)	锚固段长度 (m)	锚固段直径 (mm)	自由段长度 (m)	自由段直径 (mm)	倾角 (°)	水平间距 (m)
1	-2.15	1⌀18	\	\	6.00	6.00	100	\	\	10-15	1.50
2	-3.15	1⌀18	\	\	6.00	6.00	100	\	\	10-15	1.50
3	-5.45	3s15.2	520.4	280	26.0	16.0	150	10.0	150	10-15	1.50
4	-7.95	4s15.2	679.13	280	29.0	20.0	150	9.00	150	10-15	1.50
5	-10.75	4s15.2	713.48	280	31.0	23.0	200	8.00	150	10-15	1.50
6	-13.55	3s15.2	562.43	220	22.0	15.0	200	7.00	150	10-15	1.50

图 11.4.2　瀚海璞丽基坑锚索参数表

图 11.4.3　瀚海璞丽基坑锚索锚固端

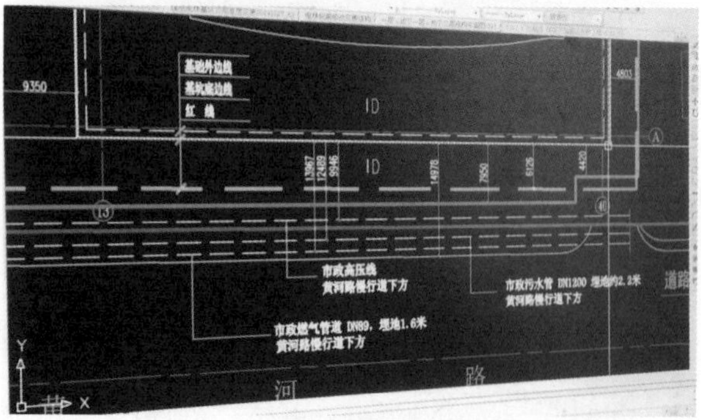

图 11.4.4　瀚海璞丽基坑锚索上方管线示意图

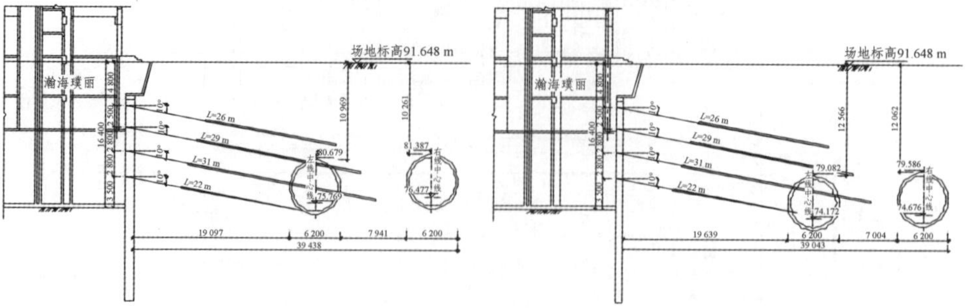

图 11.4.5　瀚海璞丽基坑锚索与盾构区间剖面位置关系图（10°）

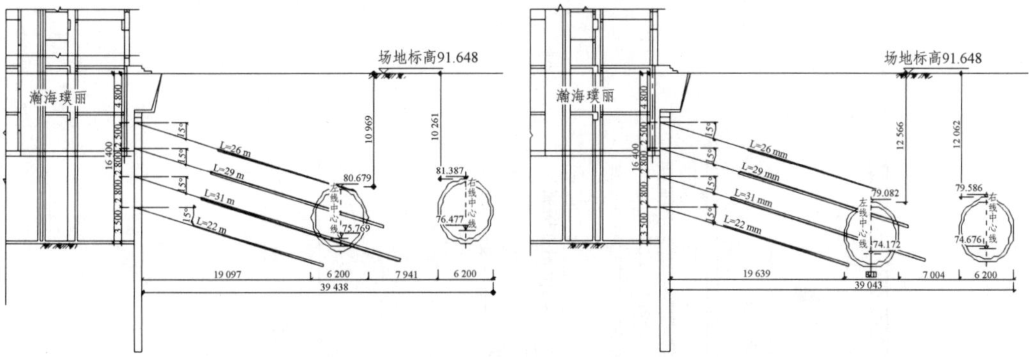

图 11.4.6　瀚海璞丽基坑锚索与盾构区间剖面位置关系图（15°）

瀚海璞丽中心建筑工程基坑南侧已施工锚索侵入了经三路站—未来北路站盾构区间隧道的左线、其长度范围为左 DK7 + 137.219 ~ 左 DK7 + 232.627 段 95.4 m，共 126 根锚索。

（2）锚索处理设计内容

竖井和横通道开挖支护完成，初期支护喷射混凝土强度达到设计强度（25 MPa）并且监控量测数据显示竖井、横通道趋于稳定后，拔除竖井、横通道南侧侵入“经三路站—未来北路站盾构区间隧道左线”的锚索。

锚索拔除后立即对钻孔内注浆回填，将钻孔内回填密实。

2）设计要求

（1）锚索拔除在“竖井、横通道初期支护喷射混凝土强度达到设计强度并且监控量测数据显示趋于稳定后”施做。

（2）锚索拔除禁止不钻孔硬拔，必须先钻孔将包裹锚索的固结体与地层剥离，再向外拔除锚索。

（3）锚索拔除后及时对钻孔进行回填注浆，孔内注浆密实。

（4）在锚索拔除的施工期间，按照要求对竖井、横通道、地表、锁口圈和管线进行监控量测。

2. 施工条件

1）地理位置及周边环境

锚索拔除在竖井和横通道内进行。

竖井及暗挖通道所处的区间左线设计里程为：左 DK7 + 137.219 ~ 左 DK7 + 232.627，长度 95.4 m。本工程位于黄河路与经二路交叉口处东北象限。

工作竖井及通道的位置如图 11.4.7、11.4.8 所示。

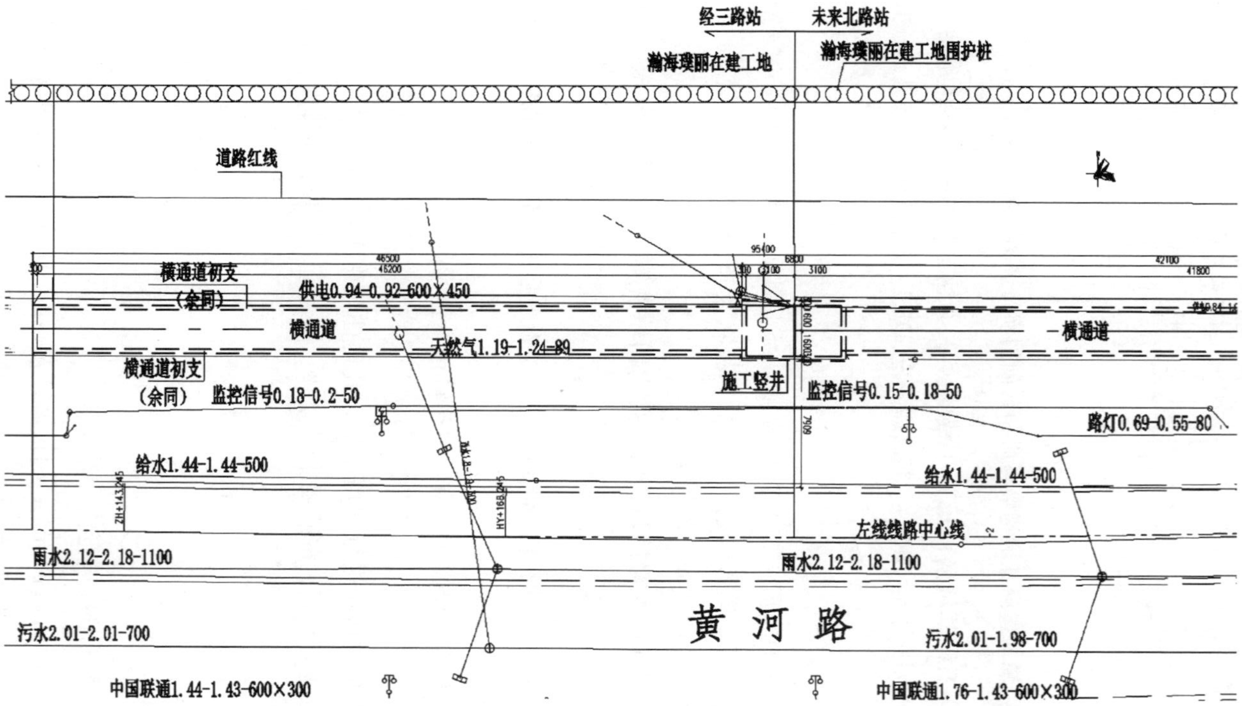

图 11.4.7　竖井、通道平面位置及周边管线平面位置图

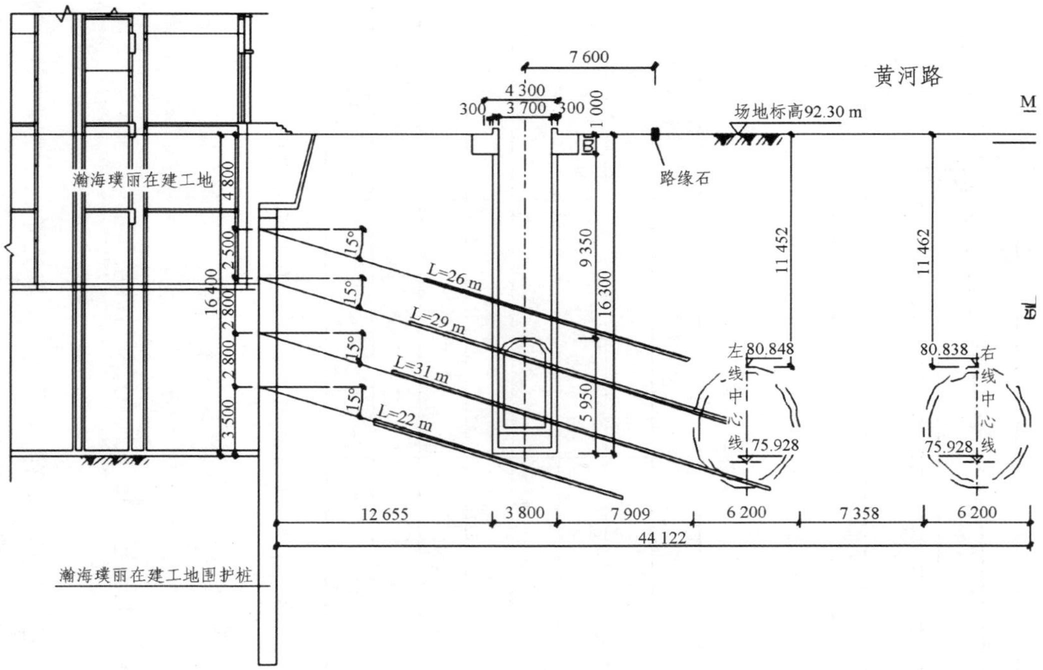

图 11.4.8　竖井及通道横向位置关系图

施工场地内有电力、燃气等管线，具体如图 11.4.9、表 11.4.1 所示。

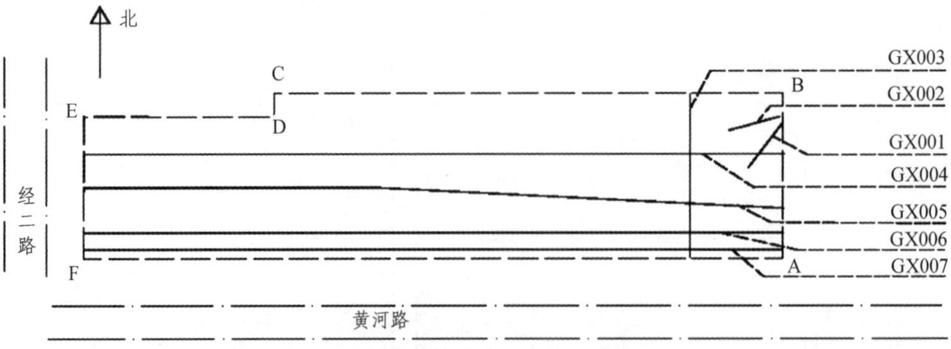

图 11.4.9　场地内管线分布图

表 11.4.1　施工场地内管线内容表

管线编号	埋深/cm	材质	内　容
GX001	20	金属	通往小区的网络管线
GX002	20	金属	通往小区的通信管线
GX003	30	非金属	璞丽中心排水管线
GX004	30	金属	自来水
GX005	170 ~ 180	金属	电缆
GX006	30	金属	燃气管线
GX007	50	金属	路灯电缆

特别是燃气管线和电力管线、位于横通道的正上方，施工期间需要特别关注。

2）工程地质及水文地质

（1）工程地质

锚索位于“②$_{22}$ $Q_{4\text{-}2}^{l}$ 粉质黏土层”和“②$_{41}$ $Q_{4\text{-}1}^{al+pl}$ 粉砂层”。

① ②$_{22}$ $Q_{4\text{-}2}^{l}$ 粉质黏土

浅灰色夹灰褐色、灰黑色，可塑夹软塑，切面光滑、有光泽、干强度中等、韧性中等，可见钙质条纹、铁锰质斑点，局部含粉土薄层。层底标高 67.45 ~ 78.50 m，层底埋深 14.50 ~ 21.40 m，层厚 0.90 ~ 7.00 m，平均厚度 3.40 m。标准贯入试验经杆长修正后平均值为 8.4 击。

② ②$_{41}$ $Q_{4\text{-}1}^{al+pl}$ 粉砂

灰褐色，中密，饱和。成分以石英、长石为主，颗粒级配不良，砂质不纯，含有较多黏粒，局部夹细砂、砂质粉土薄层。层底标高 68.28 ~ 73.37 m，层底埋深 18.60 ~ 23.00 m，层厚 0.70 ~ 5.00 m，平均厚度 2.00 m。标准贯入试验经杆长修正后平均值为 16.8 击。

（2）水文地质

① 场地地下水

根据区域水文地质资料和现场钻探，该区间段的地下水类型主要为第四系松散层孔隙潜水。

第四系松散层孔隙潜水含水层岩性以黏质粉土、粉砂、细砂为主，勘察期间勘察孔的地下水位埋深在 8.50 m 左右，现场地下水位的埋深为 8.83 m。该含水层属弱—强透水层。其地下水径流方向与郑州地形总体坡度一致，由西、西南向东及东北径流。

② 地下水的补给、径流、排泄条件、水位及其动态特征

地下水的补给：本段沿线地下水的补给源主要为大气降水、河流下渗补给。

地下水的径流：本段沿线内地下水的径流主要受城区浅层地下水降落漏斗的影响，浅层地下水的天然流向是由西南向东北。但由于受开采的影响，径流方向可发生局部改变。

地下水的排泄：本段场地地下水排泄方式主要是以开采、地下径流为主。

地下水水位及其动态特征：根据区域地质资料，地下水径流方向为西、西南向东及东北的径流。地下水位受季节影响相对较小。根据郑州市市气象资料，每年 7 月至 9 月份为补给期（丰水期），12 月份至次年 3 月份处于低水位期（枯水期）。沿线地下水年变幅 1.0 ~ 1.5 m，最近 3 ~ 5 年最高水位埋深为 5.00 m，常水位的高程在 83.47 m。

③ 地下水对工程的影响

锚索拔除在地下水位以下进行，钻孔过程中受影响较大。

11.4.2 锚索拔除施工方法及工艺要求

1. 施工方法

竖井和暗挖通道施工完成，竖井和通道变形稳定且支护的喷射混凝土强度达到设计要求后进行锚索拔除的工序。

利用小型套管钻机的动力将锚索套在管中进行取芯钻进，边钻进边按锚索的走向调整钻机角度，直至切断整个锚索与土体之间的摩擦力，然后将锚索拔除。具体如图 11.4.10 所示。

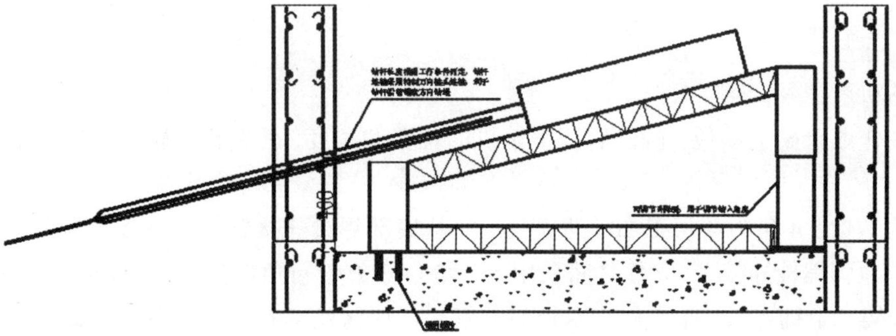

图 11.4.10 钻机拔除锚索示意图

在施工之前首先进行试拔，试拔的目的：① 确定锚索的准确位置和以前施工的钻孔精度；② 调试钻机，确定相应的钻进参数；③ 收集相应的施工数据；④ 合理安排后续工作的开展。

2. 施工流程与工艺

1）工艺流程

锚索拔除的工艺流程如图 11.4.11 所示。

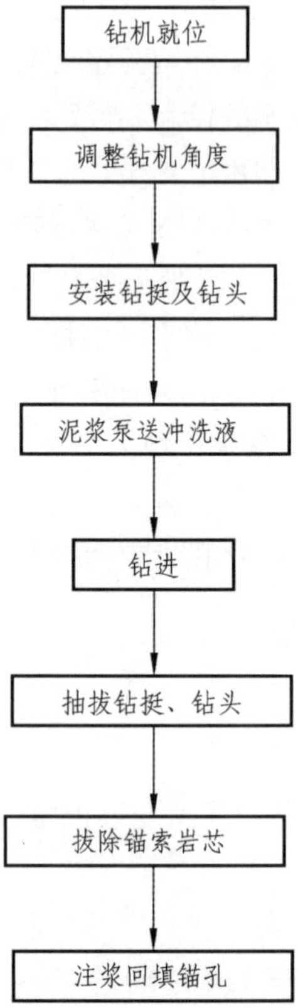

图 11.4.11　锚索拔除工艺流程图

2）施工工艺

（1）钻机就位及调整

钻机在作业台架上就位，就位后调整钻机的位置和角度，使钻机的轴线与锚索的中心线重合。

台架的结构：4 角为 4 根工 20a 的立柱、立柱底部焊接连接钢板（钢板上布置 4 个螺栓孔、与地脚螺栓连接）；立柱之间采用 50 × 50 × 3 方管对角斜拉；顶面用 50 × 50 × 3 方管做骨架，上铺 5 cm 厚木板、木板与方管之间用铁丝绑扎牢固，台架顶面做成与锚索倾角一致的斜面。

（2）安装钻挺及钻头

调整好钻机位置后，安装钻头和钻挺，钻挺和钻头及钻杆之间连接紧固。

（3）钻　进

钻进采用正循环，一边钻进一边向钻孔内输送泥浆，使钻渣及时排出；根据计算的钻孔长度，严格控制累计进尺，保证钻孔长度包含了锚索的长度。

钻机为 FDP-6A 型非开挖导向钻机，由于本次工程场地所限，将 FDP-6A 型钻机进行改造，由整体改为分体，由长型改为短小，以适应 2.5 m 的窄小坑道。如图 11.4.12 所示。

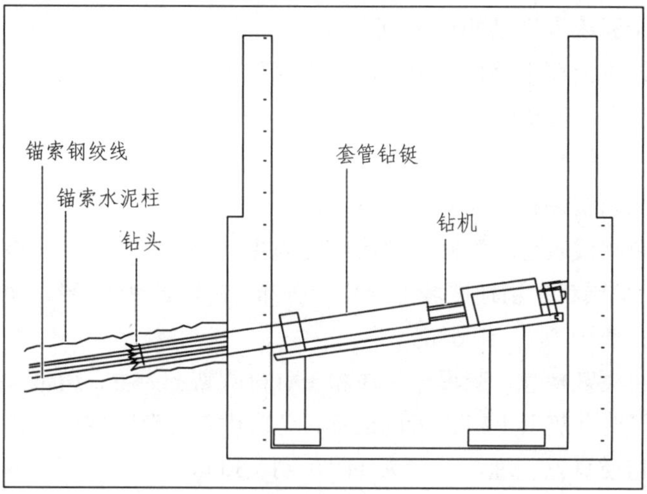

图 11.4.12　FDP-6A 型（改造型）钻机

（4）抽拔钻挺钻头

钻孔完成后钻机停止旋转，向外退钻杆、通过钻杆抽拔钻挺和钻头；退卸钻杆时在钻孔口固定好孔内钻杆，防止钻杆、钻挺、钻头滑入钻孔内。

（5）拔除锚索钻心

拔除锚索钻心使用穿心式千斤顶，拔出一段后切割一段再进行拔除作业。千斤顶工作时，与作业无关的人员不进入作业范围内，作业人员做好安全防护。

（6）注浆回填锚孔

每拔除完一束锚索，立即对锚孔进行回填；回填锚孔注水灰比=1：1 的水泥浆。注浆至孔内有水泥浆排出为止。

11.4.3　未来北路站—众意西路站区间桥桩托换方案

1. 工程概况

1）工程范围

未来北路站—众意路站区间右 DK8 + 493.139 ~ 右 DK9 + 280.000（左 DK8 +

493.969 ~ 左 DK9 + 280.000），左线短链 13.330 m，左线长度为 772.701 m 单线延米，右线长度为 786.861 m 单线延米，全长 1 559.562 单线延米。

2）工程地质及水文地质

（1）工程地质

区间隧道从地表到隧底的地层依次为杂填土、砂质粉土、黏质粉土、粉质黏土、细砂；隧道穿越主要地层有$②_{22}$层粉质黏土、$②_{34}$层黏质粉土和$②_{51}$层细砂层。

① 杂填土

属于第四系全新统人工堆积层（Q_{4-3}^{ml}）。

上部一般为沥青混凝土路面，主要成分为混凝土块、砖块、灰土、建筑垃圾等；下部一般为灰褐色、褐黄色砂质粉土及灰黑色灰渣，稍湿，稍密。埋深一般为 0.7 ~ 3.2 m。

② 砂质粉土、黏质粉土

属于第四系全新统冲积层（Q_{4-3}^{al}）。

上部以褐黄色夹浅黄色、黄褐色砂质粉土为主，稍密状，稍湿—湿，局部夹有薄层粉质黏土、粉砂，呈层状在场地区域上部广泛分布。含较多钙质条纹、可见铁锰质斑点，钙质结核。埋深一般为 7.5 ~ 10.6 m。

下部以浅灰色夹灰褐色、灰黑色黏质粉土、粉质黏土为主，稍密、湿—很湿状或可塑夹软塑状，局部夹有灰黑色植物腐烂根系，呈层状在场地区域中上部广泛分布。含钙质条纹、可见铁锰质斑点。埋深一般为 11.70 ~ 16.30 m。

③ 粉质黏土

属于第四系全新统湖积层（Q_{4-2}^{l}）

以浅灰色夹褐灰色、灰黑色粉质黏土、黏质粉土为主，呈可塑夹软塑或稍密—中密、湿—很湿状，呈层状在场地区域中下部广泛分布。含钙质条纹、可见铁锰质斑点，夹植物腐烂根系。埋深一般为 18.5 ~ 22.1 m。

④ 细　砂

属于第四系全新统冲洪积层（Q_{4-1}^{al+pl}）。

以浅灰色、褐灰色、灰黄色细砂为主，呈饱和、中密—密实状状，呈层状在场地区域中下部广泛分布。该层细砂颗粒级配一般、分选性一般，局部黏粒含量较高。埋深一般为 28.6 ~ 33.7 m。

（2）水文地质

① 场地地下水

根据区域水文地质资料和现场钻探，该区间段的地下水类型主要为第四系松散层孔隙潜水。

第四系松散层孔隙潜水含水层岩性以黏质粉土、粉砂、细砂为主，勘察期间地下水位埋深在 8.50 m 左右。该含水层属弱—强透水层。其地下水径流方向与郑州地形总体坡度一致，由西、西南向东及东北径流。由于气候变化及在一年中所处时期的不同，与设计和施工期间的地下水水位会存在一定的差别，设计、施工中应予以注意。

② 地下水的补给、径流、排泄条件、水位及其动态特征

a. 地下水的补给：本段沿线地下水的补给源主要为大气降水、河流下渗补给。

b. 地下水的径流：本段沿线内地下水的径流主要受城区浅层地下水降落漏斗的影响，浅层地下水的天然流向是由西南向东北。但由于受开采的影响，径流方向可发生局部改变。

c. 地下水的排泄：本段场地地下水排泄方式主要是以开采、地下径流为主。

d. 地下水水位及其动态特征：根据区域地质资料，地下水径流方向为西、西南向东及东北的径流。地下水位受季节影响相对较小。根据郑州市市气象资料，每年 7 月至 9 月份为补给期（丰水期），12 月份至次年 3 月份处于低水位期（枯水期）。本次勘察时间为 2013 年 11 月 17 日至 12 月 9 日，属枯水期。沿线地下水年变幅 1.0 ~ 1.5 m，最近 3 ~ 5 年最高水位埋深为 5.00 m。

3）周边环境

未来北路站—众意路站区间沿线自西向东主要有聂庄公寓、黄河路立交桥、金水河等建构筑物。具体如图 11.4.13 所示。

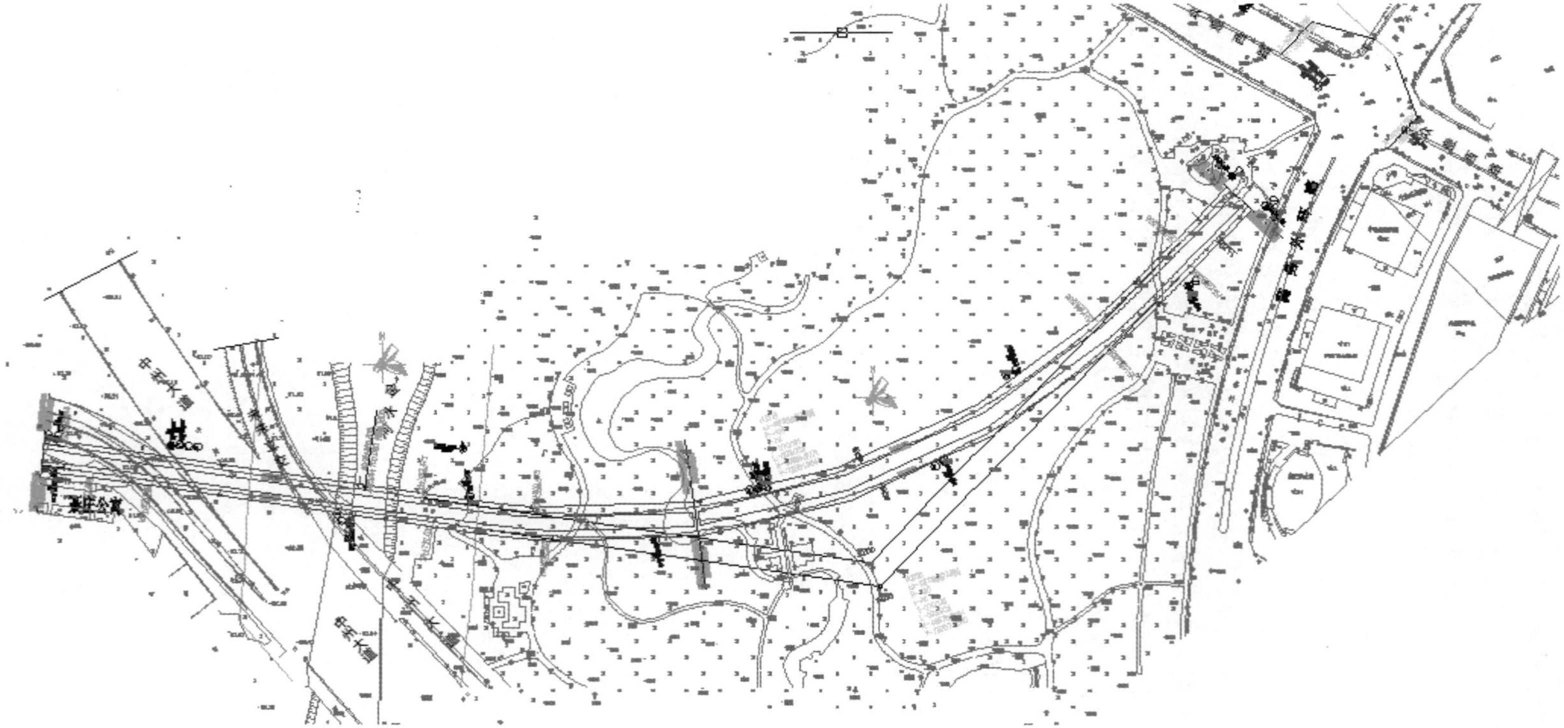

图 11.4.13　未来北路站—众意路站线路平面图

2. 周边环境对工程施工的影响及应对措施

1）周边环境对工程施工的影响

区间隧道沿线附近有“聂庄公寓、黄河路立交桥、金水河等建构筑物”，其中“黄河路立交桥”对区间隧道的施工影响较大。

（1）黄河路立交桥西侧匝道与区间隧道的位置关系

黄河路立交桥西侧匝道与区间隧道左线在左 DK8 + 550 处斜交、与区间隧道右线在右 DK8 + 550 处邻近，立交桥西侧匝道的桩基侵入了区间隧道左线，具体如图 11.4.14、11.4.15 所示。

（2）黄河路立交桥西侧匝道对区间隧道施工的影响

黄河路立交桥西侧匝道的 F26 号桥台的北侧桩基垂直穿越左线隧道，南侧桩基与左线隧道外轮廓线仅有 250 mm；桩基长度约 35 m、桩径 1 500 mm。

盾构机掘进到桩基附近会对桩基产生外力，影响桥梁的稳定；同时桩基也会影响盾构机的掘进。

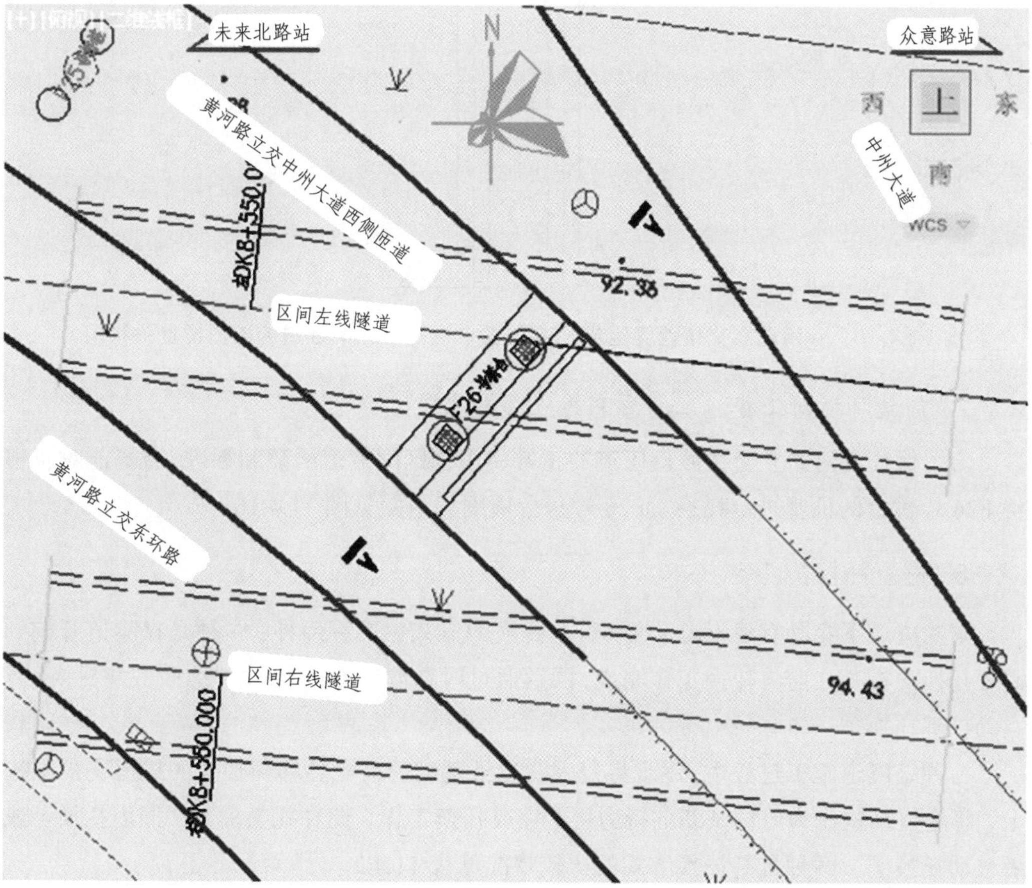

图 11.4.14　黄河路立交桥西侧匝道 F26 号桥台与区间隧道的平面位置关系图

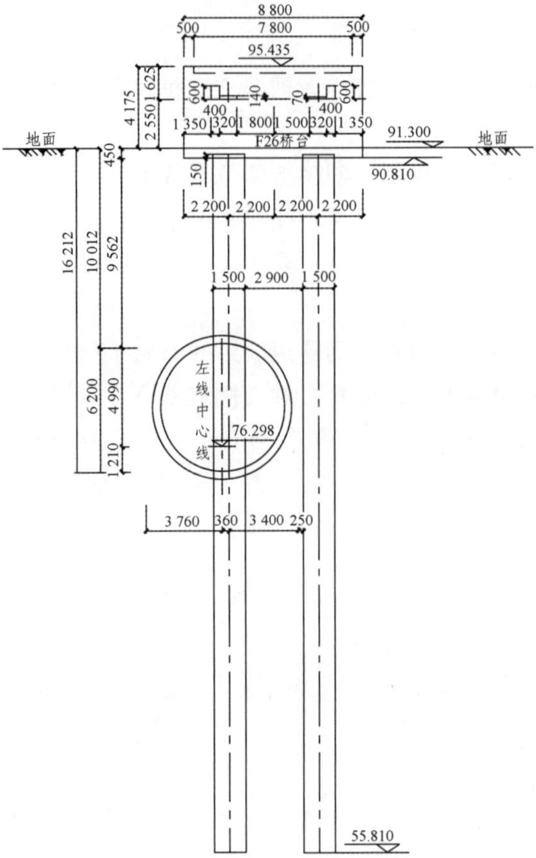

图 11.4.15 黄河路立交桥西侧匝道 F26 号桥台桩基与区间隧道的剖面位置关系图

2）周边环境对工程施工的影响的应对措施

为了保证黄河路立交桥西侧匝道的正常使用和区间隧道的顺利掘进，需提前对匝道桥 F26 号桥台的桩基进行托换。F26 号桥台周围场地图见图 11.4.16。

3. 桩基托换的工艺技术

暗挖隧道下穿既有建（构）筑物桩基托换的方式主要有两种：一种是在隧道开挖到需要托换的桩基之前将托换工作完成，隧道通过时在洞内截桩，叫作“地面桩基托换（或主动桩基托换）”。

一种是隧道施工过程中，逐步将侵入隧道桩基础的荷载转移到加强的隧道支护结构上，将隧道结构作为原桩基新的持力层、完成托换工作，此种托换称为“洞内托换（或者被动托换）”。两种桩基托换方式的比较情况见表 11.4.2。

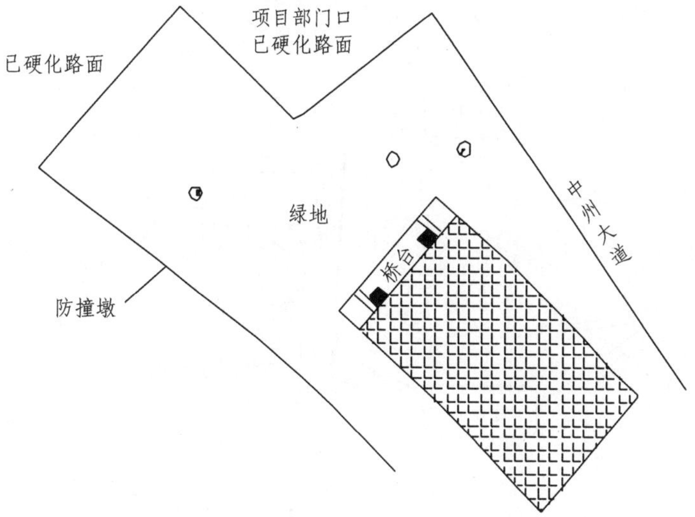

图 11.4.16　F26 号桥台周围场地图

表 11.4.2　桩基托换技术比较

名　称	优　点	缺　点
地面桩基托换	地铁隧道施工与建（构）筑物施工分开进行，隧道施工时对荷载转移考虑得少或者不用考虑，建（构）筑物荷载转移直接、快捷；隧道施工受干扰少，施工安全、高效	受施工环境影响较大，地层中要有承载力大的持力层
隧道内桩基托换	对地面影响小，造价低于地面托换	承担的荷载不能太大，隧道开挖引起的地层变形延伸范围大、容易对建（构）筑物基础产生影响

根据现场实际情况，结合工期特点（未众区间盾构拟在 2015 年 12 月 31 日从众意路站进行始发，目前有 4～5 个月的施工时间），我部拟采用地面桩基托换的施工工艺。

地面桩基托换的关键是将隧道穿过的桩与上部结构分离，使上部结构物荷载不再传递到分离的桩上，再在隧道影响范围外补桩，并利用转换层将上部结构的荷载传递到新补桩上，使建筑物正常使用的同时不影响隧道的施工。新建托换梁与原有承台平面关系见图 11.4.17。

托换基坑总体思路：

（1）托换方法采用既有承台、托换梁和托换桩基，替换原来的承载体系。

（2）托换梁和被托换承台的连接：二者之间的连接主要是通过托换梁和被托换承台之间的咬合、界面处理和植筋来实现，即在托换梁梁高范围内，把原承台表面凿毛，深度为 10～20 mm，并刷界面剂进行界面处理；在被托换承台下部植筋，钢筋和承台之间的缝隙用锚固胶（A 级植筋胶）充填。

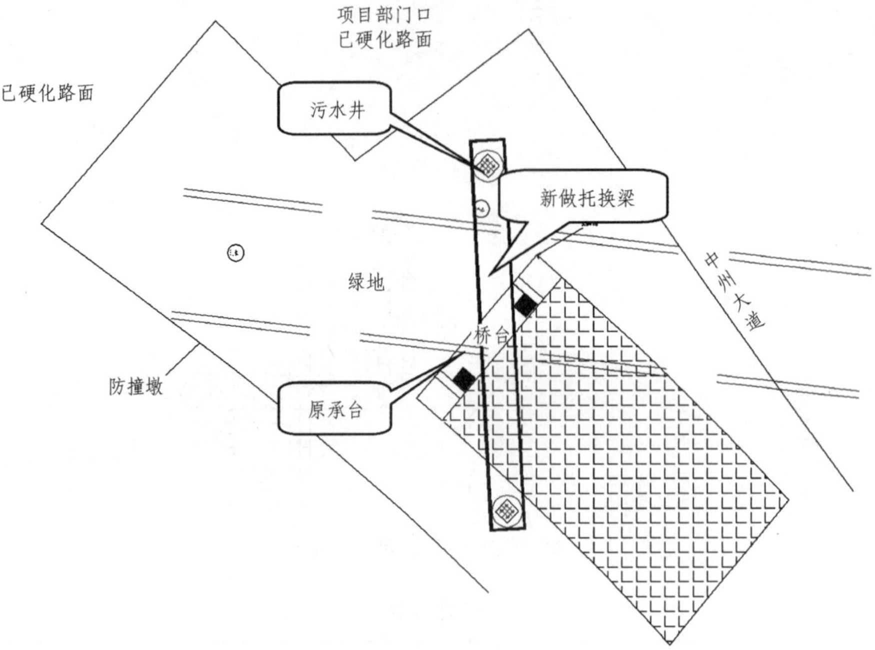

图 11.4.17　新建托换梁与原有承台平面关系图

托换桩采用 C35 钻孔灌注桩，直径为 1 500 mm，有效桩长为 35 m（同原设计桩长）。托换梁长、宽、高为 18.5 m × 2.9 m × 2 m，采用钢筋混凝土结构，混凝土等级 C40、P8。所有钢筋选用 HPB235、HRB335 级钢筋。托换梁下方预埋 20 mm 厚的钢板供预顶阶段使用，既有承台与托换梁之间通过植筋连接。

桩基托换临时基坑按 1∶0.2 的坡率放坡开挖，支护形式为土钉墙，面层设 ϕ6.5 @150 × 150 mm 钢筋网并喷 150 mm 厚 C20 混凝土。竖向设 3 道土钉，土钉倾角为 15°，竖向间距分别为 1.2 m 和 1.5 m，水平间距 1.5 m，梅花形布置，长度 5.0 ~ 3.0 m。土钉钻孔为 ϕ100 mm，内插 ϕ18 钢筋，孔内注 M20 水泥砂浆。

针对本工程桩基托换施工具体步骤如图 11.4.18 所示。

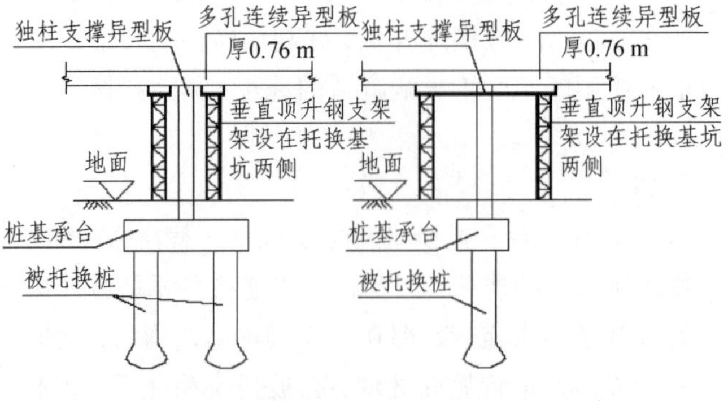

第一步：建立桥梁监测系统，对桥梁进行评估，在独立柱附近施作临时支撑钢支架，顶紧异形桥面，确保钢支架承受桥面荷载。

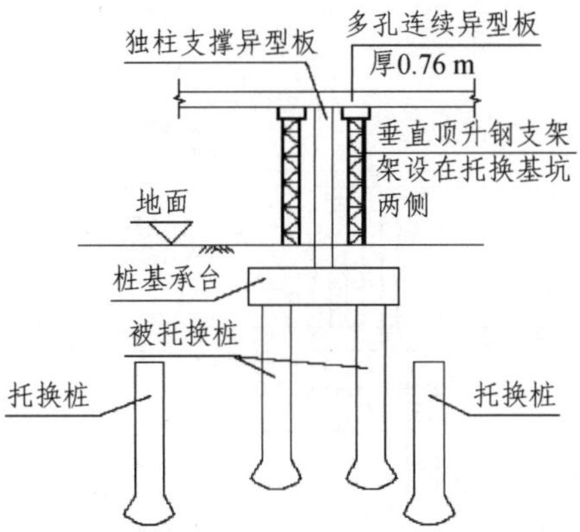

第二部：施作换新桩，桩顶与托换大梁底预留一定距离，以便防止千斤顶。

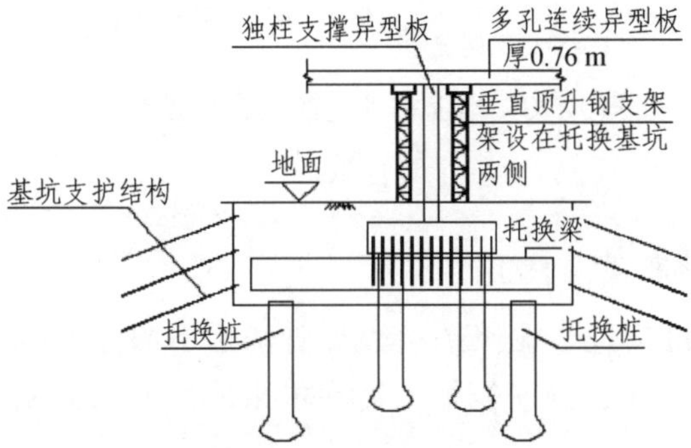

第三步：开挖托换基坑，施作基坑支护，既有承台底面植筋，绑扎钢筋，施工托换大梁。

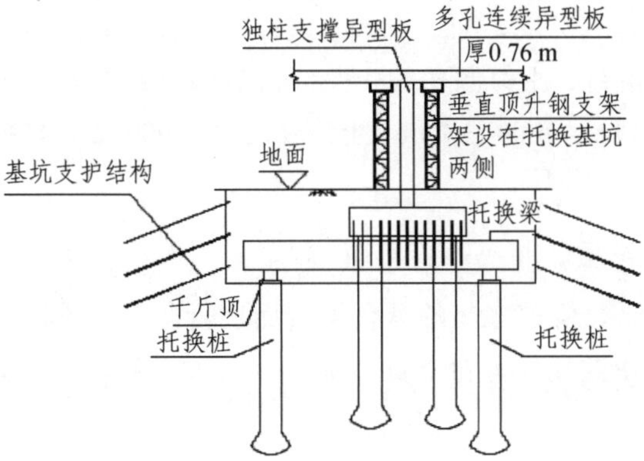

第四步：托换新桩与托换梁间安装调试千斤顶，设置可调装置，分级加载预顶升，对托换新桩反压，完成荷载由新桩向旧桩的转换，浇筑连接托换梁与托换新桩，完成托换工程。

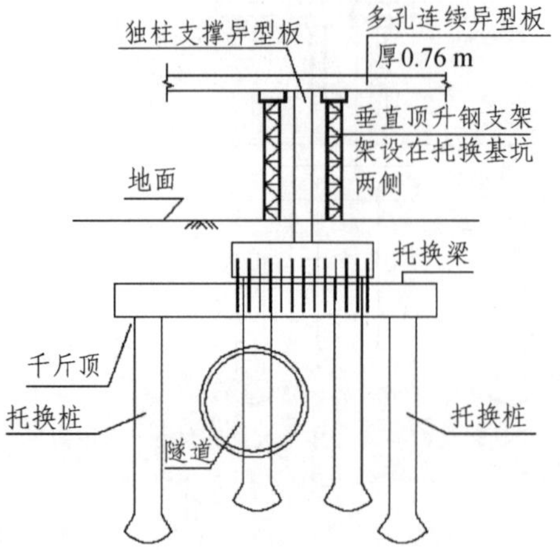

图 11.4.18　地面桩基托换施工步骤图

4. 主要施工方案

1）施工托换桩（钻孔灌注桩）

托换桩采用旋挖钻机钻进，泥浆护壁，导管法水下灌注混凝土成桩技术。由于施工场地狭小，因此泥浆池、钢筋笼加工需在未来北路站东侧基坑施工场地内加工完成。

2）开挖托换基坑

桩基托换临时基坑由于场地狭小，土方开挖采用人工进行开挖。基坑按 1∶0.2 的坡率放坡开挖，支护形式为土钉墙，面层设ϕ6.5 @150 × 150 mm 钢筋网并喷 150 mm 厚 C20 混凝土。竖向设 3 道土钉，土钉倾角为 15°，竖向间距分别为 1.2 m 和 1.5 m，水平间距 1.5 m，梅花形布置，长度 5.0 ~ 3.0 m。土钉钻孔为ϕ100 mm，内插ϕ18 钢筋，孔内注 M20 水泥砂浆。

3）被托换承台界面处理、植筋

基坑开挖完成后，对原有桥桩之间的承台下表面进行凿毛，深度为 10 ~ 20 mm，并刷界面剂进行界面处理；在被托换承台下部植筋，钢筋和承台之间的缝隙用锚固胶（A 级植筋胶）充填。

4）施作托换梁

在既有承台凿毛、植筋完成后，进行托换梁施工。托换梁底模采用土模，侧模为钢模板，钢筋采用直螺纹进行连接，同时在新建桥桩位置预埋钢板，泵送商品混凝土。托换梁底模示意图见图 11.4.19。

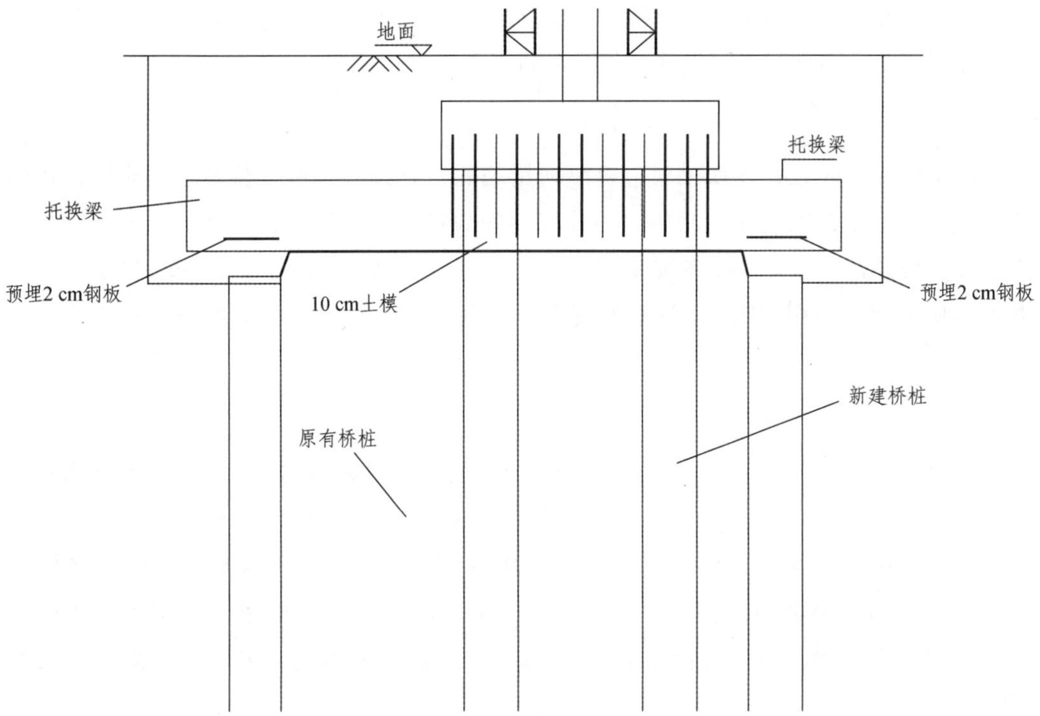

图 11.4.19　托换梁底模示意图

5）预　顶

当托换桩、托换梁的混凝土强度达到 100%后，在托换桩与托换梁间施加顶力，消除托换桩变形对托换体系的不利影响，检验托换体系的承载能力。

（1）预顶采取“等变形、等荷载”的分级加载原则，将设计最大顶升力不等分成 10 级逐步施加顶升力，每级荷载增量为千斤顶加载上限值的 10%，不可一次加载到最大值。每级荷载保持 10 min，等结构稳定后方可加次级荷载。最后一级加载后持续 12 h 以上，观测新桩沉降速度小于 0.1 mm/h 后，顶紧钢管垫块，松开千斤顶。

（2）千斤顶逐级加载至 20%的设计预顶力和位移值，通过钢管垫块应力测试、托换梁上应力测试及位移变化测试，与理论计算值对照双控，使原桩的荷载逐步转移到托换梁及新托换桩上，并实现对新桩和托换梁的预压。随后，用被托换桩位移、托换梁的截面应力测试值分析结果，指导千斤顶逐级顶升。

（3）严格控制每级顶力，并使顶力缓慢、均匀增加，避免桩和梁的荷载突变而导致不良后果。被托换桩的上抬量不能大于 1 mm，大于此值应停止加载。在加载过程中同时应严格监测托换梁裂缝的产生及发展，最大裂缝宽度大于 0.18 mm 时，停止加载。

（4）预顶时，必须严格控制千斤顶的顶升力和托换梁两端的位移，各千斤顶顶升力达到控制值而梁端位移未达到位移范围值以内，或梁端位移值已达到控制值而顶升力未达到控制值时，则立即通知设计单位，对施工参数进行调整。

6）浇注托换桩和托换梁之间的微膨胀混凝土

托换梁施工时，在托换梁对应桩纵向钢筋的位置预埋钢筋，待预顶完成后，在保持预顶力稳定不变的情况下将桩、梁预留钢筋焊接，然后封桩，封桩混凝土浇注顺序为：浇注桩芯混凝土（C40 微膨胀混凝土）→养生（桩芯混凝土达到 90%强度后）→拆卸预顶千斤顶→用 C35 微膨胀混凝土满灌预顶承台与托换梁节点处除桩芯外其他部位。

7）基坑回填

基在托换工艺施工完成后应予以回填，消除隐患。在基坑填埋之前，将基坑内积水和杂物清理干净，符合回填的虚土应夯实，并经隐检合格后方可回填。

回填采用砂石回填，使用前取样测定其最大干容重和最佳含水量。回填坚持分段、分层回填，要求回填密实，不留空隙，必要时要注浆加固填充，防止以后上面地层出现下沉变形。压实度要求大于 90%，对于回填困难处，采用压注微膨胀水泥浆液回填。

8）竖井＋横通道施工对原桥桩进行处理

根据桥桩与隧道位置关系剖面图，得出竖井开挖深度为 17 m 左右，根据地勘报告，未来北路站地下水位埋深在 8 m 左右，因此施工竖井开挖过程中须辅助以降水措施。由于桥桩桩径为 1.5 m，因此横通道尺寸暂定 7 m × 3 m（高 × 宽），竖井平面暂定 5 m × 4 m × 17 m（长 × 宽 × 高）。为减小竖井开挖降水对新建桥桩的影响，在竖井四周设封闭旋喷止水帷幕。

竖井初期支护采用网构格栅＋型钢支撑＋喷射混凝土形式。具体参数为：

钢筋网：ϕ6.5 盘条，网格间距 150 mm × 150 mm，钢格栅内外侧布设，网片搭接长度为一个网格。钢格栅：竖井钢格栅分为普通型、加强型和封底格栅三种，初衬厚度为 350 mm，井壁最下一道格栅和井底格栅采用封底格栅。连接筋：内外双层 Φ22@1 000，与格栅主筋可靠焊接。

横通道断面形式为圆拱直墙式，断面开挖尺寸为 3 600 mm × 7 600 mm（宽 × 高），初期支护厚度为 300 mm，支护结构采用超前小导管＋格栅钢拱架＋连接筋、钢筋网支护＋喷射砼。横通道施工各层导洞均采用台阶法开挖。桥桩与区间隧道左线关系剖面图见图 11.4.20，拟建竖井和横通道剖面图见图 11.4.21。

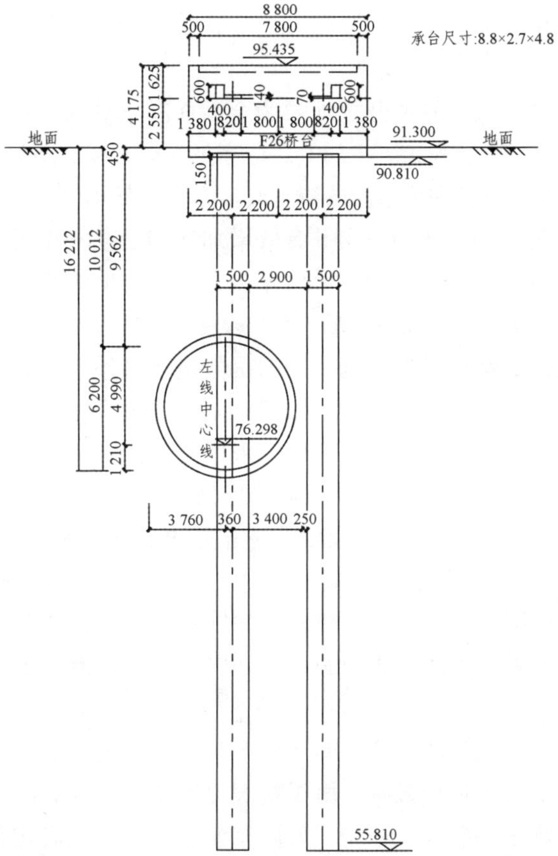

图 11.4.20　桥桩与区间隧道左线关系剖面图

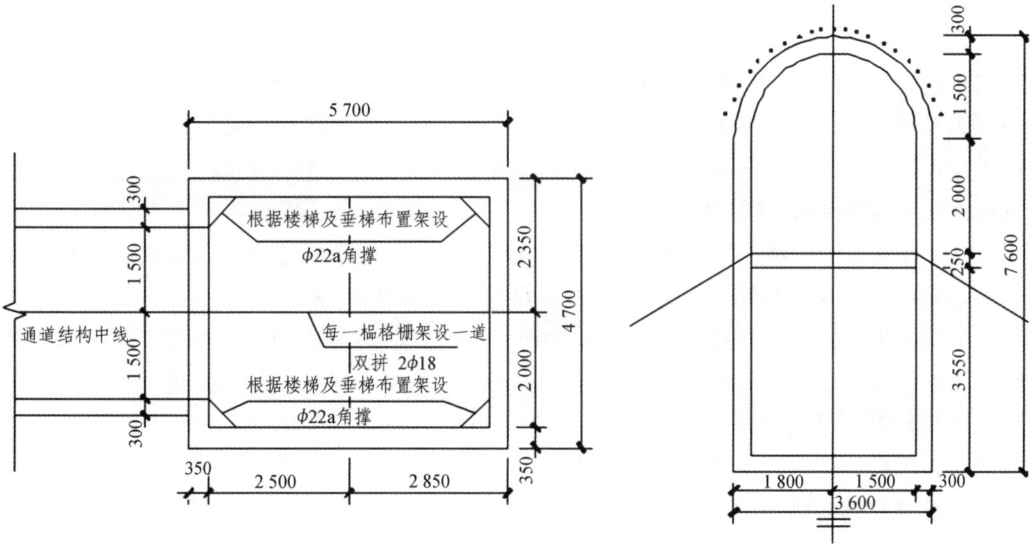

图 11.4.21　拟建竖井和横通道剖面图

11.5 小 结

当盾构穿越河流时，由于隧道开挖地层为全断面粉细砂层，且地层含水量很大，容易发生河堤及河底沉降、喷涌等状况，加上盾构穿越河流时姿态不易控制，盾构铰接缝容易出现漏水、漏砂现象。所以进行适应的渣土改良方案，如本工程中采用钠基膨润土 + 钙基膨润土浆液和泡沫剂作为渣土改良剂，有效增加膨润土浆液中的悬浮颗粒，在富水砂层盾构掘进中，可提高砂土的含泥量，使砂泥土化，补充土体的微细颗粒组分，使土体的内摩擦角变小，增加开挖土体的流动性和不透水性。

当盾构穿越房屋时，容易因为地基不均匀沉降造成房屋开裂，此时需要及时采取相关措施进行地基加固处理，保证房屋结构安全。在城市中盾构施工，地下埋设管线多、建筑物密集，偶尔还会遇到锚索群。本工程中采用人工挖孔桩的方法、明挖竖井 + 暗挖横通道相结合的施工技术对侵入隧道内锚索进行处理。采用人孔挖孔桩的施工方式速度快、效率高、精度高、质量可靠。竖井及横通道位置可灵活调整，有效规避地面障碍物、避免管线改迁及场地局限带来的一系列施工困难。在锚索处理过程中应用千斤顶拉拔工艺、旋切套取工艺、高压水切割工艺，快速解除锚索锚固力，在有限作业空间实现多点同时施工，提高施工效率。保证了盾构施工工期安排，为盾构的顺利推进提供了良好的工作环境。

当盾构穿越老旧房屋时，隧道施工对于建筑房屋的地基土会有扰动，造成地基土的失稳引起地表隆沉，给房屋造成破坏；由于地表建筑物的存在，也会给隧道施工造成较大的影响、增加施工难度。在本工程中，采用克泥效工法进行盾构掘进，掘进过程中需要注意土压与同步注浆参数，保证克泥效的充分注入。由于克泥效注浆与推进同步，还应根据推进速度调整注浆速度。

当盾构穿越铁路时，盾构隧道的施工会引起地层的扰动而造成地表的差异沉降，再加之铁路行车的振动，不利于开挖面的稳定。本工程在通过陇海铁路时，隧道开挖断面下部为粉细砂层，粉细砂层自稳性差，盾构开挖过程中的上部粉细砂层会加大地面沉降的风险。不仅如此，盾构通过通信发射塔及接触网塔，作为铁路运输信号发射的中枢，沉降过大会直接影响铁路整个的运营。本工程通过袖阀管注浆对路基下方土体进行加固，可以有效控制由盾构引起的隧道上层土体扰动，大大降低地铁施工引起的地基变形和不均匀沉降，从而保证铁路轨道、路基以及周边构筑物的安全。

当盾构遇到锚索、桥梁桩基等障碍物时，需要及时对障碍物进行处理。对于侵入区间隧道的锚索，需要及时拔除，拔除时需特别注意电力、燃气等管线位置。在施工之前首先进行试拔，每拔除完一束锚索，立即对锚孔进行回填，回填锚孔注水灰比=1∶1 的水泥浆，注浆至孔内有水泥浆排出为止。对于侵入区间隧道的桩基，须在盾构穿越前提前进行桩基托换。暗挖隧道下穿既有建（构）筑物桩基托换的方式主要有两种：一种是“地面桩基托换（或主动桩基托换）”，一种是“洞内托换（或者被动托换）”。本工程根据现场实际情况，结合工期特点，采用地面桩基托换的施工工艺，保证了黄河立交桥西侧匝道的正常使用和区间隧道的顺利掘进。

第 12 章 盾构穿越特殊地层

12.1 钙质胶结软硬相间地段盾构掘进技术

12.1.1 工程概况

魏庄西街站—紫荆山站盾构区间分布有不连续的钙质胶结层，质地坚硬，钻进困难，对刀具严重磨损，并且由于地层中存在高黏性土层，盾构掘进时容易在刀盘前部形成泥饼，严重影响掘进。针对这种软硬不均地层及复杂地质环境的盾构施工，为解决其掘进困难、效率低、成本高、掘进方向及地层变形不易控制等技术难题，需要研究盾构掘进模式、掘进参数、及其相应的姿态控制技术、渣土改良技术以及地层变形控制技术。

12.1.2 渣土改良

在盾构机掘进时，向开挖面、土仓等处加注改良添加剂，渣土改良剂的种类如表 12.1.1 所示，其具体功能如下：① 对于富含水砂层，一方面止水，另一方面可以改善砂的和易性；② 在砂性土和砂砾土地层中，可以起到支撑作用而且可以改善土的流动性；③ 在黏性土层，可以防止渣土附着刀盘和土仓室内壁，另一方面，由于改良剂中的微细气泡可以置换土颗粒中的孔隙水，因而可以达到止水效果。

表 12.1.1 渣土改良剂的种类

项目	膨润土	泡沫剂	高分子聚合物	增黏剂
特性	pH 值：7.5 ~ 10.0 黏度：2 ~ 10 Pa · s	pH 值：7.3 ~ 8.0 黏度：0.003 ~ 0.2 Pa · s	pH 值：7.5 ~ 10.0 黏度：0.7 ~ 2.0 Pa · s	pH 值：7.5 ~ 10.0 黏度：0.5 ~ 15 Pa · s
适用范围	砂—砂（卵）砾石地层	黏土—砂（卵）砾石地层	固结黏土—砂砾地层	粗土—粗砂地层
特征	制浆和输送设备需较大的空间	输送和使用便捷，消泡后渣土能恢复原来状态	在黏性软土层有时会因黏土变硬而出现堵塞	停止开挖时，有时会堵塞

结合郑州轨道交通区间实际地质情况施工中拟采用膨润土浆液和泡沫剂配合试验进行渣土改良。

1. 膨润土溶液配制

（1）配制标准如表 12.1.2 所示。

表 12.1.2　钠基膨润土原料配制标准

名　称	数　量/kg
钠基膨润土（一级 200 目）	50
纯碱	2
火碱	1.5
纤维素	1.5

（2）配比：膨润土：水=1：（5～8）（质量比），发酵膨化时间约 24 h。

2. 泡沫剂溶液配制

（1）泡沫剂种类繁多，主要分为普通型、发散型、聚合型。我标段主要采用普通型，采用康达克和明洁两种品牌。

（2）配比：泡沫剂原液：水=1：（100～200）（质量比）。

3. 高分子聚合物配置

（1）主要采用巴斯夫、合东双品牌的高分子聚合物。

（2）配比：高分子聚合物：水=3：800（质量比）。

通过加入泡沫进行渣土改良。掘进过程的典型特征：渣土流动性好，呈塑性状态，渣土上有明显的水的光泽，用手抓渣土时，能比较轻松地抓取；螺旋输送机出渣连续且在皮带机上铺展良好，没有产生泥饼及球状渣土；在渣土中，能明显的闻到渣土中有泡沫剂味：渣土的稠度一般为 25～40 mm。

12.1.3　盾构掘进

1. 盾构机及刀盘刀具的选择

（1）针对多种不同地层的破岩掘进问题：盾构机必须配置复合刀盘，使滚压坡岩、切削破岩可单独或混合使用，滚刀和齿刀可互换或混装。

（2）针对稳定工作面及控制地层变形问题：必须具有同步注浆功能，尽早填充环形间隙并控制地下水流失。

（3）针对防“泥饼”问题：盾构机必须配备泡沫注入系统，刀盘倒八字形开口，向刀盘前面、土舱和螺旋输送机注入泡沫，改善土流塑性，利于渣土进入土舱。

（4）针对防“喷涌”问题：盾构机必须配置渣土改良系统，具有两节螺旋输送机，提高渣土止水性，防止地下水流入，建立“土塞”效应。

（5）针对掘进方向控制问题：盾构机必须配置自动导向系统，随动铰接装置，分区控制推进油缸。实时指示并控制行进姿态，可灵活转弯并实施纠偏。

（6）针对刀盘、刀具和出土机构的磨损问题：盾构机必须配置渣土改良系统，背装式刀具。提高渣土流动性，并可根据地层情况合理配置和安全更换刀具。

本标段区间最终拟定采用中铁装备生产的 CTE6440 型盾构机。

CTE6440 型盾构机为被动铰接，最小转弯半径 R=250 m，盾尾间隙 60 mm，最小转弯半径 R=250 m，最大掘进速度 80 mm/min，最大推力 42 550 kN，额定扭矩 6 650 kN·m，脱困扭矩 8 100 kN·m。盾构机刀盘开挖直径为 6.46 m，刀盘的结构为辐条面板型，刀盘开口率为 40%。在刀盘上配置安装了 4 把中心撕裂刀、8 把保径刀、22 把撕裂刀、10 把滚刀、36 把刮刀、8 把边刮刀、1 把仿形刀（超挖刀）（液压控制）、24 把大圆盘耐磨保护刀。

2. 盾构掘进的施工措施

1）详细的地质资料

从地质资料中主司机可以预先了解前方的地质情况。掘进时观察掘进参数的变化，进行分析也可以估计地质情况。如果刀盘扭矩的变化范围突然加大，而油缸推力又极不均衡，那么刀盘前方土体软硬不均。此时，必须降低刀盘旋转速度，同时，控制掘进速度。

2）盾构机姿态的控制

在复杂地层，特别是在软硬不均地层中掘进时，盾构机姿态控制非常重要，若未及时调整掘进参数就可能导致盾构机偏离设计轴线。调整千斤顶推力纠偏效果时会加大刀具的磨损，同时纠偏过猛存在盾构机被卡和管片错台加大的风险。因此，盾构机在复杂地层中掘进时，一定要控制好盾构姿态，一旦盾构姿态出现偏离，要遵循“勤纠偏，缓纠偏”的原则，不能急纠猛纠，造成刀具的无谓磨损，甚至盾构机难以前进。

3）组织管理

（1）盾构施工前必须在设计详勘的基础上进行加密补勘，在周边环境条件允许的前提下尽可能地揭示隧道断面上的地质情况，认真分析不同地层的特征差异，为掘进参数的选择提供依据。

（2）选择安全的刀具检查更换地点，及时更换磨损刀具。

（3）规划合理的场地布置，配备足够的配套设备。盾构掘进是否顺利往往也取决于这方面。

（4）加强各个施工环节的协调，如运输、土方外运、管片供给等。

（5）重视盾构机司机的培训，提高操作人员责任心。

（6）加强设备管理，减少非正常停机时间。

4）技术管理

（1）根据地层特征，确定合理的掘进参数。

（2）选用适合的渣土改良添加剂。在软弱地层掘进时，宜采用泡沫剂；在砂卵石层掘进时，加大土仓内膨润土的注入量着重改善土仓内渣土的和易性，以达到稳定土仓压力的目的。

（3）重视螺旋机的操作。土压平衡是通过螺旋机的动作所达到的动态平衡。

（4）加大刀具检查频率，正常情况下，1～3 环检查一次刀具，出现异常时，立即开仓检查刀具，及时更换刀具，避免刀具出现较大的磨损，做好刀具的保护工作。对刀具异响、渣土出现异物等情况，应选择合适地点，尽快检查道具。

（5）尽量保持匀速推进。有序地调整参数，减少刀具的异常损伤。同时，有利于渣土控制和改良。

（6）加强每环的渣土检查和留样。实时监控渣土温度，出现渣温上升，及时调整加水和泡沫情况，改良渣土，温度持续上升应停止掘进，排除问题后再恢复施工。

5）施工监测

加强施工监测，监测结果反馈于施工，指导施工。

12.1.4 技术方案效果

从本标段魏—紫间的掘进情况看，盾构机在软弱地层中掘进是比较顺利的。盾构机单日掘进最高可达 15 环/日，月掘进可达 500 m 以上地表沉降和隆起控制在 20～10 mm，掘进参数较为合理外，很大一个客观因素是由于渣土改良效果相对较好，盾构机在掘进时表现了典型软土掘进参数状态，即扭矩不大，掘进速度高而稳定，掘进效率高。

12.2 长距离穿越粉砂层盾构掘进技术

12.2.1 工程概况

郑州东站—康宁路站盾构区间主要穿越在粉质黏土、粉土及砂土地层中通过，场地 0～17 m 主要地层为粉土（稍密—中密）、粉质黏土（软塑—可塑），夹有粉砂、细砂，17～35 m 主要地层为中密—密实粉砂和细砂，35～50 m 范围内主要为粉质黏土（可塑—硬塑）、粉细砂（密实），50 m 以下揭露的地层主要为粉质黏土（硬塑—坚硬）、黏质粉土（密实）和粉砂（密实）。地下水类型主要为孔隙潜水，透水性强，富水性好。

12.2.2 应对措施

盾构在施工中采取以下措施保证盾构施工的安全：

（1）结合工程地质状况，加强盾构机的选型及盾构机的各部件配置，对盾构机功率与刀盘的选择提出特别的要求。

（2）盾构掘进过程中，加强盾构机的检查与维修，确保盾构机的工作状态。

（3）加强对刀盘构造的选择，采用辅条式面板。

（4）合理进行渣土改良，经过实验，采用以下渣土改良措施：

① 泥岩地层采用“泡沫剂 + 水”，根据地层选择改良比例：1 ∶（3% ~ 5%）。

② 砂砾石地层采用“5 ∶ 1（水 ∶ 膨润土）的膨润土浆液 + 掺 3% ~ 5%泡沫剂 + 少量水”进行改良。

③ 出现喷涌情况采用添加“盾构渣土（砂层）改良剂掺量 3‰”改良渣土。

④ 出现连续喷涌现象采用添加“1 ∶ 0.6 的膨润土浆液 + 3‰聚合物”进行改良。

⑤ 优化盾构推进参数。

首先对推进参数进行优化，并根据沉降监测数据及时反馈调整，以期获得满意的效果。

合理选择土压力。理论上讲，土压平衡盾构挤土会引起地面隆起和深层土体向远离隧道的方向移动。一方面地面隆起可以部分抵消后期沉降，另一方面，土体受到挤压后土体会变密实，在盾尾通过的瞬间，会减少隧道周围土体向空隙处的塌落，使同步注浆得以顺利进行，从而减小了土体损失的产生。据类似工程施工经验：为了增大开挖面支护压力，将土压力调大，使隆起控制在 3 mm 以内，但是实际效果并非如此：经沉降观测，切口处隆起约 3 mm，盾尾单日沉降约 6 mm，累计沉降一般为 10 ~ 12 mm。主要原因是土压力增大之后，对土体的扰动也相应增大，特别是对敏感性较强的淤泥质软土，要想控制沉降，必须尽可能减少对土体的扰动，否则不仅不能减小沉降，相反会增大。最后经分析：选定接近理论土压力条件下的沉降相对较小而且比较稳定。

适当降低推进速度。土压平衡盾构推进速度应与出土量、开挖面土压力值以及同步注浆相协调。原先的推进速度控制在 2.8 ~ 3.0 cm/min。进入软土地层后，我们将推进速度降低至 2.0 cm/min，其目的仍然是尽可能减少对土体的扰动，从而达到控制沉降的目的。对比不同推进速度下的沉降值，我们发现，适当降低推进速度有利于减小沉降。

（6）改善同步注浆浆液配比和控制注浆压力。

同步注浆对于控制沉降具有十分重要和显著的作用。为了实现同步注浆的目的，注入浆液应迅速、充分充填盾尾空隙。为此，必须首先保证浆液满足下列要求：

① 较好的充填性，能充分充填盾尾空隙，不流窜到空隙以外的区域和不漏失到掘削面及周围的土体中去。

② 应具有良好的和易性（流动性）。浆液的凝结时间可以控制，既不会太快造成注浆管堵塞，也不能太慢，以至无法约束管片的位移，甚至产生隧道在浆液中漂移的现象。

③ 具有一定的早期强度，其数值与原状土强度相当。浆液的凝结过程不会产生泌

水现象，硬化后的体积收缩率小，渗透系数小。

④ 应有合适的稠度，不被泥水的地下水稀释。

⑤ 无公害，价格便宜。

上述要求中主要的是充填性、和易性及不向盾尾空隙之外区域流失的特性，只有满足这些特性，才能成功实现同步注浆的目的。

（7）适当增加同步注浆量。

盾构推进至软土地层后，为控制地面沉降，同步注浆量由原来约 3.5 m^3/环，逐步增加到 8 m^3/环左右，充填系数达到 4.85。在调整好盾构推进参数之后，同步注浆量的大小就成了控制沉降的关键，即减少注浆量，沉降量明显增加。因此，可以说在自立性很差的淤泥软质土中，同步注浆量必须加大，施工验收规范中推荐的充填系数，在软土地层时不太适用，应根据地面建筑物的情况和对环境的要求，合理确定充填系数，以满足沉降要求。

（8）合理确定二次补注浆浆液配比、注浆压力等施工参数。

二次注浆是控制隧道后期沉降的主要办法。本工程前期二次注浆浆液采用的均为单液水泥浆，水灰比为 0.6，进入淤泥质软土地层后，鉴于区间土层的承载力较小（f= 80 kPa），触变性较大，单液水泥浆在高压力（0.6 ~ 0.8 MPa）作用下，易扰动土体，造成土体二次触变沉降。因此，改用双液浆进行压注，压力控制在 0.8 MPa 以内。

12.2.3 施工效果

经过渣土改良后，地面沉降得到了有效控制，确保了盾构过建（构）筑物的安全。

渣土改良作为盾构施工中一个重要的环节，尤其对提高盾构掘进效率以及控制地面沉降有较大的影响，同时对地铁隧道的建设发展有着深远的影响。纵观目前国内各个地方盾构机的使用工况，不难发现土质改良技术应用的好坏，对降低工程造价提高工程施工进度都有着决定性的作用。

通过现场试验，膨润土溶液 + 盾构渣土（砂层）改良剂（聚合物溶液）对富水砂卵石地层的改良效果较好，并且能有效控制地面沉降，特别对盾构下穿建（构）筑物沉降控制非常有利，能确保建（构）筑物的安全，为成都地区地铁盾构在富水砂卵石地层中掘进提供了一项新的渣土改良技术。

12.3 富水砂层盾构掘进技术

12.3.1 工程概况

农业东路站—心怡路站区间出农业东路站后向东下穿熊耳河，沿着熊耳河路向东延伸，止于盛和街与陈庄街交叉口。其中农业东路站大里程端为区间盾构始发端，始发端车站为地下三层车站。始发端位于平安大道和农业路交叉口，距离熊耳河 150 m。

根据勘察报告显示，加固端的土层自上而下地层依次为杂填土、黏质粉土、粉质黏土、2-51 细砂、2-52 细砂，如图 12.3.1 所示。区间含水层主要为黏质粉土、细砂及粉质黏土层，属弱—强透水层、弱—强富水层。本区间的地下水类型主要孔隙潜水和微承压水。第一层孔隙潜水受熊耳河河水下渗的影响，初见水位埋深在 5.5 ~ 10.8 m。第二层主要是微承压水水位埋深 13.90 ~ 19.60 m，水量丰富，承压水头 3.0 ~ 5.0 m。

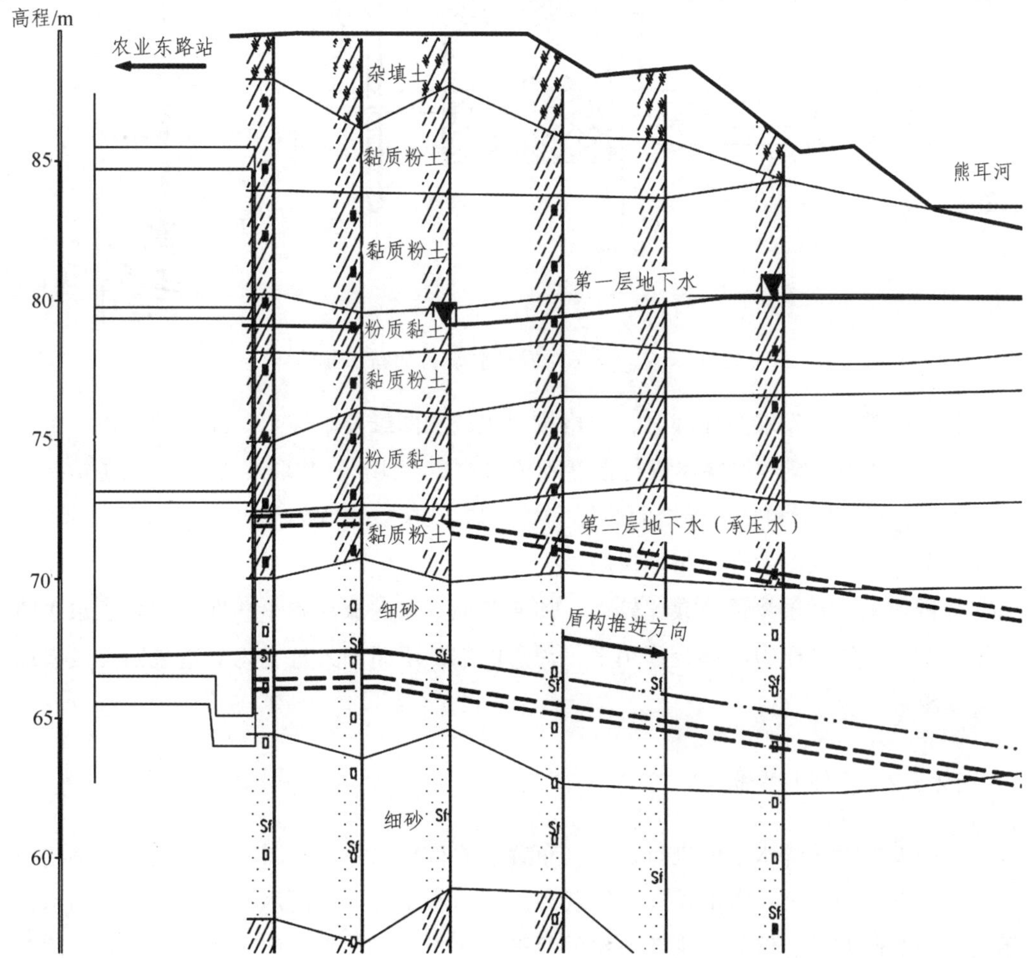

图 12.3.1　加固端地层分布图

盾构始发进洞端头原设计采用Φ800@600 三重管高压旋喷桩加固处理，旋喷桩加固纵向长度 8 m；加固范围为管片上方左右各 3 m。桩长 26.5 m，其中空桩 14.5 m，实桩 12 m。根据地质图显示，实体部分有 4.9 m 在粉质黏土中成桩，有 7.1 m 在细砂层中成桩，如图 12.3.2 所示。

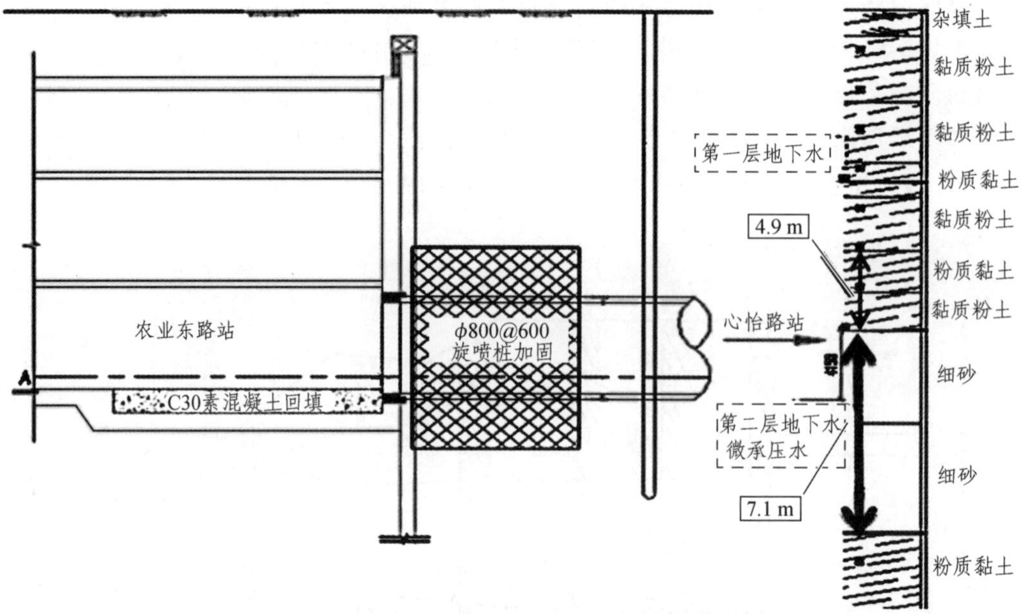

图 12.3.2　盾构始发进洞端头加固剖面图

我标在进行始发端头加固时，严格按照规范和图纸要求施工。左线盾构机在进洞之前，按照施工方案对加端体进行强度和抗渗系数检测。一共取芯 13 根，取芯情况如下：0 ~ 17 m，粉土和黏土层中的芯样完整；17 ~ 26.5 m，砂土层中的芯样呈松散状。若此情况进洞左线始发存在坍塌风险。

分析得出：砂层渗透系数比较大，加速了地下水的流动和渗透性。在高压水平喷射压力与正常渗透压力的耦合作用下，周边的细砂不断涌入桩孔内，造成断桩或者缩径等现象。

12.3.2　应对措施

我部委托专业降水单位进行设计，布置了 6 口降水井，如图 12.3.3 所示。抽水一个后，在左线洞门进行水平探孔时发现距离洞门底 1 m 处有泥水流出。降水井的水位始终在 22 m 左右。然后采用普通水泥浆进行水平注浆和垂直袖阀管注浆，先后注浆量达 200 t，并且更换功率大的 40 m^3/h 的水泵。经过一段时间降水后，水位下降趋势不明显。

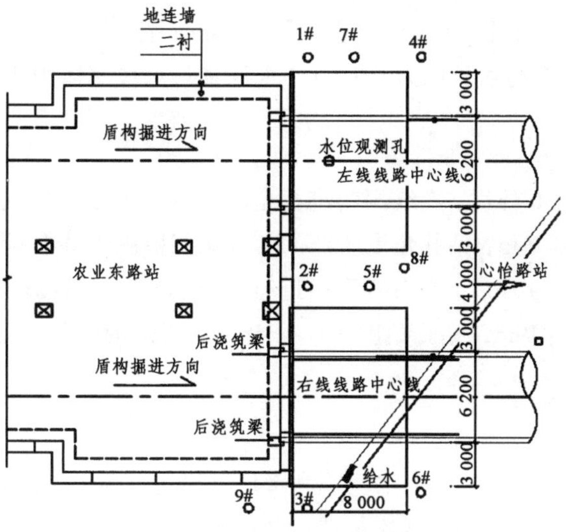

图 12.3.3　降水井布置图

12.3.3　原因分析

经专家指导分析，高压旋喷桩在富水砂层中质量难控制，东区地下水非常丰富，浆液可能会随地下水流失。而且桩长 26 m，钻杆的垂直度很难控制，桩与桩的 20 cm 搭接很难保证。整个加固体底部位于砂层中，地下水流动大，影响成桩质量。此端头降水是敞开式的，砂层厚达 12 m 且临近熊耳河较近，地下水具有流动性，地下水丰富，降水井的补给非常快。

12.3.4　技术措施

1. 左线处理

随后邀请河南地质勘察院专家到现场指导，经专家分析得出结论后：对原方案进行调整增加降水井，增加 2 口降水井，将原来降水井 40 m³/h 水泵更换为 60 ~ 80 m³/h 水泵。再次降水 1 周后大部分降水井水位下降到 28 m 以下，静水位达到 22 m，且从探孔的情况来看水压力减小。

咨询多名专家后，认为现场条件可以洞门凿除，盾构左线始发掘进过程中渗漏水现象依然存在。掘进 12 环后进行同步注浆和二次注浆后洞门才完全不漏水。

同步注浆采用二重管钻机钻进至预定长度后，再用同步双液注浆机注浆加固。同步注浆浆液共有三种即 A 液（水玻璃）、B 液（磷酸）、C 液（水泥浆），A 液先后与 B 液、C 液混合，形成 A、C 液（水泥和水玻璃混合液）和 A、B 液（水玻璃和磷酸混合液），其原理先用 AB 液将土层颗粒中的水强迫排除（凝固时间一般 3 ~ 5 s，可以有效解决地下水流动、砂层等问题），再通过 AC 液使土层黏结力、内摩擦角增大，从而起到加固隔水的作用。

加固参数：加固体长度 7 m；注浆孔直径 42 mm；注浆凝结时间 20 ~ 30 min；注浆压力 0.48 MPa；水灰浆的水灰比为 0.7 ∶ 1；水泥浆 ∶ 水玻璃体积比为 1 ∶ 0.2。

2. 右线处理

在左线盾构始发 30 环后，右线洞门进行全断面水平 WSS 注浆进行土体加固，钻孔间距 80 cm，钻孔长度 7 m，钻孔角度 10° ~ 25°。洞门范围内共布置 64 个孔。我部在农心区间左线盾构始发 30 环后，在右线洞门进行全断面水平注 WSS 浆液进行加固，钻孔间距 80 cm，钻孔长度 7 m，钻孔角度 10° ~ 25°，洞门范围内共布置 45 个孔。

12.3.5 施工结果

在进行相关措施改进后，地下水位顺利降低并稳定，端头加固效果良好，提供了安全的盾构始发工作环境，顺利完成本标段的盾构始发工作。

另外，对于深层富水砂层地质，盾构端头加固方案可采用全断面水平 WSS 注浆加地面降水井降水结合的方式。该方案施工周期短、方便易操作，且能有效保持现场文明施工环境，土体加固效果明显，能够更好地为盾构始发提供先决条件，确保盾构顺利通过洞门危险地段。

12.4 小 结

盾构在掘进过程中，常遇到特殊地层，采取适合的应对措施确保盾构顺利通过危险地段。

当盾构在钙质胶结软硬相间地段进行掘进时，由于地层中存在高黏性土层，盾构掘进时容易在刀盘前部形成泥饼，严重影响掘进。确定合适的盾构掘进模式、掘进参数及其相应的姿态控制技术、渣土改良技术以及地层变形控制技术可以解决掘进困难、效率低、成本高、掘进方向及地层变形不易控制等技术难题。本工程魏庄西街站—紫荆山站盾构区间选用 CTE6440 型盾构机，根据地层特征，确定了合理的掘进参数，通过渣土改良，盾构机在掘进时表现了典型软土掘进参数状态。

当盾构长距离穿越粉砂层掘进时，合理进行渣土改良、优化盾构掘进参数，能够有效地控制沉降。本工程郑州东站—康宁路站盾构区间对四种情况进行了渣土改良：泥岩地层采用“泡沫剂 + 水”[改良比例为 1 ∶（3% ~ 5%）]，砂砾石地层采用“5 ∶ 1（水 ∶ 膨润土）的膨润土浆液 + 掺 3% ~ 5%泡沫剂 + 少量水”，出现喷涌情况采用添加“盾构渣土（砂层）改良剂掺量 3‰”，出现连续喷涌现象采用添加“1 ∶ 0.6 的膨润土浆液 + 3‰聚合物”进行改良。同时，适当降低推进速度，改善同步注浆浆液配比和控制注浆压力，适当增加同步注浆量，合理确定二次补注浆浆液配比、注浆压力等施工参数，能够有效控制地面沉降。

当盾构掘进经过富水砂层时，由于砂层渗透系数比较大，加速了地下水的流动和渗透性，增加了坍塌风险。本工程农业东路站—心怡路站区间始发时，原设计采用高压旋喷桩加固处理，由于高压旋喷桩在富水砂层中质量难控制，东区地下水非常丰富，浆液可能会随地下水流失。而且桩长 26 m，钻杆的垂直度很难控制，桩与桩的 20 cm 搭接很难保证。整个加固体底部位于砂层中，地下水流动大，影响成桩质量。经过专家讨论，左线增加降水井，在左线盾构始发 30 环后，右线洞门进行全断面水平 WSS 注浆进行土体加固。在进行相关措施改进后，地下水位顺利降低并稳定，端头加固效果良好，提供了安全的盾构始发工作环境，顺利完成本标段的盾构始发工作。

第五部分

工程管理及借鉴意义

第 13 章 工程管理

13.1 工程投资控制与管理

根据国家基本建设工程项目管理的相关程序及管理规定，大型市政基础设施的投资建设实行工程项目代建制，在报送政府建设项目可行性研究报告中应当包括：拟将成立的项目法人单位的机构组成、公司人员、章程、资金筹措情况、资本金构成及出资比例、项目融资等内容。项目通过审批后，即可全面开展项目的启动工作。在工程项目完成竣工验收、备案并通过财政审计之后移交资产方，代建单位完成建设任务。在工程建设过程中，代建单位根据批复的设计内容，进行全过程的目标管理。建设方在工程建设过程中要实现和控制的目标概括起来就是：围绕工程建设合同在工期控制、质量控制、投资控制和安全管理四个方面进行全过程的管理和控制。控制目标的管理手段根据不同的建设阶段各有侧重。

13.1.1 管理体系与制度建设

1. 明晰组织机构

建设方根据工程建设管理的工作内容及费用管理的主要内容，针对工程建设费用发生的时间和特点，依据合理分工、相互促进的原则建立和完善公司的组织机构及个人工作岗位职责，使公司制定的工程管理目标和计划具体能够落实到每一个责任部门和责任人。

2. 制订相应可实施管理制度

1）经济合同管理制度

工程项目管理的核心是合同管理，是建设工程费用控制的中心环节，也是开展工程建设、合理安排进度、控制工程质量、开展全过程造价管理和控制的核心问题，是调整年度资金计划，工程总费用测算的基础，是资金计划控制难点和要点。因此，必须要制定相关的管理办法、管理审批程序，建立健全合同管理、合同预算费用审查制度。同时设专人管理，建立基础数据库台账的日常管理，年度、月度计划调整，计划资金的预测等全过程管理。合同审批制度流程如图 13.1.1 所示。

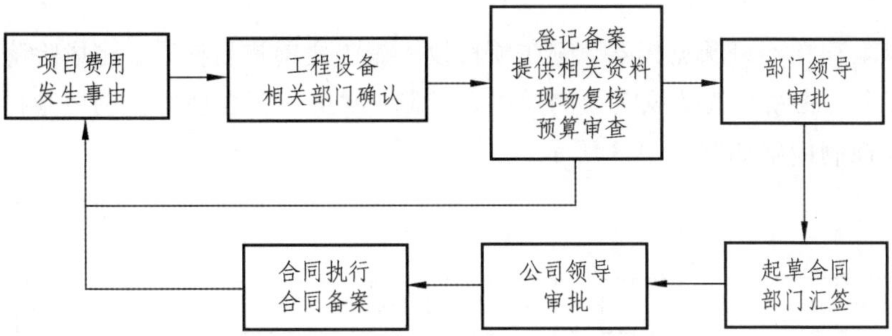

图 13.1.1　合同审批制度流程图

2）工程资金支付管理制度

工程款支付管理制度，是工程资金计划的重要组成部分，是平衡年度建设及使用资金的重要环节，同时也是安排下一年度施工计划的前提和保证。工程款拨付审批流程如图 13.1.2 所示。

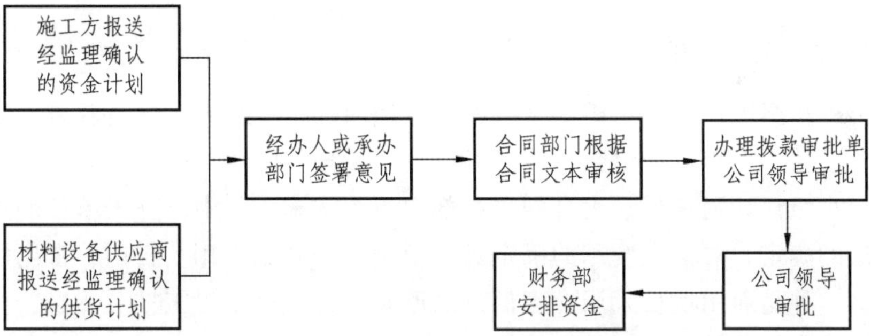

图 13.1.2　工程款拨付审批流程图

3）变更费用管理及相应权限

由于施工环境的复杂性，既有的施工设计方案有时也会进行设计变更和洽商。为了合理控制此项费用，建设方制定相应的管理办法和程序。目前，工程建设管理普遍存在着经济与技术分离的现象，表现在技术人员只考虑技术的可行性、安全的可靠性而忽视了经济的合理性，经济管理人员则相反。因此，需要提高管理者的综合管理素质，工程技术人员要经常学习和了解工程建设方面、造价管理方面的政策法规，经济管理人员也要加强学习施工技术，共同提高项目管理的工作效率。同时，在工程建设过程中，要充分发挥监理工程师在工程费用方面的控制作用，严格审查费用变更、施工组织方案，专职造价人员全面参与施工的过程管理。

3. 做好工程项目投资费用风险的预测

1）工程项目风险

工程风险存在不可预见因素，应在项目投入施工之前进行防范，将风险降到最低程度。针对风险所能做的就是风险预测及风险控制，制定一套合理的控制风险措施来面对风险。风险控制措施如图 13.1.3 所示。

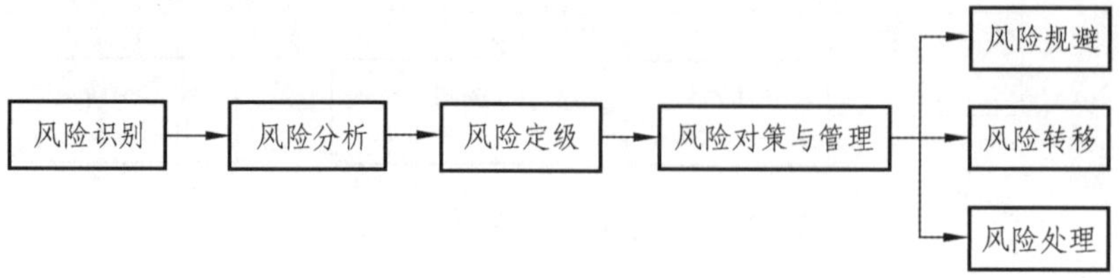

图 13.1.3　风险控制措施图

2）工程保险

对于一些不能回避的工程风险，采取风险分担的形式。如设备联合试运转风险、设备安装风险、土建结构建设风险、材料及设备运输风险、施工安全风险等等，通过给项目投保，将来出现风险的时候，可以合理分担一部分费用。

4. 工程招投标管理

成立工程招标工作领导小组，统一领导协调内部工作关系，各负其责，设备技术标准、商务条款、工程量清单数量等主要工作，安排不同的部门分头实施，经工程招标工作领导小组讨论通过后，由合同主办部门组织实施。其中，施工单位的选择及招标评标办法的确定，对工程费用的确定具有很重要的基础作用。目前，常用的评标办法有两种，一种是通用项目采用合理低价的原则，另一种是对工期、质量、技术复杂的项目采用综合评分的方式。如果招标项目是通用项目，同时对工期、质量没有特殊的要求，可选低价中标；如果施工技术复杂，工期、质量、建设条件有一定的要求，可选综合评分确定。地铁工程的建设特点决定了施工单位的选择尽量避免采用简单的低价中标。

土建工程建设费用中，材料费用占总费用的 65%以上，考虑到材料采购的风险，将通用材料费用如商品混凝土、钢材等放在招标文件中，利用招投标这个平台，通过公开竞标的方式将材料涨价的风险进行合理的分担。

在工程施工过程中，为了控制单个子目变更洽商产生的费用风险，将一定标准的洽商变更放在招标清单中，投标单位可根据自身情况合理报价，将工程建设变更的风险由建设方单独承担变成了建设方和施工方共同承担的风险。

13.1.2 投资计划的控制与管理

1. 过程控制

在施工过程中，对于资金的控制可以从技术控制、投资控制两个方面进行监督、控制。

1）技术控制

施工图设计是在初步设计的基础上编制的，要严格对使用的施工工艺、材料进行比选和审查。固定资产投资乃百年大计，质量第一，绝不能把工程建设当儿戏，对于新工艺、新材料的使用必须要慎重，必须使用的时候可以请相关方面的专家召开论证会和实地考察。不能草率行事，避免变成新工艺、新产品的免费试验场。施工图交底设计人员充分介绍施工要求和技术要求，同时要常驻现场，解决不同专业交叉作业出现的问题、现场的协调配合问题。

2）投资控制

根据工程建设的年度进度，安排合理使用建设资金；协调各有关部门，统一思路和目标，解决工程过程中出现的工期、质量和投资矛盾的关系。财务账面年度资金有节余会增加财务贷款成本，如资金不足，会严重影响工期及建设质量，在节点工序上还会造成工期和费用的索赔。对于合同范围内的项目，根据工程实际情况合理安排工程进度，通过验工计价管理办法，合理及时支付工程进度款，以保证工程能按时有序地完成。对于过程中发生的辅助费用或者影响主体进展的费用（拆改移），工程部门与合同部门及时了解情况，核实工程量，及时审查预算，从工期上保证主体工程的顺利完成。

2. 后期管理

地铁的结算要充分发挥社会专业咨询公司的优势，建设方发挥主导作用，编制结算管理办法，确定审核工作计划，合理划分任务。依据政策、实事求是、统一审核标准，严格把好结算关，重大问题集体讨论，寻求政府造价部门在工程费用控制和管理方面的帮助。

3. 设计紧密配合共同控制投资

随着国家经济长期的持续发展，国内的设备生产和市场也进一步趋于完善，实现功能的途径也有了更多的选择，也为地铁工程建设合理控制工程投资创造了条件。在满足建设规模和功能设计、确保质量的前提下，就可以实行工程的限额设计。

1）限额设计

设计阶段的投资控制，是按照初步设计批准的概算造价、限额进行施工图设计。按施工图预算造价，对施工图设计的各个专业设计文件做出决策。在整个设计过程中，设计人员与经济管理人员密切配合，做到技术与经济的统一。设计人员在设计时考虑经济支出，做出方案比较，有利于强化设计人员的工程造价意识，优化设计；经济管理人员及时进行造价计算，为设计人员提供信息，使设计小组内部形成有机整体，克服相互脱节现象，改变了设计过程中不算账，设计完成见分晓的不良习惯，达到动态控制投资的目的。优化设计不仅可以选择最佳设计方案、提高设计质量，而且能有效控制投资。

2）设备选型

设备的选型，首先要考虑设备的可行性（成熟的技术）和可靠性，要从全寿命周期成本的角度全盘考虑，不仅要考虑设备成本，也要考虑备品配件成本、维护成本和运营的维护能力。

3）设计监理

建设方聘请强审单位，全面参与设计审计工作。定期与建设方沟通、反馈设计情况。同时，组织各设计单位召开定期例会，协调设计单位之间存在和出现的问题，通报进度质量情况。重点审查配套专业预留接口问题、兼容问题，设计文件是否符合政府消防、安全等强制性要求；审查设计方案的经济对比。施工图报政府有关部门审批之前，建设方要组织参建和项目的使用方，对设计文件进行全面的审查，发现设计图纸存在的问题并及时修正。同时，建设方会同有关设计监理、聘请社会上的经济专家对施工图经济控制情况进行全面审查，审查概算的重点是总概算、分项概算不能突破批复的总投资，分项预算中是否存在漏项、是否存在计算失误、预算单价的标准是否合理、费用项目的取费及标准是否符合规定等。

13.2 盾构施工安全管理

5 号线盾构区间线路长、地质条件复杂、施工装备一次投入量多，全线共投入 30 台盾构机，盾构施工安全管理难度大，而且盾构施工垂直运输、水平运输、管片拼装人机交错频繁，长时间连续作业、立体作业、密闭空间作业等均存在较大施工安全风险。因此，采用施工安全风险预防预控是本工程盾构施工安全管理的重要管理思路。

13.2.1 施工安全风险辨识评估

对特殊及复杂环境条件下的施工安全风险进行辨识评估，能更好地明晰重点管控部位和重点管控措施，提高施工安全风险管控的应对能力。本工程特殊及复杂环境条件下的施工安全风险主要包括：

（1）人工填土层中进行围护结构或明挖施工，易产生坍塌、地面沉陷风险。

（2）在粉砂类地层中进行围护结构施工时，易产生塌孔、塌槽风险。

（3）在深厚富水砂类地层中进行基坑土方开挖，围护结构接缝处止水效果不理想易引起渗漏、涌水涌砂风险。

（4）粉细砂层易发生流砂、涌砂现象，给明挖、盾构、暗挖施工造成危险。

（5）大范围降低地下水位引起地面沉降、降水失效、围护结构止水效果不佳带来的风险。

（6）下穿燃气、给排水等重要地下管线、管道或箱涵等，易造成可燃气体泄漏、水源进入隧道等施工安全风险。

（7）地下障碍物直接影响正常施工，造成土体扰动，导致发生地面塌陷等施工安全风险。

（8）穿越江河段施工时易造成开挖面与江河贯通以及隧道渗漏风险。

（9）穿越既有线是指上（下 / 侧）穿已运行的铁路、地铁等线路。穿越时易造成既有线结构沉降超出控制值，影响既有线运营安全。

风险辨识评估完成后，形成盾构施工安全风险清单，组织专家评价论证，确定风险等级，对重大施工安全风险提出控制措施。施工单位根据风险清单编制应急预案，完善应急物资。当法律法规或标准、设计方案、施工工艺、工程项目内容等情况发生变化时，重新组织风险辨识与评估，并及时汇总传达到相关单位和岗位。

13.2.2 施工安全风险管理程序

施工安全风险管理程序按照“分级管理、分级负责”的基本原则，施工风险管理由具体实施项目的施工单位负主责，负责施工风险的全面实施管理，包括但不限于对施工风险的超前预防准备、过程监控和控制预防、信息管理、应急处理和对外协调等工作；工程项目管理部负责重大施工风险的督导管理，督促施工单位进行风险的辨识、评价及控制和预防，并对一级重大施工风险进行督导管理。

施工单位、工程项目管理部各职能部门按照“一岗双责，岗岗有责”的原则，依据本岗位安全生产责任制对重大施工风险履行督导监管职责。全面掌握重大施工风险项目进展情况，重大情况及时向分管领导和上级职能部门报告，由分管领导协调解决。重大施工风险实施前一个月，施工单位应做好预案启动的准备工作，发布预警信息。重大施工风险实施前 15 天，施工单位针对重大施工风险内容，做好与相关产权单位、交通、市政部门的联系和协调，将重大施工风险存在的风险的性质、影响范围和应急措施公告周边单位和人员，征得对方的支持和理解。施工现场应建立重大施工风险公告制度并适时公告。

13.2.3 施工安全风险管理措施

发生事故的根本原因在于管理上的缺陷和失误，针对郑州市轨道交通 5 号线工程的安全风险点，在充分认识盾构施工环境，科学配置适应性强的盾构资源的基础上，推行盾构施工精细化管理，实施管理、培训、技术“三大对策”，较好地控制了施工安全风险。

1. 安全保护措施

（1）确立多种形式的安全检查制度，既有建设单位会同施工、监理及第三方等单位组织的安全大检查，也有项目部每月例行的安全检查，更有安全技术人员对专业设备与工艺的专项不定期检查，并做好安全检查日志。

（2）加强安全教育，项目经理部全体人员进场必须接受安全教育，严格执行“三级安全教育”。

（3）完善安全保护措施，施工现场布局合理，各类安全标志醒目、统一。

（4）针对施工过程中可能发生的安全事故，开展预测、预防工作，找出施工安全风险点，防患于未然。

（5）施工临时用电的保护措施：

工程开工前，各项目部做出施工用电方案，报监理审批；在施工现场实行三项五线制和双级漏电保护，并且配电箱及电线外皮做可靠的接地保护。在配电箱外部设置明显标志和防护栏杆，并做防雨保护。施工现场电线采用钢套管埋地或架空、挂设方式铺设，施工现场所有电气设备均设防雨棚。

（6）施工机械使用安全：

在施工过程中，应该严格执行国家颁布的安全生产操作规程，严禁违章指挥、违章操作；机械设备的操作人员必须经过培训，持证上岗并专人操作、专人负责，电动机械设备，必须经过安全部门检验合格，并取得合格证后，方可投入使用。

吊装预制梁、钢箱梁、车站钢结构等大型构件时，必须制定吊装方案并报监理审批，施工过程中严格按照方案操作。各种专用机械，如混凝土喷射机、木工机械、钢筋加工机等，必须有可靠的安全防护装置，并由使用人负责。大中型机械设备在施工过程中，严格按照机械规程做好日常维护保养，并详细记录。外租机械，必须与租赁方签订安全协议书，明确双方安全责任。

（7）地下管线的安全保护：

开工前，依据业主和设计单位提供的地下管线资料，进行汇总，绘制施工现场管线分布图，并召开管线管理单位参加的施工配合会。在施工过程中，先开挖探坑核对管线情况，做好保护措施，避免野蛮施工，对可能发生意外情况的管线，制定有针对性的预防措施，对可能受施工影响产生沉降的管线，做好沉降观测工作，并做好记录。现场配备必需的抢险器材，一旦出现险情，及时抢修。

（8）基坑防护措施：

施工围挡标准统一，基坑临边防护采用定型分段式护栏，并派专人巡视沟槽边坡安全，发现问题及时处理。

2. 交通安全措施

郑州市轨道交通 5 号线是郑州轨道交通线网中第一条环形线路，覆盖城市东北半环客流走廊和西南半环客流走廊，部分片区交通流量大，建设单位要求各个施工单位加强对现场施工人员的交通安全教育，进出施工现场遵守交通规则，禁止穿行快速路，违者重罚。当需占用道路施工时，必须与道路管理部门和交通管理单位办理占路施工手续。占路施工时，设置交通导流标志牌及醒目的警视标志。

3. 专业工程交叉作业的管理措施

（1）确立各施工标段的土建施工单位，总协调标段内部各专业的交叉施工。

（2）每天召开施工碰头会，及时通报各自专业施工进度，调整施工计划，严格做到在规定时段、规定部位施工。

（3）严格施工现场人员管理，各施工单位人员佩戴胸卡，严禁无关人员随意流动。

（4）交叉作业施工时，施工单位严格按照总协调单位要求，使用临水临电，并确保临时管线及施工机械满足安全要求。

13.2.4 平台建设

配备监控设备，将盾构掘进参数界面、测量系统界面、隧道内工作面视频、地面工作面视频等均显示在监控室，一改以往单纯语音联络的情况，将管理触角前移，使问题及时暴露、及时反馈、及时解决，提高了项目的管控力度。

现场每日分析监测数据，发现异常立即调整参数。特别是在经过特殊地段时，如花经区间盾构下穿河南省供销合作社房屋时，采用了自动化监测手段，在供销社家属楼共布设了 64 个监测点用于检测建筑物沉降及差异沉降。

13.2.5 应急管理

应急预案在重大施工风险项目施工前一个月，由施工单位组织编制并进行演练。应急预案应具有可实施性，人、机具、材料及社会相关抢险方联系畅通无阻，确保能及时到位，保证预案启动后的可操作性和有效性。施工单位应与邻近社区、相关单位建立沟通、联系机制；项目公司组织相邻区域施工单位建立应急联动机制，参建各方应建立相互沟通的交流平台。

13.3 盾构施工质量管理

13.3.1 质量管理工作的筹划

1. 明确质量管理目标

本工程以“争创鲁班奖工程”为目标，工程质量目标、控制标准的确定，不局限于满足国家验收规范要求，较多的指标高于国家标准，各项质量目标尽量用数据说话。努力提高工程耐久性，消除质量隐患，杜绝质量事故，确保工程质量万无一失。

2. 建立质量管理体系

郑州市轨道交通 5 号线工程涉及的专业面十分庞杂、参与的单位众多、项目周期较长，而且在工程的不同阶段，质量目标和控制的重点也不尽相同。为了保证工程质量控制的措施能够得到有效的贯彻与落实，建设单位建立并逐步完善了工程质量管理体系，着重控制设计、设备材料、施工三个主要环节，并从业主管理、监理控制、承包商施工控制等不同层次设置管理机构、开展各种质量活动，形成了政府监督、业主管理、专业检测、监理控制、承包商施工控制的多层次立体的质量管理网络，对工程质量进行全过程、全方位的管理和控制。

本工程 11 个标段、32 个盾构区间全部由系统内施工企业的专业化人员组建独立工区项目部，工区项目部主要管理人员全部得到项目公司的考核认可；作业层推行自建型架子队建设，形成相对固定的作业队伍；通过专业化的管理团队和作业队伍，调动生产一线员工的管理和生产积极性，掌握施工生产的主动权，使作业层管理全面受控，促进作业人员对盾构设备、盾构施工的研究和探索，卓越完成质量控制目标。

3. 施工技术和现场准备

施工准备期完成了对盾构机适用性、盾构资源组织和调配、重点区间始发顺序、特殊地段的预处理、盾构工程重难点及风险控制点进行分析、论证，提出重难点项目的控制措施。

现场准备包括控制网、水准点、标桩的测量，“五通一平”，生产、生活临时设施等的准备，组织机具、材料进场，拟定试验、试制和技术创新计划等。

4. 配置盾构资源

郑州地区系软土地层，以黏土、粉土、粉质黏土、细砂、粉砂、中砂为主。根据地层条件，建设各方及设备制造商结合郑州水文地质环境深入研究，通过总结同类工程实践经验，模拟比选，确定了盾构机新造和改造的主要性能参数，对盾构机进行适应性改进，通过更加合理的刀具布置、刀盘面板配置刀具磨损检测装置等措施，保证了盾构隧道施工安全和工程质量。盾构机进场前全部进行维修、保养、调试，经过建设单位、监理单位验收后进场。针对每台设备建立设备故障库，提高盾构设备的可用性。

13.3.2 质量控制

质量控制是质量管理的重要部分，致力于满足质量要求。质量控制的目标就是确保项目质量能满足有关方面所提出的质量要求。质量控制的范围涉及项目质量形成全过程的各个环节。项目质量受到各阶段质量活动的直接影响，任何一个环节的工作没有做好，都会使项目质量受到损害而不能满足质量要求。质量循环的各阶段是由项目的特性所决定的，根据项目形成的工作流程，由掌握了必需的技术和技能的人员进行一系列有计划、有组织的活动，使质量要求转化为满足质量要求的项目，并完好地交付给用户，还应根据项目的具体情况进行用后服务，这是一个完整的质量循环。

1. 质量控制措施

“百年大计、质量第一”，工程质量是企业发展生存的命脉，在质量管理方面采取了以下措施：

（1）严格筛选勘察、设计、监理及第三方单位，同时对施工队伍精挑细选。郑州市轨道交通 5 号线各参建单位，尤其是各个施工单位，是整个工程建设和质量控制的主体。选择管理严格、技术过硬的施工队伍，是搞好工程质量管理的前提条件。

（2）要求各单位在中标后，以书面承诺确保体系正常运转，不得随意调整、更换人员。

（3）认真严格执行 5 号线施工工程的各项验评标准。

（4）编写郑州市轨道交通 5 号线工程施工组织总设计，针对施工过程中的各个环节，制定出施工保证措施，并对于工程中可能会出现的质量通病，制定出详细的针对性预防措施。

（5）严格把控管片、防水材料、管片螺栓等主要材料质量关，为实现全线质量目标打下良好的基础。

2. 质量管理的实施

（1）正确处理好进度、质量与安全的关系，确保实现质量目标正确处理质量与工期的关系。

（2）进行人员培训，强化质量意识。

（3）依靠过程控制，确保工程质量。

（4）建立合理、真实、有效的工程资料管理体系。

（5）大力推广采用新技术、新工艺、新方法、新设备的“四新”技术，加大创新投入。

（6）为了保证工序质量，在重点控制对象、关键部位或薄弱环节设置施工质量卡控点。

（7）组建专业盾构监管团队，开展监督检查，验证实施效果。

3. 盾构施工质量卡控要点

1）管片质量卡控要点

（1）施工单位派人进驻管片厂，对管片生产过程进行质量卡控，对出场管片进行核查。卡控内容包括管片外观，止水带、密封垫粘贴，防腐涂料涂刷，螺栓孔、吊装孔清理，管片龄期，管片标识（包括生产日期、编号等）。不满足要求的不予出场。

（2）管片进场必须由管理人员对管片进行验收。进场验收内容同出场验收卡控内容，未达到验收标准的一律退回。

（3）遇水膨胀止水条、橡胶薄板黏结在外侧，接缝尽量避免出现在四个角上，四个角黑色自黏性橡胶保护薄板黏结牢固、无松动；下雨天必须覆盖避雨；粘贴过程中避免胶水污染管片，当胶水污染管片时，不应立即清理，而应待胶水晒干后再铲除；三元乙丙防漏浆泡沫条要黏结牢固。

（4）管片卸车控制内容：管片卸车要防止管片之间、与龙门吊之间的碰撞；管片下方支垫的方木要完好，且每层两两对称支垫 4 根方木，禁止支垫 3 根方木的情况；管片堆放不宜超过 4 层。

（5）吊装下井前控制内容：破损的管片不得下井；三元乙丙止水带断裂、脱落的禁止下井，必须在地面对其进行更换，不得下井更换；遇水膨胀止水条起翘的禁止下井；缓冲垫黏结位置和方位要正确；管片受到污染的禁止下井。

2）盾构掘进卡控要点

（1）根据隧道工程地质、隧道埋深、线路平面坡度、地表环境、施工监测结果、盾构姿态以及盾构初始掘进阶段的经验，设定盾构滚动角、仰俯角、偏角、刀盘转速、推力、扭矩、螺旋输送机转速、土仓压力、排土量等掘进参数。

（2）盾构掘进中应确保开挖面土体稳定。

（3）土压平衡盾构掘进速度必须与进出土量、开挖面土压值及同步注浆等相协调。

（4）当盾构停机时间较长时，应采取防止开挖面压力降低的技术措施。

（5）竖向及水平偏差不应大于 ± 50 mm。盾构掘进中必须严格控制隧道轴线，发现偏离必须制订纠偏计划，纠偏必须逐环、小量纠偏，防止过量纠偏而损坏已拼装管片和盾尾密封。

（6）掘进过程中，进行渣样分析，为后续盾构推进提供符合地质特点的施工参数。

3）管片拼装卡控要点

（1）盾尾间隙每环测量 3 次，拼装前后各测量 1 次，并做好记录。

（2）拼装点位根据行程和间隙选择错缝拼装，尽量避开相邻环相邻点位拼装。

（3）过程清理盾尾，管片拼装前，盾尾应保持干净、无水。

（4）管片拼装前应冲洗干净，特别是止水条位置。

（5）管片运至盾构内应进行验收。发现止水条断裂、管片破损时，应及时更换；拼装前对已起皱的遇水膨胀止水条应进行剪切废除；检查管片编号是否正确；管片吊装孔、螺栓孔应完好。

（6）管片拼装好后，应对千斤顶靶进行扶正调整。

（7）管片吊装前应确认是否扣入吊装头，运输过程中应缓、慢、准，避免发生碰撞；K 块拼装前必须在纵缝抹黄油润滑；管片拼装过程中调整时，块与块之间必须有至少

5 cm 间隙，保证管片不被拉裂、碰损。

（8）每环管片拼装完成后，螺栓至少拧紧 4 次，管片拼装 1 次，推进半环 1 次，管片推进完成 1 次，附近 3 环均复紧 1 次。

4）同步注浆卡控要点

（1）注浆配比必须经试验验证可行，配比的调整由项目总工程师确认，严禁随意更改配比。

（2）压力必须根据地质情况、管片强度、设备性能、浆液特性和隧道埋深等综合因素确定，注浆速度应根据注浆量和掘进速度确定。

（3）注浆必须与盾构掘进同步进行，严禁停浆掘进；当同步注浆不能达到地层沉降控制要求时，应进行壁后二次注浆。

5）二次注浆卡控要点

（1）采用 1∶1 的纯水泥浆 + 水玻璃和水进行 1∶1 稀释，施工前根据环境条件和沉降监测结果调整，混合液达到胶凝状态的时间控制在 2 min 左右。

（2）注浆压力宜控制在 4 bar 以内，并可根据实际情况做适当调整。施工前多备用各 3 套以上的注浆表、自制注浆头、球阀。

（3）二次注浆应开泄气孔和泄水孔。注浆孔开孔深度至少 45 cm（30 cm 管片厚度 + 14 cm 同步浆液厚度 + 富余量）。

6）管片姿态测量卡控要点

（1）每 10 环需测量拼装管片姿态，确保成型隧道衬砌结构几何中心线线形平顺，偏离控制在容许误差范围内；盾构首推 100 环及盾构到达前 100 环需做百环验收。

（2）当测量系统不能正常工作或测量组认为必须搬测站时，必须停机，待测量组搬站后继续掘进，严禁盲推。

（3）直线掘进 100 m 或曲线掘进 50 m 时，应对盾构姿态进行人工测量复核和详细记录，发现偏差，应及时采取纠偏措施。

盾构工程质量安全关键控制点关系如表 13.3.1 所示。

表 13.3.1　盾构工程质量安全关键控制点关系表

序号	控制项目	控制标准	控制方法	各方关注重点				
				标段施工队伍	工点监理	BT 项目公司	监理管理	业主
1	盾构选型	盾构的类型和技术性能应满足工程地质和水文地质条件、线路条件、环境安全和隧道结构设计要求	监理检查、验收	★★	★★	◎◎	◎◎	◎◎

续表

序号	控制项目		控制标准	控制方法	各方关注重点				
					标段施工队伍	工点监理	BT项目公司	监理管理	业主
2	施工测量		1. 应结合盾构及配置的导向系统的精度、特点和人工测量仪器精度等，制订盾构施工测量方案。 2. 在盾构始发和接收工作井间必须建立统一的施工控制测量系统，每个井口应布设不少于3个控制点。 3. 在贯通区间始发工作井联系测量不应少于3次，在初始掘进50～100 m及贯通前200 m时，应进行联系测量。 4. 地下控制测量起算点必须采用直接从地面通过联系测量传递到工作井下的平面和高程控制点，通常地下平面起算点不应少于3个，起算方位边不应少于2条，高程起算点不应少于2个。 5. 在隧道贯通前，地下控制导线和控制水准测量不应少于3次。重合点坐标较差应小于10 mm，且应采用平均值作为测量结果	监理检查	★	★	◎	◎	◎
3	管片制作	原材料	钢筋混凝土管片原材料应符合下列规定： 1. 具备产品质量证明文件，并应复检合格。 2. 应采用非碱活性骨料；当采用碱活性骨料时，混凝土中碱含量的限值应符合现行国家标准《混凝土结构设计规范》GB 50010的规定。 3. 预埋件规格和性能应符合设计要求。 4. 特殊环境类别中应满足规范和设计中耐久性、抗渗、抗侵蚀等对原材料的要求	监理见证送检	★	★	—	—	—
4		管片模具	1. 模具必须具有足够的承载能力、刚度、稳定性和良好的密封性能，并应满足管片的尺寸和形状要求。 2. 模具应便于安装和拆卸。 3. 模具周转100次时必须进行检验，允许偏差和检验方法应符合规范规定	监理检查、验收	★	★	—	—	—

续表

序号	控制项目		控制标准	控制方法	各方关注重点				
					标段施工队伍	工点监理	BT项目公司	监理管理	业主
5	管片制作	钢筋工程	1. 钢筋的品种、级别和规格应符合设计要求。当钢筋的品种、级别或规格需作变更时，应办理设计变更。 2. 钢筋骨架连接应符合设计要求，并应在符合要求的胎具上制作。 3. 应按钢筋料表进行钢筋切断或弯曲；弧形钢筋加工时应防止平面翘曲，成型后表面不得有裂纹，并应验证成型尺寸；钢筋调直和主筋的弯钩、弯折应符合现行国家标准《混凝土结构工程施工质量验收规范》GB50204 的规定。 4. 骨架连接时，应按料表核对钢筋级别、规格、长度、根数及胎具型号。 5. 采用焊接连接时，应根据钢筋级别、直径及焊机性能进行试焊，并确定焊接参数后，方可批量施焊；焊接骨架的焊点设置应符合设计要求；当设计无规定时，应采用对称跳点焊接；焊接前应对焊接处进行检查，不应有水锈、油渍，焊接后不应有焊接缺陷。 6. 浇筑混凝土前，应进行钢筋隐蔽工程验收。验收项目主要包括下列内容：① 纵向主筋的品种、规格、数量、位置等；② 箍筋、横向钢筋的品种、规格、数量、间距等；③ 预埋件的规格、数量、位置等。 7. 钢筋加工偏差和检验方法应符合规范规定；钢筋骨架制作、安装偏差和检验方法应符合规范规定	监理检查、验收	★	★	—	—	—
6		混凝土工程	1. 混凝土坍落度不宜大于 70 mm，在满足设计要求及施工性能的前提下，可适当减少水泥用量。 2. 混凝土中碱含量和氯离子含量应符合现行国家标准《混凝土结构设计规范》GB50010 的规定；抗渗等级应符合设计要求。 3. 首次使用的混凝土配合比应进行开盘鉴定，其工作性应满足设计要求。	监理旁站检查	★	★	—	—	—

续表

序号	控制项目		控制标准	控制方法	各方关注重点				
					标段施工队伍	工点监理	BT项目公司	监理管理	业主
6	管片制作	混凝土工程	生产时应至少留置1组标准养护试件，作为验证配合比的依据。 4. 应按施工配合比投放原材料，其计量偏差应符合现行国家标准《混凝土结构工程施工质量验收规范》GB50204的规定。 5. 每工作班至少测定1次砂石含水率，并应根据测定结果及时调整施工配合比						
7	管片制作	管片质量检验、储存与运输	1. 应在内弧面角部进行标识，标示内容应该根据管片生产国家规范要求，包括：管片型号、管片编号、模具编号、生产日期、生产厂家。 2. 每生产200环管片后应进行水平拼装检验1次，其允许偏差和检验方法应符合规范规定。 3. 管片贮存场地必须坚实平整，管片运输应采取适当的防护措施	监理检查	★	★	—	—	—
8	盾构掘进施工	盾构机组装、调试及现场验收	1. 根据盾构部件情况、场地条件，制订详细的盾构组装方案，根据部件尺寸和重量选择组装设备。 2. 大件吊装作业必须由具有资质的专业队伍负责。 3. 盾构组装应按相关作业安全操作规程和组装方案进行。 4. 现场应配备消防设备，明火、电焊作业时，必须有专人负责。 5. 组装后，必须进行各系统的空载调试，然后进行整机空载调试。 6. 监理单位应按盾构主要功能及使用要求制定现场验收大纲，盾构各系统验收合格并确认正常运转后，方可开始掘进施工；现场验收时，应详细记录盾构运转状况、掘进情况，并进行评估，满足技术要求后，签认验收文件。 7. 盾构组装时的各项技术指标应达到总装时的精度标准，配套系统应符合规定，组装完毕经检查合格后方可使用。盾构使用中应经常检查、维修和保养	监理检查、验收	★★	★★	◎◎	—	—

续表

序号	控制项目		控制标准	控制方法	各方关注重点				
					标段施工队伍	工点监理	BT项目公司	监理管理	业主
9	盾构掘进施工	盾构始发	1. 始发掘进前，应对洞门经改良后的土体进行质量检查，合格后方可始发掘进；应制订洞门围护结构破除方案，采取适当的密封措施，保证始发安全。 2. 始发掘进时应对盾构姿态进行复核。 3. 负环管片定位时，管片环面应与隧道轴线垂直。 4. 始发掘进过程中应保护盾构的各种管线，及时跟进后配套台车，并对管片拼装、壁后注浆、出土及材料运输等作业工序进行妥善管理。 5. 始发掘进过程中应严格控制盾构的姿态和推力，并加强监测，根据监测结果调整掘进参数	监理检查、旁站	★★	★★	◎◎	◎◎	◎◎
10		盾构掘进	1. 应根据隧道工程地质和水文地质条件、隧道埋深、线路平面与坡度、地表环境、施工监测结果、盾构姿态以及盾构初始掘进阶段的经验设定盾构滚转角、俯仰角、偏角、刀盘转速、推力、扭矩、螺旋输送机转速、土仓压力、排土量等掘进参数。 2. 掘进中应监测和记录盾构运转情况、掘进参数变化、排出渣土状况，并及时分析反馈，调整掘进参数，控制盾构姿态。 3. 必须使开挖土充满土仓，并使排土量与开挖土量相平衡。 4. 应根据工程地质和水文地质条件，注入适当的添加剂，保持土质流塑状态	监理巡视、检查、旁站	★★	★★	◎	—	—
11		刀具更换	1. 应预先确定刀具更换的地点与方法，并做好相关准备工作。 2. 带压进仓更换刀具前，应严格按照带压作业规范要求，必须对带压进仓作业设备进行全面检查和试运行;并采用两种不同动力装置，保证不间断供气；且气压作业区严禁采用明火。当确需使用电焊气割时，应对所用设备加强安全检查，还必须加强通风并增加消防设备，仓内须采用安全低压供电照明	监理检查	★★	★★	◎◎	◎◎	◎◎

续表

序号	控制项目		控制标准	控制方法	各方关注重点				
					标段施工队伍	工点监理	BT项目公司	监理管理	业主
12	盾构掘进施工	盾构接收	1. 接收前应制订接收施工方案，主要内容应包括接收掘进、管片拼装、壁后注浆、洞门外土体加固、洞门围护破除、洞门钢圈密封等（洞门段围护结构采用玻璃纤维筋时，盾构可直接破除洞门）。 2. 盾构到达接收工作井 100 m 前，必须对盾构轴线进行测量并作调整，保证盾构准确进入接收洞门	监理旁站	★★	★★	◎◎	◎◎	◎◎
13		盾构调头和过站	1. 调头和过站前，应做好施工现场调查、技术方案以及现场准备工作，调头和过站设备必须满足盾构安全调头和过站要求。 2. 盾构调头和过站时必须有专人指挥，专人观察盾构转向或移动状态，避免方向偏离或碰撞。 3. 调头和过站后完成盾构管线的连接工作，连接后应按组装调试步骤重新进行	监理巡视、旁站	★★	★★	◎◎	—	—
14		盾构解体	1. 盾构解体前，应制订详细的解体方案，并准备解体使用的吊装设备、工具、材料等。 2. 盾构解体前，应对各部件进行检查，并应对液压系统和电气系统进行标识。 3. 对已拆卸的零部件应做好清理和维护保养工作	监理旁站	★★	★★	◎◎	—	—
15	特殊地段施工	下穿地下管线与地下障碍物地段	1. 应详细查明地下管线类型、位置、允许变形值等，制订专项施工方案。 2. 对受施工影响可能产生较大变形的管线，应根据具体情况进行加固或改移。 3. 应及时调整掘进速度和出渣量，减少地表的沉降和隆起，确保管线安全。 4. 施工前应查明障碍物，并制订处理方案。 5. 从地面处理地下障碍物时，应选择合理的处理方法，处理后应进行回填，确保盾构安全通过。 6. 在开挖面拆除障碍物时，可选择带压作业或加固地层的施工方法，控制地层的开挖量，确保开挖面的稳定，并应配备所需的设备及设施	监理巡视、旁站	★★	★★	◎◎	◎◎	◎◎

续表

序号	控制项目		控制标准	控制方法	各方关注重点				
					标段施工队伍	工点监理	BT项目公司	监理管理	业主
16	特殊地段施工	下穿建(构)筑物地段	1. 盾构施工前，应对建(构)筑物地段进行详细调查，评估施工对建(构)筑物的影响，并应采取相应的保护措施，控制地表变形。 2. 根据建(构)筑物基础与结构的类型、现状，可采取加固或托换措施。 3. 应加强地表和建（构）筑物变形监测及反馈，调整盾构掘进参数。 4. 壁后注浆应使用快凝早强注浆材料，并保证质量	监理旁站	★★	★★	◎◎	◎◎	◎◎
17		小净距隧道施工	1. 施工前，分析施工对已建隧道的影响或平行隧道掘进时的相互影响，采取相应的施工措施。 2. 施工时，应控制掘进速度、土仓压力、出渣量、注浆压力等，减少对邻近隧道的影响。 3. 对先行和既有隧道应加强监控量测。 4. 可采取加固隧道间的土体、先行隧道内支设钢支撑等辅助措施控制地层和隧道变形	监理旁站	★★	★★	◎◎	◎◎	◎◎
18		小半径曲线地段	1. 控制推进反力引起的管片环变形、移动、渗水等。 2. 使用超挖装置时，应控制超挖量。 3. 壁后注浆应选择体积变化小、早期强度高、速凝型的注浆材料。 4. 增加施工测量频率。 5. 采取措施防止后配套车架脱轨或倾覆。 6. 防止管片错台和严重开裂	监理旁站	★★	★★	◎	◎	◎
19		下穿江河湖海地段施工	1. 应详细查明工程地质和水文地质条件和河床状况，设定适当的开挖面压力，加强开挖面管理与掘进参数控制，防止冒浆和地层坍塌。 2. 必须配备足够的排水设备与设施。 3. 应采用快凝早强注浆材料，加强壁后同步注浆和二次注浆。 4. 穿过江河前，应对盾构密封系统进行全面检查和处理。 5. 长距离穿越江河时，应根据地层条件预测刃具和盾尾密封的磨损，制订更换方案。 6. 应采取措施防止对堤岸的影响	监理旁站	★★	★★	◎	◎	◎

续表

序号	控制项目		控制标准	控制方法	各方关注重点				
					标段施工队伍	工点监理	BT项目公司	监理管理	业主
20	特殊地段施工	穿越地质条件复杂地段施工	1. 应综合考虑所穿过地段地质条件，合理选择刀盘形式和刀具配制方式、数量。 2. 应选择适当地点，及时更换刀具或改变其配置以适应前方地层的掘进。 3. 应根据开挖面地质预测信息，调整掘进参数、壁后注浆参数和土仓压力，保证开挖面的稳定和掘进速度。 4. 应注重对渣土进行改良。 5. 遇有大孤石影响掘进时，应采取措施排除	监理旁站	★★	★★	◎◎	◎◎	◎◎
21	管片拼装		1. 必须使用质量合格的管片和防水密封条。 2. 应根据上一衬砌环姿态、盾构姿态、盾尾间隙等确定管片排序。 3. 应按拼装工艺要求逐块拼装，并及时联结成环。 4. 拼装管片时，拼装机作业范围内严禁站人	监理旁站	★★	★★	◎◎	—	—
22	壁后注浆		1. 壁后注浆过程中，必须采取措施减少注浆施工对周围环境的影响。 2. 注浆压力应根据地质条件、注浆方式、管片强度、设备性能、浆液特性和隧道埋深等综合因素确定。 3. 同步注浆和即时注浆的注浆量充填系数应根据地层条施工状态和环境要求确定，充填系数宜为1.3～2.5。 4. 壁后注浆材料应满足强度、流动性、可填充性、凝结时间、收缩率、环保等要求。 5. 应按注浆施工要求准备拌浆、贮浆、注浆设备，并应进行试运转	监理旁站	★★	★★	◎◎	—	—
23	盾构隧道防水		1. 盾构隧道防水应以管片自防水为主，接缝防水为重点，并应对特殊部位进行防水处理，形成完整的防水体系。 2. 盾构隧道防水应满足环境保护和设计要求。 3. 防水材料在运输、堆放、拼装前应采取防雨、防潮措施	监理旁站	★★	★★	◎◎	◎	—

注：★为一般控制项；★★为重点控制项；◎为一般抽查项（按 5%的比例抽查）；◎◎为重点抽查项（按 10%比例抽查）。

13.4　盾构施工进度控制

郑州市轨道交通 5 号线工程进度管理的总体目标是确保“洞通”“轨通”“电通”“车通”四大里程碑目标，确保全线按期开通试运营。5 号线工程规模庞大，全线共 12 个标段，共计 32 个站，2 个出入线，共计 32 个区间（不含出入线），共投入 30 台盾构机，全线单个区间最长为 2 844.678 m（出入场右线→沙口路站），最短为 432.972 m（魏庄西街站→紫荆山站）。

庞大的工程规模、盾构始发与接收受前期车站工程完工进度的制约、线路穿越地层变化大等特点，决定了施工进度管理成为该线路盾构施工管理的一个重要方面。通过工期筹划、盾构始发与接收车站工期管控、施工进度协调机制创立、盾构施工区间及投入优化配置等措施，5 号线于 2018 年 6 月 8 日实现全线贯通，盾构施工进度控制取得了优异成绩。

13.4.1　盾构工期目标及策划依据

策划目标：统筹安排，合理组织，确保 5 号线盾构区间按期洞通。

工期进度策划的依据主要有：

（1）地形地貌、埋深、过河工程地质与水文地质。

（2）盾构机械性能。

（3）郑州地铁盾构施工经验。

（4）各单位实际施工经验与实绩，考虑始发段、到达段、换刀工序的影响。

（5）与盾构区间有关的里程碑工期要求。

（6）盾构机所承担的工程量。

13.4.2　盾构始发和接收车站工期管理

根据各车站的施工环境、车站施工难度、前期工程难易、盾构区间的长度及区间地质条件，为保证全线洞通里程碑工期目标的顺利实现，对郑州市轨道交通 5 号线各盾构区间和车站提供的盾构始发、过站及调出场地时间进行专项管理；根据全线的总体工期策划要求，制定了盾构始发的里程碑工期管理目标，确保与盾构始发及施工全过程的各相关土建工程满足工期要求。

对关键节点制定专项里程碑工期目标，如对盾构始发井和接收井完成时间、盾构进场时间、不良地质超前处理完成时间等关键节点制定专项里程碑工期目标，对里程碑工期进行严格奖罚考核，通过考核充分调动参建单位的积极性，进而保证里程碑工期的实现。

13.4.3 施工进度控制措施及协调

针对 5 号线的特点，成立进度管理专项协调小组，把建设单位、监理单位及各个承包商专门负责进度控制的人员联系起来，形成全方位开放式的沟通网络系统。采取这样的沟通方式集中化程度高，有利于集思广益，提高沟通的准确性，大大提高了工作效率，确保了进度计划的有效实施。进度流程图如图 13.4.1 所示。

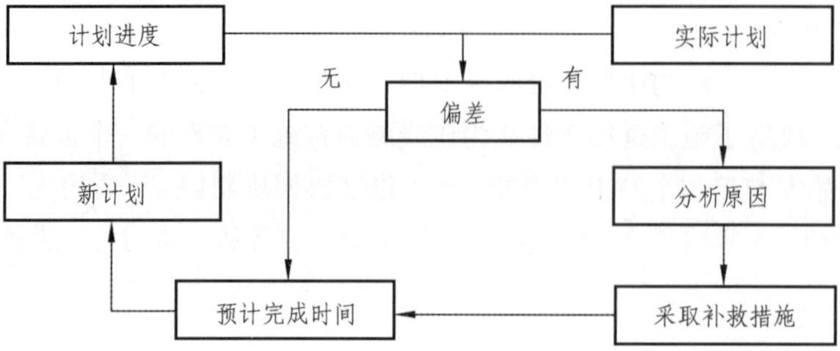

图 13.4.1 进度流程图

根据策划安排，采取平移过站、分体始发等手段对盾构进行优化，原计划投入 34 台盾构机，经过优化后最终投入 30 台，并对需要适应性改造的盾构机派专人驻场跟踪改造。定期召开设计联络会议，对盾构机的出场计划以及针对郑州地质情况的盾构机特殊设计等进行实时对接，确保盾构机按期进场以及设计满足郑州市地质掘进需要。

提前进行区间沿线空洞普查及重要台线、地质补勘，形成调查报告。针对不良地质，提前采取针对性措施。5 号线沿线场地普遍分布有富水砂层、粉砂层、钙质胶结软硬相间等特殊地层，在盾构施工前预处理沿线不良地质，确保盾构顺利掘进。

长距离盾构施工是全线工期控制的重点。5 号线 2 km 以上盾构区间达 3 处，分别是出入场右线—沙口路站区间、出入场左线—西站街站区间、腾飞路站—出入线段区间，根据全线施工进度总体目标，这些控制区间下达了月平均掘进指标、对盾构按时始发和拼装掘进全过程进行重点管控。

重点关注盾构始发井施工，积极创造盾构始发条件，确保盾构能按期下井或提前下井。对于盾构掘进和始发井施工不属于同一施工单位的积极做好沟通，应重点关注提供盾构始发条件的时间。在盾构过站前，做好充分的准备工作，尽量缩短盾构过站的时间，以保证盾构掘进工期。

对盾构机进行适用性评审，通过可行性研究、综合比选评价等步骤，科学合理选定，保证正常掘进施工以及施工安全。同时，通过驻厂监造协助和促进盾构制造商保证盾构设备制造质量，严格把好质量关，努力消灭常见性、多发性、重复性质量问题，把产品缺陷消除在出厂以前，防止不合格品出厂。

统一调配管片加工及供应计划，确保供应商能够严格按照“施工总进度计划”供货，以保证施工总目标的实现。通过驻场验收确保管片质量，当发现质量下降时，提出相应改正意见，及时协调解决。

成立应急抢险队伍、专家库，应对盾构施工过程中各种突发灾害事故，为工程应急救援保驾护航。郑州轨道交通 5 号线施工期间，应急抢险队共完成 CBD 站—农业东路站区间、工人路站—淮河路站区间出洞抢险 2 次，调线调坡多次，解决花园路站—经三站区间穿越 Cu 级危房等工程难题。

确定合适的同步注浆配合比及初凝、终凝时间，有效控制隧道的沉降变形，有效保证盾构隧道质量。确定同步注浆材料的合理配比共有 3 个阶段，在初始砂浆配合比的基础上：① 初始配比试验。按照施工方案中所要求配合比，拌制砂浆，测定凝结时间，砂浆稠度和比重等指标。② 配比调整试验。③ 最终配比试验。最终确定的浆液流动性、强度、凝结时间保证能够较好满足实际施工需要，当材料或天气等因素发生较大变化时再做及时调整。除以上措施外，5 号线工程还采取克泥效等工法控制施工沉降，较好地完成了施工总目标。

5 号线东边属富水砂层，主要通过渣土改良控制施工沉降，西边穿越多条河流，采取多项防上浮措施保障质量与安全。5 号线主要穿越黏土层和砂层，通过控制掘进指标可有效保证盾构顺利施工：

（1）黏土层。盾构通过黏土层时，上部土压在 800 ~ 1 500 MPa，控制刀盘扭矩在 2 000 ~ 2 800 kN · m，推力在 10 000 ~ 13 000 kN，掘进速度在 50 ~ 80 mm/min。盾构通过时主要通过稳定正面土压力（设定土压、渣土改良、出土控制）、控制推进速度、控制姿态调整、控制同步注浆量、控制土体卸载五个控制要点来应对刀盘结泥饼、糊土仓、卡螺旋输送机和渣土在皮带上打滑四个常见问题。

（2）砂层。盾构通过砂层时，控制刀盘扭矩在 3 200 ~ 4 000 kN · m，推力在 15 000 ~ 18 000 kN，掘进速度在 30 ~ 40 mm/min。盾构通过时主要通过土压力控制、渣土改良控制、出渣控制、注浆控制、盾构姿态控制、盾尾油脂注入量控制、地表监测控制七个控制要点来应对地表漏斗状塌陷、刀盘、压力舱结泥饼、螺旋机排土口水压过大发生喷涌、盾尾漏砂、富水砂层段管片上浮五个常见问题。

13.4.4　盾构施工进度管理成效

5 号线盾构区间全长 70.345 km，全线盾构区间 32 段（不含出入线），按照左右线共计 62 个盾构掘进小区间。通过筹划投入盾构机 28 台盾构机（详见表 13.4.1 各标段盾构施工情况统计表），2015 年 7 月 9 日第一台盾构机始发，2018 年 6 月 8 日最后一台盾构区间贯通。投入盾构机的经济性、利用率、周转率、施工效率较以往国内同等线路施工提升显著，施工管理成效显著，有效保障了施工进度目标的完成。

各标段关键盾构区间施工工期统计表如表 13.4.1 所示。

表 13.4.1 各标段盾构施工情况统计表

序号	标段	盾构机	施工期				
			区间	区间长度/m	始发时间	接收时间	施工时间/月
1	01 标	1 号盾构机	出入场右线→沙口路站	2 844.678	2015-12-22	2016-11-24	11
			沙口路站→南阳路站	762	2017-03-17	2017-07-19	4
			沙口路站→西站街站	708	2017-08-15	2017-12-18	4
		2 号盾构机	出入场左线→西站街站	2 276.827	2016-03-03	2016-10-25	7.8
			沙口路站→南阳路站	765	2016-12-08	2017-06-26	6
			沙口路站→西站街站	679	2017-07-28	2017-10-19	2.8
2	02 标	3 号盾构机	南阳路站→文化路站	1 317.071	2017-03-27	2017-11-18	7.9
			文化路站→花园路站	1 194.061	2017-12-15	2018-03-20	3.2
		4 号盾构机	南阳路站→文化路站	1 312.599	2017-02-10	2017-08-30	6.7
			文化路站→花园路站	1 193.509	2017-11-03	2018-01-25	2.8
3	03 标	5 号盾构机	经三路站→花园路站	643.902	2018-01-10	2018-06-08	5
		6 号盾构机	未来北路站→经三路站	1 130.365	2017-08-25	2018-01-08	4.5
		7 号盾构机	未来北路站→众意路站	771.608	2016-10-29	2017-01-20	2.8
			未来北路站→众意路站	756.847	2017-02-27	2017-06-14	3.6
			未来北路站→经三路站	1 140.489	2017-07-09	2017-11-25	4.6
			经三路站→花园路站	643.902	2017-12-27	2016-04-22	3.9
4	04 标	8 号盾构机	众意路站→CBD 站	968.361	2016-05-04	2016-09-10	4
			CBD 站→农业东路站	1 401.124	2017-04-06	2017-11-10	7
		9 号盾构机	众意路站→CBD 站	983.011	2016-05-25	2016-12-15	6.5
			CBD 站→农业东路站	1 399.729	2017-03-23	2017-10-12	7
5	05 标	10 号盾构机	农业东路站→心怡路站	1 219.255	2017-01-19	2017-09-29	8.4
			心怡路站→金水东路站	895.951	2017-11-09	2018-03-27	4.6
		11 号盾构机	农业东路站→心怡路站	1 214.457	2016-10-28	2017-08-23	9.9
			心怡路站→金水东路站	875.739	2017-09-29	2018-03-16	5.6

续表

序号	标段	盾构机	施工期				
			区间	区间长度/m	始发时间	接收时间	施工时间/月
6	06 标	12 号盾构机	金水东路站→郑州东站站	959.2	2016-01-09	2016-04-30	4
			郑州东站站→康宁街站	838.262	2016-08-30	2017-03-15	5.5
		13 号盾构机	金水东路站→郑州东站站	1 026.209	2016-05-16	2017-01-17	8
			郑州东站站→康宁街站	844.216	2017-04-05	2017-07-31	4
7	07 标	14 号盾构机	郑汴路站→经北二路站	1 775.89	2016-05-26	2016-12-31	7
			经北二路站→经开第八大街站	1 081.677	2017-03-10	2017-06-15	3
		15 号盾构机	郑汴路站→经北二路站	1 774.2	2016-06-30	2017-03-30	9
			经北二路站→经开第八大街站	1 057.548	2017-04-30	2017-08-20	3.7
8	08 标	16 号盾构机	经开第三大街站→经开第八大街站	1 245.04	2016-04-25	2016-11-14	6.5
			经开第三大街站→经开第八大街站	1 305.12	2016-12-09	2017-06-13	6.1
		17 号盾构机	经开第三大街站→商英街站	1131.59	2016-10-15	2017-03-20	5.1
			商英街站→腾飞路站	710.78	2017-05-30	2017-08-25	2.9
		18 号盾构机	经开第三大街站→商英街站	1 131.34	2016-09-06	2016-12-31	3.5
			商英街站→腾飞路站	710.75	2017-03-05	2017-08-10	5
9	09 标	19 号盾构机	腾飞路站→未来路站	892.505	2016-03-20	2016-09-15	4
			未来路站→魏庄西街站	1 218.333	2017-06-10	2018-02-07	7.8
		20 号盾构机	腾飞路站→未来路站	1 013.313	2016-05-26	2016-10-10	4.6
			未来路站→魏庄西街站	1 218.706	2017-05-17	2017-11-06	5.8
		29 号盾构机	未来路站→出入线段	1 849.982	2017-02-20	2017-12-31	10.3
		30 号盾构机	腾飞路站→出入线段	2 320.744	2016-10-10	2017-12-29	14.6
10	10 标	21 号盾构机	魏庄西街站→紫荆山站	434.02	2016-11-28	2017-03-04	3.2
			紫荆山站→冯庄路站	1 142.058	2017-04-04	2017-09-11	5.3
		22 号盾构机	魏庄西街站→紫荆山站	432.972	2017-02-19	2017-03-29	1.3
			紫荆山站→冯庄路站	1 143.568	2017-05-08	2017-11-01	6.3
		23 号盾构机	冯庄路站→京广南路站	722.24	2017-05-17	2017-08-29	3.5
			京广南路站→大学南路站	951.661	2017-12-10	2018-04-14	4.2
		24 号盾构机	冯庄路站→京广南路站	764.579	2017-07-14	2017-11-20	4.3
			京广南路站→大学南路站	851.726	2017-11-08	2018-03-04	3.9

续表

序号	标段	盾构机	施工期				
			区间	区间长度/m	始发时间	接收时间	施工时间/月
11	11标	25号盾构机	嵩山南路站→大学南路站	873.676	2016-09-28	2016-12-30	3
			嵩山南路站→工人路站	618.629	2017-04-30	2017-07-27	2.9
			工人路站→淮河路站	1 153.698	2017-09-25	2018-02-10	4.5
		26号盾构机	嵩山南路站→大学南路站	873.673	2016-11-08	2017-03-20	4.4
			嵩山南路站→工人路站	620.258	2017-05-30	2017-08-20	2.6
			工人路站→淮河路站	1 129.895	2017-09-10	2017-12-25	3.5
12	12标	27号盾构机	西站街站→建设西路站	1 424.757	2015-07-09	2016-09-30	14.8
			淮河路站→陇海西路站	674.855	2017-03-04	2017-05-27	2.7
			陇海西路站→中原路站	856.429	2017-07-17	2017-09-30	2.6
			中原路站→建设西路站	771.696	2017-11-24	2018-01-03	2.3
		28号盾构机	西站街站→建设西路站	1 398.609	2015-09-10	2016-10-19	13.3
			淮河路站→陇海西路站	674.827	2016-11-29	2017-04-11	4.3
			陇海西路站→中原路站	856.48	2017-06-13	2017-09-08	2.8
			中原路站→建设西路站	771.725	2017-10-28	2017-12-30	2.1

在总体施工进度管控目标的指导下，同时综合考虑经济性、通用性等因素，既能满足业主单位工程建设按期完成的总目标，又实现投入盾构的最大效能，达到施工单位经济效率最大化。

5 号线投入的 30 台盾构机，有 3 台盾构施工掘进 4 个盾构区间，仅有 4 台盾构机施工掘进了 1 个区间，其余大都施工了 2 或 3 个盾构区间，平均每台盾构机掘进 2.2 个区间，盾构机利用率大幅提高。如图 13.4.2。

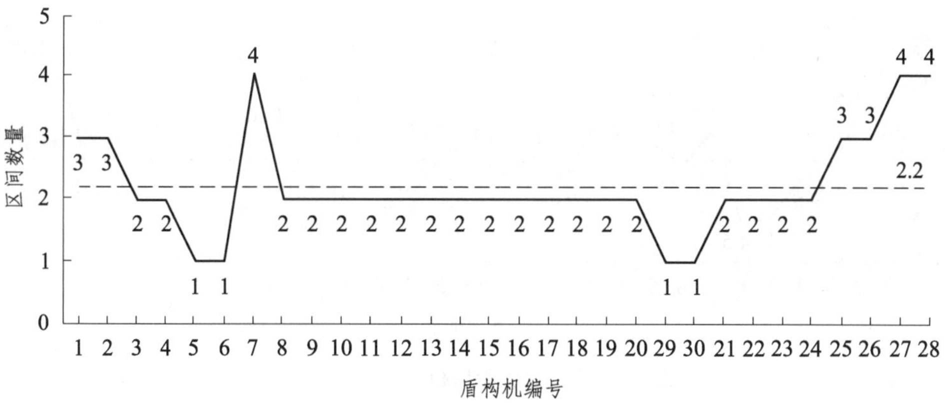

图 13.4.2　每台盾构机施工区间数量

其中单台盾构机最长掘进了 4 314.7 m，5 台盾构机掘进里程在 3 000 m 以上，仅有 5 号盾构机掘进了 643.9 m，平均每台盾构机掘进了 2 344.83 m，对比郑州地铁 1、2 号线盾构机施工的经济性大幅提升。如图 13.4.3。

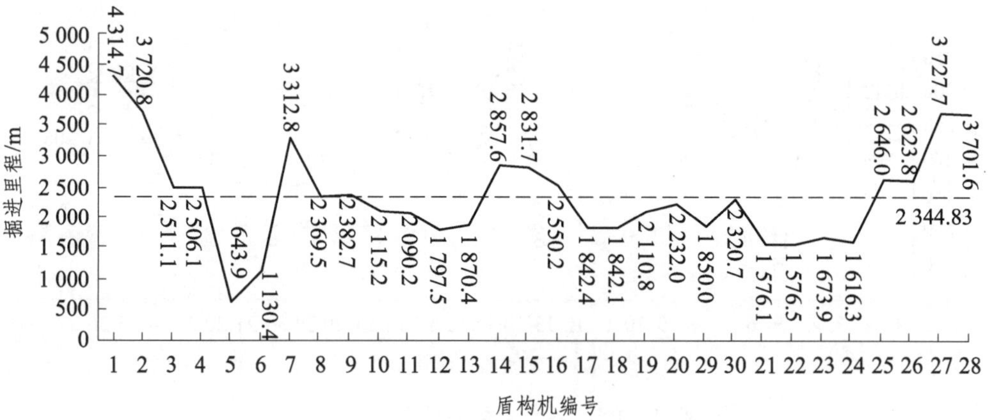

图 13.4.3　每台盾构机掘进总里程

投入的 30 台盾构机中，最长施工时间为 22.5 个月，12 台盾构机施工时间达到了 12 个月，最短施工时间为 6 号盾构机的 4.5 个月，平均每台盾构机施工时间为 11.7 个月。各标段依据区间长度、工期节点等情况有针对性地进行了盾构投入，每台盾构机 1 年左右的施工时期较好地提升了盾构周转率，同时也减少了频繁调动增加的运输、组装拆机等费用。如图 13.4.4。

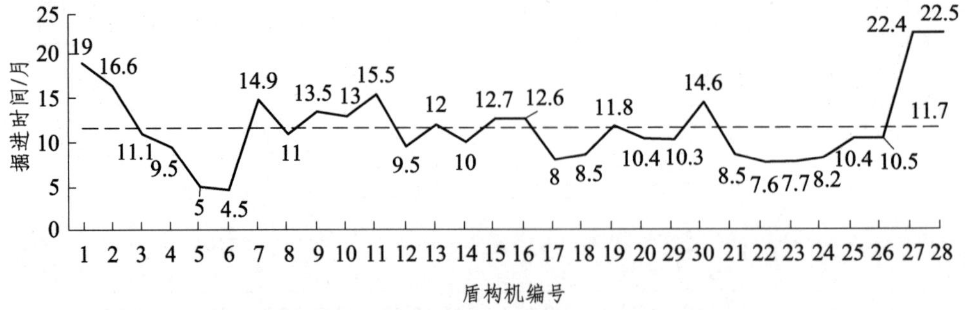

图 13.4.4　每台盾构机掘进总时间

通过对整条线路每台盾构机月进尺的统计分析发现，14 号盾构机的平均月进尺为 285.8 m，30 台盾构机平均月进尺为 203.7 m，16 台盾构机的平均月进尺在 200 m 以上；仅有 5 号盾构机因为施工区间最短、组装调试始发及拆机环节占时较长，其平均月进尺为 128.8 m。总体来看，整个 5 号线投入的盾构机施工效率高，有效保障了施工进度目标的完成。如图 13.4.5。

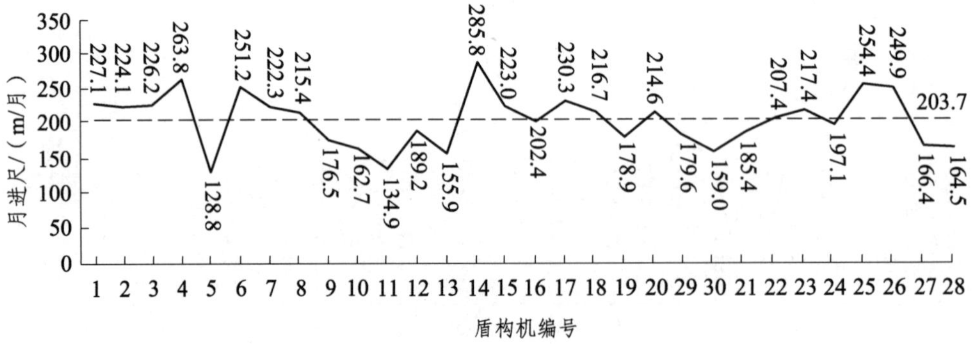

图 13.4.5　每台盾构机平均月进尺

第 14 章 未来展望

随着盾构技术日趋完善，通过对中国盾构技术最新进展的分析，可以预见中国盾构技术将朝着以下几个方向发展。

1. 挑战极限

盾构断面将挑战更大的尺寸极限。中国幅员辽阔，大江大河纵横，随着经济的飞速发展，城市交通、轨道交通、铁路、综合管廊跨江越海的需求急剧增多，与此同时，城市里越来越难以找出适合建设桥梁的空间。铁路方面，随着行车速度越来越高，为减少占地，单洞双线大断面隧道成为发展方向；公路方面，随着公路等级越来越高，车流量越来越大，必然导致公路车道增多而隧道断面越来越大。在此形势下，跨江越海的大直径盾构隧道工程越来越多。目前世界上最大的盾构设备为德国海瑞克生产的直径 17.6 m 的泥水平衡盾构，用于香港屯门—赤鱲角海底公路隧道工程。隧道埋深方面，要求盾构能适应越来越大的埋深。由于上软下硬地层施工难度大，隧道线路最忌选在交界面处，应尽可能使盾构掘进断面位于全土层或全岩层中；其次覆土厚度太浅，往往影响地面交通，因此隧道选线具有埋深越来越大的发展趋势。穿江越海隧道越来越多，要求盾构密封性能挑战更高的水压极限；长距离隧道越来越多，要求盾构连续掘进长度越来越长；施工工期要求越来越紧，要求盾构掘进速度越来越快。

2. 性能优越化

盾构适应性方面，要求盾构具有更高的地层适应性，在复杂地层中，盾构穿越地层既有岩石，又有软土和砂砾层，地层变化频繁，要求盾构设计特别是刀盘刀具必须能够适应各种不同地层。技术先进、质量可靠的长寿命盾构是保证工期的关键因素之一，也是盾构工程成功的关键因素，因此，要求盾构有更长的使用寿命。随着盾构施工水平的提高，劳动强度越来越低，操作人员的素质越来越高，要求盾构具有更复杂的功能、更简单的操作和更人性化的设计；随着隧道施工越来越注重安全和环保，则要求盾构具有更安全、更绿色环保的性能。

3. 设计数字化、制造模块化、控制智能化和管理网络化

中国盾构技术的愿景是实现数字化设计、模块化制造、智能化掘进、远程化管理，即输入地质参数和隧道结构参数，就能设计出适应工程地质和水文地质的盾构；盾构的施工则实现无人化智能掘进，实现在办公室远程控制盾构操作，在办公室直接从计算机屏幕上获取远程施工的盾构施工图像和参数，并发出指令进行盾构的控制和操作；技术人员只需在办公室就能管理好分布在全世界所有的在用盾构。

参考文献

[1] 郭拥军，张洲. 郑州地铁纪事[M]. 郑州：河南美术出版社，2014.

[2] 任八锋. 地铁隧道施工技术与工程管理[M]. 北京：中国石化出版社，2019.

[3] 深圳市地铁集团有限公司. 深圳城市轨道交通 11 号线盾构施工技术及管理实践[M]. 北京：人民交通出版社，2019.

[4] 北京地铁京通发展有限责任公司，北京城建设计研究总院有限责任公司. 北京地铁八通线 勘察设计·施工监理·建设管理[M]. 北京：中国建筑工业出版社，2008.

[5] 孙波. 果拾深圳地铁 9 号线工程建设纪实 2.0[M]. 广州：岭南美术出版社，2018.

[6] 张彬，耿招，葛克水，等. 地下轨道交通围岩稳定模拟方法与工程应用[M]. 北京：冶金工业出版社，2017.

[7] 郭志飚，胡江春，杨军，等. 地下工程稳定性控制及工程实例[M]. 北京：冶金工业出版社，2015.

[8] 田均举，朱坤，蔡松，等. 基于郑州地铁下穿南水北调干渠的 Peck 公式反演分析[J]. 安全与环境工程，2021，28（02）：109-113，132.

[9] 龚珍. 地铁隧道施工对邻近建筑物的风险评估与控制研究[D]. 西安工业大学，2019.

[10] 任青山. 土压平衡盾构在砂层中大坡度下穿建筑物施工技术研究[D]. 华南理工大学，2019.

[11] 吕善. 盾构选型及综合施工技术研究[D]. 石家庄铁道大学，2017.

[12] 王梦恕，谭忠盛. 中国隧道及地下工程修建技术[J]. 中国工程科学，2010，12（12）：4-10.

[13] 郑晓燕. 盾构技术在城市地铁施工中的应用研究[D]. 哈尔滨工程大学，2007.

[14] 杨秀权. 复杂地质盾构隧道安全管理与风险防范对策[J]. 隧道建设，2012，32（06）：763-766，781.

[15] 黄新淼，张军伟，李雪，等. 城市地铁盾构选型及关键参数区域化研究[J].隧道建设（中英文），2019，39（07）：1209-1216.

[16] 杨嘉齐. 大直径盾构穿越黄河粉细砂地层掘进技术研究[D]. 兰州交通大学，2020.

[17] 林赉贶. 土压平衡盾构机刀盘开口特性及刀具布置方法研究[D]. 中南大学，2013.

[18] 蔡正. 地铁隧道盾构法施工安全风险管理研究[D]. 中国矿业大学，2016.

[19] 柳林超. 盾构隧道施工灾害（安全）评估和灾害应急处治系统研究[D]. 重庆交通大学，2010.

[20] LIU CHAO, CUI JIE, ZHANG ZIXIN, et al. The role of TBM asymmetric tail-grouting on surface settlement in coarse-grained soils of urban area: Field tests and FEA modelling[J]. Tunnelling and Underground Space Technology incorporating Trenchless Technology Research, 2021, 111.
[21] ZHENG DONGZHU，BEZUIJEN ADAM，THEWES MARKUS. An experimental study on foam infiltration into saturated sand and its consequence for EPB shield tunneling[J]. Tunnelling and Underground Space Technology incorporating Trenchless Technology Research, 2021, 111.
[22] 周喜温. 土压平衡式复合盾构刀盘的刀具优化配置研究[D]. 中南大学，2010.
[23] 姬广彬. 盾构刀盘的设计研究[D]. 天津大学，2009.
[24] 俱攀武. 盾构刀盘设计分析与高效掘进技术研究[D]. 兰州理工大学，2014.
[25] 苏翠侠. 基于数值仿真技术的盾构刀盘系统载荷与结构特性研究[D].天津大学，2011.
[26] JIN DALONG，ZHANG ZHIYONG，YUAN DAJUN. Effect of dynamic cutterhead on face stability in EPB shield tunneling[J]. Tunnelling and Underground Space Technology incorporating Trenchless Technology Research, 2021, 110.
[27] 朱述敏. 复合型土压平衡盾构机刀盘设计与应用[D]. 南京理工大学，2015.
[28] 王宪云. 地质适应性刀盘方案设计方法与流程研究[D]. 天津大学，2012.
[29] 罗力维. 盾构机模拟试验台结构设计及刀片磨损的研究[D]. 青岛科技大学，2010.
[30] 张西仲. 盾构机关键性技术研究：刀盘系统设计[D]. 西安建筑科技大学，2012.
[31] 《中国公路学报》编辑部.中国隧道工程学术研究综述·2015[J]. 中国公路学报，2015，28（05）:1-65.
[32] JIANG MINGJING, YIN ZHENYU. Influence of soil conditioning on ground deformation during longitudinal tunneling[J]. Comptes rendus - Mécanique，2014，342（3）.
[33] YE XINYU, WANG SHUYING, YANG JUNSHENG, et al. Soil Conditioning for EPB Shield Tunneling in Argillaceous Siltstone with High Content of Clay Minerals: Case Study[J]. International Journal of Geomechanics, 2016.
[34] RAFFAELE VINAI, CLAUDIO OGGERI, DANIELE PEILA. Soil conditioning of sand for EPB applications: A laboratory research[J]. Tunnelling and Underground Space Technology incorporating Trenchless Technology Research, 2007, 23(3): 308-317.
[35] DANIELE PEILA, et al. Soil conditioning in EPB shield tunnelling: An overview of laboratory tests[J]. Geomechanics and Tunnelling, 2019, 12(5): 491-498.
[36] 肖超，阳军生，王树英，等. 土压平衡盾构改良渣土力学行为及其地层响应特征[J]. 中

南大学学报（自然科学版），2016，47（07）：2432-2440.
[37] 叶新宇，王树英，阳军生，等. 泥质粉砂岩地层土压平衡盾构渣土改良技术[J]. 铁道科学与工程学报，2017，14（09）：1925-1933.
[38] 蔡辉. 土压平衡盾构在砂层中掘进的渣土改良技术[J]. 隧道建设，2015，35（09）：928-934.
[39] 张文萃. 土压平衡式盾构穿越含砂土层渣土改良试验研究[D]. 西安建筑科技大学，2013.
[40] 邱龑，杨新安，唐卓华，等. 富水砂层土压平衡盾构施工渣土改良试验[J].同济大学学报（自然科学版），2015，43（11）：1703-1708.
[41] 叶晨立. 高水压高渗透砂性地层土压平衡盾构施工渣土改良技术研究[J]. 隧道建设（中英文），2018，38（02）：300-307.
[42] 李文辉. 土压平衡盾构中改良剂对砂土渗透性影响研究[D]. 中国地质大学，2020.
[43] 肖超，谭立新，夏一夫，等. 基于渣土改良的土压平衡盾构掘进参数特征研究[J]. 铁道科学与工程学报，2017，14（11）：2418-2426.
[44] 王树英，胡钦鑫，王海波，等. 盾构泡沫改良砂性渣土渗透性及其受流塑性和水压力影响特征研究[J]. 中国公路学报，2020，33（02）：94-102.
[45] 杨洪希，黄伟，王树英，等. 粉质黏土地层土压平衡盾构渣土改良技术[J].隧道与地下工程灾害防治，2020，2（02）：76-82.
[46] PEILA D. Soil conditioning for EPB shield tunnelling[J]. KSCE Journal of Civil Engineering, 2014, 18（3）.
[47] CHENG CHIHAO, LIAO SHAOMING, HUO XIAOBO, et al. Experimental Study on the Soil Conditioning Materials for EPB Shield Tunneling in Silty Sand[J]. Advances in Civil Engineering，2020.
[48] 曾锋. 复合地层盾构下穿建筑物渣土改良与滚刀寿命预测研究[D]. 西南科技大学，2017.
[49] 王博，郭宏智，李金求，等. 郑州粉土粉砂层土压平衡盾构渣土改良研究[J].交通科学与工程，2019，35（03）：23-27.
[50] 杨振兴，陈馈，常家东，等. 一种新型 EPB 渣土改良相似模型试验系统及功能验证[J]. 重庆交通大学学报（自然科学版），2018，37（06）：28-35.
[51] 王怀志. 富水砂层土压平衡盾构施工关键技术研究[D]. 华南理工大学，2012.
[52] 杨志勇，程学武，孙正阳，等. 大直径泥水平衡盾构适应性改造技术研究[J]. 铁道工程学报，2018，35（03）：92-96.
[53] 姚乐. 复合地层土压平衡盾构掘进适应性评价[D]. 北京交通大学，2015.
[54] 曾华波. 复合地层土压平衡盾构施工应用技术研究[D]. 河海大学，2006.
[55] 王助锋，冯欢欢. 泥质粉砂岩地层泥水盾构防止刀盘结泥饼针对性改进[J]. 现代

隧道技术，2017，54（06）：217-222.
[56] 徐道亮. 土压平衡盾构高含水量渣土出渣技术研究[D]. 中南大学，2014.
[57] 王旭，张海东，边野，等. 盾构机刀盘的地质适应性设计研究[J]. 现代隧道技术，2013，50（03）：108-114.
[58] 王晶. 复杂环境条件下富水砂地层盾构施工控制技术研究[D]. 西安建筑科技大学，2018.
[59] 徐前卫. 盾构施工参数的地层适应性模型试验及其理论研究[D]. 同济大学，2006.
[60] 王飞. 盾构直接掘削大直径钢筋混凝土群桩研究[D]. 北京交通大学，2014.
[61] 蒋兴起. 盾构全断面切削穿越桥梁群桩综合技术研究[D]. 北京交通大学，2013.
[62] 杨界峰. 复合地层盾构施工技术及其对周围环境影响研究[D]. 南京林业大学，2010.
[63] 郭玉海. 大直径土压平衡盾构引起的地表变形及掘进控制技术研究[D]. 北京交通大学，2014.
[64] 胡俊. 高水压砂性土层地铁大直径盾构始发端头加固方式研究[D]. 南京林业大学，2012.
[65] CARDU MARILENA, CATANZARO ETTORE, FARINETTI ANGELO. Performance Analysis of Tunnel Boring Machines for Rock Excavation[J]. Applied Sciences, 2021, 11(6).
[66] YIN QINGFENG，HUANG FAMING. Numerical Analysis on Reinforcement Range of a Closed Steel Sleeve against Collapse[J]. Advances in Civil Engineering, 2021.
[67] 金鑫. 盾构无障碍始发与接收施工力学行为及施工工艺[D]. 北京建筑大学，2017.
[68] 伍伟林，朱宏海，邹育，等. 盾构钢套筒始发和接收关键技术研究[J]. 隧道建设，2017, 37（07）：872-877.
[69] 周逸凯. 土压平衡盾构始发钢套筒受力变形特征与土体扰动分析[D]. 北京交通大学，2018.
[70] 朱世友，林志斌，桂常林. 盾构始发与到达端头地层加固方法选择与稳定性评价[J]. 隧道建设，2012，32（06）：788-795.
[71] 吴全立，王梦恕，朱磊，等. 盾构近始发端头下穿既有地铁线路的综合施工技术研究[J].现代隧道技术，2016，53（04）：134-142.
[72] 王天明，戴志仁.盾构法隧道端头井地层加固方法及其应用研究[J].铁道工程学报，2014，31（08）：90-95，100.
[73] 姜留涛，郭军. 地铁隧道小半径曲线段盾构割线始发预偏量控制方法[J]. 铁道建筑，2020，60（06）：69-72.
[74] MOHAMMED BEGHOUL，RAFIK DEMAGH. Slurry shield tunneling in soft ground. Comparison between field data and 3D numerical simulation[J]. Studia Geotechnica et

Mechanica, 2019, 41（3）.
[75] LUO JIAYIN, et al. Prediction of Deformation of Adjacent Existing Running Tunnel due to beneath Shield Tunneling[J]. Applied Mechanics and Materials, 2014, 2974：1701-1705.
[76] WU YAJUN, ZOU DAOMIN, LI GANG. Effect of Shield Tunneling on the Nearby Pile Foundations[J]. Advanced Materials Research, 2011, 1270.
[77] LI DAYONG, CAO LIXUE, FAN DEWEI. Influence of Shield Tunneling on a Nearby Buried Pipeline[J]. Applied Mechanics and Materials, 2011, 1446.
[78] CAO YONGHUA, ZHUGE AIJUN. Effect of Shield Tunneling on Existent Piles in Soft Soil Area[J]. Advanced Materials Research, 2013, 2331: 1093-1097.
[79] DENG XIANGHAO, WANG BINGLONG. Analysis of Influence of Shield Tunneling Crossing underneath Intercity Railway and Shield Tunneling Parameters Optimization[J]. Applied Mechanics and Materials, 2013, 2545: 1619-1624.
[80] ABU-FARSAKH MURAD Y, GEORGE Z VOYIADJIS. Computational model for the simulation of the shield tunneling process in cohesive soils[J]. International Journal for Numerical and Analytical Methods in Geomechanics, 1999, 23(1): 23-44.
[81] LIU BO, et al. Test Research on Modified-Soils of Foam-Conditioned for Metro Shield Tunneling Engineering[J]. Advanced Materials Research, 2011, 1068: 1566-1571.
[82] 韩秋石. 盾构隧道下穿施工对既有桥梁桩基础的影响及其控制技术研究[D].长安大学，2015.
[83] 丁智. 盾构隧道掘进对邻近建筑物影响及变形预测研究[D]. 浙江大学，2014.
[84] 江英超，何川，胡雄玉，等. 砂土地层盾构隧道施工对地层扰动的室内掘进试验研究[J]. 岩石力学与工程学报，2013，32（12）：2550-2559.
[85] 白廷辉，刘树佳，廖少明. 软土地区盾构掘进速度对地层扰动现场试验研究[J].岩土力学，2016，37（07）：2040-2046.
[86] 沈建奇. 盾构掘进过程数值模拟方法研究及应用[D]. 上海交通大学，2009.
[87] 廖少明，门燕青，赵国强，等. 盾构接收中钢套筒的受力变形特性与实测分析[J]. 岩土工程学报，2016，38（11）：1948-1956.
[88] 韩旭. 盾构接收掘进地质力学模型试验数值分析及切桩原理研究[D]. 北京建筑大学，2020.
[89] 祝和意，贾良，冯欢欢. 郑州轨道交通 2 号线盾构法施工钢套筒接收技术[J]. 施工技术，2016，45（15）：122-127，140.
[90] 伍伟林，朱宏海，邹育，等. 盾构钢套筒始发和接收关键技术研究[J]. 隧道建设，2017，37（07）：872-877.

[91] 赵立锋. 土压平衡盾构到达钢套筒辅助施工接收技术[J]. 铁道标准设计，2013（08）：89-93.

[92] 周诚，余群舟，杨俊. 地铁越江泥水盾构到达接收渗漏风险控制技术[J]. 铁道工程学报，2016，33（03）：99-104.

[93] 马国强. 复杂工程环境下富水软弱地层内盾构出洞接收关键技术分析[J]. 施工技术，2018，47（14）：39-43.

[94] CHENG WENCHIEH, et al. Shield tunnel uplift and deformation characterisation: A case study from Zhengzhou metro[J]. Tunnelling and Underground Space Technology incorporating Trenchless Technology Research, 2018, 79 : 83-95.

[95] 郭院成，詹景元，杜浩鸣，等. 郑州粉土基坑开挖对下卧地铁隧道的影响[J]. 建筑科学与工程学报，2019，36（05）：11-20.

[96] 郭林芳. 郑州地区地铁隧道横向变形注浆加固模型构建及现场试验研究[D]. 华北水利水电大学，2019.

[97] 刘浩然. 郑州地铁一号线盾构施工对周边环境的影响研究[D]. 河南工业大学，2016.

[98] 郭正鹏. 郑州地铁隧道开挖对近邻复合桩基影响效应数值分析[D]. 郑州大学，2013.

[99] 张洋. 郑州粉土地层中盾构施工对临近桩基的影响分析[D]. 河南工业大学，2019.

[100] 朱坤. 盾构隧道下穿南水北调干渠变形影响研究[D]. 华北水利水电大学，2020.

[101] 刘少楠. 郑州地铁 5 号线盾构施工对地表民用建筑沉降影响研究[D]. 河南工业大学，2016.

[102] 秦学波. 郑州地铁盾构下穿建筑物风险控制措施研究[D]. 郑州大学，2018.

[103] 张健. 城市立交桥桩基托换桥台基础变形研究[D]. 河南工业大学，2019.